转基因食品政策与法律规制域外实践

胡加祥 著

本书系国家哲学社会科学基金重点课题（项目编号：14AGJ004）“世界各国对转基因食品的政策与法律规制比较研究”成果。

法律出版社
LAW PRESS · CHINA
北京

图书在版编目（CIP）数据

转基因食品政策与法律规制域外实践 / 胡加祥著
. -- 北京：法律出版社, 2023
ISBN 978-7-5197-7630-5

Ⅰ. ①转… Ⅱ. ①胡… Ⅲ. ①转基因食品 – 食品卫生法 – 研究 – 世界 Ⅳ. ①D912.104

中国国家版本馆CIP数据核字（2023）第036527号

转基因食品政策与法律规制域外实践
ZHUANJIYIN SHIPIN ZHENGCE YU FALÜ GUIZHI YUWAI SHIJIAN

作　　者：胡加祥
责任编辑：屈　瑶　刘梦瑀
装帧设计：李　瞻
出版发行：法律出版社
编辑统筹：学术·对外出版分社
责任校对：王晓萍
责任印制：陶　松
经　　销：新华书店
开　　本：710毫米×1000毫米　1/16
印　　张：23.25
字　　数：402千
版　　本：2023年5月第1版
印　　次：2023年5月第1次印刷
印　　刷：北京新生代彩印制版有限公司
书　　号：ISBN 978-7-5197-7630-5
定　　价：89.00元

销售电话：010-83938349　客服电话：010-83938350　咨询电话：010-63939796
地　　址：北京市丰台区莲花池西里7号(100073)
网　　址：www.lawpress.com.cn
投稿邮箱：info@lawpress.com.cn
举报盗版邮箱：jbwq@lawpress.com.cn
凡购买本社图书，如有印装错误，我社负责退换。电话：010-83938349

序 言

转基因技术自问世以来，各国及国际组织对于这一技术的利用，尤其在转基因食品的管理方面产生了很大的差别。在美国的自愿标识与欧盟的强制标识制度剧烈碰撞的同时，还有一些国家采用“折中模式”。例如，加拿大模式与美国模式接近；澳大利亚模式与欧盟模式接近，但都有自己的特点，甚至声称自己的模式是世界上最好的管理体制。

美国模式的特点是三权分管式的管理体制，即环境保护署(EPA)、食品与药品管理局(FDA)和农业部(USDA)各司其职。EPA负责评估转基因作物对环境的影响；FDA负责确保转基因食品与传统食品同样安全，避免消费者受到不安全或者虚假标识食品的危害，但不包括食品安全检验局负责的范围；USDA下属的食品安全检验局负责用转基因饲料喂养的牲畜和禽类生产出来的产品的安全卫生、有益健康及标识准确，动物与植物健康监测署则负责确保转基因作物种植不会危害农业环境。

FDA管理的主要法律依据是《FDA咨询程序》《新的植物源类食品政策》《联邦食品、药品和化妆品法案》《对于标明产品是否使用转基因技术的自愿标识产业指南草案》。FDA根据《联邦食品、药品和化妆品法案》负责保证所有饲料和植物源食品适当的标识及安全，并规定所有食品和饲料都必须符合严格的安全标准，无论是用传统方式还是通过生物工程生产的，无论是国产还是进口的。此外，任何食品添加剂在销售之前，必须获得FDA的批准。FDA于2001年针对转基因技术生产产品的标识管理，出台了《对于标明产品是否使用转基因技术的自愿标识产业指南草案》。该文件仅在自愿的基础上提倡生物技术公司对于转基因食品进行标识，并没有将此列入正式的联邦法规,也未作出强制标识要求。

此外,美国采用分散的产品监管模式,但是在科研及商品进入市场流通的关键部分形成了针对转基因产品监管的专门制度,其中包括跨州转移许可及运输包装标识制度、田间试验许可制度、环境释放许可与报告制度、附条件审批豁免制度、记录建立与保存制度、自愿标识制度、进口食品预申报和行政扣留制度、食品安全制度中的自愿咨询制度、食品设施注册制度。在上述制度管理下,美国的相关机构确保商业转化与安全性控制的平衡,使商业利益和社会义务达到"双赢"。

欧盟模式的特点是:第一,纵向的管理体制。从欧盟食品安全管理的发展历程看,统一的食品安全管理体制是确保各项管理措施有效执行的根本。层级分明的纵向管理机制构成了欧盟的食品安全管理体系。从欧洲议会到欧盟理事会、欧盟委员会、欧盟食品安全管理局,再到各成员国的行政管理部门,进而覆盖食品生产加工企业和经营企业,其中,欧洲食品安全管理局成为管理欧洲食品安全的权威协调机构,统一监督和协调各成员国的食品安全管理和标准。

第二,法规标准一致。作为欧洲统一的食品安全管理机构,欧洲食品安全管理局负责发布一系列欧盟条例和指令,以完善食品从生产到流通各环节的技术标准,从而使各成员国的法规和标准具有一致性。

第三,链条式管理。欧盟最早引入"从农场到餐桌"的食品安全管理理念。欧盟的食品管理非常重视生产源头的安全质量控制,采用国际上认可和接受的食品安全保证体系"危害分析的临界控制点"(hazard analysis critical control point,HACCP)以及"优良制造标准"(good manufacturing practices,GMP)等标准管理程序,严格遵照相关的环境质量标准和生产操作规范,实施食品控制标准。食品生产商和加工者必须对各个环节实施严格管理,注重对食品生产与加工整个流程的控制,并设置相关标准。为了保证生产各个环节的安全,欧盟还建立了对出口商的实地考察制度。

第四,可追溯性。欧盟就食品安全管理建立了严格的可追溯制度。欧盟的相关指令要求食品标签必须标明产地和材料的来源,在加工和制造过程中还要建立档案并保存全部记录。欧盟第 178/2002 号条例建立了食品安全快速预警系统和风险管理的应对措施。各成员国的相关机构和欧盟理事会、欧盟委员会、欧盟食品安全管理局共同组成一个完整的食品安全网络。各成员国食品生产链上的任何环节出现问题时,都能通过网络利用快速有效的追溯机制,发出预警并启动应急措施,有效地控制问题。

相对于美国和欧盟,中国的转基因食品研发和生产起步都要晚一些,我们的管理模式如何定位,一直是学界热议的话题。美国和欧盟的模式各有值得借鉴的地方,但是也都有其不同的社会历史背景。我国应该偏向于这两种模式中的哪一种？这是摆在我们面前无法回避的问题。对于转基因技术及产品的监管,美国与欧盟的态度有很大差异。这种理念上的差异和政策与法律上的分歧不仅与消费者的观念、宗教、社会经济有着密切联系,更与基因技术与产业的发展密不可分。虽然欧盟的转基因技术研发并不落后于美国,但没有像美国那样为生物技术成果进行专利保护。欧盟实行的是政府投入政策,没有积极推进产业化。20世纪末,欧洲人对于科学的确定性、权威性以及人类控制科技产品的能力产生了极大的怀疑,这是因为欧洲接连遭受疯牛病和二噁英污染等公共卫生事件的冲击,政府对此类突发事件的不当处理也加重了人们对于转基因食品的忧虑。相比美国,欧洲消费者对转基因食品比较排斥,对转基因技术的安全性持怀疑态度。

我们研究认为,构建中国的转基因食品管理体制应充分考虑以下因素:

首先,文化因素。中国是一个农业大国,中国人对于食品的味道和品相追求从未停歇。随着全球化进程的加快,中国人的饮食中包含了越来越多的外国元素。然而,与欧洲人相比,中国人对于“天然”食品的追求是有过之而无不及。“天然”的榛子、“天然”的鲫鱼、“天然”的花草茶,都会受到国人的追捧。“天然”食品,类似于有机食品,甚至比有机食品还要高一层次,因为植物的自然生长环境比有机产品更加广阔。中国人对转基因食品的认识也丝毫不逊色于欧洲人。

其次,法律因素。根据我国《立法法》的规定,全国人民代表大会和全国人民代表大会常务委员会制定法律的基本程序包括:法律议案的提出、审议、表决以及法律的公布。法律草案的形成一般包括下列程序:立项以及立法决策;建立起草团队,开展起草工作;进行调查研究;对草案框架和主要问题提出修改意见;起草法律条文;征求公众意见;形成并审查送审稿;提案机关讨论决定,其中审议法律提案是立法过程中的一个重要阶段。这样的立法程序决定了我国的食品立法是一个漫长过程。

最后,公众态度。转基因食品涉及每一个消费者。民以食为天、食以安为先。食品安全既是老百姓的大事,也是国家大事。因此,转基因食品的立法和管理体制构建必须充分倾听百姓意见。事实上,欧盟的转基因食品管理体制就是在各成员国的推动下逐步完善的,而各成员国的动力则来自选民。换言之,是欧洲民众选择其转基因食品规制的政策走向。因此,构建中国的转基因食品管理体制,公众态度也是一个重要的考量因素。

从上述几个因素的分析可见,无论是文化特征、人文理念还是法律传统,各国对转基因食品的管制都有其本国和本地区的烙印。与美国和欧盟相比,中国的国情更加特殊。这种多方面、深层次的差异不仅影响着我国转基因食品政策与战略的选择，更影响着我国转基因食品立法以及标识制度的完善。因此，中国在对待转基因食品问题上的态度应当是在学习和借鉴他国做法基础上，结合自己的国情，作出适合自己的道路选择。

本书是在历时6年的研究基础之上完成的。虽然力求做到“客观公正、论证充分”，但是，转基因食品规制不仅涉及法律问题，还涉及许多科学问题，是一个跨学科的研究课题。任何专业背景出身的研究人员都有力所不逮之处。因此，本书作者恳请广大读者，尤其是专业人士批评指正。让我们共同努力，为完善我国的转基因食品法律规制体系、促进和发展我国的转基因生物技术作出一份贡献。

胡加祥

2020年6月18日

英文字母缩写

APEC	Asia-Pacific Economic Cooperation
CAC	Codex Alimentarius Commission
CODEX	Codex Alimentarius
EC	European Commission
EEA	European Economic Area
EFSA	European Food Safety Authority
EFTA	European Free Trade Association
ERA	Environmental Risk Assessment
EU	European Union
FAO	Food and Agriculture Organization of the United Nations
FAS	Foreign Agricultural Service of the United States Department of Agriculture
GAIN	Global Agricultural Information Network of the Foreign Agricultural Service
GE	Genetically Engineered
GMO	Genetically Modified Organism
LLP	Low Level Presence
MS	Member State of the European Union
MT	Metric Ton

NGO	Non-Governmental Organization
OECD	Organization for Economic Cooperation and Development
OIE	World Organization for Animal Health
PPP	Public-Private Partnership
RASFF	Rapid Alert System for Food and Feed
UPOV	International Union for the Protection of New Varieties of Plants
WHO	World Health Organization
WTO	World Trade Organization

国际公约中英文名称对照

Agreement on the Application of Sanitary and Phytosanitary Measures	《卫生与植物检疫措施协议》
Aarhus Convention on Access to Information, Public Participation in Decision-Making and Access to Justice in Environmental Matters	《有关环境事务的信息获得、决策中的公众参与和正义获得的奥胡斯公约》
Agreement on Technical Barriers to Trade	《贸易技术壁垒协议》
Basel Convention on the Control of Transboundary Movements of Hazardous Wastes and Their Disposal	《控制危险废料越境转移及处置巴塞尔公约》
Cartagena Protocol on Biosafety to the Convention on Biological Diversity	《卡塔赫纳生物安全议定书》
CODEX Alimentarius (Codex)	《国际食品法典》
Convention on Biological Diversity	《生物多样性公约》
Convention on International Trade in Endangered Species of Wild Fauna and Flora	《濒危野生动植物种国际贸易公约》

International Convention for the Protection of New Varieties of Plants	《植物新品种保护国际公约》
International Convention on the Regulation of Whaling	《国际捕鲸公约》
International Plant Protection Convention	《国际植物保护公约》
Montreal Protocol on Substances that Deplete the Ozone Layer	《蒙特利尔议定书》
Nagoya-Kuala Lumpur Supplementary Protocol on Liability and Redress to the Cartagena Protocol on Biosafety	《卡塔赫纳生物安全议定书关于赔偿责任和补救的名古屋—吉隆坡补充议定书》
Rio Declaration on Environment and Development	《里约环境与发展宣言》
Single European Act	《单一欧洲法案》
Treaty of Amsterdam	《阿姆斯特丹条约》
Treaty on the Eurasian Economic Union	《欧亚经济联盟条约》
Treaty on the Functioning of the European Union	《发挥欧盟功能条约》
Treaty of Maastricht	《马斯特里赫特条约》
Treaty of Rome	《罗马条约》
United Nations Framework Convention on Climate Change	《联合国气候变化框架公约》

目　录

第一章　亚　洲

亚洲是世界上人口最多的地区，也是世界主要产粮区。受自然条件和经济发展水平的影响，亚洲各国对待转基因食品的态度差异较大。相应地，各国的转基因食品政策与法律制度也有各自的特点。日本是亚洲经济较发达的国家，但是受自然条件限制，粮食自给率不足，需要进口不少粮食，包括相当一部分转基因大豆和玉米。因此，日本在对转基因食品制定一套完备的监管制度的同时，对转基因食品的市场准入设置较低的门槛，其转基因食品阈值是5%，为全世界最高。与日本情况相似的还有新加坡等国家和地区。由于本地几乎没有农业，新加坡的粮食基本依赖进口，因此对转基因食品也采取比较宽容的政策。印度虽然在转基因技术研发方面起步较晚，但现在已经是世界上最大的转基因产棉国之一。相比之下，印度对待转基因粮食作物的开发持较为谨慎的态度。目前，印度只允许极少数转基因蔬菜上市。总体而言，大多数亚洲国家由于粮食生产基本能满足本国市场需求，发展转基因农业既没有必要的科技条件，也没有迫切的现实需求。

一、韩国

韩国于2000年签署了《卡塔赫纳生物安全议定书》，并于第二年制定了执行议定书的国内立法《跨境转移活的转基因生物和其他相关事务法案》。该法案调整所有涉及转基因生物的事项。根据该法案的规定，韩国允许进口、种植、研究和开发转基因生物，只要相关人员遵守适用的程序。然而，尽管韩国已经有越来越多的转基因生物研究，韩国民众对于转基因生物有可能含有一些未发现的副作用和对环境未曾料想的负面影响表示关注。迄今为止，韩国还没有批准任何转基因作物在本国种植。对于转基因食品的限制，除了依据《跨境转移活的转基因生物和其他相关事务法案》进行的风险评估和审批程序之外，还有依据《食品卫生法》的安全评估。转基因食品销售者必须遵守《食品卫生法》规定的标签规则。

（一）概述

韩国于2000年签署了《卡塔赫纳生物安全议定书》，并于2007年完成国内立法程序正式接受议定书。[①]《卡塔赫纳生物安全议定书》从2008年1月1日开始正式生效。为了执行议定书规定，韩国于2001年制定了《跨境转移活的转基因生物和其他相关事务法》（Acton Trans-boundary Movements of Living Modified Organisms and Other Related Matters），并与《卡塔赫纳生物安全议定书》同时生效。[②] 法案的制定目标是通过保护公众健康和自然环境，可持续地利用生物多样性，以免出现转基因生物带来的负面影响，从而提高人民的生活质量。[③] 如今，尽管转基因生物研究和开发利用在韩国很活跃，但是韩国政府至今尚未批准过任何转基因作物在其境内种植。[④] 韩国社会至今对是否种植和消费转基因作物尚未达成一致意见，但是要阻止像转基因大豆、转基因玉米这样的转基因作物进口似乎也不太可能，因为韩国的粮食自给率并不高，而全世界非转基因谷物类粮食的比例正变得越来越小。以2012年为例，转基因大豆已经占全世界大豆种植面积的81%。[⑤] 韩国进口的大豆、玉米等产品主要是转基因作物品种。

（二）公众与学者的观点

韩国民众对转基因生物的知晓程度还是比较高的。“韩国生物安全清洁所”（Korea Biosafety Clearing House）自2004年以来每年发布年度报告，其中

① 参见 Country Profile：Republic of Korea, Biosafety Clearing－House, Convention on Biological Diversity，载 http：//bch. cbd. int/about/countryprofile. shtml？ country＝kr，2020年1月27日最后访问。

② 参见 Yujeonja Byunhyung Saengmulchae-ui Kookakan Idongdeung-e Kwanhan Beobryul［Act on Trans-boundary Movements of Living Modified Organisms and Other Related Matters（LMO Act）］，Act No. 6448，Mar. 28，2001. 法案的最近一次修改是2012年12月11日，立法编号是11536。新修订的法案于2013年12月12日生效。

③ 参见 Yujeonja Byunhyung Saengmulchae-ui Kookakan Idongdeung-e Kwanhan Beobryul［Act on Trans-boundary Movements of Living Modified Organisms and Other Related Matters（LMO Act）］，第1条。

④ 参见 Domestic Data，载韩国生物安全清洁所网站：http：//www. biosafety. or. kr/01_basic/sub0301. asp，2020年3月2日最后访问。

⑤ 参见 Yujeonja Byunhyung Saengmulchae Kwalyun Juyo Tongye（Yoyak）［Statistics on Genetically Modified Organisms（Summary）］13（Apr. 9，2013），载韩国生物安全清洁所网站：http：//www. biosafety. or. kr/bbs/mboard. asp？ exec＝view& strBoardID＝bsn_064& intPage＝1& intCategory＝0& strSearchCategory＝|s_name|s_subject|& strSearchWord＝& intSeq＝69104，2016年9月16日最后访问。

包含民众对于转基因生物熟悉和了解程度的数据统计分析。[①] 清洁所是韩国管制转基因生物、交换转基因生物信息以及促进国际合作的法定机构，也是一种执行《卡塔赫纳生物安全议定书》的机制，旨在方便对活性生物体的信息交流，协助缔约各方根据议定书缔结相关合同时明确各方的权利义务。生物安全清洁所用联合国 6 种工作语言提供科学技术、环境、法律和能力建设的信息。[②] 根据该清洁所 2013 年所做的一项统计分析，80. 2%的韩国民众知道转基因生物。他们学习和获得这方面知识与信息的途径主要是电视、互联网、报纸以及朋友和熟人。然而，与其他议题相似，民众了解目前转基因生物在韩国的分布状况和风险评估程序的比例还是很低的。[③]

总体而言，韩国民众对待转基因生物的态度是趋于反对的。根据韩国生物安全清洁所 2012 年调查得出的数据，民众一般更愿意接受在药物和治疗中使用转基因生物，但是不愿意接受在食品生产和牲畜饲养中掺入转基因生物。[④] 对于限制转基因生物的必要性，超过 83%的受访者表示，有必要对转基因生物的操作、储存、传播和标注采取严格管理制度。[⑤]

(三)主管部门与相关立法

韩国与食品法有关的政府部门包括食品与药品安全部(Ministry of Food & Drug Safety)，农业、食品与乡村事务部(Ministry of Agricu-lture, Food and Rural Affair)，贸易、工业、能源部(Ministry of Trade, Industry and Energy)以及总理办公室(Prime Minister's Office)。在朴谨惠执政时期，韩国政府将包括家禽产品进口检疫在内所有与食品安全有关的管辖权都交给食品与药品安全部。

1. 食品与药品安全部

韩国政府将原先的食品与药品署(Food & Drug Administration)升格为食品与药品安全部，目的就是让韩国的食品安全管理更加高效、方便。该部于 2013 年 3 月成立，主要职责是保护公众健康与安全，包括食品与畜牧产品的安

---

① 参见 Current Status of Public Awareness，载韩国生物安全清洁所网站：http://www. biosafety. or. kr/03_data/sub0501. asp，2015 年 9 月 16 日最后访问。

② 参见《跨境转移活的转基因生物和其他相关事务法》第 32 条。

③ 参见 Yujeonja Byunhyung Saengmulchae Kwalyun Juyo Tongye (Yoyak) [Statistics on Genetically Modified Organisms (Summary)] 13 (Apr. 9, 2013), p. 16，载韩国生物安全清洁所网站：http://www. biosafety. or. kr/bbs/mboard. asp? exec = view& strBoardID = bsn _064& intPage = 1& intCategory = 0& strSearchCategory = | s_name | s_subject | & strSearchWord = & intSeq = 69104，2020 年 3 月 2 日最后访问。

④ See Yujeonja Byunhyung Saengmulchae Kwalyun Juyo Tongye (Yoyak) [Statistics on Genetically Modified Organisms (Summary)] 13 (Apr. 9, 2013), p. 16.

⑤ See Yujeonja Byunhyung Saengmulchae Kwalyun Juyo Tongye (Yoyak) [Statistics on Genetically Modified Organisms (Summary)] 13 (Apr. 9, 2013), p. 18.

全。与6个地方办公室一起,食品与药品安全部负责执行国家有关食品、食品添加剂及其包装与容器质量标准的立法与法规。食品与药品安全部还负责制定落实“危害分析的临界控制点计划”(Program of Hazard Analysis of Critical Control Point)和食品、畜牧与奶制品召回制度的指南。此外,食品与药品安全部制定和落实通过生物技术生产的农产品安全评估条例和农产品与采用转基因生物成分加工食品的标签规定。与食品与药品安全部相关的立法包括:

(1)《食品卫生法》(Food Sanitation Act)。这是食品与药品安全部从事与食品安全有关工作的主要法律依据。韩国的农药、兽药标准等相关事宜都是基于该法制定的。

(2)《功能食品法》(Functional Food Act)。这部法是食品与药品安全部监督包括食品、营养品在内功能食品的执法依据。

(3)《儿童餐饮安全管理特别法》(Special Act on Children's Dietary Life Safety Management)。这部法是食品与药品安全部监督以及评判儿童食品是否安全的法律依据。该法限制销售高热量、低营养成分的食品,并引入商家自主选择的颜色代码标签制度。

(4)《进口食品安全管理特别法草案》(Draft Special Act on Imported Food Safety Management)。2013年,韩国国会考虑将之前分散管理进口食品的法律集中在一部法。该法案目前正在国会讨论。

(5)《食品法典》(Food Code)。该法典为食品生产、加工、使用、烹饪、储存以及食品容器和包装设定安全标准,同时规定安全测试方式以及农药、兽药、放射性物质及其他污染物残留标准。

(6)《食品添加剂法典》(Food Additive Code),规定食品添加剂的使用标准。

(7)《食品标签标准》(Labeling Standards for Food),指导进口食品如何符合韩文标签规范。

(8)《转基因食品标签标准》(Labeling Standards for Genetically Modified Food)。2014年4月24日,食品与药品安全部结合原先的三部食品标准规范:《分子重组食品标签标准》(Labeling Standards for Recombinant Food)、《转基因农产品标签指南》(Guidelines for Labeling of Genetically Modified Agricultural Products)、《活体转基因生物标签标准法》(Labeling Standards in the LMO Act),给转基因生物含量在3%及以上的加工食品统一设定标签规范。

(9)《功能食品法典》(Functional Food Code),规定了功能食品的质量标准与分类标准。

(10)《进口食品检查指南》(Inspection Guidelines for Imported Food),提供

进口食品测试、取样及相关检查标准清单。

(11)《牲畜产品卫生管理法》(Livestock Product Sanitary Management Act),规定了牲畜产品屠宰、加工、配送和卫生检查标准。该法是《牲畜法典》设定卫生标准的法律依据。

(12)《牲畜法典》(Livestock Code),对肉类、禽类、奶制品的微生物含量及产品质量设定卫生标准。

(13)《牲畜产品标签标准》(Labeling Standards for Livestock Products),设定了牲畜产品标签规定及其包装、容器的标准要求。

2. 农业、食品与乡村事务部

农业、食品与乡村事务部(以下简称"农业部")负责制定和落实所有与农业政策和包括畜牧产品、奶制品在内农产品卫生检疫有关的条例。2011 年 6 月 15 日,农业部将原先的"国家兽医研究与检疫署"(National Veterinary Research & Quarantine Service)、"国家植物检疫署"(National Plant Quarantine Service)和"国家渔业管理局"(National Fisheries Products)合并成一个机构——"动物、植物和渔业检疫与检查署"(Animal, Plant and Fisheries Quarantine and Inspection Agency,以下简称"检疫与检查署"),目的就是更加有效管理与食品安全和动植物健康相关的事务。

2013 年,韩国政府机构调整后,畜牧产品的食品安全检查和与渔业相关的管辖权分别划归食品与药品安全部和海洋与渔业部。检疫与检查署主要负责动植物产品的检疫和卫生管控,防止在进口植物、水果、蔬菜过程中将有害杂草、害虫、疾病带进韩国。农业部下属的"国家农产品质量管理署"(National Agricultural Product Quality Management Service)负责设定农产品质量标准和登记、落实原产地标志、规范市场上新鲜水果、蔬菜以及谷物和加工食品中的有机食品标志,同时与别的国家协商有机食品互认机制。此外,农业部还负责下列规范的落实:

(1)《各类动物进口卫生标准》(Import Health Requirements for Various Animals),给各类鲜活动物及动物制品制定检疫标准。

(2)《植物保护法》(Plant Protection Act),通过给进口及国内的植物制定检疫规范,确保农业和森林业的安全。

(3)《进口植物检查指南》(Import Plant Inspection Guideline),规范进口植物的检查程序,确立处置原则。

(4)《农产品质量管理法》(Agricultural Products Quality Management Act),规范农产品的原产地标志、地理标志以及追溯方式。

(5)《管理和鼓励发展绿色环保的农产品、渔业产品和有机食品法》(Act

on the Management and Support for the Promotion of Eco-Friendly Agriculture/Fisheries and Organic Foods),支持可持续的绿色环保农业和渔业产业。

(6)《农产品原产地标记管理指南》(Guideline for Country of Origin for Agricultural Products),规范本国农产品原产地的标志方式。进口产品原产地标志受《对外贸易法》(Foreign Trade Act)第33条规范。

3. 贸易、工业、能源部

贸易、工业、能源部是韩国负责落实《卡塔赫纳生物安全议定书》的主管部门。韩国于2007年10月2日批准加入该议定书,随后于2008年1月1日颁布《跨境转移活的转基因生物和其他相关事务法》,这是韩国具体执行议定书的国内法,也是该国与生物技术相关层次最高的立法。由该法为核心构成的法律规范体系包括:

(1)《跨境转移活的转基因生物和其他相关事务法》,全面落实《卡塔赫纳生物安全议定书》,确保活体转基因生物的安全研发、生产、进口、出口以及商业化运作,并为转基因生物及其商品的进口审批、强制性风险评估以及标签提供规范指南。

(2)《跨境转移活的转基因生物和其他相关事务法执行令》(Enforcement Decree of the LMO Act),明确政府各相关部门的职责,规定活体转基因生物进口、生产、出口认证、转移报告的程序以及确立风险评估机构和专业审查机构的工作流程,制定转基因生物的标签和处置规范要求以及生物安全清洁所的运作程序。

(3)《跨境转移活的转基因生物和其他相关事务法案执行规则》(Enforcement Rule of the LMO Act),这是落实《跨境转移活的转基因生物和其他相关事务法》及其执行令的实施细则,内容包括活体转基因生物进口审批、安全评估、环境风险评估、生产许可申请所需的书面材料要求。

(4)《合并通知》(Consolidated Notice),为农业用活体转基因生物进出口、环境释放以及食品加工等其他用途提供指南。

4. 总理办公室

根据《食品卫生法》,韩国成立了由计划与财政部、教育部、司法部、农业部、卫生部、环境部、海洋渔业部、食品与药品安全部等部门组成的食品安全协调委员会,总理办公室负责协调工作,具体由总理办公室主任落实。

作为推动生物技术发展的立法举措,韩国于1983年制定了《生物技术支持法》(Biotechnology Support Act),[①] 首次要求政府采取措施,避免在生物技术

① 参见Biotechnology Support Act, Act No. 3718, Dec. 31, 1983。最近的一次修订是2013年3月23日,立法编号是11683。

开发过程中出现潜在的风险。2000 年 9 月,韩国签署了《卡塔赫纳生物安全议定书》,2001 年 3 月制定了《跨境转移活的转基因生物和其他相关事务法》,作为韩国执行议定书规定国内相配套的法律,[①] 但是,该法不适用于使用转基因生物用于制造供人类使用的药品。[②] 作为《跨境转移活的转基因生物和其他相关事务法》的配套法律,法案执行令[③] 和政府出台的部门规章[④] 提供了有效执行法案的详细规定。

《统一执行跨境转移活的转基因生物和其他相关事务法条例》(Unified Enforcement Regulation of the LMO Act)是在 2007 年准备的,目的是执行《跨境转移活的转基因生物和其他相关事务法》提供详细的技术方面的措施。[⑤] 该条例调整多个不同领域,包括像食品、医药、农业中使用转基因生物和有意向自然环境释放转基因生物等相关事项。

《跨境转移活的转基因生物和其他相关事务法》旨在筹建一家职责明确的国家主管机构,建立一个全国的联络点以及相关的中央政府部门。贸易、工业和能源部是韩国的国家主管部门,负责工业领域转基因生物的管制。外交部是对外代表韩国的联络部门。[⑥]

中央政府各部门管辖权的具体划分如表 1-1-1 所示。

---

① 参见《跨境转移活的转基因生物和其他相关事务法》第 4 条。

② 参见《跨境转移活的转基因生物和其他相关事务法》第 3 条。

③ 参见 Yujeonja Byunhyung Saengmulchaeui Kookakan Idongdeunge Kwanhan Beob Sihaengryung [Enforcement Decree of the Act on Trans-boundary Movements of Living Modified Organisms and Other Related Matters(Enforcement Decree)],Presidential Decree No. 19062(Sept 30,2005). 最近的一次修订是 2013 年 3 月 23 日,Presidential Decree No. 24442。

④ 参见 Yujeonja Byunhyung Saengmulchaeui Kookakan Idongdeunge Kwanhan Beob Sihaengyuchick [Ministerial Ordinance of the Act on Trans-boundary Movements of Living Modified Organisms and Other Related Matters],Ministry of Commerce,Industry & Energy Ordinance No. 327,Mar. 10,2006. 最近一次修订是 2013 年 4 月 30 日,行政规章编号是 5。

⑤ See Yujeonja Byunhyung Saengmulchaeui Kookakan Idongdeunge Kwanhan Tonghap Goshi [Unified Enforcement Regulation of the Act on Trans-boundary Movements of Living Modified Organisms and Other Related Matters (Unified Enforcement Regulation)], Enforcement Regulation of Ministry of Science,Information,Communication,Technology & Future Planning No. 2007-19,Enforcement Regulation of Ministry of Agricultural,Food & Rural Affairs No. 2007-80,Enforcement Regulation of MOTIE No. 2007-153,Enforcement Regulation of Ministry of Health & Welfare No. 2007-105,Enforcement Regulation of Ministry of Environment No. 2007-189,Enforcement Regulation of Ministry of Oceans & Fisheries No. 2007-115,Enforcement Regulation of Ministry of Food and Drug Safety No. 2007-78,Dec. 27,2007.

⑥ 参见《跨境转移活的转基因生物和其他相关事务法》第 6 条第 1 段。

表 1-1-1 中央政府各部门的管辖权具体划分

部门	法案确立的管辖范围
科学、信息、通信、技术与未来规划部	研究与开发中使用转基因生物
卫生与福利部	与健康、医疗机构相关的转基因生物研究设施
环境部	与转基因生物有关的环境议题
农业、食品、乡村事务部	转基因生物用于农业、林业、牲畜领域以及用在提高动物健康水平方面
海洋与渔业部	转基因生物用于海洋、岛屿中的淡水点
食品与药品安全部	转基因生物用于食品、药品和医疗方面

资料来源:《跨境转移活的转基因生物和其他相关事务法》第 2 条第 5 段;《统一执行跨境转移活的转基因生物和其他相关事务法条例》第 2 条第 1 段。

贸易、工业和能源部依据《跨境转移活的转基因生物和其他相关事务法》建立了"生物安全委员会"(Biosafety Committee),① 各个相关部门的副部长是该委员会组成人员。② 委员会审议下列事项:与执行《卡塔赫纳生物安全议定书》相关的事项、制定和执行风险管理计划、之前曾被否决的转基因生物风险评估报告的再评估、制定预防以及消除转基因生物造成危害的计划等。③

《跨境转移活的转基因生物和其他相关事务法》规定,韩国中央政府相关职能部门有义务建立和执行风险管控计划。这些计划包括涉及转基因生物进口和出口安全管理的基本政策、有关接触或操作转基因生物的员工和设施安全管理的事项、转基因生物技术发展及其辅助措施。上述风险管理计划实现应该得到生物安全委员会的批准。④

《跨境转移活的转基因生物和其他相关事务法》对转基因生物的定义与其他法案的定义基本上是一致的:"转基因生物是指任何获得一种新的基因物质组合是采用以下现代生物技术实现的:(1)人工重组基因物质技术,或直接将构成基因物质核糖核酸射入细胞或细胞器的技术;(2)细胞融合技术,这种融合超出了科目分类下的细胞本来的家族"。⑤

根据韩国《农业法》的定义,转基因农业或海洋生物产品,是指拥有设定目标特征的农产品或海洋生物产品,这些特征的获得是通过人工分离或人工组合

① 参见《跨境转移活的转基因生物和其他相关事务法》第 31 条第 1 段。
② 参见《跨境转移活的转基因生物和其他相关事务法》第 31 条第 3 段。
③ 参见《跨境转移活的转基因生物和其他相关事务法》第 31 条第 1 段。
④ 参见《跨境转移活的转基因生物和其他相关事务法》第 7 条。
⑤ 参见《跨境转移活的转基因生物和其他相关事务法》第 2 条第 2 段。

基因产生的。[①] 依据韩国的《食品卫生法》,转基因食品,是指采用通过生物技术或基因物质重组方式种植的原料成分生产或加工而成的食品或食品添加剂。[②]

(四)转基因生物研究、生产、市场化方面的限制

转基因生物的研究与开发必须符合《跨境转移活的转基因生物和其他相关事务法》规定,并符合本文以下所述的社会价值,经过法定程序获得批准。

1. 风险评估

任何有意进口、生产、使用、开发转基因生物的单位和个人都必须在申请获得批准前通过相关的国家主管部门进行风险评估。[③] 风险评估的目的是结合对人体健康的风险考虑,鉴定和评估转基因生物对于自然环境和可持续利用生物多样性有可能出现的负面影响。[④] 国家主管部门应建立风险评估标准,并对社会公布。[⑤] 当评估转基因生物对人体健康的风险时,主管部门的首长必须与卫生与福利部磋商。当转基因生物准备向自然环境释放时,正如下文"主管部门与相关立法"部分所述,除了国家主管部门的部长外,其他相关部门的部长也要参与风险评估。[⑥] 申请人和公众将被告知评估结果。[⑦] 如果评估出来的风险过高,转基因生物的进口、生产、使用和开发将会受到限制。

2. 转基因生物生产、进口和出口的事先批准

有意进口转基因生物的单位和个人必须事先获得中央政府相关部门负责人的批准。[⑧] 如果进口转基因生物的唯一目的是用于实验、研究或展示转基因生物,向中央的主管机构提交报告即可。[⑨] 转基因生物如果用于下列情形之一的,则需要事先获得批准:

(1)转基因生物的获得是通过使用对人体致病可能性是未知的或学科分

---

① 参见 Nongsusanmul Poomjil Kwali Beob [Agricultural and Marine Products Quality Control Act (Agricultural Act)],Act No. 5667,Jan. 21,1999. 最近一次修订是 2013 年 8 月 13 日。参见修订后的《农业法》(No. 12064)第 2 条第 1(11)段。

② 参见 Sikpoon Weesaeng Beob [Food Sanitation Act],Act No. 1007,Jan. 20,1962. 最近一次修订是 2013 年 5 月 22 日。参见新修订的《食品卫生法》(No. 11819)第 12 条第 2 段。

③ 参见《跨境转移活的转基因生物和其他相关事务法》第 7 条第 2 款第 1 段。

④ 参见《跨境转移活的转基因生物和其他相关事务法》第 7 条第 2 款第 3 段。

⑤ 参见《跨境转移活的转基因生物和其他相关事务法》第 7 条第 2 款第 4 段。See Unified Enforcement Regulation,Annex 1-3:General Principles and Method of Risk Assessment under Annex II of the Protocol and Annex 10-1:Criteria and Required Materials for Risk Assessment.

⑥ 参见《跨境转移活的转基因生物和其他相关事务法》第 7 条第 2 款第 3 段。

⑦ 参见《跨境转移活的转基因生物和其他相关事务法》第 7 条第 2 款第 7 段。

⑧ 参见《跨境转移活的转基因生物和其他相关事务法》第 8 条第 1 段。

⑨ 参见《跨境转移活的转基因生物和其他相关事务法》第 9 条第 1 段。

类名称不确定的微生物；

(2)经韩国卫生部部长认定并对外宣布，转基因生物具有制造对脊椎动物有害毒素的能力；

(3)转基因生物被有意植入除卫生部部长对外公布的那些抗药基因以外的抗药基因；

(4)转基因生物的获得使用了卫生部部长对外公布的致病微生物，国家对此管制是出于公共健康的需要。①

想生产转基因生物的人也必须从有关部门获得许可。② 截至2013年9月，已经有一种转基因微生物被批准用于生产。③ 中央政府主管部门的部长如果认为转基因生物对公共健康、生物多样性的维护和可持续利用有负面影响，他可以禁止或限制这种转基因生物的进口或生产。如果这位部长认为这种转基因生物对韩国的生物多样性和经济价值有负面影响，他也可以禁止或限制这种转基因生物的进口或生产。④

出口转基因生物的单位和个人必须告知中央政府主管部门相关产品的名称、数量、进口国家以及《卡塔赫纳生物安全议定书》附件二所要求的其他信息。⑤ 任何人想通过国内港口或机场卸载或出口转基因生物，必须向中央主管部门递交一份运输报告。⑥

3. 实验室试验许可

准备建立实验室从事转基因生物研究者，或者在现有实验室从事转基因生物研究的人员必须依据试验的安全等级向中央主管部门申请试验许可，或者汇报试验情况。⑦ 安全等级分为4级，从1级(最安全)到4级(风险最高)。⑧ 一个新建实验室或者现有实验室从事的研究在安全等级3或4以下的，该实验室负责人必须经过科学、信息、通信、技术和未来规划部部长在环境风险评估方面的认可，或者从卫生部部长那里得到就人体健康风险评估的认可。⑨

---

① 参见《跨境转移活的转基因生物和其他相关事务法》第9条第1段。

② 参见《跨境转移活的转基因生物和其他相关事务法》第12条。

③ 参见 Kuknae Weehaesung Simsa Hyunhwang [Domestic Risk Assessment Status]，载韩国生物安全清洁所网站：http://www. biosafety. or. kr/bbs/mboard. asp? exec = view& str BoardID = bsn _065& intPage = 1& intCategory = 0& strSearchCategory = | s_name | s_subject | & strSearchWord = & intSeq = 71872，2020年3月2日最后访问。

④ 参见《跨境转移活的转基因生物和其他相关事务法》第14条第1段。

⑤ 参见《跨境转移活的转基因生物和其他相关事务法》第20条；另参见《法案执行令》第21条。

⑥ 参见《跨境转移活的转基因生物和其他相关事务法》第21条。

⑦ 参见《跨境转移活的转基因生物和其他相关事务法》第22条。

⑧ 参见《法案执行令》第23条第1段和表1。

⑨ 参见《法案执行令》第23条第2段和表1。

就风险程度而言，属于安全等级 3 的研究或实验涉及转基因生物可能对人体构成严重危害但可治愈的疾病，或者造成程度严重但可修复的环境危害。属于安全等级 4 的研究或实验涉及转基因生物有可能对人体构成致命的疾病或者对环境有可能造成无法修复的危害。[①] 从事安全等级 1 和 2 研究或实验的实验室只需向科学、信息、通信、技术和未来规划部部长递交一份报告即可。[②] 截至 2013 年 7 月，已经向有关部门汇报和经过批准的研究设施总数达 2608 处，其中 1985 处是设在学校。[③]

4. 实验室研究许可

如果在实验中开发或使用的转基因生物被认为有高度危险，除了实验室需要获得许可外，从事的有关实验也需要得到相关部门的许可。[④] 属于这一类的实验包括以下几种情形：

（1）实验涉及采用微生物获取的转基因生物，对此，人体潜在的致病源是未知的，相关的学科科目名称也是不具体的。

（2）实验中使用的转基因生物具有制造经过卫生部部长认定和宣布的影响脊椎毒素的能力。

（3）实验使用的转基因生物含有特意引入的一种抗药基因，不包括卫生部部长公布的含有抗药基因的转基因生物。

（4）实验涉及的转基因生物是通过使用致病微生物获得的，而这种致病微生物是卫生部部长对外公布的，因为公共健康的需要，国家有必要对此进行管理。

（5）实验涉及向自然环境释放转基因生物。

（6）实验涉及的转基因生物，或者开发的转基因生物是被相关主管部门部长认定或通过相关专家委员会鉴定，列为高度危险的。[⑤]

5. 转基因生物的标签规定

《跨境转移活的转基因生物和其他相关事务法》给任何开发、进口、出口或制造转基因生物的人规定了标注义务。开发、进口、出口或制造转基因生物的相关人员必须在包装盒上标明“含有转基因生物”字样，或者在其涉及转基因生物的进口发票中包括下列信息：

---

① 参见《法案执行令》第 23 条第 1 段和表 1。

② 参见《法案执行令》第 23 条第 4 段和表 1。

③ 参见 *Status of Approval and Registration*，载韩国生物安全清洁所网站：http://www.biosafety.or.kr/03_data/sub0304.asp，2020 年 3 月 2 日最后访问。

④ 参见《跨境转移活的转基因生物和其他相关事务法》第 22 条第 2 款。

⑤ 参见《跨境转移活的转基因生物和其相关事务法》第 22 条第 2 款；另参见《法案执行令》第 23 条第 6 段。

(1)转基因生物的名称、型号、用途、特征；

(2)安全处置转基因生物的预防措施；

(3)转基因生物开发者、制造者、出口商和进口商的名字、地址和电话号码；

(4)产品通过转基因技术生产的说明；

(5)这些转基因生物是否向自然环境释放的说明。①

任何人没有按照指南对转基因生物进行标注或错误标注、有意篡改标注内容或去除标注的，都将被处以最长达1年的监禁，或者被处以最高不超过2000万韩元的罚金。②

如果其他法律对标注有特殊规定的，《跨境转移活的转基因生物和其他相关事务法》中的有关转基因生物标注规定就不适用。例如，转基因食品有一套特殊的管理制度(参见本章第六部分)。

(五)向自然界释放转基因生物的限制

任何进口向自然环境释放转基因生物者都必须通过贸易、工业和能源部部长的同意，并获得其他相关部门的许可。③ 当检测到对人体健康有潜在危险时，主管部门的首长必须与卫生部部长磋商。当转基因生物准备向自然环境释放时，除了主管部门的部长外，其他部门的部长也会参与审查，其中农村、食品与乡村事务部主要审查转基因生物对作物耕种的威胁，环境部审查对生态系统的危害，海洋与渔业部审查转基因生物对海洋生物与海洋生态系统的危害。④ 相关主管部门的部长需要考虑批准转基因生物向自然环境释放会给国家生物多样性的价值带来哪些潜在的社会和经济方面的影响。⑤ 申请向自然环境释放转基因生物者需要递交的材料包括：⑥

(1)基于进口商的申请，贸易、工业和能源部部长签发的同意进口转基因生物向自然环境释放的同意函；

(2)进口协议、操作协议和自我处置协议；

(3)安全管控政策，内容包括转基因生物使用或加工时的操作方式、专业人员配备和设施等。

---

① 参见《跨境转移活的转基因生物和其他相关事务法》第24条；另参见《法案执行令》第24条。

② 参见《跨境转移活的转基因生物和其他相关事务法》第42条。

③ 参见《跨境转移活的转基因生物和其他相关事务法》第8条第2段、《法案执行令》第8条和第9条以及《统一执行跨境转移活的转基因生物和其他相关事务法条例》第2章。

④ 参见《跨境转移活的转基因生物和其他相关事务法》第7条第2款第3段。

⑤ 参见《跨境转移活的转基因生物和其他相关事务法》第8条第4段。

⑥ 参见《跨境转移活的转基因生物和其他相关事务法》第8条第2段；另参见《法案执行令》第8条和第9条以及《统一执行跨境转移活的转基因生物和其他相关事务法条例》第2章。

一旦主管部门的部长完成评估，他会通知贸易、工业与能源部部长。贸易、工业与能源部部长通过韩国生物安全清洁所向进口国（韩国）以及依《卡塔赫纳生物安全议定书》而设的生物安全清洁所公布评估结果。[①]

《跨境转移活的转基因生物和其他相关事务法》规定，如果得到中央主管机关的批准，韩国允许种植转基因作物。[②] 然而截至 2020 年 3 月，韩国境内还没有种植过获得批准的转基因作物。[③]

（六）食品中使用转基因生物的限制

1. 食品

除了遵守《跨境转移活的转基因生物和其他相关事务法》的风险评估要求和审批程序外，转基因食品的安全性还要依据《食品卫生法》进行评估。[④] 食品与药品安全部设立了“安全评估委员会”（Safety Assessment Committee），审核申请风险评估递交的材料。[⑤] 根据要求，该委员会评估转基因生物对人体的影响和风险。一旦安全评估委员会得出结论，食品与药品安全部必须通过互联网宣布这项结论，并征集社会各界的意见。如果收到有科学证据的合理意见，食品与药品安全部可以在其结论中体现这些意见。食品与药品安全部会通知申请人最终结论，并通过互联网和官方公报对外公布。[⑥] 截至 2013 年 9 月，96 种转基因生物已经获得批准用于食品和食品添加剂，包括大豆、玉米、棉花、油菜、土豆、苜蓿、甜菜以及一种微生物。[⑦]

2. 饲料

想要进口或生产转基因饲料的单位或个人在申请进口许可之前，需要申请

---

① 参见《跨境转移活的转基因生物和其他相关事务法》第 8 条第 5 段、《法案执行令》第 9 条第 5 段。

② 参见《跨境转移活的转基因生物和其他相关事务法》第 12 条。

③ 参见 Domestic Laws，载韩国生物安全清洁所网站：http://www. biosafety. or. kr/03_data/sub0102_3. asp%20，2015 年 9 月 19 日最后访问。

④ 参见《食品卫生法》第 18 条第 2 段。

⑤ 参见 Sikpoom Weesaeng Beob Sihaengryung [Enforcement Decree of the Food Sanitation Act]，Cabinet Order No. 811，June 12，1962. 最近一次修订是 2013 年 10 月 16 日。参见 Presidential Decree No. 24800，第 10 条。

⑥ 参见 Yujeonja Jaejohab Sikpoom Deungui Anjeonseong Pyungga Simsa Deunge Gwanhan Gyujeong [Regulation on Risk Assessment for Genetically Modified Food]，Enforcement Regulation of Ministry of Food and Drug Safety，No. 2007-60，Aug. 30，2007. 最近一次修订是 2013 年 4 月 5 日，No. 2013-80，第 9 条。

⑦ 参见 Kuknae Weehaesung Simsa Hyunhwang [Domestic Risk Assessment Status]，载韩国生物安全清洁所网站：http://www. biosafety. or. kr/bbs/mboard. asp? exec = view& str BoardID = bsn_065& intPage = 1& intCategory = 0& strSearchCategory = | s_name | s_subject | & strSearchWord = & intSeq = 71872，2020 年 3 月 2 日最后访问。

环境风险评估。[①] 农业、食品与乡村事务部是负责风险评估申请和审批程序的法定机构，专门建立了“环境风险专家委员会”（Environmental Risk Expert Committee）。相应地，该委员会也建立了风险评估程序。[②] 一旦委员会签发了风险评估结论，农业、食品与乡村事务部部长必须通过互联网和官方公报公布该结论，并征求社会各界意见。[③] 在作出允许进口或生产转基因饲料决定时，农业、食品与乡村事务部部长可以视情况需要与一个咨询委员会进行磋商，请该委员会评估转基因生物在社会和经济方面的影响。[④] 截至2013年9月，共有88种转基因饲料获得批准，其中使用了大豆、玉米、棉花、油菜和苜蓿等转基因作物。[⑤]

3. 标签要求

2000年8月，针对有些加工食品含有经过生物技术处理的物质，当时的食品与药品署颁布了《分子重组食品标签标准》（Labeling Standards for Recombinant Food）。根据这一规范，涉及的产品包括所有被食品与药品署批准为安全的转基因作物。如果这类作物属于食品最主要的五种成分之一，而且转基因作物成分还留在终端产品内，该产品需要贴上转基因产品标签。需要指出的是，像食用油、食糖这类高度提炼的食品不需要转基因产品标签，因为在终端产品中已经找不到转基因作物的痕迹了。

在标注方式上，《分子重组食品标签标准》具体是这样规定的：

（1）“转基因食品”或者“含有××转基因作物的食品”标签用在那些含量100%用转基因作物加工而成的食品。这样的标签必须醒目。

（2）如果食品含有部分转基因作物，该转基因作物名称必须出现在原料名称中，并加上括号。

（3）如果出口商或进口商不能确定相关产品是否含有转基因成分，标签上必须标注“有可能含有转基因+作物名称”字样。

（4）如果用色彩显示转基因成分的，必须与产品包装的色彩有较大的反差。

（5）进口食品或其添加剂中含有转基因成分的，其标注如果不是印在包装

① 参见《统一执行跨境转移活的转基因生物和其他相关事务法条例》第4条第1款第2段。

② 参见《统一执行跨境转移活的转基因生物和其他相关事务法条例》第4条第11款。

③ 参见《统一执行跨境转移活的转基因生物和其他相关事务法条例》第4条第8款第9段。

④ 参见《统一执行跨境转移活的转基因生物和其他相关事务法条例》第4条第6款。

⑤ 参见 Kuknae Weehaesung Simsa Hyunhwang [Domestic Risk Assessment Status]，载韩国生物安全清洁所网站：http://www.biosafety.or.kr/bbs/mboard.asp? exec=view&strBoardID=bsn_065&intPage=1&intCategory=0&strSearchCategory=|s_name|s_subject|&strSearchWord=&intSeq=71872，2015年9月17日最后访问。

盒上，则粘贴在包装盒上的标签必须不能轻易撕掉。

（6）不建议采用“非转基因”“不含转基因”等标签，除非能够证明产品确实100%不含转基因成分。对于那些市场上不存在转基因产品的传统作物（小麦、水稻等），不允许使用上述标签。

（7）如果有经过韩国政府认可的机构检测证明产品不含转基因成分，① 这种证明可以夹在产品之中。

（8）如果没有经过权威机构检测，产品进口到韩国后，在通关之前先进行检测。如果检测出转基因成分，则必须按照韩国法律规定标注。

韩国政府自2013年对各部门权力重新划分后，将对未经加工农产品生物技术标签规定的授权由农业部转交给食品与药品安全部。上述农产品的运输必须符合相关的标签规定。韩国规定，未经加工农产品标注的阈值是3%，具体规定包括：

（1）超过阈值的未经加工转基因农产品必须标注为“转基因+农产品名称”。

（2）超过阈值的加工过的转基因农产品必须标注为“含转基因+农产品名称”。

（3）有可能含有转基因的农产品必须标注为“有可能含转基因+农产品名称”。

（4）绝对不含转基因生物的农作物可以标注为“非转基因”（Non-GMO）或“不含转基因”（GMO Free）。但是，这些产品一旦被测出转基因成分，当事人将受到处罚。

为了让公众共享信息和确保消费者的知情权和选择权，包括农产品和加工食品在内的转基因食品和转基因饲料标注还要符合以下法律要求：《跨境转移活的转基因生物和其他相关事务法》②、《食品卫生法》③、《农业与海洋制品质

---

① 目前，共有15家韩国检测机构和2家美国检测机构被韩国食品与药品安全部认可。参见Seung Ah Chung, Korea: Food and Agricultural Import Regulations and Standards-Narrative, FAIRS Country Report, GAIN Report Number: KS1453, December 31, 2014, Appendix Ⅱ, Other Import Specialist Contacts: Accredited Laboratories。

② 参见《跨境转移活的转基因生物和其他相关事务法》第24条。

③ 参见《食品卫生法》第12条第2款。另参见Sikyakcheo Goshi Yujeonja Byunhyung Nongsusanmul Pyoshiyoryung [Labeling Guideline for Genetically Modified Agricultural and Marine Product by Ministry of Food and Drug Safety (Labeling Guideline for Agricultural Products)], Enforcement Regulation of Ministry for Food, Agriculture, Forestry and Fisheries, No. 2012-75, July 22, 2012. 最近一次修订是2013年4月5日。参见Enforcement Regulation of Ministry of Food and Drug Safety, No. 2013-143.

量控制法》① 以及《牲畜和鱼类饲料质量控制法》。② 标签规定的具体适用如表 1-1-2 所示：

表 1-1-2 标签规定的具体适用

类别	农产品	加工食品
必须用标签标明	食品与药品安全部批准进口的每一种转基因农产品	1. 食品中含有从必须进行标签的农产品中提炼出来的转基因成分； 2. 食品中含有的转基因成分是该食品的主要成分；[1] 3. 加工食品所含的外源蛋白经测试证明没有副作用
不必用标签标明	1. 与转基因作物分开种植的农作物； 2. 转基因生物含量少于 3%，而且是非故意掺入	1. 采用的农产品是用非转基因方式种植的； 2. 转基因生物含量少于 3%，而且是非故意掺入的

资料来源：Labeling Guideline for Agricultural Products，第 3 条第 2～3 段（农产品）；Yujeonja Jaejohab Sikpoom Deung-ui Pyoshi Kijoon [Labeling Guideline for Genetically Modified Food by Ministry of Food and Drug Safety (Labeling Guideline for Processed Food)]，Enforcement Regulation，No. 2000-43，Aug. 30，2000．最近一次修订是 2013 年 4 月 5 日，No. 2013-165(加工食品)。

[1]“主要成分”是指加工食品或食品添加剂中最主要的 5 种成分之一。参见 Yujeonja Jaejohab Sikpoom Deung-ui Pyoshi Kijoon [Labeling Guideline for Genetically Modified Food by Ministry of Food and Drug Safety (Labeling Guideline for Processed Food)] 第 2 条第 4 段，Enforcement Regulation，No. 2000-43，Aug. 30，2000. 最近一次修订是 2013 年 4 月 5 日，No. 2013-165。

(七) 法律责任与著名案例

韩国法律或法规目前没有规定针对转基因生物造成的危害所引发的法律责任。韩国学术界一直在讨论通过修订现有法律或补充法律内容来制定相关责任的必要性。有关部门也曾多次尝试援引现有的法律原则，如产品责任法中的基本原则以及“无过错原则”和“举证责任倒置”的做法。③ 然而，由转基因生物引发的责任问题在韩国仍然没有得到有效解决。

韩国法院至今没有对涉及转基因生物的案件作出过任何裁决。

---

① 参见 Agricultural Act，第 56 条；Enforcement Decree of the Food Sanitation Act，第 20 条；Labeling Guideline for Agricultural Products。

② 参见 Saryo Kwali Beob [Control of Livestock and Fish Feed Act]，Act No. 1393，Aug. 14，1963. 最近由 No. 11690 法案修订，时间是 2013 年 3 月 23 日。

③ 参见 Sang Hyuk Moon，A Study of Regulation and Liability Relating to Genetically Modified Organisms 101 (Feb. 2010) (unpublished PhD thesis，Sung Kyun Kwan University) (on file with National Assembly Library).

二、黎巴嫩

黎巴嫩于1994年和2008年分别批准加入《生物多样性公约》和《卡塔赫纳生物安全议定书》,但是该国至今尚未制定有关转基因生物的政策。尽管在现有的黎巴嫩法律体系中,部分法律与转基因生物管制有间接关联,但严格地说,黎巴嫩至今仍未就转基因生物形成一套系统的法律制度。

(一)概述

黎巴嫩是一个中东小国。由于其独特的地理位置,包括山地、平原和海岸线,这个国家涵盖三种不同气候条件,拥有丰富的生物多样性资源。然而,尽管黎巴嫩已经通过1994年颁布的第360号法律批准加入《生物多样性公约》[①]和2008年颁布的第31号法律批准加入《卡塔赫纳生物安全议定书》,[②]该国至今仍未制定任何相关政策或立法,表明其对转基因生物是持限制态度还是许可态度。

(二)公众与学者的观点

黎巴嫩普通民众显然没有认真参与到国家生物安全的事务中来。黎巴嫩环境部与联合国发展署曾于2004~2005年合作进行一个研究项目(United Nations Development Program),帮助黎巴嫩构建国家生物安全体系。该研究团队在其最终研究报告中指出,黎巴嫩的大学、政府机构、非政府组织还需要多组织一些普及活动,以提高民众的参与程度。[③] 然而,公众对于开发和利用转基因生物的态度究竟如何,至今仍没有这方面的报道。

黎巴嫩学术界也没有多少这方面的讨论记载和研究成果。文献检索显示,黎巴嫩大学农业科学学院的一位教授曾经为2013年1月22~26日在贝鲁特举行的"防范生物、化学与核危机的生物安全战略"国际研讨会做过一次公开演讲。[④] 同一作者类似议题的一篇论文收录在2010年这位教授与联合国粮

---

① 参见 Law No. 360 of 1994,载 http://www. moe. gov. lb/getattachment/2270bcc2-d961-426b-b780-8055b1a6dd--رقم-قرار/ 18 ال-للتنوع-المتحدة-الامم-اتفاقية-ابرام--360 . aspx,2017年6月19日最后访问。

② 参见 Law No. 31 of 2008,AL-Jaridah AL-Rasmiyah [Official Gazette] No. 44 of 2008,载 http://www. pcm. gov. lb/Cultures/ar-LB/Menu/,2020年1月27最后访问。

③ 参见 E. J. Sattout, D. Jamali & W. Nasser, National Biosafety Framework 7 (2005),载 http://www. unep. org/biosafety/files/LBNBFrep. pdf,2015年10月9日最后访问。

④ 参见 Lamis Chalak Soukarie, Genetically Modified Organisms and Biosafety: Current Status in Lebanon, Presentation at the Conference on Biosecurity & Biosafety Strategy in Case of a Biological, Chemical or Nuclear Crisis, Beirut,载 http://www. bbic-network. org/Uploads/Document/Genetically%20Modified%20Organisms%20%28GMOs%29%20and%20Biosafety%20Current%20Status%20in%20Lebanon. pdf,2015年10月9日最后访问。

农组织合作的一个地区项目的研究报告中。该项目的名称为"加强构建测试转基因生物地区平台的能力"。在这篇论文中,作者承认"对于生物技术,黎巴嫩既没有出台任何官方政策,也没有制定国家战略"。① 作者同时指出,影响黎巴嫩发展转基因技术的障碍有以下几个方面:

1. 缺少国家战略统筹生物技术在农业领域的应用;

2. 学术界、研究机构、企业界和政府部门之间缺乏合作;

3. 国家缺少生物安全立法;

4. 缺乏适当的基础设施(温室及其他),以承接将实验室完成的转基因技术运用到农业种植之中;

5. 转基因工程领域专业技术人员不足;

6. 缺少科研经费。②

(三)相关立法框架

如前所述,黎巴嫩尚未就转基因生物制定一套全面的国家政策。然而,有一些国内法与这一事项有间接的联系。例如,国家生物安全报告列举了下列立法与生物安全有关:③

1. 1925 年颁布的第 3044 号命令(Ordinance No. 3044)。该命令授权有关部门对昆虫和影响植物疾病的控制。

2. 1939 年颁布的第 4396 号法令(Decree No. 4396)。该法令规定强制性铲除昆虫和影响柑橘类水果的疾病。

3. 1948 年 6 月 10 日颁布的一部法律和 1998 年颁布的第 283/1 号部长令(Ministerial Ordinance No. 283/1)。这些规定与农作物检疫有关。

4. 1997 年颁布的第 18/1 号部长令(Ministerial Ordinance No. 18/1),规定进口鲜活动物的疫苗接种。

(四)对科研、生产和市场化的限制

截至 2022 年,黎巴嫩并不限制含转基因生物食品和饲料的研究、生产和市

---

① Lamis Chalak,"Lebanon",in Magdy Madkour (ed.),*Status and Options for Regional GMOS Detection Platform:A Benchmark for the Region*,Official Document,FAO-TCP/RAB/3202,2010,p. 47,载 http://www.fao.org/docrep/012/al310e/al310e00.htm,2020 年 3 月 2 日最后访问。

② 参见 Lamis Chalak,"Lebanon",in Magdy Madkour (ed.),*Status and Options for Regional GMOS Detection Platform:A Benchmark for the Region*,Official Document,FAO-TCP/RAB/3202,2010,p. 57,载 http://www.fao.org/docrep/012/al310e/al310e00.htm,2020 年 3 月 2 日最后访问。

③ 参见 E. J. Sattout, D. Jamali & W. Nasser, National Biosafety Framework 7 (2005), p. 34, 载 http://www.unep.org/biosafety/files/LBNBFrep.pdf, 2015 年 10 月 9 日最后访问。Lamis Chalak,"Lebanon",in Magdy Madkour (ed.),*Status and Options for Regional GMOS Detection Platform:A Benchmark for the Region*,Official Document,FAO-TCP/RAB/3202,2010,pp. 59-62,载 http://www.fao.org/docrep/012/al310e/al310e00.htm,2020 年 3 月 2 日最后访问。

场营销活动。2012 年 6 月 4~5 日,在约旦举行的第一届转基因生物测试与分析统一化国际工作坊上,一份有关黎巴嫩的研究报告显示,黎巴嫩目前“没有法律和法令反对其国民消费含有转基因生物的食品和饲料、使用含有转基因生物的药品”。[①]

(五)向自然界释放转基因生物的限制

黎巴嫩没有专门针对向自然环境释放转基因生物的立法。然而,2002 年颁布的第 444 号法律——《环境保护法》(Environmental Protection Law)的部分条款可以被认为是对此所作的限制。例如,第 8 章要求在实施任何有影响的活动过程中切实保护生物多样性、自然环境和基因遗传。[②]

(六)食品中使用转基因生物的限制

对于食品中使用转基因生物的唯一限制是规定在 2006 年颁布的第 778 号法律——《植物检疫与卫生防疫措施法》(Law on Plant Quarantine and Phytosanitary Measures)第 14 条第 4 段。[③] 该法律规定,如果转基因植物或其衍生品危及或有可能损害人类、动物或植物,则禁止其进口。

(七)法律责任与司法裁决

黎巴嫩没有专门的法律条款就转基因生物导致的损害规定赔偿标准。任何损害都按照《义务与合同法典》(Obligations and Contracts Code)第 121~139 条中的侵权责任来处理。[④]

截至 2022 年,黎巴嫩法院还没有作出过有关转基因生物的司法裁决。

三、马来西亚

除了木瓜,马来西亚不允许在本国种植其他转基因作物,但是每年进口相当数量的转基因大豆、玉米及其制品。马来西亚在转基因产品的研发方面几乎是空白,粮食种植也不需要规定转基因作物与非转基因作物的间隔距离。马来西亚对转基因产品和含有转基因成分的加工产品有强制标签的规定,但是对从转基因产品中提炼的产品不作标签规定。一般而言,消费者对转基因技术了解

---

① Gretta Abou Sleymane & Lamis Chalak, Status and Experiences Related to the Implementation of GMO Legislation in Lebanon, 载 http://gmo - crl. jrc. ec. europa. eu/capacitybuilding/docsworkshops/Jordan-2012/LEBANON. pdf,2020 年 1 月 27 日最后访问。

② 参见 E. J. Sattout, D. Jamali & W. Nasser, National Biosafety Framework 7 (2005), p. 34, 载 http://www. unep. org/biosafety/files/LBNBFrep. pdf,2015 年 10 月 9 日最后访问。

③ 参见 Official Gazette No. 58 of 2008, p. 6577, 载 http://www. pcm. gov. lb/Cultures/ar-LB/Menu/,2020 年 1 月 27 日最后访问。

④ 参见 Obligations and Contracts Code,载 http://www. aproarab. org/Down/Lebanon/24. doc,2020 年 1 月 27 日最后访问。

并不多,对于转基因产品的接受程度与非转基因产品没有太大区别。由于马来西亚禁止研发和进口转基因动物,市场上几乎没有这方面的产品及其制品。目前,马来西亚规范转基因产品的法律主要是2007年颁布的《生物安全法》和2010年出台的《审批条例》。

(一)概述

2014年,马来西亚进口了380万吨玉米、140万吨大豆制品和57万7千吨大豆。所有这些进口产品都是转基因产品,其中大豆主要来自美国,共计23.3万吨,占大豆进口量的39%。此外,美国还向马来西亚出口了6万吨用作饲料的玉米粉、大约5万吨玉米做成的酒曲以及价值1.11亿万美元的食品,这些都含有转基因作物成分。马来西亚还从加拿大进口约9万吨标注过的非转基因大豆。

根据马来西亚2007年出台的《生物安全法》(Biosafety Law),国家生物安全理事会(National Biosafety Board)负责批准任何"活的转基因生物"进入马来西亚市场,包括用作饲料和食品加工的转基因作物、转基因动物及其制品。截至2015年5月,国家生物安全理事会已经批准8批次玉米和6批次大豆,另外还有两批次大豆和两批次玉米等待审批。尽管如此,一些生物科技企业还是抱怨马来西亚的审批程序拖沓(有时长达180天)以及一些附加的不合理条件。食品加工企业则更关心进口的原材料中是否含有未经批准的转基因作物成分。按原计划,马来西亚有关转基因食品和成分标注规定应该在2014年7月8日生效,但是迄今为止,马来西亚卫生部还没有正式宣布这一规定何时生效。

棕榈是马来西亚最重要的进口作物。马来西亚科学家已经绘制了它的基因组图,然而相关部门却不太愿意在转基因棕榈的研发方面投入太多人力与物力,他们担心传统棕榈油的消费者和加工企业会有抵触情绪。事实上,马来西亚市场上销售的棕榈油正是打着"非转基因"的招牌以区别用转基因大豆或菜籽压榨的食用油。

2013年5月,马来西亚国家生物安全理事会第一次批准在封闭条件下种植转基因木瓜,以延长其成熟期。除此之外,马来西亚尚未批准过其他转基因作物的种植。马来西亚政府还于2010年批准在无人居住的地区释放经过基因处理的蚊子,以控制登革热的传播。此事因反对者太多而被搁置。自此,马来西亚将转基因技术用在灭蚊方面的研究进展缓慢,主要是担心环保部门的抗议。2014年,马来西亚卫生部正式宣布放弃这一项目的继续试验,主要原因是后续的研究经费得不到保障。

（二）植物生物技术

1. 植物生产与贸易

（1）产品开发

2013 年 5 月 29 日，马来西亚国家生物安全理事会下属的转基因咨询委员会（Genetic Modification Advisory Committee）批准马来西亚农业研究与开发研究院（Malaysia Agriculture Research and Development Institute）在封闭环境下进行转基因木瓜的种植试验。试验地点选在研究院内一座单体全封闭的建筑物内，其长 24 米，宽 18 米，高达 5.2 米。转基因木瓜具有成熟期长等特点，易于保存。农业研究与开发研究院还没有表示是否会到田间试验性种植。此外，一家美国公司正在与马来西亚的一家棕榈油生产重点企业进行联合研究，开发一种发酵用的转基因酵母以及用棕榈油和其他棕榈产品合成制造化工产品。

生物技术在马来西亚被作为广义理解，基因工程只是其中的一个组成部分。例如，采用组织培养和分子标记的作物研究以及生物杀虫剂的研制、虫害的综合管控、有机化肥的研制等都被归类为生物技术研究，与基因工程的概念没有区别。它们都属于马来西亚政府目前正在推动的生物技术研究与投资的范畴。马来西亚生物技术公司（Biotechnology Corporation）是该国负责吸引投资和引导政府与私人在生物技术产业合作的主导机构。然而，该机构近年来的主要精力放在公共健康领域，农业领域的投入相对滞后了。

（2）商业化生产

马来西亚没有商业化生产的转基因作物及产品。

（3）出口

马来西亚不出口任何转基因作物，出口的部分加工食品（如豆奶）有可能含有转基因作物成分，这主要是用作原料的进口产品有可能是转基因产品。

（4）进口

马来西亚每年进口超过 380 万吨玉米，约 140 万吨大豆制品以及 57.7 万吨大豆。所有这些进口产品都是转基因产品。从进口来源看，进口玉米的 2/3 来自巴西和阿根廷，几乎所有的大豆制品来自阿根廷，进口的大豆约一半来自美国。美国每年还向马来西亚出口 6 万吨用作饲料的玉米粉、大约 5 万吨玉米用来制作酒曲。此外，马来西亚每年还从美国进口价值 1.11 亿万美元的零食和高端食品，其中后者含有从转基因作物中提炼的糖浆和大豆油成分。马来西亚还从加拿大进口约 9 万吨标注过的非转基因大豆，从美国进口 1 万吨标注过的非转基因玉米。这些产品都是用来加工食品的。

目前，马来西亚不允许进口转基因作物种子在本国种植。

(5)食品援助

马来西亚不接受外来的食品援助,而且未来也不会改变这一立场。

2. 植物生物技术政策

(1)管理框架

马来西亚自然资源与环境部(Ministry of Natural Resources and Environment)下属的生物安全司负责转基因作物的监管和与市场化相关的事项。作为一个跨部门单位,国家生物安全理事会审批转基因作物的研发与市场化的申请,转基因咨询委员会根据环境、人类与动物卫生健康各分委员会的意见和建议,在审批过程中给予相关的技术指导。马来西亚的《生物安全法》要求国家生物安全理事会在审批活性转基因生物进入市场用于食品、饲料生产或加工时评估其安全性。这种审批适用于所有转基因作物的进口。审批期限为180日。① 卫生部(Ministry of Health)下属的食品安全与质量司负责食品安全评估和标签事宜。

由于马来西亚没有批准过转基因作物的种植,不需要担心将转基因作物与非转基因作物相隔离,也没有这方面的专门规定。但是在转基因玉米的进口批文中,国家生物安全理事会还是提醒进口商注意避免进口玉米在运输过程中对本地玉米的影响。

(2)审批

自然资源与环境部下属的生物安全司负责审批转基因生物的进口与释放。具体的审批程序和注意事项都公布在其官方网站上。② 已经批准进口的26种用于食品生产或加工的转基因作物中,其中棉花4种,油菜籽1种,玉米14种,大豆7种。③

(3)田间测试

迄今为止,马来西亚只批准过一种转基因木瓜在封闭环境下试验性种植,以延长其成熟期。

(4)累积转基因生物的审批

单一的转基因生物与多种转基因生物累积的审批程序是一样的。2013年1月,国家生物安全理事会批准了TC1507号抗病虫和抗杀虫剂玉米。虽然含

---

① 有关具体规定,参见马来西亚生物安全清洁所网站:http://www.biosafety.nre.gov.my/,2020年1月28日最后访问。

② 参见自然资源与环境部生物安全司网站:http://www.biosafety.nre.gov.my/regulatory_process/approval.shtml,2017年4月27日最后访问。

③ 参见自然资源与环境部生物安全司相关网站:http://www.biosafety.nre.gov.my/country_decision/app_ffp.shtml,2017年4月27日最后访问。

有多种转基因生物,其审批程序与单一品种的转基因生物一样。

(5)额外要求

马来西亚虽然制定了种子注册程序,但是农业部并没有严格执行这一程序。大多数情况下,国家生物安全理事会的批文就足以让注册通过。批准文件也没有明确规定注册的时限。

(6)共存

由于马来西亚不允许在本国种植转基因作物,因此,没有转基因作物与非转基因作物种植间隔距离的规定。不过,在转基因玉米的进口批文中,国家生物安全理事会还是要求申请者避免在运输过程中影响本国的玉米产业。

(7)标签规定

2013年4月,马来西亚卫生部的食品安全与质量司发布了新版《通过现代生物技术获取的食品及食品成分标签指南》,主要内容包括以下几点:①如果转基因成分不超过3%,并且这种出现是非故意的,技术上也是无法避免的,则不需要标签;②只含有一种转基因成分的食品,该成分的名称必须出现;③含有多种转基因成分的食品,"产自××转基因成分"的字样必须出现;④高度提炼的食品,如色拉油、糖浆等,无须特殊标签;⑤产自吃了转基因饲料动物的肉类无须特殊标注;⑥只有经过国家生物安全理事会批准的转基因作物才能用于生产食品和用作食品成分。[①]

(8)贸易壁垒

只有经过批准的食品、饲料等转基因产品才能进入马来西亚市场。截至2015年5月,包括玉米和大豆在内,只有26种转基因产品获得批准。一旦新的标签规定付诸实施,审批程序将变得更加严格。不过现在还不清楚,新规定将从何时开始执行。新规定是否会要求加工食品,甚至大宗粮食进口都要经过转基因成分检测,这一点也不甚明了。漫长的审批程序和不合理的条件会给申请人带来许多不确定因素。因此,部分申请人会放弃申请,而没有审批部门的批文,加工企业不太愿意使用进口转基因产品作为原料,这最终会影响转基因产品的进口。

(9)知识产权

知识产权保护固然是政策制定者的考量因素之一,但是由于马来西亚禁止种植转基因作物,该国没有成规模的转基因种子产业,也没有自主研发的转基因种子向有关部门登记注册。因此,转基因技术的知识产权争议在马来西亚还没有出现过。

---

① 迄今为止,该指南还没有付诸实施。

(10)《卡塔赫纳生物安全议定书》的批准

马来西亚不仅在议定书上签了字,而且还是一个非常活跃的成员。马来西亚还是联合国环境规划署"环境基金"的接受国之一。

(11)国际条约和论坛

马来西亚经常派代表参加世界食品法典委员会组织的会议,但是还没有就转基因植物的规制采取过实质性措施。

3. 植物生物技术的市场化

(1)市场接受程度

马来西亚市场对转基因产品的反应比较冷淡,既没有强烈排斥,也没有完全接受。除了一些相关利益团体外,普通消费者对转基因食品不是特别在乎。总体上讲,马来西亚民众对转基因产品的认知度还比较低。随着标签制度的推行,公众会逐渐了解转基因产品,最终也会接受转基因产品。

(2)公众的意见

2012 年,由联合国环境署资助的一项调查显示,由于马来西亚市场销售的转基因产品不多,民众也是以消费非转基因食品为主,马来西亚民众对于生物安全法律和规制方面的知识了解较少。①

4. 植物生物技术能力缔造和影响扩大

马来西亚的政府官员和一些非政府组织代表经常参加一些生物技术的课程,同时也单独进行一些课题研究。这些活动得到了美国农业部主管的"Cochran"和"Borlaug"这两个基金会的资助。② 2013~2015 年,马来西亚分别参加了 APEC 组织在印尼麦丹、中国北京和菲律宾的马尼拉举行的有关农业高峰会议。通过上述活动,马来西亚国家生物安全理事会的成员增加了有关大宗货物处置和存储方面的知识,这有利于提高马来西亚这方面的管理水平。在了解市场运作的实际情况后,这些官员会意识到原先强加于食品、饲料进口和加工生产审批的许多附加条件是不现实的。不过现在还没有迹象表明,马来西亚国家生物安全理事会是否会改变他们的做法。

(三)动物生物技术

1. 动物生物技术的生产与贸易

(1)产品开发

马来西亚民众和政府对于基因工程技术用于动物生产有一种负面印象。

---

① 相关分析报道请见:Decision-Making on LMOs:Malaysia's Context, Biosafety Newsletter, Issue 4,2012.

② 参见 Cochran Fellowship Program, Borlaug Fellowship Program,载美国农业部网站:https://www.fas.usda.gov/programs/borlaug-fellowship-program 2020 年 1 月 28 日最后访问。

迄今为止,政府部门和民营机构都没有采用过基因工程技术用于动物生产的研发。尽管国家生物安全理事会2010年批准在范围控制前提下田间释放经过基因处理的蚊子试验,反对者还是阻止了这项试验的进一步进行。采用这项技术的目的是通过释放大量经过基因技术处理后没有繁殖能力的雄性蚊子,以减少登革热暴发的危害。①

(2)商业化生产与生物技术出口

马来西亚至今尚无推广转基因或克隆动物的商业化生产,也没有这方面的出口。

(3)生物技术进口

马来西亚高度依赖牲畜饲养方面的基因技术,尤其是反刍动物。引进的技术中包括克隆技术。

2. 相关政策

(1)管理条例

转基因动物的管理规范主要包含在2007年颁布的《生物安全法》和2010年出台的《审批条例》(Approval Regulations)中。②

(2)标签与产品的可追溯管理

《生物安全法》中有关植物生物技术一章中的标签指南同样适用于转基因动物产品。但是马来西亚没有转基因产品可追溯方面的规定。

3. 市场化推广

转基因动物制品在马来西亚的市场接受程度不高,大多数消费者不愿接受转基因或克隆动物制品。不过,马来西亚尚未做过这方面的市场调研,也没有公布过这方面的官方统计数据。

四、日本

日本是个粮食高度依赖进口的国家,也是世界上转基因作物主要进口国之一。总体而言,日本民众对待转基因食品持开放态度,但是这并不意味日本政府放任转基因食品在市场上销售。相反,日本在这方面构建起一套符合自己需要的严格管理体制。日本于2003年通过了《卡塔赫纳法案》,开始在其国内执行《卡塔赫纳生物安全议定书》。该法案根据两类用途区分转基因生物,即在

---

① See National Biosafety Board Decision—Application for Approval for Limited Mark-Release-Recapture of Aedes aegypti Wild Type and Aedes aegypti Genetically Modified Mosquitoes OX513A (My1). NBB REF No: NRE(S) 609-2/1/3. Applicant: Institute of Medical Research. Date of Decision: October 5, 2010.

② See Laws of Malaysia, Act 678, Biosafety Act 2007.

有封闭措施的情况下使用和在公开的环境下使用。两种用途都受本法案调整,但是后者的管制更多一些。虽然依照日本现行法律,在遵守一定程序的前提下种植转基因作物是合法的,但是迄今为止,除了个别观赏性装饰花卉之外,日本还没有商业化种植过转基因作物,主要是因为公众对转基因作物的安全性仍然持怀疑态度,而烦琐的中央和地方两级管理体制也是限制转基因作物在日本种植的原因之一。日本法律规定,某些出口至日本的食品生产时采用转基因作物的,需要在标签上明确注明。

(一)概述

2003年,日本制定了《通过对转基因生物使用的管制来保护和可持续利用生物多样性法案》(Act on the Conservation and Sustainable Use of Biological Diversity Through Regulations on the Use of Genetically Modified Organisms)(以下简称《卡塔赫纳法案》)。① 这项法案旨在准确、平稳地执行《卡塔赫纳生物安全议定书》。② 在日本,任何人在遵守相关程序和(在必要的时候)获得政府许可的前提下,就可以制造、进口和使用转基因生物。然而,由于公众大多持否定态度,转基因作物在日本没有得到商业化种植(详见下文"(二)公众与学者的观点")。③ 日本的一些县通过制定地方法令禁止在本地区种植转基因作物(详见下文"(三)相关立法框架"部分)。转基因作物种植的唯一例外是一种观赏性花卉——蓝玫瑰。该花卉是由一家日本公司联合一家澳大利亚公司通过基因工程合成的,并且允许在日本种植和销售。④ 日本市场上销售的另一家公司采用转基因技术开发的康乃馨是在南美洲的哥伦比亚种植的。⑤ 转基因技术用于上述花卉研发的目的是减少花粉过敏。在日本,许多人都有花粉过敏症状。转基因技术可以减少花卉传播花粉。

尽管不少日本人对转基因食品持否定态度,日本政府已经对相关转基因生物进行安全测试,并批准了238种采用转基因生物加工而成的食品和食品添加

---

① See Act on the Conservation and Sustainable Use of Biological Diversity through Regulations on the Use of Living Modified Organisms (Cartagena Act), Act No. 97 of June 18, 2003. 该法案的英文版可从日本司法部网站获得。参见 http://www.japaneselawtranslation.go.jp/law/detail_main? re=02& vm=02&id=132,2020年1月28日最后访问。

② 参见《卡塔赫纳法案》第1条。

③ 参见 Idenshi kumikae sakumotsu wa nihon de jissai ni saibai sarete iru no desu ka? [Are GM Crops Actually Grown in Japan?], Monsanto Japan,载 http://www.monsanto.co.jp/question/03/03/,2020年1月28日最后访问。

④ 参见 First in the World! Challenge to the Impossible. Suntory Global Innovative Center,载 http://www.suntory.com/sic/research/s_bluerose/,2020年1月28日最后访问。

⑤ See Suguru Sato, Agricultural Biotechnology Annual: Japan's regulatory system for GE crops continues to improve, Gain Report Number: JA5024, July 13, 2015, p. 5.

剂在日本市场销售。[①] 2020 年 1 月,日本已经成为世界上转基因作物最大的进口国之一。[②]

(二)公众与学者的观点

日本有不少普通民众对于转基因作物和转基因食品的安全持怀疑态度。这一点可以从一些社会组织的活动中得到证明。在一份向日本政府递交的名为"在日本人民中推广科学知识"的书面请求中,日本植物病理学协会(Japanese Society of Plant Physiologists)联合其他一些社团组织对于为什么日本消费者对待转基因作物坚持他们负面观点的原因作了详细分析,认为日本社会上的反转基因组织和人士在这方面起了不小的作用。[③] 一些个人微博和民间团体的网站经常散布有关转基因生物的负面信息,并警告日本消费者使用转基因食品的种种危害。[④] 这些宣传活动在一定程度上给转基因食品在日本推广造成负面影响。在某些方面,日本民众开始怀疑政府掩盖了转基因生物的相关信息。[⑤] 日本媒体有时也会刊登一些对转基因生物负面评价的文章。[⑥]

(三)相关立法框架

如本文第一部分所述,《卡塔赫纳法案》是日本执行《卡塔赫纳生物安全议定书》的国内法。在日本,食品安全问题由其国内食品方面的立法调整(详见本文第四部分)。此外,日本的《药品法》(Pharmaceutical Affairs Act)调整采用

---

① 参见 Ministry of Health, Labor and Welfare, Pharmaceutical and Food Department, Food Safety Section, Chart of GM Foods and Food Additives that Went Through Safety Examinations, 载 http://www.mhlw.go.jp/topics/idenshi/dl/list.pdf,2020 年 1 月 28 日最后访问。

② 参见 Eric Mortenson, Genetically engineered wheat: Japan suspends imports of soft wheat pending investigation, The Oregonia, 载 http://www.oregonlive.com/business/index.ssf/2013/05/genetically_engineered_wheat_j.html,2020 年 1 月 28 日最后访问。

③ 参见 Japanese Society of Plant Physiologists, Teigen: "idenshi kumikae shokubutsu no shakai ni okeru tekisetsu na juyōo susumeru taisei o motomu" [Proposal: "Requesting System to Support Adequate Acceptance of GM Food by the Society"], p. 3, 载 http://www.s.affrc.go.jp/docs/commitee/gm/4kai/pdf/siryo1.pdf,2015 年 8 月 14 日最后访问。

④ 例如:Chris Salzberg, Japan: Number 1 Language of Bloggers Worldwide, Global Voices, 载 http://globalvoicesonline.org/2007/04/16/japan-number-1-language-of-bloggersworldwide/,2015 年 8 月 14 日最后访问。

⑤ 参见 GM shokuhin, shohisha no "shiru kenri" ni dou kotaeruka [GM Foods, How to Respond to Consumers' "Right to Know"], Japan Agricultural Communications, 载 http://www.jacom.or.jp/news/2013/06/news130611-21193.php,2020 年 3 月 3 日最后访问。

⑥ 参见 Yoshiyuki Ashida, Mainichi shinbun no rensai shokutaku doko e: Idenshi kumikae [How Foods on Table at Home Change According to Mainichi Newspaper: Genetically Modified Food], Yasashii Baio Tekunoroji [Easy Biotechnology], 载 http://yoshibero.at.webry.info/200911/article_23.html,2020 年 1 月 28 日最后访问。

转基因生物制造的药品安全评估问题。

根据日本法律(laws)和条例(regulations)不同的立法目的,转基因生物在日本法律和条例中的定义有所区别。《卡塔赫纳法案》对转基因生物是这样定义的:“通过采用下列两种技术中的任何一种拥有核酸或含有核酸复制品的生物:(1)依据政府相关职能部门制定的规则,获得细胞外核酸的技术;(2)依据政府相关职能部门制定的规则,融合来自不同科目生物细胞的技术”。①

《卡塔赫纳法案》规定,日本政府有义务采取措施[或称“基本事务”(basic matters)]避免转基因生物引起的负面影响,同时确保转基因生物的正确使用。② 2003 年,日本政府以一项法令(ordinance)的形式规定了“基本事务”的范围。③

除了国家层面的立法,日本还有一些地方法令规范转基因作物。11 个县和 3 个市制定了地方法令或出台指南,限制在这些地区种植转基因作物,其限制程度超过日本国家层面的《卡塔赫纳法案》的规定。④ 在一些没有制定地方法令的地区,关注转基因生物安全的一些地方社区组织也要求当地政府通过类似法令。⑤

(四)研究、生产、销售的限制

直到 20 世纪 90 年代初,日本的政府机构和民间组织一直是积极推动农业生物技术的研发。然而,由于受经济衰退影响以及公众对农业生物技术接受程度的不确定性影响,绝大多数民间组织自 90 年代中后期开始停止或减少这方面的研究经费投入。目前,仍在从事这方面研究的大多都是公立大学和政府资助的机构。即使有部分民营机构在做这方面研究的,它们也是获得了政府的资助。因此,与美国生物技术研发主要由民营企业推动并取得长足进步相比,日

① 参见《卡塔赫纳法案》第 2 条第 2 段。

② 参见《卡塔赫纳法案》第 3 条。

③ 参见 Basic Matters Under the Provisions of Article 3 of the Law Concerning the Conservation and Sustainable Use of Biological Diversity Through Regulations on the Use of GMOs (Basic Matters), MOF, MEXT, MHLW, MAFF & MOE Ordinance No. 1 of 2003,载 http://www.bch.biodic.go.jp/english/law.html,2015 年 8 月 14 日最后访问。

④ 参见 Yoshiko Sasaki, Idenshi kumikae gijutsu to shoku no anzen / anshin [Safety and Feeling of Safety on GMTechnology and Foods], 1st and 2nd Meetings for Food Safety and Feeling of Safety, Yamanashi Pref. (Nov. 15 & Dec. 20, 2012), p. 25,载 http://www.pref.yamanashi.jp/shoku-portal/communication/documents/tudoikouen-sassa_1.pdf,2020 年 1 月 28 日最后访问。

⑤ 参见 Jiro Urushihara, Jorei de chiiki no anzen/anzhin o kakuho suru—idenshi kumikae o meguru ho (5) [Securing Safety/Feeling of Safety of Residents by Local Ordinances—Laws Concerning GM (5)], Kagaku gijutsu no anekudoto [Anecdote of Science and Technology] (June 11, 2012),载 http://sci-tech.jugem.jp/?eid=2416,2020 年 1 月 28 日最后访问。

本在这方面显然落后许多。日本消费者对待转基因作物的谨慎态度使零售商在销售那些需要明确标注的转基因食品时显得很慎重,即使这些食品对消费者有显著好处。日本的农民也因此不愿意种植转基因作物。[①] 此外,日本中央和地方政府对转基因活动的两级管理模式也在一定程度上阻碍了转基因生物的研发。

依据《卡塔赫纳法案》的规定,使用转基因生物的方式不同决定了限制程度的区别。转基因生物使用时避免将其扩散,包括"避免将转基因生物扩散到使用装置、设备和其他结构之外的空气、水源和土壤"。这类使用被分类为"第二类使用"(type 2 uses),所受的限制要少一些。[②] 第二类使用包括在实验室里的科研活动。

针对第二类使用,相关政府部门会制定法令,包括转基因生物在使用过程中的密封措施规定。根据不同用途,转基因生物的使用受政府不同部门管制。如果政府部门已经制定了相关法令,转基因生物使用者在使用期间就必须执行法令规定的密封措施。[③] 两部这样的法令已经制定:一部是规定个别使用转基因生物时必须采取的密封措施,[④] 另一部是与转基因生物研发有关的法令。[⑤]

表 1-4-1 展示在第二类使用中,哪个政府部门具体分管哪一种转基因生物的使用。[⑥]

表 1-4-1　各部门职责分工

职责	部门
在限定的设施范围内使用转基因生物进行作物改良,为动物研发活的疫苗等	农林水产省(MAFF)
使用转基因生物在基因治疗中研究病毒等	厚生劳动省(MHLW)
在大学实验室基因重组试验中使用转基因生物等	文部科学省(MEXT)
在生产工业酵母过程中使用转基因生物等	经济产业省(METI)

---

① 日本已经批准 9 大类共 148 个转基因作物品种,但是迄今为止没有种植过任何一种。

② 参见《卡塔赫纳法案》第 2 条第 5~6 段、第 4 条和第 12 条。

③ 参见《卡塔赫纳法案》第 12 条。

④ See Ordinance to Designate Measures to Prevent Dispersal of GMOs During Their Industrial Use Among Type 2 Use, Ministry of Finance, MHLW, MAFF, METI & MOE Ordinance No. 1 of 2004.

⑤ See Ordinance to Designate Measures to Prevent Dispersal of GMOs During Their Type 2 Use for Research and Development Purposes, MEXT & MOE Ordinance No. 1 of 2004.

⑥ 数据来源:Biosafety Regulations in Japan, 2010, p. 7, 载 http://www.bch.biodic.go.jp/english/cartagena/images/e_cartagena.pdf, 2015 年 8 月 17 日最后访问。

续表

职责	部门
在生产含酒精度饮料过程中使用含有转基因生物的发酵粉等	国税厅

如果转基因生物的使用不属于现行法令调整的范畴，使用者必须在使用之前获得相关部门的许可，并采取相应的封闭措施。[①] 负责转基因作物安全性评议的相关部门见表 1-4-2。

表 1-4-2 负责转基因作物安全性评议的相关部门

批准类型	检测机构	管辖单位	法律依据	考虑因素
食品安全	食品安全委员会	内阁办公室	食品安全基本法	(1)本地植物的安全、转基因品种； (2)转基因之后的蛋白质的安全，尤其是其过敏性； (3)转基因后有可能发生的性状改变； (4)营养成分可能发生的重大变化
动物饲料安全	农业材料理事会	农林水产省	饲料安全法	(1)与现有传统作物相比，饲料使用中任何重大变化； (2)潜在的有毒物质产生
对生物多样性的影响	生物多样性影响评估小组	农林水产省、环境省	转基因生物使用条例	(1)具有竞争性的优先级； (2)有可能产生的有毒物质； (3)交叉授粉

为了确保相关的封闭措施得到有效落实，《基本事务法令》要求第二类转基因生物使用者根据使用特点和方式成立一个委员会，以商讨如何在他们的使用地点安全处置转基因生物，进而便于防止转基因生物对当地生物多样性带来负面影响的措施得到有效落实。[②]

---

① 参见《卡塔赫纳法案》第 13 条。

② 参见 Basic Matters Under the Provisions of Article 3 of the Law Concerning the Conservation and Sustainable Use of Biological Diversity Through Regulations on the Use of GMOs (Basic Matters)，第二部分 (Basic Matters to be Taken into Account by a Person who Makes Use of Living Modified Organisms to Ensure Proper Implementation of said Use) 第 2 条 (Matters concerning Organization of the Implementation System for Handling Living Modified Organisms) MOF, MEXT, MHLW, MAFF & MOE Ordinance No. 1 of 2003，载 http://www.bch.biodic.go.jp/english/law.html，2015 年 8 月 14 日最后访问。

当发生意外事故,第二类转基因生物使用者无法采取封闭措施时,他必须立即采取其他紧急措施,并及时向有关部门通报事故情况以及所采取的紧急措施。如果相关紧急措施尚未采取,有关部门可以命令该使用者采取这些措施。①

转基因作物投放市场前需要经过食品、饲料、环境等相关部门的批准。这些部门包括农林水产省、厚生劳动省、环境省、文部科学省。食品安全委员会(Food Safety Commission)是隶属于内阁办公室的一个独立部门,为厚生劳动省和农林水产省提供食品和饲料的安全风险评估报告。用于生产食品的转基因作物必须获得厚生劳动省大臣的批准,农林水产省大臣批准转基因作物用于生产饲料。

(五)向自然界释放转基因生物的限制

只有在有关部门调查后发现不会对生物多样性带来负面影响,转基因生物的第一类使用才会在日本得到批准,即在田间或其他空旷区域使用转基因生物。根据转基因生物不同的使用目的和方法,相关政府部门会同日本环境省共同受理此类转基因生物使用的案件。环境省负责处理在所有条件下第一类使用转基因生物的案件,因为只有环境省有权决定在空旷的环境下使用转基因生物是否影响了生物多样性。

第一类转基因生物的使用者必须向环境省递交生物多样性风险评估报告,评估转基因生物对生物多样性可能产生的影响。② 如果当地有一种植物品种可能会受到影响,风险评估应该包括转基因生物对此可能产生的影响以及影响程度。如果涉及农作物,评估还包括转基因生物与当地野生作物的竞争关系、与当地野生作物的杂交情况以及所产生的有害物质。③

希望以第一类方式制造、进口、使用转基因生物者必须制定一套使用规则,包括使用每一种转基因生物的规则,同时也要得到相关部门的批准。然而,如果按照第一类方式使用的转基因生物被有关部门认定对日本的生物多样性没有构成明显负面影响,使用者不需要制定相应的规则。④ 如果相关部门与专家研究后认为,不存在对于维护野生动植物的品种或数量构成不可接受的风

① 参见《卡塔赫纳法案》第 15 条。

② 参见《卡塔赫纳法案》第 4 条第 2 段。

③ 参见日本环境省:Biosafety Regulations in Japan,2010,pp. 9 - 10,载 http://www. bch. biodic. go. jp/english/cartagena/images/e_cartagena. pdf,2015 年 8 月 17 日最后访问。

④ 参见《卡塔赫纳法案》第 4 条第 1 段。

险，也没有对生物多样性有任何其他负面影响时，必须批准转基因生物的第一类使用规则。①

为了恰当地执行保护生物多样性的预防措施，像转基因生物第二类使用者那样，第一类使用者应根据他们使用转基因生物的特点和方式，尽可能成立一个委员会，以商讨如何在他们的使用地点安全处置转基因生物。②

如果有人以第一类方式使用转基因生物，却没有制定合适的使用规则，相关部门必须命令当事人采取措施，及时汇报相关的转基因生物，或采取其他必要措施避免转基因生物对生物多样性带来负面影响。③ 如果发生了事故，转基因生物使用者无法遵守第一类使用规则，对生物多样性有可能出现负面影响时，使用者应该立即采取紧急措施，以避免这种不利影响的出现。使用者还必须及时向有关部门通报事故及采取的相应措施。如果有必要，相关部门可以命令使用者采取其他补救措施。④

当一种未经批准的转基因生物很有可能不经意间被带进日本时，根据事故发生地的具体情况，该转基因生物携带者必须通报有关部门转基因生物的具体影响。⑤ 有关部门可以命令该携带者将相关转基因生物送交合格的检测部门检测。⑥

《卡塔赫纳法案》要求日本政府采集、安排和分析转基因生物信息，同时研究转基因生物对生物多样性的影响。⑦ 农林水产省每年检测未经批准而流入日本的转基因种子（主要是油菜和大豆）以及它们对日本主要港口以及沿路两边农作物的影响。2012 年发布的检测报告显示，农林水产省在港口附近检测

---

① 参见《卡塔赫纳法案》第 4 条第 5 段。

② 参见 Basic Matters Under the Provisions of Article 3 of the Law Concerning the Conservation and Sustainable Use of Biological Diversity Through Regulations on the Use of GMOs (Basic Matters)，第二部分 (Basic Matters to be Taken into Account by a Person who Makes Use of Living Modified Organisms to Ensure Proper Implementation of said Use) 第 2 条 (Matters concerning Organization of the Implementation System for Handling Living Modified Organisms) MOF, MEXT, MHLW, MAFF & MOE Ordinance No. 1 of 2003，载 http://www.bch.biodic.go.jp/english/law.html，2015 年 8 月 14 日最后访问。

③ 参见《卡塔赫纳法案》第 10 条第 1 段。

④ 参见《卡塔赫纳法案》第 11 条。

⑤ 参见《卡塔赫纳法案》第 16 条。

⑥ 参见《卡塔赫纳法案》第 17 条。

⑦ 参见《卡塔赫纳法案》第 34 条。

到转基因油菜和大豆种子，但是没有发现对当地构成危害。[①]

（六）食品中使用转基因生物的限制

1. 安全性

用于食品和食品添加剂生产的新品种转基因作物的安全评估标准和生产标准由厚生劳动省负责制定。这些标准依据日本《食品卫生法》（Food Sanitation Law）制定，在厚生劳动省官方刊物上公布。[②] 一旦厚生劳动省收到在食品中使用转基因生物的申请后，食品安全委员会将依据《食品安全基本法》（Food Safety Basic Law），按照人类健康的要求，对转基因食品的安全性进行评估。[③] 食品安全委员会下属的“转基因食品专家委员会”基于下列标准和政策进行安全评估：[④]

（1）转基因食品（植物种子）安全评估标准；

（2）有关转基因植物品种堆放安全评估的政策；

（3）利用转基因微生物生产的食品添加剂安全评估的标准；

（4）利用转基因微生物生产的包括氨基酸在内的高纯度、非蛋白质类食品添加剂安全评估标准。

日本《食品卫生法》规定：“为了避免尚未被评估的转基因食品在日本传播，进口食品需要经过检疫分析”。[⑤] 该法要求食品、食品添加剂、相关设施、用于销售或其他商业目的的食品容器或包装盒的进口商每一次进口都要向日本厚生劳动省通报。[⑥] 通知递交之后，食品卫生检查员在防疫站检查相关进口产品是否符合《食品卫生法》的规定。[⑦]

---

① Press Release, MAFF, “Heisei 24 nendo idenshi kumikae shokubutsu jittai chōsa” no kekka ni tsuite [Regarding the Result of “Research on GM Plants in Fields in Fiscal Year 2012”] (Sept. 24, 2013)，载 http://www.maff.go.jp/j/press/syouan/nouan/130924.htm，2016 年 11 月 11 日最后访问。

② 参见 Food Sanitation Law, Act No. 233 of 1947，最近修订版 Act No. 70 of 2013，第 7 条第 1 段；Standards of Foods and Food Additives, Ministry of Health, Labour and Welfare Notification No. 370 of 1959，2000 年修订，MHLW Notification No. 232 of 2000，载 http://www.mhlw.go.jp/topics/idenshi/anzen/kokuji.html，2020 年 1 月 29 日最后访问。

③ 参见 Food Safety Basic Law, Act No. 48 of 2003，最近修订版 Act No. 74 of 2011，第 11 条和第 23 条，载 http://www.fsc.go.jp/english/basic_act/fs_basic_act.pdf，2020 年 1 月 29 日最后访问。

④ 参见 Procedure for Safety Assessment, MHLW，载 http://www.mhlw.go.jp/english/topics/foodsafety/dna/01.html，2020 年 3 月 3 日最后访问。

⑤ Foods Produced by Recombinant DNA Techniques, MHLW，载 http://www.mhlw.go.jp/english/topics/foodsafety/dna/index.html，2015 年 8 月 17 日最后访问。

⑥ 参见《食品卫生法》第 27 条。

⑦ 参见《食品卫生法》第 28 条。参见 Development of Imported Foods Monitoring and Guidance Plan for FY 2013, MHLW Notice No. 0318, Article 1 of the Department of Food Safety (Mar. 18, 2013)，载 http://www.mhlw.go.jp/topics/yunyu/keikaku/13_en.html，2020 年 1 月 29 日最后访问。

农林水产省负责批准用于生产饲料的新转基因作物品种，以确保牲畜安全。安全测试根据《饲料安全与质量改进法案》（Act on Feed Safety and Improvement of Quality）进行。① 产自用转基因作物喂养的牲畜的食品安全性由日本的食品安全委员会负责检查。②

2. 标签规定

作为《食品卫生法》法定安全评估系统的一个组成部分，转基因食品的标签制度涉及两部相关法律：《日本农业标准法》（Japanese Agricultural Standards Law）③ 和《食品卫生法》。④ 这两部法律有关标签的规定内容相似，每件产品只需一个标签。⑤ 8 种作物/蔬菜/水果（大豆、玉米、土豆、油菜、棉籽、苜蓿、甜菜、木瓜）和 33 种加工食品⑥（其中 8 种食品中的转基因作物含量超过食品重

---

① 参见 Act on Feed Safety and Improvement of Quality, Act No. 35 of 1953, 最近修订版 Act No. 8 of 2007, 第 3 条; Ordinance on Act on Feed Safety and Improvement of Quality, MAFF Ordinance No. 35 of 1976, 最近修订版 MAFF Ordinance No. 60 of 2013, Tables 1, 1(1)(shi)(su) & (2)(ko), 2 & 3(8)。

② 参见 Ideas for Safety Evaluations of Feed and Feed Additives That Are or Include GMOs, Food Safety Commission Decision (May 6, 2004), 载 http://www.fsc.go.jp/senmon/idensi/gm_siryoukijyun.pdf, 2020 年 1 月 29 日最后访问。

③ 参见 Law Concerning Standardization and Proper Labeling of Agricultural and Forestry Products (JAS Law), Act No. 175 of 1950, 最近修订: Act No. 70 of 2013, 第 19 第 13 款, 载 http://www.maff.go.jp/e/jas/pdf/jaslaw01.pdf, 2020 年 1 月 29 日最后访问。Processed Food Quality Labeling Standards, MAFF Notification No. 513 of 2000, 最近修订: Consumer Affairs Agency Notification No. 5 of 2012, 第 7 条第 1 段; Fresh Produce Quality Labeling Standards, MAFF Notification No. 514 of 2000, 最近修订: MAFF Notification No. 126 of 2008, 第 7 条第 1 段; 日本转基因食品的标签标准是由农林水产省根据《加工食品质量标签标准》(Processed Food Quality Labeling Standards) 第 7 条第 1 款和《新鲜农产品质量标签标准》(Fresh Produce Quality Labeling Standards or Labeling Standards on GM Food Set by Minister of MAFF) 第 7 条第 1 段制定的, MAFF Notification No. 517 of 2000, 最新修订: MAFF Notification No. 9 of 2011, 载 http://www.caa.go.jp/jas/hyoji/pdf/kijun_03.pdf, 2015 年 8 月 17 日最后访问。

④ 参见《食品卫生法》第 19 条第 1 段; Cabinet Office Ordinance on Labeling Standards Based on Food Sanitation Law (Cabinet Office Ordinance on Labeling Standards), 第 19 条第 1 段; Cabinet Office Ordinance No. 45 of 2011, 第 1 条第 1 段, item 12 和 table 1, 载 http://www.cao.go.jp/consumer/history/02/kabusoshiki/syokuhinhyouji/doc/130530_shiryou2-1.pdf, 2020 年 1 月 29 日最后访问。

⑤ 参见 Consumer Affairs Agency, Food Labeling Sec., Shokuhin hyōji ni kansuru kyōtsū Q&A (dai 3 shū: idenshi kumikae shokuhin ni kansuru hyōji ni tsuite) [Common Q&A on Food Labeling (Part 3: Regarding Labeling of GM Food)] (Dec. 2003, 最近修订: Oct. 2007 & Mar. 2010), 载 http://www.caa.go.jp/foods/pdf/syokuhin244.pdf, 2020 年 3 月 3 日最后访问。

⑥ 参见日本农林水产省根据 Processed Food Quality Labeling Standards 第 7 条第 1 段和 Fresh Produce Quality Labeling Standards (Labeling Standards on GM Food Set by Minister of MAFF) 第 7 条第 1 段制定的 Labeling Standards on GM Food, MAFF Notification No. 517 of 2000, 以及 Notification No. 9 of 2011.

量的 5%)需要标签注明。[①] 在日本,5%的阈值只适用于经过批准的转基因作物。日本的标签制度分为以下几类:[②]

(1)强制标签

组织成分和营养价值与传统食品相同的转基因食品以及加工以后仍然能检测出脱氧核糖核酸或从脱氧核糖核酸中提炼的蛋白质的加工食品必须有标签注明。具体情形包括:

①通过适当处置(如转基因技术申请专利),转基因产品已经保留其特征,以区别于非转基因产品。

②没有为转基因技术申请过专利的产品。例如,以下所述的"自愿标签",大豆被贴上"转基因成分"、"转基因成分没有分离"或者"非转基因"等标签。[③]

此外,在成分构成和营养价值方面与传统食品有很大差别的食品以及从这些食品中加工而成的食品需要贴上标签。例如,含有高度不饱和脂肪酸的大豆被贴上"大豆(不饱和脂肪酸/转基因生物含量高)"这样的标签,以及"赖氨酸含量高玉米"之类的标签。[④]

(2)自愿标签

采用转基因大豆、玉米加工后的食用油、豆类制品等无法检测出脱氧核糖核酸或从脱氧核糖核酸中提炼的蛋白质的食品无须强制标签。商家也可以贴上标签,表明该产品已经不含转基因产品。此外,通过专利申请程序被证明为非转基因的产品可以贴上标签,表明不含转基因产品。[⑤]

(3)禁止性标签

不存在通过基因重组技术开发的农产品以及从上述农产品加工而成的食

---

① 参见《食品卫生法》第 19 条第 1 段;Cabinet Office Ordinance on Labeling Standards Based on Food Sanitation Law (Cabinet Office Ordinance on Labeling Standards),第 19 条第 1 段;Cabinet Office Ordinance No. 45 of 2011,第 1 条第 1 段,item 12 和 table 1; Cabinet Office Ordinance on Labeling Standards,第 14 条第 1 项。

② 参见 Labeling Scheme for Genetically Modified Foods in Japan, MAFF,载 http://www.maff.go.jp/e/jas/labeling/pdf/modi02.pdf,2016 年 11 月 11 日最后访问。

③ 参见 Labeling Standards on GM Food Set by Minister of MAFF,第 3 条第 1 段(1)和第 2 段(1); Cabinet Office Ordinance on Labeling Standards,第 1 条第 2 段第 40 项。

④ 参见 Cabinet Office Ordinance on Labeling Standards,第 1 条第 2 段第 40 项;Labeling Standards on GM Food Set by Minister of MAFF,第 3 条第 1 段(2)和第 2 段(2)。

⑤ 参见 Labeling Standards on GM Food Set by Minister of MAFF,第 3 和 4 条;Cabinet Office Ordinance on Labeling Standards,第 1 条第 7 段。

品不能在其标签上有“非转基因”这样的否定式术语,[1] 因为这样的标签用语如果被允许,消费者就会认为同类的转基因产品在日本存在,他们会因此购买此类非转基因产品,由此构成对没有这样标注企业的不公平竞争。在这种情况下,商家可以选择对该产品附上一段话,以防误解。例如,在一袋大米法定标签旁边附上这样一段话:“目前,市场上没有转基因大米。”[2]

(七)转基因食品标识的监管主体

1. 食品安全委员会

2003 年,受“疯牛病”事件的影响,日本在借鉴欧盟及德国经验的基础上,在内阁设立公正、中立且客观进行风险评价的组织机关——食品安全委员会。[3] 如今,该委员会的职责已经从最初对进口牛肉的病理检查逐步发展成为全面负责协调日本转基因农产品的质量检查和追溯监管工作。具体而言,其管理范围包括:(1)向首相陈述关于制定食品安全法规的意见;(2)根据现有的科学知识水平进行食品健康影响评价;(3)监督法规执行情况;(4)通过首相督促有关大臣履行其职责;(5)为制定法规,对重要事项进行调查审议,必要时向有关机构领导陈述意见;(6)对上述事项进行科学调查研究;(7)协调各部门工作,并促进有关当事人间的信息交换等。[4]

2. 农林水产省

农林水产省主要负责制定、执行和监督农业、林业和水产业方面的食品安全追溯管理工作,是针对农副业建立起来的专门性部门。2001 年制定的《转基因食品标识法》就是日本农林水产省颁布实施的。除了负责农药化肥使用、土壤结构、物质含量的统一化管理,农林水产省还对涉及生物多样性以及饲料安全的转基因作物进行审查。在实际工作中,农林水产省每年都会定期派专员到转基因农产品种植地及相关地方县了解情况,听取地方政府及议会的汇报意见,并对重要问题组织专门讨论。

3. 厚生劳动省

厚生劳动省主要负责药品、食品的审批。该部门在食品添加剂、转基因农产品药物残留标准以及落实责任制方面均发挥了重要作用。[5] 在安全性审查

① 参见 Cabinet Office Ordinance on Labeling Standards,第 1 条第 7 段;Labeling Standards on GM Food Set by Minister of MAFF,第 5 条。

② Consumer Affairs Agency,Food Labeling Sec. ,Shokuhin hyōji ni kansuru kyōtsū Q&A (dai 3 shū:idenshi kumikae hokuhin ni kansuru hyōji ni tsuite) [Common Q&A on Food Labeling (Part 3:Regarding Labeling of GM Food)](Dec. 2003,amended Oct. 2007 & Mar. 2010),p. 42.

③ 参见《食品卫生法》第 22 条。

④ 参见《食品卫生法》第 23 条。

⑤ 参见岳花艳:《日本转基因农产品安全追溯监管制度研究》,载《世界农业》2015 年第 12 期。

方面,厚生劳动大臣就可能对人体健康造成损害的食品或食品添加剂,可以委托食品安全委员会对食品健康影响进行评价。若确有必要,可以告示的形式禁止该特定食品或食品添加剂的销售,或者以销售为目的的提取、生产、进口、加工、使用或烹饪活动。[①] 同时,厚生劳动省还负责就目前关于转基因食品致癌性的各项实验出具权威意见,[②] 用以指导消费者选择购买食品。

4. 消费者厅

消费者厅成立于2009年,是日本内阁行政机构,其主要职责是负责管理消费者事务。2008年,时任日本首相福田康夫在国会发表的第169次施政方针演说中提到,要大力推进消费者厅行政一元化。他提出的一系列立法草案最终得到通过。[③] 自此,有关食品标识的标准事项均由消费者厅统一管理。消费者厅有权对经营者发出改善命令(《农林产品品质规格和正确标识法》,以下简称JAS法)以及采取有关措施的命令,并督促其遵照执行。

(八)转基因食品标识立法

纵观日本转基因食品法律制度的历史发展,其经历了从宽松到逐渐严格的过程。自1975年的阿西洛马会议(Asilomar Conference)之后,[④] 由日本学术审议会(文部科学省)、科学技术会议(现改为综合学术会议)以及日本学术会议牵头,日本国内展开了针对转基因技术安全性的探讨。最初,对于是否在采取防范措施的前提下进行转基因物种的栽培,以及对于药品、食品及食品添加剂的适用问题上,日本采取了与美国相同的做法,即并未针对转基因技术的固有问题进行法律上的规制,而是采取类似于美国指南(guidance)的做法,供相关部门参考。[⑤]

然而,随着转基因技术在食品领域的广泛应用,日本国内对于法律监管的呼声逐渐高涨,尤其是在1996年日本开始进口转基因作物之后,食品的标识和信息公开问题引发了消费者的高度关注。日本作为粮食自给率不足50%的国

---

① 参见《食品卫生法》第4条第3段。

② 例如,日本厚生劳动省医药食品局食品安全部2011年6月1日发布的第9版《转基因食品Q&A》。

③ 参见[日]木村茂树、山下善太郎、扇慎太郎等:《法令解说——以消费者及生活者的视角出发的行政上的转变——消费者厅有关三法的制定》,载《时代法令》2009年1843号。

④ 1975年2月24~27日,包括分子生物学家、新闻记者、律师和政府官员等在内的140余名代表相聚美国加州阿西洛马会议中心,参加了一次现代生物技术规制史上具有里程碑意义的会议。大家首次将"预警性思考"作为应对重组DNA技术应用研究可能存在生物危害的重要原则,并通过自愿规制和公开讨论等策略保持了重组DNA实验研究推进和其社会规制之间的必要张力。参见李建军、唐冠男:《阿希洛马会议:以预警性思考应对重组DNA技术潜在风险》,载《科学与社会》2013年第2期。

⑤ 参见[日]增沢洋子:《有关转基因生物开放性利用的法规制》,载《环境管理》2004年40卷12号。

家，显然无法做到完全排斥转基因作物的进口。在此背景下，农林水产省于1999年举行的对话会上提出了对24种转基因食品进行标注的议案，其依据主要是JAS法，[①]与此同时，厚生劳动省也召开审议会，认为应当将有关转基因食品的安全性评价予以法制化，[②]并提出应当在食品卫生法中将转基因标识作为安全性审查的一环加以规定。[③]

对于转基因食品的安全性审查及标识问题，日本国内立法根据农林水产省以及厚生劳动省的相关告示进行了不同程度的修订，并最终在2001年正式颁布了《转基因食品标识法》。2003年，日本在签署了《卡塔赫纳生物安全议定书》的同时，通过了《卡塔赫纳法案》。[④] 在2013年又颁布了《新食品标识法》来管理日本市场的转基因食品。总体而言，转基因食品需要在标识方法及内容上进行规制，这一点在日本已经达成共识。

就《农林产品品质规格和正确标识法》与食品卫生法上有关食品标识的问题，上述共识主要包括以下几点：首先，标识的对象农产品应当是“以转基因农产品为原料，在进行加工之后仍残留有所指定的转基因部分或由此所产生的蛋白质”，符合上述条件的农产品或以其作为主要原料的产品、食品都要进行转基因标注。其次，对于部分加工食品，虽然其以含有转基因成分的农产品为原料，然而该食品的加工过程本身能够除去、分解一部分转基因物质以及由此产生的蛋白质，致使加工后的食品不再保留转基因物质，那么，该类食品便可以从转基因标识义务对象中被排除。最后，并不是所有含有转基因成分的食品都应当被标识。根据欧盟的立法规定，在规定产品中的转基因作物成分低于一定比例（0.9%）的可以不进行标识，也可视为不含转基因成分。在日本，只有指定物质在对象农产品或加工食品中占原料重量比例的前三位，且所占原料重量比例超过5%以上的，才需要进行标识。

从尊重消费者选择权出发，《农林产品品质规格和正确标识法》根据转基因农产品的成分构成、营养价值对其标注进行了特殊要求：第一，对于特定转基因农产品，需要对特定的形、质等变化加以记载；第二，要对转基因作物进行分别管理，即在使用转基因农产品的情况下，在该原材料名称后面使用括号的方

① 参见日本农林水产食品标注问题座谈会转基因食品分会的报告：《有关转基因食品标注的理想状态》，1999年8月10日。

② 参见日本厚生劳动省食品卫生调查会生物科技特别分会的报告：《有关转基因食品安全性审查的法定义务化》，2000年1月21日。

③ 参见日本厚生劳动省食品卫生调查会标注特别分会的报告：《有关转基因食品及含有过敏性物质食品的标注》，2000年7月13日。

④ 参见［日］嵋内洋：《环境相关论点——有关卡塔赫纳法》，载《农业与经济》2007年第73卷4号。

式对其成分进行标注,譬如“玉米”(含抑制高莨麻毒素转基因物质)等;第三,在特定转基因农产品与非特定转基因农产品被人故意混淆的情况下,必须在对象农产品的名称后面以括号的形式进行标注,或在上述标注文字后再以括号的形式,对该特定农产品所占重量的比例进行记载,譬如“大豆[混有含高油酸转基因成分(75%)]”。

从上述内容可以看出,对于转基因食品的安全性及其标注问题,日本已经有了较为体系化的法律制度。除了食品标注规定外,转基因食品法律规制还涉及安全性审查问题、[①] 转基因生物对环境影响评价的制度构建以及安全追溯监管问题。[②] 当然,对于现行法律制度及相关政令,日本学界仍存有诸多争议,涉及风险管理程度、[③] 转基因食品是否有可能致癌、[④] 标识义务发生条件[⑤] 以及商业栽培的解禁[⑥] 等问题。归根结底,这些问题的根本缘由仍在于人们对转基因食品的安全性和负面影响所表现出的担忧。

(九)日本转基因食品标识制度评析

1. 强制标识的适用范围

根据日本农林水产省 2001 年颁布实施的《转基因食品标识法》规定,强制标识的适用范围主要包含已经通过安全认证的大豆(含毛豆和黄豆芽)、玉米、马铃薯、油菜籽、棉籽这五种转基因农产品及以上述农产品为主要原料、加工后仍然残留重组 DNA[⑦] 或由其编码的蛋白质食品,其中主要原料仅限于在产品原料构成中比例列前三位且重量是产品总重量 5% 以上的原料。根据该法规定,相关部门每年都要对制定农产品及其加工食品的种类进行修订。在 2015 年实施的新《转基因食品标识法》(2013 年法律第 70 号)中,对于标识的适用范围增加了三种农作物,分别是紫花苜蓿、甜菜、番木瓜。到目前为止,共有 33 个品种的转基因食品被法律要求强制标识,但不包括酱油、玉米片、植物油等在生

---

① 例如,日本《食品、添加物等规格标准》《转基因食品〈种子类植物〉的安全性评价标准》等。

② 例如,日本《农药取缔法》《家畜传染病法》《食品安全问题事后追责法》等。

③ 参见[日]德田博人:《伴随食品安全系统的强化——视点与课题》,载《法律时报》2008 年 80 卷 13 号。

④ 参见[日]田村荣治、宫下直之:《“GM 食品”的入侵》,载《朝日新闻周刊》(AERA)2013 年 26 卷 27 号。

⑤ 参见[日]前田和记:《生活者对食品标注有什么样的期待》,载《农业与经济》2004 年第 80 卷 5 号。

⑥ 参见[日]山田裕文:《环境风险仍不透明、商业栽培为时尚早》,载《经济家》2013 年第 91 卷 3 号。

⑦ 重组 DNA 技术是将 DNA 分离后,适用酶等物质将其重新组合,并向具有繁殖能力的受体活细胞导入该重组 DNA 的一种技术方法。

产过程中转基因成分被分解和去除的加工食品。①

日本对转基因食品管制的立法思想基于预防原则,② 即对于转基因科学技术后果认识的不确定性。设定强制标识阈值是将这种不确定性具体化,从而安抚因缺乏风险认知而产生的大众危机感。然而,对于 5% 阈值设定的依据为何?是否低于这一数值的转基因食品就不具有危害性?目前尚无权威解释。正如上文所述,若不要求生产者对其产品进行标识,消费者无法获悉其购买的食品是否为转基因食品。那么在这一制度下,对具有转基因成分但低于 5% 阈值的食品不强制标识是否构成对消费者知情权的侵害?这一点值得思考。由此推断,这一数值的设定并非完全体现对消费者选择权的尊重,其在一定程度上是商家与政府之间博弈对抗的结果。最新消息显示,这一标准有可能在之后的专家会议上作出修改。③

2. 强制标识方式

《转基因食品标识法》规定了指定农产品(上述 8 种,包括转基因农产品和非转基因农产品)及其加工食品的具体标识方法。值得一提的是,其根据是否实行了区别性生产流通管理,④ 对强制标识的转基因食品又进行了划分。具体而言,对于指定农产品,只有对其实行了区别性生产流通管理的非转基因农产品,才可以对标注内容进行选择,否则会被标注为"转基因产品"或"没有实行区别性生产流通管理"。同样,对于以指定农产品为主要原料的加工食品(包括该食品的再加工食品),仅以实行了区别性生产流通管理的非转基因农产品为主要原料的加工食品,可以选择仅标识所指定农产品的名称,或在其后注明是实行区别性生产流通管理的非转基因产品。针对不慎混杂的问题,该法规定只要其在运输中实行了区别性生产流通管理,即使在加工食品时有少量转基因成分的混入,仍将这些食品看作是已经实行了区别性生产流通管理的食品。

值得注意的是,对上述 8 种指定农产品中的非转基因产品及其加工品,法律允许其自愿标识为"非转基因",但对于 8 种指定农产品之外的其他诸如大米、小麦等农产品及其加工食品,法律禁止其进行"非转基因"的标识,以免引发消费者误解。

---

① 此处存在一个例外,即以高油酸转基因大豆为原料的大豆油等加工食品,即使在最终产品中不能检测出转基因成分,也被强制标识"高油酸转基因"或"高油酸转基因混合品"。

② 参见[日]日本科学者会议、日本环境学会编:《有关预防原则、风险论的研究》,本之泉社 2013 年版。

③ 参见《日本拟扩大转基因食品标识对象范围》,载中国日报网:http://world.chinadaily.com.cn/2017-01/03/content_27849907.htm,2020 年 1 月 29 日最后访问。

④ 区别性流通管理(也称"IP 管理"或"个性保存"),是一种处理非转基因作物的分离方法。它通过对从海外农场到日本生产、销售和加工的各个阶段进行控制,避免混入转基因作物。

从日本的相关规定可以看出,其不仅对原材料的转基因成分进行管控,对于其生产和流通环节的混杂和风险也进行了标识的区分,从而最大限度地保障了消费者对于产品的知情权。然而,这一规定也存在缺陷,即对于无意混入少量转基因作物的食品,现行法律仍将其视为已经实行了区别性生产流通管理的产品。这一做法虽然降低了商家的成本,但其结果可能导致大量消费者在不知情的情况下摄入转基因成分。基于此,日本消费者厅已经开始对从美国、加拿大进口的大豆、玉米中无意混入的转基因作物比例进行调查,有望在今后的食品标识标准相关法令中对这一问题作出回应。

(十)法律责任与著名案例

截至2022年,日本没有与转基因生物研发、使用、向大自然释放转基因生物相关的特别民事责任法律规定。《卡塔赫纳法案》规定了违反该法案的行政和刑事制裁措施。

2005年,日本有个农民起诉一家研究机构,要求该机构停止在其土地上试验种植转基因水稻。研究机构种植转基因水稻符合《卡塔赫纳法案》的规定,目的是制造一种能够杀死一种水稻病菌的蛋白质。原告声称,由此可能会出现一种对蛋白质有免疫力的病菌,这种病菌会危害人类和环境。法院认为,原告无法证明其诉求成立,驳回了这项起诉。[①]

五、沙特阿拉伯

沙特阿拉伯目前采用的是海湾国家标准组织针对进口食品和农产品于2011年制定的生物技术管理条例。如果加工或未加工农产品含有生物技术加工产品的成分超过1%时,条例提倡对其进行标注。在采用海湾国家标准组织制定的条例之前,食品和动物饲料含有生物技术加工产品的成分超过0.9%时,沙特阿拉伯会按照自己的条例规定对其标注。尽管海湾国家标准组织制定的条例允许进口通过生物技术培育的种子,沙特阿拉伯的公司对此都不感兴趣。沙特阿拉伯是《卡塔赫纳生物安全议定书》的签字国,并且准备在《卡塔赫纳生物安全议定书关于赔偿责任和补救的名古屋—吉隆坡补充议定书》上签字。

(一)概述

沙特阿拉伯目前没有转基因植物商业化开发活动。其一些大学,如"阿卜

---

① 参见 Ine jikken chushi, baisho mitomezu: idenshi kumikae sosho [Injunction of Rice Experiment and Damages Were Not Awarded: Genetically Modified Rice Case], 47 NEWS (October 1, 2009); http://www.47news.jp/CN/200910/CN2009100101000504.html,2015年8月17日最后访问。又见 Kindan No Kagaku Saiban [Trial of Forbidden Science],载 http://ine-saiban.com/,2020年1月29日最后访问。

杜拉国王科技大学”(King Abdullah University for Science and Technology),[①]已经对培育能够在高温、盐碱地、干旱等极端环境下生存的作物种子进行了前期研究。然而迄今为止,这些大学尚未开发出可在近几年用于商业化种植的转基因植物或作物品种。

虽然沙特阿拉伯已经采用了“海湾国家标准组织”(Gulf Standardization Organization)[②]制定的生物技术管理条例,允许在严格管控的前提下进出口转基因种子,但是农民对进口和种植转基因种子没有兴趣。沙特阿拉伯政府已经建立了一个国家级的农业生物技术委员会,由沙特阿拉伯“食品与药品署”(Food and Drug Authority)负责召集。委员会成员来自农业部、商业与工业部、卫生部和直辖市部以及一些大学和民间机构。沙特阿拉伯还建立了国家生物安全委员会(National Biosafety Committee),由阿卜杜尔·阿齐兹科技城国王担任主席,成员来自农业部、商业与工业部、卫生部以及气象与环境保护署、国家标准组织、食品与药品署、国家野生动物保护与开发委员会等机构。

国家生物安全委员会的架构是建立在《卡塔赫纳生物安全议定书》相关规定基础之上的。沙特阿拉伯是在2007年8月被批准加入该议定书。迄今,委员会已经完成了国家生物安全规则的初稿,等待沙特阿拉伯政府的审议和批准。国家生物安全委员会一直与农业部合作,确保该国进口的通过生物技术加工的动物饲料对人类和动物健康是安全的,也不会对沙特阿拉伯的生物多样性产生不良影响。沙特阿拉伯政府正在考虑签署《卡塔赫纳生物安全议定书关于赔偿责任和补救的名古屋—吉隆坡补充议定书》。

海湾国家标准组织是一个区域性组织。2011年4月12日,海湾国家标准组织制定了两份具有强制性的农业生物技术条例——“未经加工的转基因农产品管理一般要求”(general requirements for genetically modified unprocessed agricultural products)和“加工的转基因农产品管理一般要求”(general requirements for genetically modified processed agricultural products),即GSO2141/2011和GSO2142/2011。这两份技术性法规要求成员国对于未加工农产品、加工的食品、饲料及种子,如果含有超过1%转基因成分的,必须明确标注。沙特阿拉伯是积极推动制定这两份法规的海湾合作理事会(Gulf Cooperation Council)成

---

① 阿卜杜拉国王科技大学建于2009年,坐落于沙特吉达,是一所专攻理工领域的私立、国际化、研究型大学。它的建校理念是“小而精”,目前只面向全球招收硕士、博士研究生,不招收本科生。大学官方语言为英语,是世界上国际化程度最高的大学之一。

② 海湾国家标准组织由阿拉伯联合酋长国、巴林王国、沙特阿拉伯、阿曼苏丹国、卡塔尔、科威特6国发起,于2001年成立,加上也门共和国,目前有7个成员国。参见该组织网址:https://www.gso.org.sa/en/about-gso/,2020年3月3日最后访问。

员，[①] 并在 2011 年 10 月成为第一个执行这两份法规的国家。在国内已经推行了十多年加工食品和饲料生物技术管理规定之后，沙特阿拉伯在执行海湾国家标准组织制定的这两份规定方面没有什么困难。

2001 年 12 月，沙特阿拉伯商业与工业部制定的一部规范转基因食品进口的法令，成为海湾合作理事会成员中第一个制定此类规定的国家。法令规定，如果加工食品中转基因蔬菜或植物含量超过 0.9%，就要在标签中明确注明。2004 年 1 月，沙特阿拉伯农业部针对动物饲料、水果和蔬菜作了类似规定，同时禁止转基因种子的进口。这两个部门都是基于消费者作出购买决定之前有权了解食品和农产品是如何生产这样的理由作出上述决定的。

2011 年，海湾国家标准组织制定的两份具有强制性的农业生物技术条例取代了沙特阿拉伯原先的规定，将转基因成分含量标准从 0.9%提高到 1%，同时取消了对转基因作物种子进口的禁止。不过迄今为止，沙特阿拉伯没有进口过任何转基因作物种子。与沙特阿拉伯原先的规定一样，海湾国家标准组织制定的这两份条例禁止转基因动物及其制品的进口。

沙特阿拉伯自从 2001 年起执行其商业与工业部制定的法令之后，没有进口过任何包装盒上注明转基因成分的食品。沙特阿拉伯的食品进口商担心一旦进口贴有这种标签的食品，这会影响其产品形象，失去市场份额，因为其本国消费者对农业生物技术知之甚少，有一种天然的恐惧感。但是另一方面，沙特阿拉伯长期以来一直从美国等国家进口转基因大豆和玉米作为动物饲料。

(二)植物生物技术

1. 生产与贸易

(1)产品开发与商业化

截至 2022 年，沙特阿拉伯没有任何转基因植物研发计划。虽然其已经执行了海湾国家标准组织 2011 年制定的条例，允许在严格控制的前提下进口和种植通过生物技术合成的种子，但是沙特阿拉伯农民对此不感兴趣。

(2)出口

由于不具备这方面的开发能力，沙特阿拉伯没有出口过任何转基因植物及其制品。

(3)进口

2014 年，美国向沙特阿拉伯出口的农产品达到峰值，贸易额达 13.8 亿万

---

① 海湾合作理事会的全称是“海湾阿拉伯国家合作委员会”，是海湾地区最主要的政治经济组织，成立于 1981 年 5 月，总部设在沙特阿拉伯首都利雅得，成员国包括阿拉伯联合酋长国、阿曼苏丹国、巴林王国、卡塔尔、科威特和沙特阿拉伯 6 国。2001 年 12 月，也门共和国被批准加入卫生、教育、劳工和社会事务部长理事会等机构，参与该组织的部分工作。

美元，这比 2013 年增加了 17%。美国的出口产品中，消费者直接消费的食品达 5.8 亿美元；初级产品和半加工产品包括玉米、大豆、大豆制品和玉米油，贸易额分别达 2.386 亿美元、9640 万美元、7300 万美元、9660 万美元。①

沙特阿拉伯食品与药品署在进口口岸检查价值较高的食品和加工过的饲料。农业部负责检查未经加工的饲料、种子、水果、蔬菜。

(4)食品援助计划

沙特阿拉伯不是美国海外食品援助接受国。

2. 政策规定

(1)管制架构

2005 年 2 月，沙特阿拉伯政府建立了一个国家级高层次的生物技术委员会，由沙特阿拉伯标准组织负责领导。委员会成员来自农业部、商业和工业部、卫生部和直辖市部以及一些大学和民间机构的代表。委员会目前由食品与药品署领导，负责审议沙特阿拉伯政府出台的涉及生物技术活动与标准的政策。

2011 年 6 月，沙特阿拉伯食品与药品署承担起原来属于其标准组织的制定食品与农业管理条例和标准的职责。自此，食品与药品署代表沙特阿拉伯出席海湾标准组织的会议，并帮助海湾合作理事会制定食品与农业管理条例与标准。2011 年，沙特阿拉伯原来的生物技术条例被海湾标准组织制定的《农业生物技术管理条例》(GSO2141 号和 GSO2142 号条例)代替。尽管如此，包括生物技术产品的标签规定在内，这些条例与沙特阿拉伯原来的规定差别并不大。

沙特阿拉伯国家生物安全委员会的管理架构是基于《卡塔赫纳生物安全议定书》。国家生物安全委员会已经完成了国家生物安全的管理框架、法律、条例、指南以及执行机制的制定。不过，国家生物安全委员会目前仍然依据原来的管理规则管理含有少量转基因生物的产品，一直到国家生物安全管理框架被正式批准时为止。

长期以来，国家安全委员会一直与农业部合作，确保进口转基因饲料的安全。沙特阿拉伯目前正在考虑加入《卡塔赫纳生物安全议定书关于赔偿责任和补救的名古屋—吉隆坡补充议定书》。

(2)审批

直到最近，沙特阿拉伯是海湾合作理事会中唯一对进口的加工和未加工农业生物产品采取管制的国家。沙特阿拉伯商业与工业部和农业部各自依据 2001 年和 2004 年制定的条例对加工食品和饲料进行管理。这些条例规定，通

---

① 数据来源：US Foreign Agricultural Service：Saudi Arabia Agricultural Biotechnology Annual (2015).

过生物技术生产的蔬菜占含量 0.9%以上的产品必须明确标注。2011 年 10 月,沙特阿拉伯执行海湾标准组织制定的 GSO2141 号条例(未经加工的转基因农产品管理一般要求)和 GSO2142 号条例(加工的转基因食品与饲料管理一般要求)。这些技术规范更新了沙特原来的标签规定,同时将原来的标注门槛由 0.9%提升到 1%,并取消了禁止进口转基因作物种子的规定,前提是这些种子在原产国已经获得批准。如果进口的食品、饲料和种子含有的转基因原料成分超过 1%,每一批进口货物必须附加一份由原产国相关部门出具的安全证书。

(3)田间测试规定

由于沙特阿拉伯目前还不允许在其境内研发转基因产品,因此,也没有田间测试的相关规定。

(4)含有多种转基因成分的规定

目前,沙特阿拉伯还没有就含有多种转基因成分产品作出专门规定。

(5)除了 GSO2141 号和 GSO2142 号条例规定,沙特阿拉伯的特别规定还包括:

①供消费者消费的未经加工的转基因农产品强制性规定。

a. 如果相关产品在市场上是按照重量、数量或体积出售的,这些产品应该单独陈列。

b. 这些产品应该有一个内容明确且不易抹去的标志,注明"本产品是采用转基因技术生产的"。

c. 这些产品不适用于农业生产和培育繁殖。

d. 这些产品必须符合海湾标准组织制定的可追溯性规定和风险评估规定。

②未经加工的转基因动物饲料强制性规定。

a. 这些产品严禁用于食品以及包括培育其他产品在内的农业生产目的。

b. 这些产品应该在市场上单独陈列,并且有一个内容明确且不易抹去的标志,注明"本产品是采用转基因技术生产的"。

c. 标签还应该注明"本产品不适宜人类食用和用于农业生产目的"。

d. 这些产品不适用于农业生产和培育繁殖。

③转基因植物种子的强制性规定。

a. 种子进口不能违背进口国的相关规定,尤其是有关植物疾病和有害植物防控方面的规定。

b. 进口产品到达 10 日前,递交产品来源国的安全证明。

c. 种子生产过程中所接触的所有化学产品都必须标明。

d. 转基因种子的包装袋必须不同于非转基因种子包装袋的颜色。

e. 转基因种子使用者应该遵守接受调查的规定，并确保不与其他非转基因种子相混同。

f. 转基因种子使用者必须确保按期收割。

g. 如果没有对应的非转基因作物种子，该产品必须注明本产品的性质与特征。

h. 这些产品有一个内容明确且不易抹去的标签，注明“本产品用于农业生产，不能用作食品或饲料”。

i. 这些产品必须提供安全操作、储存、运输和使用说明。

j. 这些产品应该符合 GSO2141 号条例第 2. 16 项关于未经加工的转基因农产品用于农业目的的可追溯性和安全评估要求。

k. 每一件产品必须提取样品留存。

④GSO 2142 号条例列举的转基因食品和饲料的强制性要求。

a. 必须符合进口国的伦理规范。

b. 对人类、动植物健康和环境没有不良影响。

c. 转基因食品、饲料的营养价值不得低于相对应的非转基因产品。

d. 产品在生产国已经获得批准上市。

e. 任何食品或成分被植入通过转基因技术合成的过敏原都必须注明。

3. 产品管理

(1)共存

转基因作物种子的包装袋必须不同于非转基因种子包装袋的颜色，以便于人们区别。农民使用转基因作物种子必须接受检查，并确保不与非转基因作物种子混同。种植转基因作物的农民要按期收割。

(2)标签

如果某项产品含有一项或多项转基因植物成分，且含量超过了 1%，产品的成分表上必须用与成分说明相同颜色和大小的字体醒目标出“转基因”或“由××转基因成分加工而成”的字样。海湾标准组织的生物技术条例不允许进口含有转基因动物成分的食品。沙特阿拉伯食品与药品署要求其本国生产商遵守相关的标签规定。

标签的内容及相关的解释必须采用阿拉伯文。用其他文字表示时，需同时配有阿拉伯文，两种语言表达的内容必须一致。有关生物技术内容的表述必须用相同字体的阿拉伯文和英文醒目标出，而且其颜色不同于标签中其他表述的文字颜色。

如果转基因食品有别于非转基因食品，与下列情形有关的任何特征都必须注明：

①成分组成；

②储存与包装方式；

③营养价值及效果；

④用途；

⑤对某些特定人群、动物以及环境的潜在影响；

⑥包括颜色、味道、气味、触觉在内的物理特征；

⑦安全操作、储存、运输和使用方法介绍。

如果转基因食品没有相对应的非转基因产品，标签上还必须包含产品性质及特征的介绍。如果转基因食品的储存、准备和烹饪与非转基因食品不同，标签中应该有明确介绍。

(3) 贸易壁垒

尽管沙特阿拉伯 2001 年就开始执行转基因产品的标签制度，这一制度并没有妨碍其转基因产品的进口。

(4) 知识产权

沙特阿拉伯没有专门针对农业生物技术产品的知识产权管理条例，但是一般的知识产权条例也适用于侵犯农业生物技术知识产权案例。

(5)《卡塔赫纳生物安全议定书》的批准

沙特阿拉伯于 2007 年 8 月批准加入《卡塔赫纳生物安全议定书》。

(6) 相关国际条约

沙特阿拉伯还是众多与食品有关的国际组织成员，包括食品法典委员会、国际标准组织、世界动物组织、世界贸易组织。部分沙特阿拉伯和海湾标准组织制定的条例和标准参照了食品法典委员会和国际标准组织的规定。

(7) 监管与测试

在检测和分析转基因生物及其制品的方式上，海湾标准组织采纳了国际标准中的 6 项标准。海湾标准组织还就转基因农产品的风险分析和安全评估采纳了食品法典委员会的 3 项标准。自 2009 年起，沙特阿拉伯食品与药品署承担了检测包括进口产品在内的加工食品与饲料的职责。在这之前，沙特阿拉伯商业与工业部依据 2004 年颁布的条例负责检测进口饲料，农业部计划将检测进口水果、蔬菜、种子、未经加工饲料的职责移交给食品与药品署，但是具体时间尚未确定。不过，食品与药品署已经在沙特阿拉伯的各口岸开始检查进口的加工食品和饲料。

4. 市场化

(1) 市场的接受程度

自从 2001 年对转基因产品制定标签规定以来，沙特阿拉伯还没有进口过小包装的转基因食品。沙特阿拉伯主要的食品进口商不进口转基因食品,因此也没有在其产品贴上有关转基因的标签。他们担心这种做法有可能损害其产品形象,最终失去市场份额。沙特阿拉伯消费者对转基因产品一般都持否定态度。另外,一些欧洲、亚洲以及本地的食品生产厂商则故意在其产品标签上注明"非转基因"或"不含转基因"字样,作为促销手段。

(2)社会评价

过去几年,沙特阿拉伯媒体刊登过几篇关于农业生物技术的文章。这些文章主要关注转基因产品对人体健康和环境的负面影响,其中部分文章是由绿色和平组织和一些反农业生物技术团体写的,先是发表在欧洲的报纸上,后被转发在沙特的报纸上。沙特阿拉伯没有一家政府机构和农业研究机构在媒体上做过公开表态,向公众介绍真相。食品与药品署曾多次表示,采用标签制度是满足消费者的知情权。由于美国出口到其他国家的许多食品都是转基因食品或是含有转基因成分,沙特阿拉伯进口商在进口美国食品时,都要求其在食品标签印有"不含转基因"字样,以此传递给消费者清晰的商品信息。

5. 能力提升与影响扩大

2008 年 6 月,美国农业部"海外农业服务署"驻利雅得办事处在海湾合作理事会成员中组织一批负责食品安全的官员访问美国,[①] 参加了一系列有关生物技术的会议,并与美国政府相关部门官员和企业界人士进行交流。同年 10 月,海外农业服务署驻利雅得办事处与海湾标准组织在阿联酋的迪拜首次组织一场为期三天的研讨会,研讨的重点是基于科学的农业生物技术风险评估报告的重要性。美国农业部派出 6 位专家讲课,并负责他们的旅费,海湾标准组织负责研讨会的组织,并承担所有费用。大约有 100 位海湾合作理事会成员的食品安全和计量标准的官员参加了此次研讨会。这次研讨会为海湾国家提供了一个论坛,让大家有机会听到美国以及国际社会有关农业生物技术的各种观点,并就此展开讨论。这次研讨会帮助了海湾标准组织下属的生物技术委员会审议自己制定的生物技术标准草案,并最终签发以科学为基础的生物技术标准,供海湾合作理事会中的 6 个成员作为管制进口农产品的法律依据。沙特阿拉伯政府还组织多次赴美学习交流代表团。美国政府也帮助在迪拜、开罗和突尼斯等地举办多个工作坊。

---

① "海外农业服务署"(Foreign Agricultural Service)隶属于美国农业部,负责帮助美国寻找粮食出口机会。参见该机构官方网站:https://www.fas.usda.gov/about-fas,2020 年 1 月 30 日最后访问。另见郑姗、宗义湘、崔海霞、陈宁远:《美国农业与国际市场的纽带——海外农业服务局(FAS)》,载《世界农业》2016 年第 2 期。

（三）动物生物技术

沙特阿拉伯至今没有研发转基因动物的计划，因此也没有这方面的生产和出口。2001 年 12 月，沙特阿拉伯禁止进口一批含有转基因动物成分的食品。这项禁止措施到了 2011 年上升为法律规定，成为 GSO 2141 号条例的部分内容。根据该条例规定，沙特阿拉伯禁止进口包括鸟类、鱼类在内的任何转基因动物及其制品。这项禁令也适用于生产和进口克隆动物及其制品。

海湾标准组织已经向海湾合作理事会 7 个成员国颁布了该组织以及国际标准组织、食品法典委员会制定的与农业生物技术产品的生产和贸易相关的条例和标准，供其参照适用。这些条例和标准包括：

《未经加工的转基因农产品管理一般要求》（GSO 2141：2011：General Requirements for Genetically Modified Unprocessed Agricultural Products）。①

《加工的转基因食品与饲料管理一般要求》（GSO 2142：2011：General Requirements for Genetically Modified Processed Food and Feed）。②

《转基因产品风险评估及可追溯一般要求》（GSO 2143：2011：General Requirements for Risk Assessment and Traceability for Genetically Modified Products）。

《针对食品的转基因生物及其制品的检查分析方法——基于核酸的计量分析》（GSO ISO 21569：2008：Foodstuffs—Methods of Analysis for the Detection of Genetically Modified Organisms and Derived Products—Qualitative Nucleic Acid Based Methods）。

《针对食品的转基因生物及其制品的检测分析方法——国际标准组织提供的基于核酸的计量分析》（用国际组织的官方文字颁发）[GSO ISO 21570：2009：Foodstuffs—Methods of Analysis for the Detection of Genetically Modified Organisms and Derived Products—Quantitative Nucleic Acid Based Methods Issued by (International Organization for Standardization) in Its Original Language]。

《针对食品的转基因生物及其制品的检测分析方法——核酸提取》（GSO ISO 21571：2008：Foodstuffs—Methods of Analysis for the Detection of Genetically Modified Organisms and Derived Products—Nucleic Acid Extraction）。

《针对食品的转基因生物及其制品的检测方法——基于蛋白质检测》

---

① 该条例由沙特阿拉伯相关部门起草。

② 该条例由沙特阿拉伯相关部门起草。

(GSO ISO 21572:2008:Foodstuffs—Methods for the Detection of Genetically Modified Organisms and Derived Products—Protein Based Methods)。

《针对食品的转基因生物及其制品的检测分析方法——一般要求与定义》(GSO ISO 24276:2007:Food Stuffs-Methods of Analysis for the Detection of Genetically Modified Organisms and Derived Products-General Requirements and Definitions)。

《食品法典委员会颁布的现代生物技术合成食品风险分析一般原则》(用国际组织官方文字颁发)[GSO CAC/GL 44:2009:Principles for the Risk Analysis of Foods Derived from Modern Biotechnology Issued by (Codex Alimentarius Commission) in Its Original Language]。

《针对产自含有重组DNA植物的食品安全评估指南》(GSO CAC/GL 45:2009 Guideline for the Conduct of Food Safety Assessment of Foods Derived from Recombinant-DNA Plants)。

《针对生产加工时采用重组DNA微生物的食品安全评估指南》(GSO CAC/GL 46:2009:Guideline for the Conduct of Food Safety Assessment of Foods Produced Using Recombinant-DNA Microorganisms)。

《国际标准组织颁布的基于核酸的转基因生物及其制品分析方法》(用国际组织的官方文字颁发)(GSO ISO/TS 21098:2009:Foodstuffs—Nucleic Acid Based Methods of Analysis of Genetically Modified Organisms and Derived Products—Information to Be Supplied and Procedure for the Addition of Methods to ISO 21569,ISO 21570 or ISO 21571 Issued by (International Organization for Standardization) in Its Original Language)。

六、新加坡

新加坡是世界上为数不多的没有农业产业的国家之一。它的粮食几乎全部依赖进口,但是转基因产品所占的比例很低。新加坡对转基因食品没有特别标注规定,是否需要注明"转基因"或"非转基因",这由商家自主决定。新加坡具体负责转基因食品进口的审批部门是农业食品与畜牧署。该机构依据国际食品法典委员会制定的《转基因植物加工而成食品安全评估操作指南》,在审理中遵循"实质等同原则",认为只要新的食品或食品成分与现有的食品与食品成分实质上是相同的,它们就应该被视为与传统食品或食品成分一样安全。

(一)概述

新加坡的食品供应几乎全部依赖进口,国内少量的农作物(包括水果)种植主要用于旅游观光业。马来西亚、印度尼西亚、澳大利亚、中国和美国是它的农产品主要供应国。2014 年，仅美国向新加坡出口的农产品就达 7.95 亿美元，比 2013 年的 7.54 亿美元增加了 5%，其中园艺产品 3.22 亿美元，牲畜和肉类制品 1.47 亿美元，奶制品 1 亿美元。转基因产品在新加坡所有进口农产品中所占的比例很低。进口的转基因食品主要是用转基因大豆或玉米作为原料加工的产品。

新加坡不生产农业用的转基因植物和动物，也没有这方面的田间试验。与转基因技术相关的活动都是在封闭环境下的实验室中进行，主要与生物制药有关。

新加坡的跨部门机构"转基因咨询委员会"（Genetic Modification Advisory Committee）是由该国贸易与工业部（Ministry of Trade and Industry）组织下于 1999 年成立的，① 其主要职责是就转基因产品的研发、生产、释放、使用和处置等相关问题提供专家意见。作为一个咨询机构，该委员会与一些政府机构保持密切合作关系，尤其是"农业食品与畜牧署"（Agri - Food & Veterinary Authority）和卫生部（Ministry of Health）这两个部门。转基因咨询委员会在 1999 年制定了《释放与农业相关转基因生物指南》（Guidelines on the Release of Agriculture-Related GMOS），② 在 2006 年制定了《转基因生物研究安全指南》（Biosafety Guidelines for Research on GMOs）。③ 然而，作为一家咨询机构，转基因咨询委员会制定的指南不具有法律约束力。具体负责的审批部门是农业食品与畜牧署。

新加坡通过建立农业科技园来推动农业技术的研发，目标是建成地区性的农业咨询、种子研发以及热带农业和水产养殖技术研发中心。新加坡已经建成了一个农业生物科技园，作为本地区热带农业技术服务的一个重要平台。该机构的活动包括研发鱼类抗病虫的疫苗、食品卫生与动植物安全测试以及农作物收割后的保存技术。不过，该中心的工作重点还是在生物医药产业、基因治疗、生物制剂、诊断学、基因工程等领域。

新加坡进口的食品首先必须经过出口国的安全认证，其安全标准必须符合

---

① 委员会下设 4 个分委员会：农业转基因生物释放分委员会（Subcommittee for Release of Agriculture-Related GMO）、转基因生物研究分委员会（Subcommittee for Research on GMOs）、转基因生物标签分委员会（Subcommittee for Labeling of GMOs）、公众意识觉醒分委员会（Subcommittee for Public Awareness）。目前，该委员会主席由来自新加坡国家教育研究院（National Institute of Education）的官员担任，12 名成员分别来自农业食品与畜牧署、人力资源部、卫生部、消费者协会、分子与细胞研究院、科技园理事会等机构。

② 指南的全文公布在转基因咨询委员会网站上：http://www.gmac.gov.sg/pdf/Agriculture_Guidelines.pdf，2017 年 5 月 19 日最后访问。

③ 该指南于 2008 年和 2013 年两次进行修订。

国际食品法典委员会制定的标准。

(二)植物生物技术

1. 生产与贸易

新加坡因为面积有限,农业规模不大。新加坡不种植转基因作物,因此也不生产和出口转基因产品。虽然新加坡进口的转基因农产品数量非常少,但是它进口的许多食品却是从转基因作物提炼的,包括转基因玉米提炼的糖浆和转基因大豆提炼的色拉油。新加坡属于高收入国家,它不需要别的国家提供食品援助。

2. 政策

尽管新加坡的农业体量较小,但是该国采用多种策略确保本国的食品安全。对此,先进的农业技术起到了关键作用。新加坡国家研究基金会曾拨款八千两百万新加坡元给国立新加坡大学、Temasek 生命科学实验室、国际水稻研究所等机构联合研究食品安全问题,包括研发适合气候变化的水稻品种。此外,新加坡经济发展局(Economic Development Board)鼓励本国公司建立研发中心。

农业食品与畜牧署负责监管新加坡市场上销售的转基因食品。监管方式包括抽查、取样市场上销售的食品到该机构实验室检测。农业食品与畜牧署实验室能够检测到 5 种转基因生物品种,并且能够检测部分食品中转基因生物含量。目前,新加坡还没有制定食品中偶然出现转基因生物最低容忍度的标准。

转基因咨询委员会 1999 年制定《释放与农业相关转基因生物指南》的目的是"确保经过基因改良的农业生物在新加坡进口、释放和使用的安全"。① 指南规定了农业转基因产品对人体和环境影响的风险评估办法,并制定了转基因产品投放市场的审批机制。根据指南的规定,释放转基因产品的申请必须先递交给转基因咨询委员会,② 然后由它转交给其下属的"农业转基因产品释放分委员会"审核。审核内容包括转基因生物来源、研发程序以及安全监测方式。基于分委员会的建议,转基因咨询委员会作出是否批准相关转基因产品上市的决定。该决定随后被上报给新加坡农业食品与畜牧署,并由其依据食品法典委员会制定的《重组 DNA 植物加工而成食品安全评估操作指南》(Guideline for the Conduct of Food Safety Assessment of Foods Derived from Recombinant-

① 指南所指的"农业生物",包括动物(含鱼类和无脊椎动物)、植物、微生物和用于培育、种植、园艺、畜牧的疫苗。

② 转基因咨询委员会的主席由来自新加坡国立教育研究院(National Institute of Education)的官员担任,其成员以及各分委员会的成员分别来自 12 个机构,包括农业食品与畜牧署、人力资源部、卫生部、新加坡消费者协会、分子与细胞生物研究和国家科技园理事会。

DNA Plants)作出最终审批结论。

食品与畜牧署在审理中遵循的是“实质等同原则”(substantial equivalence),只要新的食品或食品成分与现有的食品与食品成分实质上是相同的,它们就应该被视为与传统食品或食品成分一样安全。

有关被批准上市的产品目录请见表 1-6-1:

表 1-6-1 新加坡已经批准用于食品生产或加工的转基因产品

序号	产品名称	产品编号
1	油菜	GT73
2	棉花	15985
3	棉花	1445
4	棉花	531
5	棉花	MON88913
6	玉米	Mon863
7	玉米	NK603
8	玉米	MON88017
9	玉米	Cry1F Maize Line 1507
10	玉米	MON810
11	玉米	MON89034
12	玉米	T25
13	玉米	MON87460
14	大豆	356043
15	大豆	GT40-3-2
16	大豆	MON89788
17	大豆	305423
18	大豆	A2704-12
19	大豆	A5547-127
20	大豆	MON87705
21	甜菜	H7-1

数据来源:新加坡农业食品与畜牧署。参见 http://www. ava. gov. sg/docs/default-source/tools-and-resources/resources-for-businesses/listofapprovedgmcropswebsitever2. pdf? sfvrsn=2,2020 年 2 月 2 日最后访问。

新加坡曾经批准小范围田间试种两种含高浓度油酸的转基因麻风树。[①]这项试验是在一个名为“Semakau”的小岛上进行的，所有试验产品都不会被传播到新加坡其他地方。由于新加坡不种植转基因作物，就连非转基因作物的产量也非常有限，因此，新加坡也没有制定转基因和非转基因作物种植并存的规定（如间隔距离等要求）。

对于转基因食品，新加坡没有专门的标签规定。转基因咨询委员会下属的“转基因生物标注分委员会”的主要职责是研究转基因产品的标注事宜。在新加坡，转基因食品是否需要特别标注日益受到关注，并成为当下一个热门话题。然而考虑这一问题的复杂性，尤其是国际上有关转基因食品标注还没有一个统一标准，新加坡还没有出台相关政策。目前，转基因产品只要在出口国已经获得安全认证，出口到新加坡时就不会受到特别限制。进口商在进口这些产品之前，必须向新加坡有关当局出示这些证明材料。食品生产商在进口转基因食品之前必须测试其质量，包括产品的过敏度、毒性、成分、营养价值。进口食品因采用转基因技术而含有新的成分时必须经过额外测试。进口的转基因产品如果涉及专利发明，新加坡的进口商还要求出口商提供专利证明，确保不侵犯知识产权。

新加坡目前还没有加入《卡塔赫纳生物安全议定书》，但它是众多国际组织的成员，包括东盟、亚太经合组织、[②]国际食品法典委员会。新加坡还是 TPP 和 CPTPP 谈判的主要参与者。此外，新加坡也是“保护新植物品种国际联盟”（UPOV）成员。

3. 市场化

转基因食品在新加坡销售没有障碍。为了回应消费者对转基因食品安全性的关注，新加坡农业食品与畜牧署于 2012 年在一封公开信中承诺，他们确保所有在新加坡市场上销售的转基因产品都是由转基因咨询委员会和农业食品与畜牧署依据国际食品法典委员会确立的原则和标准经过安全评估的。与此相对应的是，新加坡国内关注转基因食品的人数却在增多，尤其是网民，反对转基因食品的声音也在变大。不过，新加坡还没有出现大规模反对转基因食品的现象。

对于转基因食品的标注问题，新加坡一直保持与大多数国家相同的做法。目前，新加坡没有对转基因食品采取强制标签措施。与非转基因食品一样，转基因食品需要标注必要的成分和生产信息，以便于执法部门在发现问题时能追

① 这两种产品的编号分别为 X8#34 和 X8#291。

② 生物技术是亚太经合组织“食品与农业议题”讨论的重要内容。

根溯源和及时召回。商家可以在产品上自愿标注“转基因”或“非转基因”字样。农业食品与畜牧署的指导原则是标注必须“实用、科学、有效”。农业食品与畜牧署和转基因咨询委员会将密切跟踪国际发展趋势,新加坡也将继续保持与国际食品法典委员会的合作,适时制定为大家广泛接受的转基因食品标注指南。

4. 能力缔造和影响扩大

2015 年,美国农业部驻新加坡的“农业事务办公室”(Office of Agricultural Affairs)联合“亚洲作物生命公司”(Croplife Asia)等一些主要生命科学和生物技术企业组织了一场生物技术对话,以推动生物技术在新加坡的交流。与此同时,为了让新加坡的管理者及时了解生物技术在农业中的运用及管理措施,美国农业部的海外服务署也准备在新加坡组织一系列工作坊和研讨会,通过新加坡在东盟成员国之间建立起转基因食品检测网络,在新加坡培训东盟成员国官员的检测能力,配合新加坡转基因咨询委员会组织相关的教育项目,与转基因咨询委员会合作研发一些转基因食品项目。

(三)动物生物技术

新加坡的动物转基因技术开发得有限,目前仍停留在研究阶段。农业食品与畜牧署下属的一个相关技术研发中心是位于 St. John's 岛上的海洋水产养殖中心(Marine Aquaculture Center)。该中心曾数次研发大规模孵化养殖技术,包括鱼类养殖技术的改良,如鱼类孵化时的基因删选、鱼类疫苗的培育和鱼类诊断器材的研发。

迄今为止,新加坡还没有进出口任何转基因动物及其制品。

七、以色列

在遵守相关规定的前提下,以色列法律允许为了研究目的研发和培育转基因生物,但是不允许商业化培育转基因作物种子和种植转基因作物。外国的转基因产品可以进口至以色列销售,也可以作为原料在以色列生产食品和药品。尽管以色列科学家一直支持开发转基因生物,以色列的环保人士担心转基因生物的使用给环境带来潜在危害。以色列犹太教的饮食教规(kashrut)主管机构宣布,食品中含有转基因生物成分不影响犹太人洁食的习惯,因为转基因生物在食品中只占微量比例。这项决定受到了以色列本国以及其他国家一些犹太人团体的质疑。包括通过基因工程加工的食品在内,所有食品在以色列批准上市之前都需要经过有关部门的风险评估。评估内容包括食品的安全性、营养成分和消费习惯等。迄今为止,以色列还没有通过任何有关食品中含有转基因生物的标签规定。

（一）概述

以色列被一些学者认为是“转基因生物研究的国际中心”。[①] 以色列有关转基因生物的研究主要集中在种子开发。这项工作是在以色列的大学、政府主导的研究机构[②] 以及一些私营机构实验室进行的。[③] 在以色列，从事转基因生物研究和测试的经费除了来自本国外，也来自国外，包括美国。[④] 以色列的相关立法将转基因生物定义为“一种生物，包括微生物，它的病毒、类病毒以及单细胞体和多细胞体通过基因工程得到改变，并且在其生命周期内以各种方式运用到植物之中”。[⑤] 一位评论员曾经这样评价：以色列的转基因生物研究只注重“植物新品种开发和提高植物抵抗杀虫剂、疾病、除草剂的能力……由于管制原因，（以色列的转基因）研究水平只是刚刚达到证明概念的阶段”。[⑥]

在遵守法律相关规定的前提下，以色列科学家为了研究目的，可以在封闭环境下种植转基因作物，但是以色列禁止转基因作物的商业化种植。[⑦] 以色列允许进口别的国家转基因产品，并以此作为原料在以色列生产食品和药品。[⑧] 转基因产品已“广泛用于以色列的药品行业”。[⑨] 目前，以色列对转基因生物没有标签方面的特别规定。[⑩]

---

① See sentinelblog, *GMOs, A Global Debate: Israel a Center for Study, Kosher Concerns*, Epoch Times, August 5, 2013.

② 参见以色列农业与乡村发展部网站（MARD）：Agricultural Research Organization（ARO），Volcani Center：Plant Pathology and Weed Research，载 http://www.agri.gov.il/en/departments/12.aspx，2020 年 2 月 2 日最后访问。

③ 参见 Hagai Amit, Homegrown Israeli Idea for Conquering the World Food Shortage, HAARETZ（Apr. 12, 2012），载 http://www.haaretz.com/israel-news/homegrown-israeli-idea-for-conquering-the-world-food-shortage-1.423959，2020 年 2 月 2 日最后访问。

④ 同上。有关以色列生命科学方面的研究，参见 Tova Cohen & Steven Scheer, *Analysis: After Tech Success, Israel Seeks Life Sciences Growth*, Reuters, June 6, 2013。

⑤ 参见 Regulations（Genetically Modified Plants and Organisms）5765 – 2005, KOVETZ HATAKANOT [KT] [Subsidiary Legislation], No. 6391, p. 782，载 https://www.moag.gov.il/en/Pages/default.aspx，2020 年 2 月 2 日最后访问。

⑥ sentinelblog, *GMOs, A Global Debate: Israel a Center for Study, Kosher Concerns*, Epoch Times, August 5, 2013.

⑦ See sentinelblog, *GMOs, A Global Debate: Israel a Center for Study, Kosher Concerns*, Epoch Times, August 5, 2013.

⑧ 参见以色列卫生部网站相关介绍：Genetically Engineered Food, Ministry Of Health，载 https://www.health.gov.il/English/Pages/HomePage.aspx，2020 年 2 月 2 日最后访问。

⑨ See sentinelblog, *GMOs, A Global Debate: Israel a Center for Study, Kosher Concerns*, Epoch Times, August 5, 2013.

⑩ See sentinelblog, *GMOs, A Global Debate: Israel a Center for Study, Kosher Concerns*, Epoch Times, August 5, 2013.

(二)公众与学者的观点

1. 政府出台的政策

2011 年 12 月,在以色列议会(Knesset)下属的“科学技术委员会”(Science and Technology Committee)组织的一次听证会上,与会专家对以色列的农业转基因工程研究与开发作了有利的证词。在指出全球人口增长和粮食短缺的同时,以色列农业与乡村发展部的农业研究首席专家尤拉姆·卡坡尔尼克(Yoram Kapolnik)教授认为,以色列需要为 2050 年乃至更远的目标做准备,因为到那时,食品中的主要成分将被剔除。① 安农·拉教授是以色列农业研究组织(Agriculture Research Organization)下属的“维尔卡尼研究中心”(Volcani Center)② 的研究人员,他也在作证中认为,基因工程给使用杀虫剂提供了多种选择,这可以培育抵抗各类病毒的蔬菜。③ 这次听证会结束时,以色列科学技术委员会主席罗尼特·梯若希(Ronit Tirosh)呼吁“纠正转基因产品安全性较低的偏见,因为事实证明这种偏见是没有科学依据的”。④ 她同时呼吁,以色列农业与乡村发展部应该拨付专项资金用于促进转基因产品的市场化和对公众的普及教育。梯若希女士指出,以色列卫生部和农业与乡村发展部的研究机构应该更紧密地合作。她强调这种合作是有必要的,“因为这样,卫生部签发的条例和指令就会被认为与每一个在研项目有关,而研究项目完成后的目标就是要向社会推广这些产品,并让它们进入商业领域”。⑤ 梯若希女士还呼吁引入一份旨在规范转基因产品标签制度和确保检查人员遵守产品质量标准的立法

① 参见 The Knesset Committee for Science and Technology, The 18th Knesset, Use of Genetic Engineering in Agricultural Research in Israel(希伯来文), Hearing in the Committee, Protocol No. 112; Summary of the Committee's Activity, Part B, p. 50, (Aug. 2011 - Nov. 2012), 载 http://www.knesset.gov.il/committees/heb/docs/mada_18b.pdf, 2020 年 2 月 3 日最后访问。

② 有关该中心活动,参见 Agriculture Research Organization (ARO) Volcani Center, MARD, 载 http://www.agri.gov.il/units/institutes/default.aspx, 2020 年 2 月 3 日最后访问。

③ 参见 The Knesset Committee for Science and Technology, The 18th Knesset, Use of Genetic Engineering in Agricultural Research in Israel(希伯来文), Hearing in the Committee, Protocol No. 112; Summary of the Committee's Activity, Part B, p. 51, (Aug. 2011-Nov. 2012)。

④ 参见 The Knesset Committee for Science and Technology, The 18th Knesset, Use of Genetic Engineering in Agricultural Research in Israel(希伯来文), Hearing in the Committee, Protocol No. 112; Summary of the Committee's Activity, Part B, p. 51, (Aug. 2011-Nov. 2012)。

⑤ 参见 The Knesset Committee for Science and Technology, The 18th Knesset, Use of Genetic Engineering in Agricultural Research in Israel(希伯来文), Hearing in the Committee, Protocol No. 112; Summary of the Committee's Activity, Part B, p. 51, (Aug. 2011-Nov. 2012)。

草案。[①]

自2011年听证会以来，推动立法进步的努力已经促成以色列公布了一份立法修正案。该修正案将有关公共卫生、食品(营养标签)修正案的第5771-2011条的生效日期推迟到2014年1月31日。然而，这些条例并没有涉及转基因产品的标签问题。[②] 修正案没有给转基因食品规定标签制度，这一点在2013年7月3日以色列议会"劳工、福利和卫生委员会"(Committee for Labor, Welfare and Health)组织的听证会上遭到批评。[③]

2013年10月，以色列卫生部向世界贸易组织递交了一份编号为5773-2013的《公共健康管理条例(食品)(新食品)》立法草案，供各成员评阅。草案引入了以下三方面内容：

(1)新的食品在被批准登记之前必须经过风险评估。

(2)禁止未经批准登记的新食品在以色列生产、进口、储存和销售。

(3)转基因食品、水果、蔬菜在包装时必须注明。

新条例第12条同时规定以下两种情形可以不要求对转基因生物进行标注：

(1)产品已经不含DNA和蛋白质了。

(2)转基因生物含量低于0.9%。

该草案目前还没有被正式批准成为法律。

2.公众对于环境的关注

以色列的环保人士已经表达了对转基因生物的质量以及使用转基因生物对环境有可能造成潜在危害的担忧。环保人士强调，"通过基因工程加工的种子，种出来的植物是无法培育新品种的。因此，转基因作物通过花粉传播，与其他野生作物交配后会导致这些野生品种的迅速绝种……"[④] 他们同时也对通过转基因生物技术培育其他植物对生态环境的长期影响表示关注。[⑤]

---

① 参见 The Knesset Committee for Science and Technology, The 18th Knesset, Use of Genetic Engineering in Agricultural Research in Israel(希伯来文), Hearing in the Committee, Protocol No. 112: Summary of the Committee's Activity, Part B, p. 51, (Aug. 2011-Nov. 2012)。

② See Public Health (Food) (Nutritional Labeling) (Amendment) 5771-2011 Regulations, KT No. 7019, p. 1198 (July 31, 2011), as amended by KT No. 7160, p. 1661 (August 30, 2012).

③ See The 19th Knesset Committee for Labor, Welfare and Health Meeting, Protocol No. 47, July 3, 2013, pp. 18-21.

④ Sentinelblog, *GMOs, A Global Debate: Israel a Center for Study, Kosher Concerns*, Epoch Times, August 5, 2013.

⑤ See Gal Tziperman Lotan, Scientists, Activists Debate if Genetically Modified Foods are Panacea or Plague, The Jerusalem Post, April 30, 2008.

以色列科学家一般都支持研发转基因生物。[①] 根据位于雷霍沃特(Rehovot)的魏茨曼科学研究院(Weizmann Institute of Science)研究员加达·加利利(Gad Galili)的观点,开发转基因作物可以"解决全球粮食短缺问题"。在回应转基因生物对环境的长期影响时,他指出,"尽管科学家不知道使用转基因生物会在长期内产生什么影响……但是从过去的情况看,它们比传统交配的作物更加安全,因为科学家已经掌握和控制基因转移中的可变因素。至于转基因生物对别的植物污染……如果你把一种病毒放入转基因生物,这种病毒会传播。但是我们对此有预防措施。我们有专家委员会负责批准转基因生物推广使用。有一点是肯定的:如果有人将病毒基因植入其中,或者转基因生物有感染的风险,这种转基因生物是不会被批准的"。[②]

3. 宗教因素

含有转基因生物成分的食品是否符合犹太教规和犹太人严格的饮食习惯?这不仅是以色列人,也是全世界犹太人关心的问题。[③] 有一份杂志曾经这样报道:"以色列审查犹太人饮食(是否符合犹太教规)的主管机构曾经裁定,基因工程'没有改变犹太人饮食习惯',因为基因物质是一种微量物质"。但是一些犹太人团体却质疑这个结论,认为转基因生物违背了犹太教规中关于"杂交"(kilayim)的禁令,包括农作物的杂交和牲畜的杂交。那些认为转基因产品不符合犹太教规的人还援引13世纪犹太民族先贤拉姆邦(Ramban)(1194~1270年)的名言:人类不应该打破造物主创造世界的根本法则(mankind should not disturb the fundamental nature of creation)。[④]

在美国,"自然食品许可证组织"(Natural Food Certifiers Organization)宣布,该组织的"犹太洁食苹果颁证项目"(Apple K Kosher Certification Program)不会接受含有转基因生物产品的申请。[⑤]

自然食品许可证组织在其散发的一篇报道中表示:"如果严格按照犹太教

---

① See Gal Tziperman Lotan, Scientists, Activists Debate if Genetically Modified Foods are Panacea or Plague, The Jerusalem Post, April 30, 2008.

② Gal Tziperman Lotan, *Scientists, Activists Debate if Genetically Modified Foods are Panacea or Plague*, The Jerusalem Post, April 30, 2008.

③ 参见 Natural Food Certifiers, Greenerchoices, 载 http://www.greenerchoices.org/eco-labels/eco-home.cfm? error=1, 2015年9月10日最后访问。

④ See sentinelblog, *GMOs, A Global Debate: Israel a Center for Study, Kosher Concerns*, Epoch Times, August 5, 2013.

⑤ 自2002年以来,NFC已经认证了一些食品为"有机食品"。该机构已经被美国农业部授予有机食品认证资格。参见 Natural Food Certifiers, Greenerchoices, 载 http://www.greenerchoices.org/eco-labels/eco-home.cfm? error=1, 2015年9月10日最后访问。

规的字面理解，食品中含有转基因生物成分，这是不禁止的。我们的观点是：这种成分不是天然的。此外，犹太教法律中也有'捍卫你自己的健康'（guard your health）这样的内容。转基因生物目前正成为有健康意识消费者和从事天然和有机食品行业头号关心的事情，同时也是传统食品生产企业关注的问题……"①

（三）相关立法框架

以色列目前的法律不包括任何关于转基因生物的重要立法。管理转基因生物研究、开发和使用的责任由以色列农业与乡村发展部和卫生部依照各自的管辖权分别承担，并制定相应的管理条例。

1. 转基因生物研究的管理

第5765-2005号《种子管理条例》（Seed Regulations 5765-2005）② 与转基因植物和生物有关。该条例是以色列农业与乡村发展部根据第5716-1956号《种子法》③ 和第5716-1956号《植物保护法》④ 的一般授权制定颁布的。

以色列农业与乡村发展部根据条例规定，负责监督植物整个生命周期中的转基因植物和生物的试验。此外，农业与乡村发展部还负责处理通过转基因工程繁殖的物质进出口、处置和商业化等事项。⑤

农业与乡村发展部在上述领域的工作主要由下列机构或人员来承担：

（1）植物保护与检测署（The Plant Protection and Inspection Service）；

（2）国家转基因植物委员会（The National Committee for Transgenic Plants）；

（3）授权的机构代表。⑥

---

① Daisy Luther, Kosher Certification Program Bans All GMO Ingredients, The Organic Prepper (Apr. 25, 2013)，载 http://eatlocalgrown.com/article/11364-kosher-certification-bans-all-gmo-ingredients.html，2020年2月3日最后访问。

② See Seed Regulations (Genetically Modified Plants and Organisms) 5765-2005, KT No. 6391, p. 728.

③ See Seeds Law, 5716-1956, 10 Laws of The State of Israel [LSI] 99 (5716-1955/56), as amended.

④ See Plant Protection Law, 5716-1956, 10 LSI 75, as amended.

⑤ 参见 Licensing and analysis of GM plants，载以色列农业与乡村发展部下属的植物保护与检测署网站：http://www.moag.gov.il/en/Ministrys%20Units/Plant%20Protection%20and%20Inspection%20Services/Genetically%20Modified%20Plants/Pages/Licensing%20and%20analy sis%20of%20GM%20plants.aspx，2020年2月3日最后访问。

⑥ 参见 Licensing and analysis of GM plants，载以色列农业与乡村发展部下属的植物保护与检测署网站：http://www.moag.gov.il/en/Ministrys%20Units/Plant%20Protection%20and%20Inspection%20Services/Genetically%20Modified%20Plants/Pages/Licensing%20and%20analy sis%20of%20GM%20plants.aspx，2020年2月3日最后访问。

2. 转基因生物在食品中使用的管理

从以色列卫生部网站上已经公布的信息来看，包括通过基因工程加工的食品在内的新食品及其标签的管理规则立法目前正进入最后阶段。每一种新食品（包括通过基因工程生产的食品）在获批之前都要经过风险评估，包括涉及其安全性、营养、消费方式等各方面问题。随着新食品管理条例投入实施，除了至今都在采用的安全评估制度外，标签制度也将适用于转基因食品。①

（四）转基因生物研究、生产、市场化方面的限制

1. 授权实验室研究转基因生物规则

以色列的《种子管理条例》禁止未经植物保护与检测署主任许可，通过改变基因方式对植物进行试验。② 条例授权植物保护与检测署主任对转基因生物实验颁发许可证，并制定相关工作规范和限制规定，包括销毁实验中使用过的植物、生物或其他受管制物品的规定，要求试验必须在经植物保护与检测署主任批准的实验室进行。除非满足了下列情形，否则植物保护与检测署主任可以拒绝批准：

（1）试验是在一个封闭的装置内进行的，申请人必须证明实验装置的功能是齐全的，已经采取了一切必要手段防止对人类、动植物构成危害，防止对环境造成不利影响。

（2）试验是在一块特定的试验田里进行的，并且事先与国家转基因植物管理委员会（National Committee for Transgenic Plants）磋商过。③

如果申请人的试验是在装有高压灭菌装置的实验室进行，同时，相关操作人员和安全管理人员已经确保所有装置上的残留物都会在一个焚化炉销毁，或者采用经植物保护与检测署主任批准的特殊物质将其隔离，植物保护与检测署主任可以根据条例规定，免予申请人的许可申请。④

2. 市场化规则

转基因植物的销售需要得到植物保护与检测署主任的许可，并且满足许可证上规定的所有条件。⑤ 销售或出口转基因生物繁殖的物质或生物同样需要

① 参见 Genetically Engineered Food, Ministry of Health, 载 https://www.health.gov.il/English/Pages/HomePage.aspx, 2020 年 2 月 3 日最后访问。

② 参见 Seed Regulations (Genetically Modified Plants and Organisms) 5765-2005, 第 3 条。

③ 国家转基因植物管理委员会是由以色列农业与乡村发展部任命组建的，负责处理转基因植物和生物的试验及其销售等事宜。参见 Seed Regulations (Genetically Modified Plants and Organisms) 5765-2005, 第 2 条 a 项。

④ 参见 Seed Regulations (Genetically Modified Plants and Organisms) 5765-2005, 第 2 条 b-c 项。

⑤ 参见 Seed Regulations (Genetically Modified Plants and Organisms) 5765-2005, 第 7 条 a 项。

得到有效的注册证书或许可标签。[①]

《种子管理条例》要求，申请人在销售转基因生物繁殖的物质或转基因生物之前需要申请获得授权，递交的申请材料必须包括下列内容：

(1)转基因物质及其特征的描述，包括对人类、动植物和环境的现实影响和潜在影响的完整数据；

(2)有关采用转基因生物繁殖的物质或转基因生物试验结果以及国际上的使用情况的科学出版物，包括经过批准的标签以及上述材料的希伯来文翻译(英语除外)；

(3)在当地现有条件下和采用建议使用的物质前提下，采用转基因生物繁殖的物质或转基因生物进行试验的结论报告；

(4)按照《种子管理条例》规定，转基因生物繁殖物质的标签样本，并配上"转基因物质"(genetically modified material)的字样；

(5)对于转基因生物，"转基因物质"(genetically modified material)的字样必须出现在标签上；

(6)进口的转基因生物繁殖物质或进口的转基因生物需要提供进口许可。

(7)其他植物保护与检测署主任认为需要提供的材料，包括经植物保护与检测署主任批准的测试实验室的材料。[②]

当有充分证据证明转基因植物或生物有可能危及人类、动植物或者已经发现对环境有不利影响，或者当事人不遵守植物保护与检测署主任规定的标签规则，或者事态的发展已经偏离了申请材料上所描述的特征时，植物保护与检测署主任有权拒绝、限制或取消转基因生物繁殖的物质或转基因生物的销售许可。[③]

3. 对传播产品的标签要求

如上文所述，标签要求适用于转基因植物、转基因生物繁殖的物质和转基因生物的市场化。目前，上述有关转基因产品的规定不适用于含有转基因生物成分的食品。

4. 执行机构

根据《种子管理条例》的规定，以色列国家转基因植物委员会的作用是依据条例所列的指示，向植物保护与检测署主任提出建议，以决定转基因植物、转基因生物或者其销售是否对人类或动物构成任何危害，后者是否存在对环境任

① 参见 Seed Regulations (Genetically Modified Plants and Organisms) 5765-2005，第 7 条 b-c 项。

② 参见 Seed Regulations (Genetically Modified Plants and Organisms) 5765-2005，第 8 条 b 项。

③ 参见 Seed Regulations (Genetically Modified Plants and Organisms) 5765-2005，第 9~15 条。

何不利的影响。①

国家转基因植物委员会的13位委员是由以色列农业与乡村发展部部长任命的,其中包括下列人员:

(1)农业与乡村发展部2名代表,其中一人担任委员会主席,另一位担任副主席;

(2)1名代表从环境部提供的名单中挑选;

(3)1名代表从卫生部提供的名单中挑选;

(4)1名代表从科技、文化和体育部提供的名单中挑选;

(5)8名公众代表来自科技界中具有生命科学、自然或环境保护专业背景科技界人士和从事种子生产和种子培育的人员。②

(五)向自然界释放转基因生物的限制

如前文所解释的,转基因生物的生产在以色列只能用于研究目的,并且需要满足相关条例规定的条件。转基因生物的培育不能获得授权用于商业目的。③

(六)食品中使用转基因生物的限制

在以色列,人们可以进口、销售别国的转基因产品,也可以将进口产品用于食品生产。④ 目前,以色列没有规定这些产品必须特别标注,标明其含有转基因生物的成分。⑤

(七)法律责任与司法裁决

以色列没有专门就转基因生物的研发、使用和释放作出特别的法律规定。

截至2022年,除了涉及专利发明之外,以色列尚未发生过一起单纯与转基因生物安全有关的司法案件。

八、印度

转基因棉花是印度唯一批准商业化种植的转基因作物。迄今为止,已有6个品种、共计1100个批次的转基因棉花在印度种植。印度的转基因生物管理体制在经历了2年的间隔之后,于2014年得到重新调整。尽管印度的一些研究机构已经在动物克隆技术方面取得进展,印度的转基因动物研发仍处于起步

---

① 参见 Seed Regulations (Genetically Modified Plants and Organisms) 5765-2005,第20条b项。

② 参见 Seed Regulations (Genetically Modified Plants and Organisms) 5765-2005,第2条a项。

③ 参见 Seed Regulations (Genetically Modified Plants and Organisms) 5765-2005,第2条a项。

④ 参见 Genetically Engineered Food, Ministry of Health,载 https://www.health.gov.il/English/Pages/HomePage.aspx,2020年2月3日最后访问。

⑤ 参见上文"七(三)2.转基因生物在食品中使用的管理"。

阶段。目前,印度还没有转基因动物进入商业化生产。

(一)概述

以2013年为例,印度与其主要农业贸易大国美国的贸易额约为56亿美元,其中印度向美国的出口额达40亿美元左右。转基因大豆是印度目前唯一批准进口的转基因农作物,用于生产大豆油。2010年,印度从美国进口的转基因大豆曾经达到1.329亿吨。此后这一数字逐年下降,2013年,降落至2830万吨。

在印度,转基因棉花是目前唯一批准可以商业化种植的转基因作物。自2002年起,印度政府已经批准6种转基因棉花、共计1100个批次在印度种植。印度不允许商业化生产转基因动物,包括克隆动物、将转基因动物作为原料用于商业化生产。

1986年出台的《环境保护法》(Environmental Protection Act)为构建印度生物技术管理框架奠定了基础。根据印度现行条例规定,所有转基因食品或农产品在进口或国内商业化种植和生产之前必须获得"基因工程评估委员会"(Genetic Engineering Appraisal Committee)的批准。该委员会是印度转基因技术管理的最高机构。《环境保护法》附件二规定了转基因产品进口的批准程序,包括进口用于研究的转基因产品批准程序。2013年4月22日,印度科技部下属的"生物技术司"向印度议会递交了"印度生物技术管理当局2012年工作报告",其中一项重要内容是建议设立一个国家级独立的转基因管理机构。这份报告随后被转到议会下属的"科学技术、环境与森林常设委员会"(Standing Committee on Science, Technology, Environment and Forests),由其召集相关部门进行评阅。然而,该报告尚未被正式递交议会进行讨论。

2006年出台的《食品安全与标准法》(Food Safety and Standards Act)包含了规范转基因食品(包括加工食品)的详细规定。不过,依据该法成立的国家最高管理机构——印度食品安全与标准管理署(Food Safety and Standard Authority of India)还在制定相应的监管转基因食品的具体条例。因此,基因工程评估委员会目前仍然依据1989年制定的规则管理含有转基因成分的加工食品。

印度的转基因技术研发在2010~2014年经历了一个"瓶颈期"。2010年2月9日,印度环境与森林部宣布暂停审批转基因茄子的研发。2011年7月6日,基因工程评估委员会引入了审批转基因作物田间测试新的程序,要求申请人(技术开发者)事先必须获得相关地方政府"没有反对意见证明"(no objection certificate)。这项规定阻碍了许多田间测试,因为只有为数不多的地方政府签发了这种证明。①

2012 年 4 月至 2014 年 3 月，基因工程评估委员会停止工作达 2 年之久，直到 2013 年 12 月，时任印度环境部长辞职及其继任者的任命，该委员会才于 2014 年 3 月 21 日恢复工作。在成立后的第一次工作会议上，基因工程评估委员会批准了几项新品种转基因作物的田间测试申请。此后，委员会每月召开一次例会。

2012 年 5 月，印度最高法院任命了一个技术专家委员会（Technical Expert Committee），对转基因作物进行生物安全风险评估。2013 年 7 月 18 日，该委员会中的 5 位成员联合递交最终报告，建议禁止所有转基因作物的田间测试，直到印度健全生物安全管理机制为止。然而，该委员会中的另一位成员发布了一份单独意见，建议在印度政府完善生物安全管理机制期间继续批准转基因作物的田间测试。技术专家委员会的最终报告在最高法院签发后，立即遭到印度政府和工业界的强烈抨击。尽管最高法院为此专门组织了几次听证会，但是并没有撤回这份报告。印度的生物技术部门对继续田间测试表示乐观。印度总理莫迪领导的这一届政府也表示支持采用新的农业技术。

（二）植物生物技术

1. 生产与贸易

（1）产品开发

目前，利用基因技术改良作物的主要是一些印度的种子公司和公共研究机构，开发的农作物具有抗杀虫剂、抗除草剂、耐旱、增加营养成分和提高产量等功效，品种包括香蕉、卷心菜、木薯、花菜、鹰嘴豆、棉花、茄子、油菜籽、芥末、木瓜、木豆、土豆、水稻、西红柿、西瓜、小麦。② 一些私营的种子公司重点开发卷心菜、花菜、玉米、油菜籽、芥末、黄秋葵、木豆、水稻、西红柿、棉花。由于基因工程评估委员会停止工作达两年之久，研发单位从印度地方政府获得“没有反对意见证明”也比较困难，上述品种中，只有玉米和棉花这两个品种在 2013 年进行了田间测试。③

2009 年 10 月 14 日，基因工程评估委员会向印度环境与森林部建议批准商业化种植转基因茄子。经过广泛征求社会各界意见之后，2010 年 2 月 9

---

① 这些地方包括旁遮普省、哈里亚纳邦、古吉拉特邦、安得拉邦、马哈拉施特拉邦。

② 参见 Indian GMO Research Information System，载印度政府官方网站：http://igmoris. nic. in/status_gmo_products. asp，2017 年 3 月 28 日最后访问。

③ 参见 Indian GMO Research Information System：Field Trials of GM Crops（Containing New Genes/Events）IN YEAR 2013，载印度政府官方网站：http://igmoris. nic. in/field_trials. asp，2017 年 3 月 28 日最后访问。

日,环境与森林部宣布搁置审批程序,直到研究表明印度政府制定的转基因管理制度能够确保人类和环境的安全。此后,基因工程评估委员会没有提出过任何类似建议。

(2)商业化生产

转基因棉花是自2002年以来印度政府批准的唯一可以在印度商业化种植的转基因作物。在过去的十多年里,转基因棉花的种植面积迅速增加,产量也大幅提升。目前,转基因棉花已占印度棉花产量的95%。2013年,印度的棉花产量为3050万包(480磅/包),种植面积是1170万公顷。2002年,这两个数字分别是1060万包和760万公顷。印度也一跃成为世界第二大产棉国和棉花出口国。迄今为止,印度政府已经批准了6个棉花品种、共计1100个批次的转基因棉花种植,其中孟山都开发的两个棉花品种(Mon 531和Mon15985)占了绝大多数。种植区域分布在印度各地,这些地区的气候条件差别也很大。

在转基因棉花种植成功的推动下,农业生物技术已经成为印度国内生物技术产业的第三大组成部分,2013年的产值是433亿卢比(约合7.34亿美元),占印度整个生物技术产业全年产值的18%。由于转基因棉花是印度唯一批准商业化种植的转基因作物,印度的棉花种植面积已接近饱和,农业生物产业占印度的生物技术产业比重在近年来已开始下降。

(3)出口

印度是世界棉花出口大国,同时也会出口一些转基因棉花种子。2011年,印度出口棉花1110万包,2013年出口900万包。转基因棉花不同于转基因食品,因为棉花不含蛋白质物质。因此,出口商在出口时不需要进行转基因作物申报。

(4)进口

印度唯一允许进口的转基因作物是大豆,用于提炼大豆油,来源国包括巴西、阿根廷、美国等国家。2013年,印度大豆油的进口量是160万吨。

(5)食品援助

印度不是美国政府食品援助计划的受援国,而且在近期也不会改变这一立场。

2.政策

(1)制度框架

在印度,对于转基因作物、动物及其产品的管理受1986年颁布的《环境保护法》和1989年颁布的《制造、使用/进口/出口和储存有害微生物/转基因生物或细胞管理规则》(Rules for the Manufacture, Use/Import/Export and Storage of Hazardous Microorganisms/Genetically Engineered Organisms or Cells)调整。

上述规则规范转基因生物及其产品的研发、大规模使用、进口等事项。表 1-8-1 列举的这些规则是印度政府对 6 个相关部门规定的具体职责。①

表 1-8-1 印度政府部门和地方政府的职责分工

机构名称	职责
印度环境与森林部	内设"基因工程评估委员会",作为具体负责环境保护法和 1989 年制定的规则执行的机构
印度科学技术部下属的生物技术司	向基因工程评估委员会提供指南和技术支持;评估和批准在印度从事转基因产品研究与开发
印度农业部	评估和批准经过田间测试后的转基因作物商业化生产
印度卫生与家庭福利部下属的食品安全与标准署	评估供人类消费的转基因作物和产品的安全性,批准是否可以上市
各地方政府	监管当地转基因生物研究设施的安全措施是否到位。如果有转基因产品向自然环境释放,评估其危害性。经过基因工程评估委员会批准的转基因作物田间测试和商业化种植还需得到所在地政府的批准
科学技术部生物技术司、农业部以及各地方政府	通过各研究机构和地方农业大学支持农业生物技术的研发

1990 年,印度科技部生物技术司制定了有关重组 DNA 的指导意见,并在 1994 年对该意见作了修正。1998 年,生物技术司为转基因植物的研究单独制定了指南,适用于为研究目的而进口和运输的转基因植物。2008 年,基因工程评估委员会通过了《封闭环境下田间测试操作规范与指南》(Guidelines and Standard Operating Procedures for the Conduct of Confined Field Trials)。该委员会还通过了新修订的《由转基因植物加工而成食品的安全评估指南》(Guidelines for Safety Assessment of Foods derived from Genetically Engineered Plants)。②

基因工程评估委员会重新得到重用

2012 年 4 月至 2013 年 3 月,印度的基因工程评估委员会作为环境与森林

---

① 2006 年 8 月 24 日,印度颁布了《食品安全与标准法》。该法对规范包括加工食品在内的转基因食品作出了具体规定。依据该法规定,印度食品安全与标准署被授权作为唯一一个负责制定和执行包括转基因食品在内的食品科学标准的官方机构。

② 参见 Indian Biosafety Rules & Regulations,载印度政府官方网站:http://dbtbiosafety. nic. in/,2017 年 3 月 29 日最后访问。

部的一个职能部门几乎被闲置了。委员会没有就基因工程管理事项作出过任何决定,也没有批准过任何转基因植物的田间测试或商业化种植的申请。2013年12月,时任环境与森林部部长辞职,她的继任者重新突出了基因工程评估委员会的重要性。新上任的部长首先恢复基因工程评估委员会的月度例会制度。委员会重新得到重用后的第一次例会是在2014年3月21日召开的,随后又在同年4月和5月召开了两次例会。在这些会上,基因工程评估委员会批准了21项转基因植物田间测试申请。对此,印度工业界表示欢迎,认为这有助于加快其余转基因植物田间测试申请的审批,因为有些申请已经被搁置两年多了。

最高法院通过《生物安全评估技术委员会报告》

2012年5月10日,印度最高法院任命了一个6人组成的技术专家委员会,对所有转基因作物在田间测试之前进行包括对人体健康和环境影响在内的安全评估,并出具专家权威意见。最高法院此举是回应2005年的一份诉求。该诉求认为在印度进行的转基因作物田间测试事先都没有进行过生物安全评估。①

技术专家委员会于2012年10月7日向最高法院递交了中期报告,建议禁止所有正在进行的转基因作物田间测试,直到印度健全了生物安全管理机制。同年11月9日,最高法院组织听证会,专门就技术专家委员会的报告听取各方意见。印度政府和企业界对此表达强烈的反对。为此,最高法院要求技术专家委员会在作出最终报告时考虑这些反对意见。最高法院同时任命一位资深农业科学家,接替之前提出辞呈的一位技术专家委员会成员。2013年7月18日,技术专家委员会的五名成员形成了最终意见,坚持之前中期报告所持的观点,那位新任命的农业科学家则单独递交了一份报告,对技术专家委员会的最终报告持不同意见。2014年4月1日,印度政府向最高法院递交了一份诉状,抗议技术专家委员会的结论。在最后举行的两次听证会上,技术专家委员会的最终报告受到印度政府和企业界的猛烈抨击。时至今日,争论仍未结束。

印度食品安全与标准署尚未出台转基因食品管理规范

《食品安全与标准法》于2006年颁布之后,印度环境与森林部于2007年4月23日发布了一份公告,规定由转基因产品(不含活的转基因生物)加工的食品生产、销售、进口和使用不需要事先获得批准。② 由于加工食品在大自然环境下不具有再生能力,按照1986年制定的《环境保护法》,这些食品被认为不

---

① 参见 India Biotechnology Annual 2008, p. 7, 载 https://apps. fas. usda. gov/gainfiles/200808/146295379. pdf,2020年2月4日最后访问。

② 参见 The Gazette of India: Extraordinary, [Part II-Sec 3(ii)], 载 http://www. envfor. nic. in/divisions/csurv/geac/1519E. pdf,2017年3月30日最后访问。

对自然环境构成危害。然而，进口活的转基因生物仍然需要经过基因工程评估委员会批准和受《环境保护法》规范。

虽然从技术层面讲，印度食品安全与标准署有权管理转基因食品，但是没有具体的法律规定授权其批准与转基因食品相关的事宜。因此，印度卫生与家庭福利部要求基因工程评估委员会依据1989年颁布的《制造、使用/进口/出口和储存有害微生物/转基因生物或细胞管理规则》，继续对转基因加工食品进行规范。因此，环境与森林部2007年发布的公告事实上被搁置了，因为基因工程评估委员会规制的范围还包括进口转基因食品。2010年5月21日，印度食品安全与标准署发布了《启动印度转基因食品管理规范草案》(Draft on Operationalizing the Regulation of Genetically Modified Foods in India)。[①] 但时至今日，印度食品安全与标准署没有就调整转基因食品管理办法发布过任何通告。因此，在任何新的规定或条例出台之前，1986年颁布的《环境保护法》仍然是印度有关生物技术管理制度的基础性法律。

生物技术管理署的提案仍被搁置

2007年11月13日，印度科技部公布了"国家生物技术战略"，为印度制定完整的管理体制奠定了基础。作为统一管理机构，上述计划的一个重要内容就是拟成立"印度国家生物技术管理署"(National Biotechnology Regulatory Authority of India)。2008年，印度科技部的生物技术司发布了"国家生物技术管理议案"草稿，同时发布了"国家生物技术管理署构建计划"草案。在与政府各部门磋商之后，生物技术司对生物技术管理署的构建方案作了修改，并于2013年4月22日递交给印度议会。随后，该方案被转到议会常设的"科学技术、环境与森林委员会"。2013年6月11日，委员会就该方案征求社会各界意见。目前，莫迪领导的新一届印度政府需要决定是将现有的方案提交议会，还是再进一步与社会各界磋商，修改后再提交议会。在议会正式批准成立国家生物技术管理署之前，印度转基因生物管理体制仍然依据1986年颁布的《环境保护法》和1989年制定的规则。

(2)审批

转基因棉花是印度唯一批准商业化种植的转基因作物，目前共有6个转基因棉花品种(见表1-8-2)。

---

① 参见 FSSAI Seeks Comment on Draft Regulation on GM Foods，载 https://gain.fas.usda.gov/Recent%20GAIN%20Publications/FSSAI%20Seeks%20Comment%20on%20Draft%20Regulation%20on%20GM%20Foods_New%20Delhi_India_5-25-2010.pdf，2020年2月4日最后访问。

表 1-8-2 已批准商业化种植的 6 个转基因棉花品种

基因品种	开发者	用途
Cry1Ac（Mon 531）	Mahyco 孟山都生物技术有限公司	纤维/种子/饲料
Cry1Ac & Cry2Ab（Mon 15985）	Mahyco 孟山都生物技术有限公司	纤维/种子/饲料
Cry1Ac（Event 1）	JK 农业基因公司	纤维/种子/饲料
Cry1Ab and Cry1Ac（GFM Event）	Nath 种子公司	纤维/种子/饲料
Cry1ac（BNLA1）	棉花研究中央研究院	纤维/种子/饲料
Cry1C（Event MLS 9124）	Metahelix 生命科学私人有限公司	纤维/种子/饲料

资料来源：Indian GMO Research Information System：Biosafety Data of Approved Genes/Events of GM Cotton，载印度政府官方网站：http：//igmoris. nic. in/major_developments1. asp，2017 年 3 月 30 日最后访问。

(3)田间测试

基因工程评估委员会负责审批所有转基因作物的田间测试。2008 年，委员会采用“个案审批制度”，审查每一种转基因作物的特征，聚焦在生物安全，尤其是在环境和健康安全上。转基因作物在被允许商业化种植之前必须在“印度农业研究理事会”(Indian Council of Agricultural Research)下属的研究院或当地的一所农业大学的监督下，通过田间测试进行农业、经济等方面的评估，监督时间必须不少于两轮种植季节。转基因产品开发者也可以结合上述生物安全测试的同时进行农业、经济方面的评估，也可以在基因工程评估委员会作出消除对环境影响的建议并且得到印度政府最终授权之后单独进行农业和经济评估。

2011 年年初，印度的一些地方政府反对印度政府在没有得到地方政府同意的情况下批准转基因作物田间测试。2011 年 7 月 6 日，基因工程评估委员会建议修改田间测试审批程序。修改后的程序要求申请人(技术研发者)在田间测试前需要获得相关地方政府没有反对意见的证明。即使之前已经获得批准的田间测试，在这之后进行的，也要事先获得地方政府没有反对意见的证明。迄今为止，只有旁遮普省、哈里亚纳邦、古吉拉特邦、安得拉邦这 4 个地方政府签发没有反对意见的证明。这一新规极大地遏制了转基因作物在印度的田间测试。

2013~2014 年，基因工程评估委员会批准了 6 个棉花品种和 1 个玉米品种的田间测试。2014~2015年,委员会又批准了21份田间测试申请。除此之外,前几年批准的田间测试有的可以跨年度进行,因此,实际批准田间测试的超过上述这些数字。

(4)额外要求

一旦一项转基因作物被允许商业化开发,申请人可以根据印度2002年出台的《国家种子政策》(National Seed Policy)以及各地有关种子的地方性规定申请登记并在各地销售其转基因作物种子。转基因作物投入商业化使用之后,印度农业部与各地农业主管部门将进行为期3~5年的田间监管。

(5)不止一种转基因生物成分

如果一项转基因产品中含有不止一种转基因生物成分,即使其中有的已经获得批准上市,该产品还是需要像新产品那样重新申请。

(6)转基因作物与非转基因作物共存

对于转基因作物与非转基因作物的共存,印度政府没有特别规定。2007年1月10日,基因工程评估委员会拒绝批准一项多地的转基因作物田间测试,因为这些地方包括印度香米的产区,尤其是旁遮普省、哈里亚纳邦和尤塔兰查邦。

(7)标签

2006年3月,印度卫生与家庭福利部针对1995年颁布的《预防食品掺假条例》(Prevention of Food Adulteration Rules)签发了一份修正案,目的是将标签规定延伸至转基因食品。① 印度食品安全与标准署已经就此与有关各方进行多次磋商,以寻找在2006年颁布的《食品安全与标准法》(Food Safety and Standard Act)中增加标签规定的可能性,但是迄今为止,食品安全与标准署尚未就转基因食品的标签问题作出过任何决定。

2012年6月5日,印度消费者事务、食品与公共物流部下属的消费者事务司发布公告,自即日起修订2011年制定的《包装商品计量规则》[Legal Metrology(Packaged Commodities)Rules]。新规则从2013年1月1日起生效,其中规定"含有转基因食品的包装袋(盒)顶端必须醒目标注GM字样"。消费者事务司强调,这样做是确保消费者的知情权。然而,该规则没有强制约束力,由企业自主决定是否参照执行。由于印度食品安全与标准署还在为转基

① 参见 FAIRS Product Specific GOI Proposes Amendment to the PFA Rules Regarding Labeling of GM Foods 2006,载 https://apps.fas.usda.gov/gainfiles/200603/146187223.pdf,2020年2月4日最后访问。另参见 India Biotechnology Annual 2006,载 https://apps.fas.usda.gov/gainfiles/200607/146208487.pdf,2020年2月4日最后访问。

因食品制定标签条例，上述规则今后的走向还很难预料。[①]

（8）贸易壁垒

2006年7月8日，印度商业与工业部发布公告，规定所有含有转基因产品的商品必须事先获得基因工程评估委员会的批准后才能进口。公告同时要求进口方必须在进口时申报是否含有转基因产品。同年，印度环境与森林部颁布《基因工程评估委员会处置进口转基因产品程序》（Procedure for Clearance by GEAC for Imports of GM Products）。[②] 由于内容烦琐，这套程序有效遏制了转基因产品的进口。但是2007年6月22日，基因工程评估委员会却作出了永久批准进口由转基因大豆提炼的食用油。除此之外，印度没有进口过任何其它转基因产品，包括转基因作物、半成品或成品的转基因食品。

进口转基因作物种子或其他种植材料受2004年1月生效的《植物检疫令》（Plant Quarantine Order）调整，其中进口的种植材料主要用于研究目的。印度"含有基因资源植物国家管理局"（National Bureau of Plant Genetic Resources）负责签发进口许可。[③]

（9）知识产权

2001年，印度颁布了《植物品种和农民权益保护法》（Protection of Plant Varieties and Farmers' Rights Act），以保护包括转基因植物在内的新品种。2005年，印度成立了"植物新品种与农民权益保护署"（Protection of Plant Varieties and Farmers' Right Authority）。目前，该机构已经批准了包括转基因棉花在内的88个新植物品种。[④]

（10）《卡塔赫纳议定书》

2003年1月17日，印度批准加入《卡塔赫纳生物安全议定书》，并开始制定相应的执行措施。印度在环境与森林部内设立了"生物安全清洁所"（Biosafety Clearing-House），就转基因生物涉及的科学技术、环境、法律等问题与各方交换信息。印度的基因工程评估委员会负责审批包括种子和食品在内的转基因产品的贸易。印度一直在民事侵权领域采取严格责任做法，并对跨境转移的转基因生物采取严格管理。这些措施会影响到印度的转基因棉花种子

---

① 参见 India: 2012's First Amendment to Legal Metrology Rules，载 https://gain.fas.usda.gov/Recent%20GAIN%20Publications/2012's%20First%20Amendment%20to%20Legal%20Metrology%20Rules_New%20Delhi_India_6-14-2012.pdf，2017年3月31日最后访问。

② 参见印度环境与森林部网站：http://www.envfor.nic.in/divisions/csurv/geac/gmo_lmo.htm，2017年3月31日最后访问。

③ 参见印度农业部网站：http://agricoop.nic.in/，2020年2月4日最后访问。

④ 参见该机构网站公布的新品种名单：List of 88 Crop Species Notified for Registration，载 http://www.plantauthority.gov.in/CropSpeciesnotified.htm，2017年3月31日最后访问。

向邻近国家传播。

(11)在国际论坛上表达的观点

在国际食品法典委员会组织的讨论中,印度支持对转基因食品采取强制标签制度,要求不管是直接由转基因作物加工的食品,还是食品原料中含有转基因生物成分,都要有明确告示。

(12)监管与测试

印度农业部对于获得批准种植的转基因作物负责为期3年的监管,主要监管其农业经济效益以及对环境的影响。不过,印度没有监管转基因食品的具体规定。如果有人举报市场上出现未经批准的转基因食品,印度食品安全与标准署会联合地方食品安全部门提取样品测试。一旦发现有未经批准的转基因产品存在,相关部门会对涉事企业或个人进行制裁,甚至刑事处罚。

(13)低度出现容忍度

印度对于未经批准的转基因食品和作物采取的是零容忍态度。因此,没有相关的转基因产品低度出现容忍度政策。

(三)动物生物技术

1. 生产与贸易

(1)生物技术产品的开发

在印度,除了部分动物克隆技术外,其他与动物相关的生物技术研发还处在起步阶段。

2009年2月6日,印度国家乳制品研究院的科学家成功克隆了1头牛,但是这头牛出生不久便夭折了。在此后1年里,印度科学家又克隆了3头牛,除了其中1头出生2年后死亡,其余两头都健康成长。2012年,印度科学家对外宣布成功克隆了1头羊。不过,印度的这些克隆技术尚处于起步阶段,离投入商业化生产还有较大的距离。

印度有关动物的生物技术研究主要针对那些对印度具有重要经济价值的牲畜、家禽和海产品种的基因组学研究,通过基因改良以增强这些动物的耐热、耐寒和抗病毒能力,提高产量。牛的基因组学研究通过基因技术提高牛的耐热和抗病毒能力以及提高奶牛的产奶量。印度绝大多数与动物相关的生物技术都是由公立研究机构开发的。这些研究获得了印度科技部生物技术司的支持。

(2)商业化生产

迄今为止,包括克隆动物和由基因改良的动物生产的产品在内,印度通过基因技术培育的动物还没有进入到商业化生产阶段。

(3)生物技术的进出口

印度没有向外出口任何生物技术,也不允许进口任何经过基因改良的动物及其制品。

2. 政策

(1)规制

1986年出台的《环境保护法》规范与转基因动物及其制品有关的研究、开发、商业化利用和进口。然而,克隆动物以及动物的基因组学研究则不受《环境保护法》规范。由于动物克隆技术仍处于起步阶段,印度还没有制定规范克隆动物商业化生产与销售的规则。

(2)标签规定与可追溯性

印度没有规范包括克隆动物在内的转基因动物及其制品的标签规定与追溯制度。

(3)贸易壁垒

适用于转基因植物的贸易壁垒同样适用于转基因动物及其制品。

(4)知识产权

印度没有专门针对转基因动物的知识产权保护规定。

印度生物技术管理机构名称、成员构成及职责见表1-8-3。

表1-8-3　印度生物技术管理机构名称、成员构成及职责

委员会名称	成员构成	职责
基因工程评估委员会:在环境与森林部指导下工作	主席:环境与森林部专职秘书;联合主席:科技部生物技术司提名的人选;成员:相关机构和部门代表,包括工业发展部、科技部生物技术司、原子能司; 专家成员:印度农业研究理事会总干事、印度医学研究理事会总干事、科学与工业研究理事会总干事、卫生服务总干事、植物保护咨询员、植物保护理事会成员、检疫及存储部门代表、污染控制中央理事会主席以及部分企业界代表;委员会秘书:环境与森林部的官员	(1)评估与推荐通过生物工程合成的产品投入商业化使用;(2)从环境安全角度审批在研究和工业生产中大规模使用通过生物工程合成的生物与重组体;(3)就涉及清理转基因作物/产品有关的技术事项与基因操作评议委员会磋商;(4)审批转基因食品/种子及其加工产品的进口;(5)处罚违反《环境保护法》的行为

续表

委员会名称	成员构成	职责
基因操作评议委员会:在科技部生物技术司指导下工作	成员来自:科技部生物技术司、印度医学研究理事会、印度农业研究理事会、科学与工业研究理事会以及工业界的专家代表	(1)从生物安全角度,为有序研究和使用转基因产品制定指导性意见;(2)监督和评议所有正在进行的转基因研究项目,包括涉及多地的封闭性田间测试;(3)实地检查测试地点,确保采取足够的安全措施;(4)对转基因生物研究中所需的原材料进口签发许可证;(5)帮助基因工程评估委员会审批进口转基因产品的申请;(6)组成转基因作物研究项目的监督和评估委员会;(7)在需要的时候,组建个别相关议题的分委员会
重组 DNA 咨询委员会:在科技部生物技术司指导下工作	成员包括科技部生物技术司的科学家和其他公共研究机构的专家	在印度国家层面和国际层面跟踪生物技术的最新发展;为确保转基因生物研究和申请中的安全制定适当的指导规范;按照基因工程评估委员会的要求制定其他规范
测试监督与评估委员会	成员来自印度农业研究理事会、印度国家农业大学以及科技部生物技术司有关农业/作物研究机构的专家和代表	监督和评估田间测试地点、分析数据、检测研究设施、向基因操作评议委员会和基因工程评估委员会推荐安全、农业经济上有价值的转基因作物和植物品种
院级生物安全委员会:在研究院/组织指导下工作	成员包括研究院负责人、从事生物技术的科学家、医学专家以及科技部生物技术司推荐的人员	(1)为确保转基因生物研究、利用以及申请过程中的环境安全规划指导意见;(2)授权并监督所有正在各地进行的生物技术项目,包括田间测试;(3)批准用于研究的转基因生物的进口;(4)协调各地生物技术委员会的工作
各省/邦生物技术协调委员会:在有生物技术研究的省/邦政府指导下工作	成员包括地方政府有关环境、卫生、农业、商业、森林、公共事务、公共健康部门的负责人、中央污染控制理事会负责人、微生物专家和病理专家以及其他相关专家	(1)定期审议处理生物工程产品机构的安全管控措施;(2)现场检查,发现违规行为,通过中央污染控制理事会或公共健康部门予以处罚;(3)在各地设立派出机构,评估因释放转基因生物是否对环境造成危害,并当场采取管控措施

续表

委员会名称	成员构成	职责
地方一级的委员会:在有生物技术研究的地方政府指导下工作	成员包括地区数据采集员、中央污染控制理事会代表、首席医务官、地区农业官员、公共健康部门代表、地区微生物学家/病理学家、城市协作部门官员、其他专家	(1)监督在研究和生产地点安全条例的落实;(2)调查转基因指导意见的执行情况,向省/邦生物技术协调委员会和基因工程评估委员会汇报违反指导意见的行为;(3)在各地设立派出机构,评估因释放转基因生物是否对环境造成危害,并当场采取管控措施

九、印度尼西亚

印度尼西亚是一个农业大国,也是东南亚地区人口最多的国家。受科学技术水平以及宗教、文化等因素影响,转基因技术在印度尼西亚的开发和运用还相当有限。目前,印度尼西亚虽然已经批准了一批转基因作物及制品上市,但是其本土还没有转基因作物的种植,印度尼西亚的转基因作物都是进口的。由于习惯吃豆豉和豆腐等大豆制品,印度尼西亚人事实上已经消费了不少转基因产品,但是从总体上讲,印度尼西亚消费者对转基因产品持谨慎态度。目前,转基因产品在印度尼西亚仅限于转基因作物及制品。转基因动物仍停留在实验阶段,尚未流入市场。印度尼西亚在转基因食品立法方面还处于起步阶段,有许多地方需要进一步完善。

(一)概述

2014 年,印度尼西亚从美国进口价值 14.2 亿美元的转基因产品,包括棉花、大豆以及用转基因作物生产的食品。目前,印度尼西亚还没有批准进口转基因作物种子用于商业化种植。在政府支持下,印度尼西亚的一些大学正在积极研制开发转基因作物,包括抗病毒的西红柿和土豆、延长成熟期的木瓜、抗虫害的红薯和耐旱的水稻。与此同时,一些印度尼西亚科学家已经开始关注转基因动物,试图以此作为印度尼西亚本地的家禽、牛、羊等牲畜基因改良的基础。不过,任何有关转基因动物和动物制品的技术运用于实践还有一个漫长的过程。

印度尼西亚农业生物技术国家政策的总体目标是"在采取科学的态度、同时兼顾宗教、伦理、社会文化和审美标准等因素前提下,在涉及环境安全、食品安全以及饲料安全等议题时,采取预防原则的态度"。因此,印度尼西亚出台了一批法规和指南,以保护公众避免因生物技术的使用而遭受不良影响。

截至 2022 年,已有 8 个转基因玉米品种、4 个转基因大豆品种、3 个转基因甘蔗品种在印度尼西亚获得了食品安全证书。3个转基因甘蔗品种从印度尼西亚农业部获得环境安全证书和推广使用许可。据报道，印度尼西亚转基因产品国家生物安全委员会（National Biosafety Commission for Genetically Engineered Products）已经向环境林业部建议对转基因玉米也进行环境安全评估。此外，还有2个转基因大豆品种和2个转基因玉米品种正在食品安全审批之中。

2014年，佐科·维多多当选印度尼西亚总统后，对政府进行改组，将环境部与林业部合并，组成新的环境林业部。国家生物安全委员会也迁至环境林业部新的办公地址。由于印度尼西亚新一届领导对于农业生物技术缺乏了解，在印度尼西亚推广转基因作物种子的进程有可能被推迟。其他一些非技术因素，包括宗教、伦理、社会文化、美学标准等影响也有可能延缓农业转基因技术被印尼社会各界接受。

（二）植物生物技术

1. 生产

（1）产品开发

近年来，尽管步子迈得不是很大，但是印度尼西亚一直在研发转基因农作物品种，如水稻（提高氨氮的使用效率）、甘蔗（提高葡萄糖含量）、木薯（增加淀粉酶的浓度）、西红柿（增加抗病毒能力）以及木瓜（延缓成熟时间）。表1-9-1列举了印尼近年来研发的转基因作物品种：

表1-9-1　印度尼西亚开发的转基因作物品种一览

作物品种	特征	基因名称	研发者
水稻	提高氨氮使用效率	CsNitri1-L	ICABIOGRAD
水稻	耐旱	OsER1	ICABIOGRAD
水稻	提高产量	OsGS3；dep1	ICABIOGRAD
水稻	耐盐性	OsErf1；OsDREB1A	ICABIOGRAD
水稻	抗褐飞虱	—	巴加加兰大学
甘蔗	提高葡萄糖含量	SoSUT & SoSPSSoSPS1	PTPN-XI/Jember 大学
西红柿	抗病毒	Coat protein	ICABIOGRAD/RIV
西红柿	无籽或少籽	defH9 - iaaM&defH9 - RI-iaaM	ICABIOGRAD
木薯	降低糖淀粉含量	IRC-GBSS	ICABIOGRAD/IIS
木瓜	推迟成熟	Antisense ACC Oxidase	ICABIOGRAD

续表

作物品种	特征	基因名称	研发者
马铃薯	抗马铃薯晚疫病菌	RB	ICABIOGRAD
西红柿	含有糖蛋白	—	巴加加兰大学
Rojolele 水稻	抗病虫(三化螟)	Cry1Ab & cry18-cry1Aa	印度尼西亚科学院
水稻	耐旱	oshox6	印度尼西亚科学院
甘蔗	提高葡萄糖含量	Phytase	茂物农业大学
水稻	耐铝	MaMt2,MmSOD,PaCS	茂物农业大学
甘蔗	耐旱	P5CS	印度尼西亚生物技术与生物产业研究院

数据来源:USDA Foreign Agricultural Service:GAIN Report-Indonesia,Date:7/14/2015,GAIB Report Number:1526.

除了上述已经被批准的产品,具有抗晚疫病菌性能的转基因马铃薯食品安全评估申请已经递交至印度尼西亚国家药品与食品管控局(Agency of Drug and Food Control)审批,环境安全审批申请也将递交到环境林业部。这个产品是由印度尼西亚农业部、美国农业生物技术支持项目二期以及威斯康星大学联合研制开发的。遗憾的是,这个合作于2014年12月结束,该产品的生物安全评估费用只能由印度尼西亚政府从国家财政支出。此外,编号为IR-64的转基因大米(俗称“黄金大米”)由印度尼西亚国际水稻研究院(International Rice Research Institute)和农业部联合研制开发。后因种种原因,该项目已经被搁置了。除了上述活动,在美国政府资助下,Arcadia生物技术公司与印度尼西亚农业部正在评估转基因大米氨氮使用效率,不过这个合作项目纯属研究目的,不用于商业推广。

(2)商业生产

印度尼西亚至今尚未商业化种植任何转基因作物以及生产转基因作物种子。不过,目前正在送审的三个转基因甘蔗品种一旦获得食品安全许可证,印度尼西亚一家名为“PT Perkebunan Nusantara XI”的国有公司就将种植这些甘蔗,并销售给印度尼西亚的糖厂作为原料。

(3)出口

迄今为止,印度尼西亚没有向世界任何国家出口过转基因作物。

(4)进口

以大豆作为主要原料的豆豉和豆腐是印度尼西亚人的家常食品。近年来,随着人口的增长和经济水平的提高,印尼的大豆销量逐年上升。2014 年的大豆销量达 270 万吨,主要依赖进口。美国产的大豆占印度尼西亚市场份额的92%左右。①

作为世界第九大纺织品出口国,2014 年,印度尼西亚的棉花进口达 675 万吨,其中绝大多数都是经过基因改良的抗虫棉。巴西是印度尼西亚棉花的主要来源国。

印度尼西亚的大豆制品和玉米主要用于生产饲料。2014 年,印度尼西亚消耗大豆制品 430 万吨,其中 390 万吨来自阿根廷、巴西、中国等国家;玉米的消耗量是 740 万吨,其中进口达 350 万吨,巴西是最主要的供应国。其他向印度尼西亚出口上述产品的国家还有印度和美国,其中印度出口的大豆制品是非转基因产品。②

(5)食品援助接受国

目前,印度尼西亚不是美国农业部资助的食品援助接受国。

2. 国家政策

(1)转基因食品管理的制度框架

在尊重科学的前提下,考虑到环境安全、食品安全以及饲料安全等要求,同时兼顾宗教、伦理、社会文化、美学标准等因素,印度尼西亚对于生物技术所持的立场是"谨慎接受"。为此,印度尼西亚制定了一些法规和指南,以保护公众免受因生物技术的利用所带来的不良影响。③

在印度尼西亚,有权批准转基因产品进入市场或向自然环境释放的机构包括农业部、环境林业部、海洋渔业部以及国家药品与食品管控局。表 1-9-2 列举了相关权威机构。

表 1-9-2 有权批准转基因产品进口和上市的机构

编号	部委名称	具体执行机构	职责
1	环境林业部	自然资源与生态系统护理总局	保护环境安全
2	农业部	—	确保饲料安全
3	农业部	植物品种保护与农业许可证中心	审批、颁发种子进口许可证

① 数据来源:USDA Foreign Agricultural Service:GAIN Report-Indonesia,Date:7/14/2015,GAIB Report Number:1526。

② 有关这方面的信息,可参阅 GAIN Reports No. 1508,No. 1511 and No. 1512。

③ 有关这方面的具体规定,参见印度尼西亚生物安全清洁所网站:http://indonesiabch. or. id/,2017 年 3 月 15 日最后访问。

续表

编号	部委名称	具体执行机构	职责
4	农业部	国家种子局	审批作物品种释放
5	农业部	印度尼西亚农业研究与发展局	审批、颁发研究许可证
6	农业部	印度尼西亚农业检验检疫局	检验检疫进口动植物
7	药品与食品管控局	—	确保食品安全
8	海洋渔业部	海洋和渔业产品加工与生物技术研究中心	确保渔业产品和鱼饲料安全
9	环境林业部	—	确保森林植被安全

数据来源：印度尼西亚生物安全清洁所网站：http://indonesiabch.or.id/，2017年3月15日最后访问。

印度尼西亚转基因产品生物安全国家委员会负责就转基因产品向有关部委提出生物安全方面的建议、意见和需要注意的地方。该委员会是根据时任印度尼西亚总统苏西洛签署的第39号总统令于2010年成立的，但是自2013年6月15日起，有近一年时间处于停顿状态，直到2014年6月2日，苏西洛总统依据第53号总统令重新授权该委员会。这次授权包括两个重要变化：第一，委员会成员从21人减为19人，这些人来自政府、研究机构以及其他社会各界，其中5个席位是专门留给社会各界代表的。第二，来自政府和研究机构的代表任期减为4年，可连任一届。2014年10月19日，佐科总统签署第181号总统令，任命新的委员并启动该委员会的工作。

3个生物安全技术团队协助转基因产品生物安全国家委员会的工作，包括对食品、饲料和环境生物安全的评估，并出具意见。负责环境安全的这支团队分成4个小组，具体负责植物、动物、鱼类、微生物4个领域。除了这支团队外，2012年，转基因产品生物安全国家委员会还组建了法律、经济、社会和文化评估团队。这个团队由5人组成，在转基因产品生物安全国家委员会的授权下，他们要求上述3个专业团队继续评估各项生物安全测试材料，直到任期届满为止。

（2）批准

虽然部分转基因植物已经获得食品、饲料或环境安全证书，但是由于生物安全评估的不完整性，截至2022年，尚未有任何一项进口或本地开发的转基因植物在印度尼西亚获得商业化种植的许可。表1-9-3、表1-9-4、表1-9-5列举的是已经获得生物安全认证的转基因产品。①

① 数据来源：印度尼西亚生物安全清洁所网站：http://indonesiabch.or.id/，2017年3月15日最后访问。

表 1-9-3 已经获得食品安全认证的转基因产品一览

序号	产品	申请者
1	抗病虫玉米 MON 89034	PT. Branita Sandhini
2	耐除草剂玉米 NK 603	PT. Branita Sandhini
3	耐除草剂大豆 GTS 40-3-2	PT. Branita Sandhini
4	耐除草剂大豆 MON 89788	PT. Branita Sandhini
5	耐除草剂玉米 GA21	PT. Syngenta Indonesia
6	抗病虫玉米 MIR 162	PT. Syngenta Indonesia
7	抗病虫玉米 BT 11	PT. Syngenta Indonesia
8	抗病虫玉米 MIR 604	PT. Syngenta Indonesia
9	用于生产乙醇的含淀粉酶玉米 3272	PT. Syngenta Indonesia
10	耐旱甘蔗 NXI-1T	PT. Perkebunan Nusantara XI
11	耐旱甘蔗 NXI-4T	PT. Perkebunan Nusantara XI
12	耐旱甘蔗 NXI-6T	PT. Perkebunan Nusantara XI
13	抗病虫大豆 MON 87701	PT. Branita Sandhini
14	耐除草剂且脂肪酸被改良过的大豆 MON 87705	PT. Branita Sandhini
15	耐除草剂且抗病虫玉米 TC 1507	PT. DuPont Indonesia

表 1-9-4 已经获得饲料安全认证的转基因产品一览

序号	产品	申请者
1	耐除草剂玉米 NK 603	PT. Branita Sandhini
2	抗病虫玉米 MON 89034	PT. Branita Sandhini

表 1-9-5 已经获得环境安全认证的转基因产品一览

序号	产品	申请者
1	耐旱甘蔗 NXI-1T	PT. Perkebunan Nusantara XI
2	耐旱甘蔗 NXI-4T	PT. Perkebunan Nusantara XI
3	耐旱甘蔗 NXI-6T	PT. Perkebunan Nusantara XI

(3)田间测试

印度尼西亚农业部2011年颁布的有关转基因植物测试、评估、释放、撤回的第61号条例加速了相关部门的审批程序,包括转基因作物的环境安全评估程序与田间测试。根据该条例,为了环境评估目的,可以进行少量的田间测试。此外,如果转基因作物是来自经过批准的一般杂交品种,该产品不需要进行多地的田间测试,只要在某个种植区做一次测试就够了。

(4)累积申请的审批①

有关环境安全的累积申请审批程序与单一申请审批程序一致。转基因作物在获得安全证书之前必须经过实验室测试、封闭环境下的田间测试以及环境风险分析。不过,印度尼西亚政府还没有决定食品和饲料的累积申请审批规则是否要与单一申请一致。

(5)标签要求

为了执行印度尼西亚政府1999年制定的有关含有转基因成分的食品必须在包装上用标签或特殊标记注明的规定,印度尼西亚转基因产品生物安全国家委员会于2012年3月制定了管控转基因产品的食品标签规则。根据该规则的规定,含有转基因成分超过5%的食品必须在其包装上注明“含有转基因成分食品”的字样。这个5%的比例是指脱氧核糖核酸DNA的成分,如果一件食品含有多种转基因成分,这个指标是针对每一种转基因成分。②

(6)贸易壁垒

环境安全审批要求有可能阻碍转基因作物种子的进口和商业化开发。此外,其他一些科学以外的因素,包括宗教、伦理、社会文化和美学标准,也可能影响到民众对于农业转基因技术的接受程度。印度尼西亚的食品注册规定要求,注册时需要注明食品原料中的马铃薯、大豆、玉米及其加工产品是转基因产品还是非转基因产品。这给转基因产品生物安全国家委员会在颁发进口许可证时带来困惑。例如,该委员会的规则规定,转基因产品加工后无法测出转基因成分的(诸如食用油、动植物油、蔗糖、淀粉等),无须作出“非转基因生物”的申明。然而,印度尼西亚转基因产品生物安全国家委员会在进口商提供了“转基因生物”申明后,经常会要求其进行转基因测试。

(7)知识产权

印度尼西亚有关知识产权的法律是2001年颁布的《专利法》(Law No. 14/2001)和2009年颁布的《著作权法》(Law No. 19/2009)。2000年颁布的《植物

---

① “累积”,是指一个产品包含不止一项转基因成分,这样的产品也被称为“累积转基因产品”,它相对于“单一转基因产品”而言的,即只含有一项转基因成分的产品。

② 参见GAIN Report No. 1217。

品种保护法》(Law No. 29/2000)规范新植物品种的知识产权问题。印度尼西亚农业部下属的植物品种保护与农业许可证中心具体负责新植物品种的登记注册事宜。

(8)《卡特赫纳生物安全议定书》的批准

2004年,作为《生物多样性公约》的缔约国,印度尼西亚通过第21号政府令批准加入《卡特赫纳生物安全议定书》,具体执行措施包括

①指定当时的环境部作为议定书的国内联系单位;

②明确与议定书相关的政府部门;

③颁布有关转基因产品生物安全的第21号政府令(Regulation No. 21/2005)。[①]

(9)相关国际条约与国际组织

印度尼西亚是《国际植物保护公约》和《食品法典委员会》的缔约国,但是还没有在生物技术研发方面迈出实质性步伐。印度尼西亚政府正积极参加APEC农业生物技术高层论坛,参与了"全球低度转基因生物出现倡议"[Global Low Level Presence (LLP) Initiative]等一系列论坛。自从东盟将秘书处设在印度尼西亚,印度尼西亚的政府代表还积极帮助构建东盟国家转基因食品测试网络。

3. 市场化

(1)市场对转基因产品的接受程度

印度尼西亚农民可以自由使用包括生物技术在内的任何新技术。印度尼西亚的农业界对于采用新技术持积极态度。印度尼西亚政府希望按照市场规律推广使用农业新技术。印度尼西亚的消费者由于缺乏相关信息和有关生物技术的知识,如果知道食品中含有转基因成分,他们在购买时会比较犹豫。不过,印度尼西亚消费者在过去的三十多年由于食用豆豉和豆腐等制品,已经广泛接触了转基因大豆。

(2)公众的观点

印度尼西亚的一些非政府组织偶尔会反对转基因植物的生产和使用,但是他们的真正用意是反对这些技术背后的跨国公司。换言之,如果是印度尼西亚企业开发的转基因产品,社会上的阻力会少许多。参照"菲律宾生物技术联盟"的成功经验,一个旨在推动生物技术开发、名为"印度尼西亚农业生物技术协会"的组织于2012年7月4日在印度尼西亚南部的龙目岛召开的第五届印度尼西亚生物技术全国大会上正式成立。[②] 此外,印度尼西亚农民协会(KTNA)也表示支持种植转基因作物。他们认为,生物技术能够改善他们的生

---

① 参见印度尼西亚生物安全清洁所网站:http://indonesiabch.or.id/,2017年3月16日最后访问。

② 有关这方面的信息,参见 GAIN Report ID1226。

活条件。

(3)市场化研究

印度尼西亚没有关于转基因植物及其产品市场化的最新研究报道,但是在2006年,有关部门曾经做过一次调查,了解民众对于转基因产品的接受程度。这次调查以印度尼西亚一所著名农业大学的学生为对象,结果显示,虽然学生已经学过生物这门课程,但他们还是缺乏转基因食品方面的知识。这次调查得出以下几点结论:第一,如果转基因作物能够减少杀虫剂的使用,学生愿意接受转基因食品;第二,如果转基因食品比非转基因食品更加有营养,那么学生就非常愿意消费转基因食品;第三,如果有可能对某些人造成过敏反应,学生不太愿意消费转基因食品;第四,学生在作出购物决定时,会考虑宗教、伦理等方面因素;第五,学生在决定购买转基因食品时,对于它对印尼的主要粮食作物——水稻影响的认识是双重的,既有正面的认识,也有负面的认识;第六,学生认为,转基因食品必须采用强制标签制度,即使这会影响其价格;第七,受调查的学生认为,印度尼西亚政府有关转基因食品安全性的立法还显不足。①

4. 能力提升

(1)印度尼西亚参与的活动

过去几年,在美国科克伦研究基金(Cochran Fellowship Program)、美国农业部生物技术基金(USDA Biotech Fund)、美国农业部海外农业署"新兴市场项目"(Emerging Markets Program)以及美国国务院的支持下,印度尼西亚参与了下列活动:

①美国农业部资助的活动

2015年6月8~12日,推动植物培育与科技交流APEC工作坊(APEC Workshop on Fostering the Benefits of Innovation in Plant Breeding and Science Communication)。活动地点在菲律宾的马尼拉,是与获取农业生物技术申请国际署(International Service for the Acquisition of Agri-Biotech Application)、APEC秘书处以及支持地区融合的美国—亚太经合组织技术援助项目共同组织的。

2015年5月31日~6月3日,普及生物技术夏令营(Biotech Literacy Project Boot Camp)。活动地点在美国加州戴维斯,是与加州大学戴维斯分校和转基因知识普及项目联合主办。

2014年9月14~15日,植物生物技术生命周期APEC工作坊(APEC Workshop on Plant Biotechnology Life Cycle)。活动地点在中国北京,是与获取农业生物技术申请国际署、APEC秘书处以及支持地区融合的美国—亚太经合组织技术援助项目共同组织的。

---

① See USDA Foreign Agricultural Service: GAIN Report-Indonesia, Date: 7/14/2015, GAIB Report Number: 1526.

2014 年 8 月 27 日，农业生物技术的社会、经济考量研讨会（Seminar on Socio-economic Considerations on Agricultural Biotechnology）。活动地点在印度尼西亚的茂物，是与获取农业生物技术申请国际署和茂物农业大学商学院共同组织的。

2014 年 6 月 9～13 日，生物技术工作坊（Workshop on Agricultural Biotechnology）。活动地点在印度尼西亚的茂物，是与获取农业生物技术申请国际署、密歇根州立大学以及东南亚食品与科技中心共同组织的。

2013 年 6 月 27 日，第十二届 APEC 高端政策对话（APEC High Level Policy Dialogue）。活动地点在印度尼西亚麦丹。

2013 年 6 月 23～26 日，新型市场管制问题工作坊（Workshop on Regulatory Issues on Emerging Market）。活动地点在印度尼西亚的麦丹，是与获取农业生物技术申请国际署、APEC 秘书处以及生物安全系统项目联合组织的。

2013 年 5 月 16 日，农业生物技术交流工作坊（Communication Workshop on Agricultural Biotechnology）。活动地点在印度尼西亚雅加达，是与国际食品信息理事会共同组织的。

2013 年 5 月 15 日，沟通食品科学媒体工作坊（Media Workshop on Communicating Food Science）。活动地点在印度尼西亚雅加达，是与国际食品信息理事会共同组织的。

②美国政府通过公共广播公司落实的海外援助项目

2014 年 6 月 10～13 日，国际培训课程：发展与规范农业生物技术产品：来自澳大利亚和东南亚的技术共享（Developing and Regulating Ag. Biotech Products：Sharing Expertise from Australia and South East Asia）。活动地点在澳大利亚的堪培拉。

2014 年 3 月 11 日，环境安全评估公共论坛（Forum Group Discussion on Environmental Safety Assessment）。活动地点在印度尼西亚雅加达。

2014 年 3 月 10 日，累积转基因产品的食品安全公共论坛（Forum Group Discussion on Food Safety of Stacked Gene Transgenic Products）。活动地点在印度尼西亚雅加达。

2013 年 6 月 3～5 日，高中生物教师基础生物技术工作坊（Workshop on "Basic Biotechnology for High School Biology Teacher）。活动地点在印度尼西亚的日惹。

2013 年 6 月 24 日，北苏门答腊岛大学校园外宣传（University Outreach in the University of North Sumatera）。活动地点在印度尼西亚麦丹。

2013 年 2 月 18～19 日，转基因生物评估的社会经济与法律问题工作坊（Workshop on "Socio-Economic and Legal Aspect of GMO Assessment"）。活动

地点在印度尼西亚雅加达。

2013年2月4~8日,利益共同体共同治理路线图工作坊(Workshop on "Process Management Mapping for Stakeholders")。活动地点在印度尼西亚雅加达和茂物。

③美国生物技术宣传基金、经济、能源和商业事务管理局以及美国国务院的资助项目

2013年10月10~13日,生物技术大会(Biotechnology Conference)。活动地点在印度尼西亚泗水,是其与印度尼西亚国家开发大学和美国驻泗水总领馆共同组织的。

2013年9月3日,农业生物技术在食品安全和生物多样性的可持续利用与保护中的作用工作坊(Workshop on The Role of Agricultural Biotechnology in Food Security and the Sustainable Use of and Conservation of Biodiversity)建立。活动地点在印度尼西亚雅加达,该活动是其与茂物农业大学联合组织的。

(2)战略与需求

就转基因产品的生物安全性而言,印度尼西亚在立法方面具有优越条件,但是执行力却显不足。印度尼西亚尤其需要增加它的植物生物技术立法的科学性与透明度,包括提升技术员队伍的知识水平,制定在实验室、田间研制、开发转基因产品的规范指南以及制定累积转基因产品的食品安全评估规范指南。

虽然印度尼西亚政府承认生物是提高其食品生产能力可行办法之一,印度尼西亚政府似乎还没有足够的信心运用这一技术。印度尼西亚新一届领导人对这一领域也是知之甚少。因此,转基因技术在印度尼西亚的推广还有很长一段路要走。

(三)动物生物技术

1. 产品开发

印度尼西亚的一些研究机构和高校已经通过基因技术改良一些动物原来的基因组织,以使这些动物具有更强的生存能力。经过基因改良的牛和鸡能够适应印度尼西亚炎热的天气以及抵抗一些动物疾病。目前,上述研究仍然停留在实验阶段,没有进入商业化生产,也没有出口。印度尼西亚也不进口转基因动物制品。

2. 国家政策

虽然印度尼西亚政府已经制定了将生物技术运用于动物的原则性规范,但是还没有出台具体的指导意见。包括与此相关的标签、知识产权保护、国际条约的加入等方面规定仍然是个空白。由于转基因动物尚未进入印度尼西亚市场,消费者对此也没有什么评价。

第二章　欧　洲

虽然欧洲大部分国家已经加入欧盟，但是像挪威、瑞士这些非欧盟成员国家的农业还是相当发达的，其对待转基因食品也有一套自己的管理制度。2020 年 1 月 30 日，英国正式退出欧盟，使欧盟成员国由原来的 28 个减少至 27 个。由于英国对待转基因生物的态度在欧洲各国属于比较温和，因此，在短期内，英国脱欧不会给欧盟的转基因生物政策与法律制度带来很大影响。俄罗斯由于受气候条件限制，农业并不发达，但是俄罗斯人均耕地面积充足，粮食自给还是有保障的，因此对转基因技术的研发投入不大，也禁止在其本土种植转基因作物。

欧盟由于其复杂的内部政治架构和崇尚自然的饮食文化，尤其是自 20 世纪 70 年代以来经历了数起食品安全事件之后，欧盟对待转基因食品的态度由原来较为开放逐渐演变成最为保守。欧盟的保守不仅体现在转基因食品的规制理念上，也体现在完备的法律制度上。从阈值标准、标识制度到食品追溯能力的构建，欧盟都有一套完备的法律规则体系。事实上，欧盟内部各成员国对待转基因食品的态度一直是有分歧的。像西班牙、葡萄牙这些国家不仅对转基因食品持较宽容的态度，还坚持种植转基因作物，而像德国、瑞典这些环保势力强大的国家则坚持禁止转基因作物的种植。作为一种平衡，欧盟在批准少数几种转基因作物种植的同时，允许成员国可以通过国内法禁止这些作物在其境内种植。欧盟的转基因技术研发水平本来与美国并驾齐驱，受上述因素影响，现在无论是科研水平还是转基因产业都已经落在美国的后面。

一、欧盟

欧盟对于转基因作物、转基因食品、转基因饲料以及含有转基因生物成分的食品和饲料有一套完整而严格的管理制度。欧盟的立法和政策制定是基于预防原则。这一原则目前已经成为欧盟立法和部分国际条约的基础。预防原则旨在避免对环境、人类和动植物的健康与安全有任何负面影响,它反映了对政府缺乏信任感的消费者、农民和环保主义者的普遍关注。欧盟成员国生产的转基因作物或者用转基因作物生产的食品和饲料销售之前以及别的国家同类产品进口至欧盟市场,事先都必须通过严格评估和安全测试。评估和测试是对每一批转基因食品或饲料逐个进行的。欧盟按照第1829/2003号条例,通过一个集中统一的程序进行评估和测试,或者成员国按照欧盟2001/18/EC指令,向有权管制向环境中释放转基因生物的机构授权进行评估和测试,授权期限为10年。在欧盟层面,风险评估由食品与安全署负责。转基因作物或者用转基因作物生产的食品和饲料被列为单独一类,有明确的标签标记,以确保能够找到产品的源头,消费者也有充分的知情权和选择权。

从2001年开始,欧盟事实上停止了转基因作物上市的审批。然而,欧洲法院于2013年9月作出的一项裁决有可能终止这种做法。该裁决要求欧盟委员会审批搁置多年(自2001年开始申请)的第1507号转基因玉米上市的申请。虽然转基因作物的上市、进口以及转基因食品和饲料的生产审批属于欧盟的权限范围,是否允许转基因作物种植则由各成员国自己决定。欧盟成员国基于对于人类健康和环境有可能带来负面影响等理由,有权禁止或限制在其境内销售或种植经欧盟批准的转基因作物和植物。一项被搁置的欧盟委员会提案,经过欧洲议会修改后,将给予各成员国在采取上述限制措施时更多的自主权去援引对社会经济方面和本地区环境影响的理由。

个人涉及转基因生物应该承担何种法律责任以及赔偿标准的高低,这完全是欧盟成员国国内法规定的范畴。一般而言,欧盟奉行的原则是"谁污染,谁赔偿"。欧洲法院主要是对欧盟在转基因生物方面的立法解释作出初步裁决。

(一)概述

欧盟委员会2012年12月发布的一份备忘录显示,欧盟已有98%以上的食品立法实现统一,其余极少部分尚未统一立法的领域,其法律适用仍以相关成员国的国内法为主,这也是这些领域经常出现各国法律不一致的原因。即使在那些法律已经统一的领域,各成员仍可以制定国内配套措施,规定诸如食品包装材料、食品营养素和辅助材料的添加、维生素和矿物质的最大含量标准以及管理费用标准等事项。如果欧盟没有统一标准,成员国之间的食品进口依照进口国的规定执行。已经按照欧盟统一标准生产的食品原则上在各成员国可以自由流通,除非相关成员依据第764号条例(Regulation 764/2008)以公共安全、环境与卫生等理由限制进口。

欧盟食品立法的统一是分横向和纵向两个维度的。横向涉及食品添加剂、食品标签、食品卫生等事项；纵向包括酒、可可与巧克力产品、食糖、蜂蜜、果汁、果酱、新食品等产品。

一些食品既涉及横向的立法，又涉及纵向的立法。例如，酒的标签既要适用标签规定中针对酒的特别规定（纵向），也要适用针对食品过敏原的普遍规定（横向）。

欧盟食品立法的特点之一就是不断有新的条例、指南及其修正案的推出。欧盟法律对转基因生物是这样定义的："除了人类以外的一种生物，这种生物的基因物质改变不是通过交配和/或自然重组发生的"。[①] 欧盟制定转基因生物立法是通过以下两个因素促成的：第一，根据《发挥欧盟功能条约》（Treaty on the Functioning of the European Union）第 168 条（公共卫生）、第 169 条（消费者保护）和第 191 条（环境）的要求，保护人类和动物的健康与福祉、消费者的利益和环境安全；[②] 第二，确保授权的转基因生物或者从转基因生物中提炼的转基因产品可以在欧盟和欧洲经济区（European Economic Area）范围内自由流通，[③] 以确保上述产品有效发挥其功能。[④]

---

① 参见 Directive 2001/18/EC of the European Parliament and of the Council of 12 March 2001 on the Deliberate Release into the Environment of Genetically Modified Organisms and Repealing Council Directive 90/220/EEC, art. 2(2), 2001 O. J. (L 106) 1，载 http://www.wipo.int/wipolex/en/text.jsp?file_id=236475#LinkTarget_2003，2020 年 2 月 5 日最后访问；Directive 2001/18/EC was amended by Directive 2008/27/EC, 2008 O. J. (L 81) 45/EC，载 http://eur-lex.europa.eu/LexUriServ/LexUriServ.do?uri=OJ:L:2008:081:0045:0047:EN:PDF，2020 年 2 月 5 日最后访问。

② 参见 Treaty on the Functioning of the European Union (TFEU), 2012 O. J. (C 326) 47，载 https://eur-lex.europa.eu/search.html?qid=1581042125931&text=Treaty%20on%20the%20Functioning%20of%20the%20European%20Union%20(TFEU)&scope=EURLEX&type=quick&lang=en，2020 年 2 月 7 最后访问。

③ 欧洲经济区是"欧洲自由贸易联盟"（European Free Trade Association）中的冰岛、列支敦士登和挪威与欧盟通过签订自由贸易协议结成的自由贸易区。欧洲自由贸易联盟的另一个成员瑞士没有加入欧洲经济区。

④ 参见 Regulation (EC) No. 1829/2003 of the European Parliament and of the Council of 22 September 2003 on Genetically Modified Food and Feed，第 1 条，2003 O. J. (L 268) 1，载 http://eur-lex.europa.eu/LexUriServ/LexUriServ.do?uri=OJ:L:2003:268:0001:0023:EN:PDF，2020 年 2 月 5 日最后访问。

基于欧盟立法的核心原则——预防原则、[1]《卡塔赫纳生物安全议定书》[2]以及其他的一些国际条约,[3]欧盟有关转基因生物的立法体现了这样一个核心思想:为了避免因有意将转基因生物传播到大自然或者转基因生物/转基因生物制品在欧盟市场销售或进口至欧盟而给人类健康和环境带来负面影响,欧盟及其成员国需要采取措施加以管制。自2001年起,欧盟事实上已经停止审批转基因产品上市。[4] 一份公开的官方统计显示,欧盟之前已经批准用于食品和饲料加工的转基因产品共计49种,其中包括27种玉米、8种棉花、7种大豆、3种油菜、1种甜菜、1种土豆、2种微生物。[5]

2003年5月,美国、加拿大、阿根廷就欧盟停止颁发转基因作物上市许可证的做法和部分欧盟成员用保障措施来限制或禁止在其境内种植转基因作物向世贸组织提出争端解决的申请。2006年,审理此案的评审团(panel)裁定欧盟的做法违反了《卫生与植物检疫措施协议》。[6] 2013年9月,欧洲法院裁定,欧盟委员会搁置第1507号转基因玉米种植的申请是一种不作为的做法。欧盟委员会在当年11月将批准种植第1507号转基因玉米的建议提交到欧洲

---

① 参见《发挥欧盟功能条约》第191条第2款。

② 《卡塔赫纳生物安全议定书》是一部有关安全转让、处置和使用转基因生物的国际公约。参见议定书第10条,载 https://www.cbd.int/doc/legal/cartagena-protocol-en.pdf,2020年2月5日最后访问。欧盟及其成员国于2000年1月29日签署《卡塔赫纳生物安全议定书》。欧洲理事会代表欧盟于2001年6月25日通过 Decision 2002/628/EC 完成正式加入程序。参见 http://eur-lex.europa.eu/LexUriServ/LexUriServ.do? uri=CELEX:32002D0628:EN:HTML,2020年2月5日最后访问。

③ 预防原则首先在1992年召开的联合国人类环境与发展会议上通过的《里约热内卢环境与发展宣言》第15项原则中得到承认;参见 Rio Declaration on Environment and Development, Annex I, Principle. 15, UNDoc. A/CONF. 151/5/Rev. 1, June 3-14, 1992, 31 I. L. M. 874. 同年通过的《联合国气候变化框架公约》第3条以及《生物多样性公约》也提到了预防原则。参见 United Nations Framework Convention on Climate Change, May 9, 1992, 1771 U. N. T. S. 107 和 UN Convention on Biological Diversity, June 5, 1992, 1760 U. N. T. S. 79. 此外,世贸组织《卫生与植物检疫措施协议》(Agreement on the Application of Sanitary and Phytosanitary Measures)第5条.第7条也间接提到了预防原则。

④ See Maria Lee, *EU Regulation of GMOS: Law and Decision Making for a New Technology*, Edward Elgar Publishing Ltd., 2008, p. 3.

⑤ 参见 Press Release, European Commission Memo, Questions and Answers on EU's Policies on Cultivation and Imports of GMOs (Nov. 6, 2013),载 http://europa.eu/rapid/press-release_MEMO-13-952_en.htm,2020年2月5日最后访问。欧盟上述备忘录援引了《欧盟授权的转基因生物登记目录》(EU Register of Authorized GMOs),载 http://ec.europa.eu/food/plant/gmo/new/authorisation/food_feed/index_en.htm,2020年2月5日最后访问。

⑥ See European Communities—Measures Affecting the Approval and Marketing of Biotech Products, WT/DS 291, WT/DS292, WT/DS293, Panel Report, paras. 8.4-8.10.

理事会讨论决定。[1]

第 1507 号转基因玉米种植申请最初是在 2001 年由先锋公司(Pioneer Hi-Bred International,Inc.)依据欧盟在 2001 年颁布的《有意向环境中释放转基因生物指令》(Directive on Deliberate Release of GMOs into the Environment)提出的。[2] 第 1507 号转基因玉米种植申请目前正在欧盟进行审批,申请转基因玉米的使用范围仅限于食品和饲料加工。欧盟成员国对此项提案存在分歧,法国、奥地利、波兰等成员国对此持反对意见,脱欧前的英国、西班牙和瑞典则倾向同意这项议案。[3]

转基因作物种植在欧盟受限制的原因是人们担心它给环境、农田以及生物多样性带来负面影响。2008 年,捷克、德国、波兰、葡萄牙、罗马尼亚、斯洛伐克和西班牙通过向孟山都公司购买种子种植编号为 MON810 的转基因玉米,其中西班牙种植的面积最多。上述 7 个国家的种植面积总和从 2007 年的 88,673 公顷增加到 2008 年的 107,719 公顷。然而,2009 年的种植面积比上一年减少了 9%,因为德国开始禁止种植 MON810 转基因玉米。[4] 依据欧盟目前的法律制度,成员国可以援引欧盟 2001 年制定的指令(Directive 2001/18/EC)中的保障措施条款或者采用其国内市场规则中的通报程序,限制或者完全禁止在其境内种植已经获得欧盟批准的转基因作物。[5]

(二)公众与学者的观点

欧盟成员国接受转基因产品的态度差异很大,它们大致可以分为三种类型。第一类是国家是转基因产品的接受者,包括种植转基因作物或者愿意种植的国家(如果欧盟进一步放开限制)。这些国家的政府和企业都鼓励采用生物技术。第二类是对待转基因产品态度矛盾的国家,赞成采用转基因技术的力量(主要来自科技界和农业领域)与反对转基因技术的力量(主要是在反转基因人士宣传和压力下的消费者和政府代表)旗鼓相当。第三类是反对转基因产

---

① 参见 Charlie Dunmore,EU Prepares New GMO Maize Cultivation Approval:Draft,REUTERS,载 http://www.scientificamerican.com/article/eu-prepares-new-gmo-maize-cultivation-approval/,2020 年 2 月 5 日最后访问。

② Directive 2001/18/EC。

③ Directive 2001/18/EC。

④ See Timo Kaphengst et al.,*Assessment of the Economic Performance of GM Crops Worldwide*, Ecologic Institute(Mar. 2011),p. 1.

⑤ 参见 Proposal for a Regulation of the European Parliament and of the Council Amending Directive 2001/18/EC as Regards the Possibility for the Member States to Restrict or Prohibit the Cultivation of GMOs in Their Territory,COM (2010) 375 final (July 13,2010),p. 3,载 http://ec.europa.eu/transparency/regdoc/rep/1/2010/EN/1-2010-375-EN-F1-1.Pdf,2020 年 2 月 5 日最后访问。

品的国家。这些国家的大多数民众反对农业中采用转基因技术,他们支持农业有机作物的生产和采用地理标志。

欧盟市场转基因产品销售有三个特点:第一,多元农业形态共存。有反对转基因技术的国家,也有赞成采用这一技术的国家。第二,由于不断受到反转基因人士负面报道的影响,欧盟消费者总体上对转基因产品持负面印象。第三,食品零售商根据消费者的喜好变化不断调整销售策略。此外,各成员国国内的情形差别也很大。2014 年,欧盟各成员达成一项新的协议,允许反对转基因作物的成员禁止批准在其境内以非科学目的种植欧盟批准的转基因作物。

根据第 1829 号条例[Regulation (EC) No. 1829/2003]① 和第 1830 号条例[Regulation (EC) No. 1830/2003],② 欧盟成立了一个专门委员会,要求其评估欧盟转基因生物授权法律框架的绩效。③ 该委员会的研究报告是根据发放给相关利益方、主管机构的问卷表以及访谈和调查的结果汇总而成的。这份长达 217 页的研究报告认为,从总体上讲,欧盟制定的授权程序,通过科学的风险评估对转基因生物进行管制,实现了保护人类和动物健康的目标。迄今为止,欧盟尚未发生过转基因生物引起的人和动物的健康问题。与此同时,该研究报告也反映了人们的普遍关心,即授权程序并没有像人们想象的那样在成员国境内对转基因生物管制发挥其应有的作用,因为不同成员国对于转基因生物在食品和饲料中容许存在的比例以及偶然出现的概率等技术问题的解释是有差异的。④ 鉴于欧盟制定转基因生物授权程序的目的是保护人类和动物健康,当问卷表问到这一措施是鼓励还是限制农业生物技术的发展时,50%的受

---

① 参见 Regulation (EC) No. 1829/2003 of the European Parliament and of the Council of 22 September 2003 on Genetically Modified Food and Feed,第 1 条,2003 O. J. (L 268) 1,载 http://eur-lex. europa. eu/LexUriServ/LexUriServ. do? uri=OJ:L:2003:268:0001:0023:EN:PDF,2020 年 2 月 6 日最后访问。

② 参见 Regulation (EC) No. 1830/2003 of the European Parliament and of the Council of 22 September 2003 Concerning the Traceability and Labeling of Genetically Modified Organisms and the Traceability of Food and Feed Products Produced from Genetically Modified Organisms and Amending Directive 2001/18/EC,2003,O. J. (L 268) 24,载 http://eur-lex. europa. eu/LexUriServ/LexUriServ. do? uri=OJ:L:2003:268:0024:0028:EN:PDF,2020 年 2 月 7 日最后访问。

③ European Commission Directorate General for Health and Consumers, Evaluation of the EU Legislative Framework in the Field of GM Food and Feed (Final Report) (July 12, 2010),载 https://ec. europa. eu/food/sites/food/files/plant/docs/plant_gmo_legislation_executive_summary_food-and-feed_en. pdf,2020 年 2 月 6 日最后访问。

④ 参见 European Commission Directorate General for Health and Consumers, Evaluation of the EU Legislative Framework in the Field of GM Food and Feed (Final Report),第十五部分。

访者表示,目前的机制是不完备的,因为转基因生物的许多潜在益处还没有被考虑进去。①

就欧盟目前的转基因生物标签制度,受访的农民和零售商总体上是满意的。此外,非政府组织和消费者组织也赞成这些规则,认为欧盟目前的做法能够确保民众的知情权。他们主张强制性标签制度应该扩大适用范围,增加至家禽产品、经过微生物发酵的产品。截至2022年,这两种产品在欧盟是被排除在强制标签适用范围之外的。非政府组织认为有必要进一步澄清0.9%的强制标签门槛并不是人们对转基因生物的容忍程度,而是源于食品中不可避免的转基因生物出现的概率基数。②

这份研究报告还提到,由于欧盟市场缺少足够带有强制标签的转基因产品,要评估消费者对转基因产品的接受程度是不容易的。③ 然而,许多受访者都提到消费者对于转基因产品的负面评价,建议在有关当局启动转基因生物授权程序时,消费者也能够了解到更多风险评估的科学知识。④

美国对外关系委员会(US Council on Foreign Relations)发表的一份名为"欧洲与美国的转基因生物管制:一个欧洲当代管理政治学的案例研究"(The Regulation of GMOs in Europe and the United States: A Case - Study of Contemporary European Regulatory Politics)的白皮书提供了一个欧盟与美国在转基因生物问题不同态度的比较研究。⑤ 白皮书认为,欧盟当今对待转基因生物的管制态度比美国更加严格,而美国直到20世纪80年代中期,对转基因生物的管制比当时的欧共体还要严格。导致这种转变的既有经济上的因素,也有文化上的因素。对此,下文"(八)欧盟转基因食品管制机制的成因分析"还有详细论述。

如果说欧盟现在的管制措施反映了欧洲农业生产者的利益,那么,欧盟成

---

① See European Commission Directorate General for Health and Consumers, Evaluation of the EU Legislative Framework in the Field of GM Food and Feed (Final Report), p. 76.

② See European Commission Directorate General for Health and Consumers, Evaluation of the EU Legislative Framework in the Field of GM Food and Feed (Final Report), p. 105.

③ See European Commission Directorate General for Health and Consumers, Evaluation of the EU Legislative Framework in the Field of GM Food and Feed (Final Report), p. 144.

④ See European Commission Directorate General for Health and Consumers, Evaluation of the EU Legislative Framework in the Field of GM Food and Feed (Final Report), p. 52.

⑤ 参见 Diahanna Lynch, and David Vogel, The Regulation of GMOs in Europe and the United States: A Case-Study of Contemporary European Regulatory Politics, Council on Foreign Relations, April 5, 2001, 载 http://www.cfr.org/agricultural-policy/regulation-gmos-europe-united-states-case-study-contemporary-european-regulatory-politics/p8688, 2015年8月10日最后访问。

员中对利益最敏感的法国理应站在反对转基因生物的最前沿。[①] 然而，在20世纪90年代初期，时任法国总理朱佩是欧盟内部农业生物技术最坚定的支持者之一。他领导的法国政府意识到这种新技术对于拥有强大农业食品加工业的法国具有潜在好处。1996年，在种植工业协会和主要农场主联合会的支持下，法国农业部批准了转基因玉米的销售。在1997年6月召开的欧洲理事会上，法国是唯一投票赞成授权耕种转基因玉米的国家。然而到了1998年，受疯牛病的影响，法国政府不顾部分农场主联合会成员的反对，在其国内市场撤出转基因玉米。当时，英国的情形与法国有点相似。因此，可以这么认为，尽管欧盟国家农场主联合会支持转基因食品的标签制度，他们这样做的主要原因是满足消费者的要求。换言之，如果大多数国家没有禁止转基因作物的种植，而是让农民自由选择，那么，即使转基因作物种子的使用没有美国那么普及，至少其范围要比现在广泛得多。

然而，为何事态发展到了后来，在欧洲形成了一边倒的反美或反全球化情绪？有三方面原因可以对此作出解释：第一，美国孟山都公司是转基因生物技术的第一个推手，即第一批在欧洲种植的转基因作物种子是来自美国，并非由欧盟成员国自己培育。不仅如此，孟山都公司没有对转基因作物用标签加以识别，这引起欧洲消费者的不满，他们觉得自己的选择权被剥夺了。第二，孟山都公司在欧洲收购了一大批种子公司以及转基因作物种子的“绝育”特点给欧洲许多农民带来不安。他们把孟山都公司推广转基因作物种子视为美国控制欧洲农业战略的一部分。第三，美国第一批出口欧洲的转基因作物种子恰好是在“激素牛肉案”裁决生效后欧盟拒绝履行裁决、美国对欧盟征收价值1亿美元惩罚性关税这个敏感时期到达的，而这些惩罚措施主要针对欧盟出口至美国的农产品。[②]

事实上，正当孟山都公司在欧洲遭遇强烈抵制的同时，欧盟严厉的管制措施和消费者的抵制行为也给欧洲从事转基因生物开发的公司带来巨大损失。虽然像诺华（Novartis）、罗纳·普朗克（Rhone-Poulenc）、赛诺菲·安万特（AgrEvo/Aventis）和捷利康（Zeneca）这些欧洲公司还可以在美国销售它们生产的转基因作物，但是它们却无法在家门口销售自己的产品。为此，包括时任英国首相托尼·布莱尔在内的一些欧洲国家领导人多次表示，欧盟对待转基因生物严厉的管制政策正在损害欧洲农业生物技术领域的长远发展。这些政策

---

① See David Vogel and Olivier Cadot, *France, the United States, and the Biotechnology Dispute*, Brookings, January 2001.

② See European Communities—Measures Concerning Meat and Meat Products (Hormones), WTO/DS26.

让许多欧洲公司付出了高昂的机会成本。

除了政治因素,文化差异也是导致欧盟与美国在转基因生物管制措施方面有很大区别的重要原因。据《华盛顿邮报》报道,“尽管欧盟各国在饮食烹饪习惯上有差异,他们都崇尚天然食物,对食品中掺杂任何物质怀有深深的敌意,例如,含有激素的牛肉和基因被改良过的西红柿等”。[①] 这方面与习惯于“加工食品”和“快餐文化”的美国人有很大的不同。这种饮食习惯差异折射的是美国人求新求快的生活方式和欧洲人崇尚自然生活方式的不同。[②]

不同的生活方式源于对大自然的不同认识。正如《金融时报》记者库克森和赫尔德所描述的,“当欧洲人谈到原野生活和乡村环境时,他们会联想到自己的农场。转基因技术对于欧洲人来说似乎是未来以一种规模化、集约式方式耕作农业的不受欢迎的发展趋势”。欧洲人的乡村情结使他们对任何改变农业方式的企图有着很深的抵触情绪。相反,“美国人谈到原野和乡村环境时,则联想到国家公园。他们把农场视为工业体系的一部分”。[③] 可见,美国人把休闲场所与农业生产场所相区别。因此,欧洲人对转基因作物“侵蚀”他们家园的担心,这在美国人中是不存在的。[④]

瑞士联邦技术学院和英国雷丁大学联合发表的一份名为“全球范围内转基因作物的经济效益评估”(Assessment of the Economic Performance of GM Crops Worldwide)研究报告表明,种植转基因作物,总体来看是有经济效益和其他效益的。[⑤] 该研究提供的全球范围内的转基因作物经济效益数据是基于目前所掌握的信息得出的,同时考证了种植转基因作物直接影响农民收入和其他效益的各种经济参数,包括作物产量、种子成本、杀虫剂和除草剂的成本、劳动力成本、毛利润等。[⑥]

(三)相关立法框架

欧盟有关转基因产品的立法基于以下三个原则:人类、动物健康和环境安

---

① Anne Swardson, *Round 2 of the Food Flight: Genetically Altered Items*, Washington Post National Weekly Edition, April 5, 1999, p. 20.

② See Daniel Greenberg, *The Right to Know What We Eat*, Washington Post National Weekly Edition, July 7, 1999, p. 27.

③ Clive Cookson and Vanesse Houlder, *An Uncontrolled Experiment*, Financial Times, February 13/14, 1999, p. 7.

④ See Sticky Label, Economist, May 1, 1999, p. 75.

⑤ 参见 Timo Kaphengst et al., *Assessment of the Economic Performance of GM Crops Worldwide*, Ecologic Institute (March 2011), 第二部分。

⑥ 参见 Timo Kaphengst et al., *Assessment of the Economic Performance of GM Crops Worldwide*, Ecologic Institute (March 2011), 第二部分。

全原则，消费者、农民和企业的自由选择原则，个案评估原则。

欧盟审批转基因作物的期限要比一般国家长，这导致一些在别的国家生产的转基因作物在欧盟无法进行商业化种植。由于欧盟对未经批准转基因作物采取“零容忍”政策，向欧盟出口的产品如果有夹杂未经批准转基因作物的，随时可以在任何欧盟成员国被叫停。欧盟的饲料生产商经常批评“零容忍”政策，认为这一政策会导致欧盟的肉类价格上涨以及整个产业失去国际竞争力。

欧盟与其28个成员国（英国脱欧前）在与使用转基因生物相关的领域或诸如环境、消费者保护、公共卫生等受其影响的事物方面共同享有管辖权。[①] 在欧盟层面，两部基础性的全面立法调整转基因生物的各个方面：第1829号条例（Regulation on Genetically Modified Food and Feed）[②] 和第2001/18/EC指令（Directive on Deliberate Release into the Environment of Genetically Modified Organisms and Repealing Council Directive 90/220/EEC），[③] 后者后来被第2008/27/EC指令修正。[④] 第2001/18/EC指令的执行也与第91/414/EEC指令（Directive on the Placing of Plant Protection Products on the Market）有密切关系，第91/414/EEC指令随后又被第1999/80/EC指令修正。[⑤] 此外，第1830号条例（Regulation Concerning the Traceability and Labeling of Genetically

① 参见Treaty on the Functioning of the European Union（TFEU），2012 O. J.（C 326）47，第4条，载https://eur-lex.europa.eu/search.html?qid=1581042125931&text=Treaty%20on%20the%20Functioning%20of%20the%20European%20Union%20(TFEU)&scope=EURLEX&type=quick&lang=en，2020年2月6日最后访问。

② 参见Regulation（EC）No. 1829/2003 of the European Parliament and of the Council of 22 September 2003 on Genetically Modified Food and Feed，第1条，2003 O. J.（L 268）1，第1条，载http://eur-lex.europa.eu/LexUriServ/LexUriServ.do?uri=OJ:L:2003:268:0001:0023:EN:PDF，2020年2月6日最后访问。

③ 参见Directive 2001/18/EC of the European Parliament and of the Council of 12 March 2001 on the Deliberate Release into the Environment of Genetically Modified Organisms and Repealing Council Directive 90/220/EEC，art. 2(2)，2001 O. J.（L 106）1，载http://www.wipo.int/wipolex/en/text.jsp?file_id=236475#LinkTarget_2003，2020年2月6日最后访问。Directive 2001/18/EC was amended by Directive 2008/27/EC，2008 O. J.（L 81）45/EC，载http://eur-lex.europa.eu/LexUriServ/LexUriServ.do?uri=OJ:L:2008:081:0045:0047:EN:PDF，2020年2月6日最后访问。

④ 参见Directive 2008/27/EC of the European Parliament and of the Council of 11 March 2008 Amending Directive2001/18/EC on the Deliberate Release into the Environment of Genetically Modified Organisms，as Regards the Implementing Powers Conferred on the Commission，2008 O. J.（L 81）45，载http://eur-lex.europa.eu/LexUriServ/LexUriServ.do?uri=OJ:L:2008:081:0045:0047:EN:PDF，2020年2月6日最后访问。

⑤ 参见Directive 91/414/EEC on the Placing of Plant Protection Products on the Market，1991 O. J.（L 230）1，载http://eurlex.europa.eu/LexUriServ/LexUriServ.do?uri=OJ:L:1991:230:0001:0032:EN:PDF，2020年2月7日最后访问。

Modified Organisms and the Traceability of Food and Feed Products Produced from Genetically Modified Organisms and Amending Directive 2001/18/EC)调整转基因生物可追溯性的调查和标签规则,并修正第 2001 号指令(Directive 2001/18/EC)[①]有关转基因生物的可追溯性和标签规定以及转基因食品和饲料的可追溯性和修正第 2001 号指令等相关内容。

第 1829 号条例和第 1830 号条例[Regulation (EC) No. 1830/2003]在欧盟 28 个成员国(英国脱欧前)境内具有直接适用效力。至于第 2001/18/EC 指令,各成员国需要遵守指令的基本内容,但是可以自由选择执行方式。一般而言,转基因生物的出口受第 1946 号《转基因生物跨境转移条例》管辖。[②]

不仅如此,欧盟委员会在 2010 年起草了《为避免在传统和有机作物中无意间出现转基因生物制定各国之间协同措施指南》。[③] 指南敦促欧盟各成员国基于他们当地的特殊情况制定旨在避免无意间在传统和有机作物中出现转基因生物的国家管制措施。[④] 另一项建议是允许欧盟成员国将其境内的大多数区域确定为"无转基因区域"(GM-free areas),以避免无意间在传统和有机作物中出现转基因生物。在这种情况下,欧盟成员国必须证明采用其他方法无法彻底排除转基因生物的"污染"。[⑤]

---

① 参见 Regulation (EC) No. 1830/2003 of the European Parliament and of the Council of 22 September 2003 Concerning the Traceability and Labeling of Genetically Modified Organisms and the Traceability of Food and Feed Products Produced from Genetically Modified Organisms and Amending Directive 2001/18/EC,2003,O. J. (L 268) 24,载 http://eur-lex. europa. eu/LexUriServ/LexUriServ. do? uri=OJ:L:2003:268:0024:0028:EN:PDF,2020 年 2 月 7 日最后访问。

② 参见 Regulation (EC) No. 1946/2003 of the European Parliament and of the Council of 15 July 2003 on Transboundary Movements of Genetically Modified Organisms,2003 O. J. (L 287) 1,载 http://eur-lex. europa. eu/LexUriServ/LexUriServ. do? uri=OJ:L:2003:287:0001:0010:EN:PDF,2020 年 2 月 6 日最后访问。

③ 参见 Commission Recommendation of 13 July 2010 on Guidelines for the Development of National Co-existence Measures to Avoid the Unintended Presence of GMOs in Conventional and Organic Crops,2010 O. J. (C 200) 1,载 https://eur-lex. europa. eu/search. html? qid = 1581042848002&text = Commission%20Recommendation%20of%2013%20July%202010%20on%20Guidelines%20for%20the%20Development%20of%20National%20Co - existence%20Measures%20to%20Avoid%20the%20Unintended%20Presence%20of%20GMOs%20in%20Conventional%20and%20Organic%20Crops&scope = EURLEX&type = quick&lang=en,2020 年 2 月 7 日最后访问。

④ 参见 Commission Recommendation of 13 July 2010 on Guidelines for the Development of National Co-existence Measures to Avoid the Unintended Presence of GMOs in Conventional and Organic Crops,2010 O. J. (C 200) 1,第 4 点。

⑤ 参见 Commission Recommendation of 13 July 2010 on Guidelines for the Development of National Co-existence Measures to Avoid the Unintended Presence of GMOs in Conventional and Organic Crops,2010 O. J. (C 200) 1,第 5 点。

(四)研究、生产、销售限制

1. 研究

直到20世纪90年代,欧盟一直是世界上通过生物技术研发植物品种的领先者。但是在反转基因人士的压力下,欧盟及其成员国制定了一套复杂的制度框架,从而延缓甚至限制了生物技术产品的研发和商业化生产。由于不断受到反转基因人士的破坏,欧盟各国在过去几年中已经将转基因作物的田间试验转移到实验室种植。一些私营公司也将它们的试验项目转移至欧盟以外的国家。

欧盟第2001号指令要求各成员国和欧盟委员会确保转基因生物释放到环境和投放到市场之前必须经过充分调研。① 每一个成员国必须在其财政预算中分配适当的经费用于上述研究。在尊重知识产权的前提下,调研人员应该有机会接触相关的转基因物质。②

在欧盟层面,欧盟委员会于2010年公布了一份题为"欧盟资助转基因生物研究的十年"(A Decade of EU Funded GMO Research)的纲要性文件,简要概述了从2001年到2010年该委员会支持的50项评估转基因生物对于环境、人类和动物健康安全的研究计划。这些研究项目从欧盟共获得2亿欧元的资助。③

2. 种植

由于实行严格管制,欧盟的转基因作物商业化种植数量有限。目前,唯一允许种植的是MON810转基因玉米,种植面积达13万公顷,其中西班牙占90%,这一数量也占该国玉米种植的30%。其余少量转基因玉米种植主要分布在葡萄牙、捷克、罗马尼亚、斯洛伐克4个国家。与此相对应的是9个成员国通过国内立法明确禁止种植MON810转基因玉米,它们是奥地利、保加利亚、希腊、匈牙利、意大利、卢森堡、法国、德国和波兰,其中,法国、德国、波兰起先允许种植MON810转基因玉米,现在也加入了禁止国家的行列。除了上述国家,其

① 参见 Directive 2001/18/EC of the European Parliament and of the Council of 12 March 2001 on the Deliberate Release into the Environment of Genetically Modified Organisms and Repealing Council Directive 90/220/EEC, art. 2 (2), 2001 O. J. (L 106) 1, 载 http://www.wipo.int/wipolex/en/text.jsp? file_id=236475#LinkTarget_2003, 2020年2月6日最后访问。Directive 2001/18/EC was amended by Directive 2008/27/EC, 2008 O. J. (L 81) 45/EC, 第21段叙述, 载 http://eur-lex.europa.eu/LexUriServ/LexUriServ.do? uri=OJ:L:2008:081:0045:0047:EN:PDF, 2020年2月6日最后访问。

② 参见 Directive 2001/18/EC was amended by Directive 2008/27/EC, 2008 O. J. (L 81) 45/EC, 第21段叙述。

③ 参见 European Commission, European Research Area, Food, Agriculture& Fisheries& Biotechnology, A Decade of EU-Funded GMO Research (2001-2010), 载 http://ec.europa.eu/research/biosociety/pdf/a_decade_of_eu-funded_gmo_research.pdf, 2020年2月6日最后访问。

余欧盟国家虽然没有明文禁止,但由于种种原因,现在也没有种植 MON810 转基因玉米。欧盟不出口任何转基因作物,但是在其每年进口的 3000 万吨大豆和 200 万吨玉米中,转基因大豆约占 90%,转基因玉米约占 25%。这些转基因作物主要来自巴西、阿根廷和美国。西班牙、德国、法国、意大利、比利时、荷兰、卢森堡是进口转基因作物的主要消费国。包括进口作物在内,转基因玉米在欧盟主要用于生产饲料和提炼沼气。

根据第 2001 号指令第 23 条规定,欧盟成员国有权援引保障条款临时禁止在其境内种植或使用转基因作物。① 采取此类行动的成员国必须针对已获得欧盟授权种植或上市的转基因作物有新的证据表明,该转基因作物对环境和人类健康构成威胁。欧盟委员会根据相关成员国提供的信息,要求欧盟食品与安全署出具他们的科学结论。在这种情况下,食品与安全署下属的转基因生物专家小组以一种科学的态度对相关成员国提供的新证据进行评估。自 2002 年以来,欧盟委员会一再呼吁相关成员国取消禁止种植转基因作物的禁令,但是收效甚微。

此外,奥地利、匈牙利和卢森堡三国已经通知欧盟委员会,他们准备禁止种植已经获得欧盟授权的 Amflora 转基因土豆。② 开发这一转基因作物品种的德国巴斯夫(BASF)公司曾经两次向欧盟委员会递交授权申请:一次是基于第 2001 号指令为了工业用途种植和使用而申请;另一次是基于第 1829 号条例为生产动物饲料而申请,最终于 2010 年 3 月获得欧盟委员会的批准。2013 年 12 月 13 日,欧洲法院根据匈牙利于 2010 年提出的诉求,结合奥地利、法国、卢森堡和波兰对该诉求的支持,撤销了欧盟委员会对 Amflora 转基因土豆作出的授权决定。法院认为,欧盟委员会没有遵守授权程序,因为它没有征求由各成员

---

① 参见 Directive 2001/18/EC of the European Parliament and of the Council of 12 March 2001 on the Deliberate Release into the Environment of Genetically Modified Organisms and Repealing Council Directive 90/220/EEC, art. 2(2), 2001 O. J. (L 106) 1,载 http://www. wipo. int/wipolex/en/text. jsp? file_id = 236475#LinkTarget_2003,2020 年 2 月 6 日最后访问。Directive 2001/18/EC was amended by Directive 2008/27/EC, 2008 O. J. (L 81) 45/EC,第 23 条第 1 段,载 http://eur-lex. europa. eu/LexUriServ/LexUriServ. do? uri=OJ:L:2008:081:0045:0047:EN:PDF,2020 年 2 月 7 日最后访问。

② 参见 Press Release, European Commission Memo, Questions and Answers on EU's Policies on Cultivation and Imports of GMOs (Nov. 6, 2013),载 http://europa. eu/rapid/press-release_MEMO-13-952_en. htm,2020 年 2 月 7 日最后访问。欧盟上述备忘录援引了《欧盟授权的转基因生物登记目录》(EU Register of AuthorizedGMOs),载 http://ec. europa. eu/food/plant/gmo/new/authorisation/food_feed/index_en. htm,2020 年 2 月 7 日最后访问。

国代表组成的相关委员会的意见。① 鉴于此,欧洲法院裁定:"如果欧盟委员会遵守了这些规则,经过授权程序作出的结论或者决定内容就有可能完全不一样"。②

2010 年 7 月,在部分欧盟成员国的要求下,欧盟委员会引入了一项旨在修改 2001 号指令中的保障条款和扩大限制或禁止转基因作物种植法律依据的新条例建议。如果该条例能够获得批准,欧盟成员国将不需要援引保障条款在其境内部分或者全部限制或者禁止转基因作物的种植。尽管这项建议在 2011 年获得欧洲议会批准,但是欧洲理事会对此仍未达成一致意见。欧洲议会通过的修正案包括诸如避免增加杂草和害虫的抗药性、避免因种植转基因作物而改变农业耕种方式导致对环境的不利影响等与当地或本地区环境相关的理由,以及维护本地区的生物多样性。该修正案同时还包括诸如维持种子纯洁性和保护农业生产多样性的需要等社会经济方面的理由。上述措施的执行期限一般为 5 年。③

3. 根据第 2001 号指令的授权

第 2001 号指令的总体目标是,在遵守预防原则的同时,平衡欧盟 28 个成员国(英国脱欧前)在转基因生物方面的立法,并规定相关个人和公司在向环境中有意释放转基因生物或在欧盟市场投放转基因生物或转基因产品之前采取必要措施,确保环境安全和人体健康。申请授权将转基因生物投放市场的程序类似于第 1829 号条例规定。个人或者公司必须通知转基因生物首次投放市场的相关成员国职能部门。与此同时,有关职能部门将这一申请的卷宗连同其他必需的文档一起递交给欧盟各成员国主管机构及欧盟委员会。④ 通知内容包括:(1)第 2001 号指令附件三和附件四所要求提供的信息以及对环境和人体健康潜在影响所进行的研究结论;(2)根据第 2001 号指令附件二第四部分所做的环境风险评估结论,环境风险评估必须考虑附件二所列举的对于人体健

---

① 参见 Press Release No. 160/13 of the General Court, The General Court has annulled the Commission's decisions concerning authorisation to place on the market the genetically modified potato Amflora (Dec. 13,2013),载 http://europa. eu/rapid/press-release_CJE-13-160_en. htm,2020 年 2 月 7 日最后访问。

② Press Release No. 160/13 of the General Court, The General Court has annulled the Commission's decisions concerning authorisation to place on the market the genetically modified potato Amflora (Dec. 13,2013).

③ See Article 26b added by the European Parliament to the Proposal for a Regulation of the European Parliament and of the Council Amending Directive 2001/18/EC as Regards the Possibility of the Member States to Restrict or Prohibit the Cultivation of GMOs in Their Territory,2013 O. J. (C 33) E/350.

④ 参见 Directive No. 2001/18/EC,第 13 条第 1 段。

康和环境直接、间接的影响和即时的、滞后的影响;(3)转基因生物投放市场的条件;(4)遵守有关规则至少达10年的承诺;(5)一份监管计划;(6)一份标签和包装建议,以及卷宗的摘要。①

第2001号指令要求欧盟成员国指定相关机构负责监管和执行指令的条款。② 成员国主管机构的作用是审查申请内容,执行管控措施以及其他措施。③主管机构收到申请后的90日内需要准备一份评估报告。该报告将明确规定转基因生物能否投放市场以及在何种条件下投放。④

(五)向"自然界"释放转基因生物的限制

欧洲议会和欧洲理事会于2001年3月12日通过的第2001号指令要求欧盟各成员国确保只有在遵守指令B部分规定的前提下,有意向自然界释放转基因生物才有可能。"有意释放"是指"任何有意识地向自然界引入转基因生物或转基因生物的混合物,对此没有采用特别措施限制与其接触,并且确保一般民众和环境的高度安全"。⑤ 2012年,欧洲法院裁定,"转基因生物的释放地点"是由所有与此相关的信息决定。这些信息由负有准备释放转基因生物通知义务的一方向欧盟相关成员国主管当局提供。⑥

转基因生物释放之前,负责此事的责任人先向相关成员国主管当局递交释放通知,然后转基因生物才可以向自然界释放。此外,通知者还需要准备下列材料:

1. 一套包含指令附件三所要求信息的卷宗;

2. 一份符合指令附件二要求的环境风险评估报告;

3. 释放前主管部门明确表示同意的证明;

4. 根据指令附件三指定的监控计划,以检测转基因生物对人类健康和环境

---

① 参见 Directive No. 2001/18/EC,第13条第2段。

② 参见 Directive No. 2001/18/EC,第4条第4段。

③ 参见 Directive No. 2001/18/EC,第4条第4~5段。

④ 参见 Directive No. 2001/18/EC,第14条第1~3段。

⑤ Directive No. 2001/18/EC,第2条第3段。

⑥ 参见 Case C-552/07, 2001/18 Judgment of the Court (Fourth Chamber) of 17 February 2009 [reference for apreliminary ruling from the Conseil d'État (France)]—Commune de Sausheim v. Pierre Azelvandre,载 http://curia.europa.eu/juris/document/document.jsf;jsessionid=9ea7d2dc30dbc3b29977a1134bcfb724c51ba52915a8.e34KaxiLc3qMb40Rch0SaxuMaNb0?text=&docid=72933&pageIndex=0&doclang=en&mode=lst&dir=&occ=first&part=1&cid=929369,2020年2月7日最后访问。

的不利影响；①

5. 向公众公开转基因生物的事实以及释放后的影响，并留出一定时间，以便公众提出反馈意见。②

如果已经释放到自然界的转基因生物需要进行修改或发生意想不到的变化，或者有新的风险信息披露，并且在成员国主管当局批准这些转基因生物释放后，这些新发现的风险有可能影响人类健康，负责转基因生物释放的相关责任人必须采取必要的风险防范措施，并通报相关成员国的主管当局。③

(六)食品中使用转基因生物的限制

第1829号条例规定，在获得欧盟授权之前，转基因作物被禁止投放欧盟市场用于食品生产，禁止将含有转基因生物成分的食品和由转基因作物加工而成的食品投放欧盟市场。如果食品和饲料生产加工后已经检测不出转基因生物成分，则不受该条例管制。上述两种情形的一个重要区别是食品和饲料中是否留存转基因物质。如果食品和饲料加工生产之后，转基因生物已经不存在了(如由转基因大豆和玉米加工而成的食用油和糖浆)，那么该食品和饲料就不属于第1829条例的管辖范围。④

任何由转基因作物加工而成的食品和饲料或者含有转基因物质的食品和饲料想进入欧盟市场或进口至欧盟部分成员国，必须事先获得批准，并且不能对人类和动物的健康和环境造成任何不利影响和误导消费者。在营养价值方面，转基因食品与非转基因食品也没有本质区别。⑤

1. 第1829号条例下的授权

寄给相关成员国主管当局的授权申请必须包括申请人的姓名和地址、涉及的食品及其特征等信息，同时还需要符合下列条件：

(1)若适用《卡塔赫纳生物安全议定书》，符合议定书附件二的规定；

(2)生产和制造方式的详细描述；

---

① 参见 Directive 2001/18/EC of the European Parliament and of the Council of 12 March 2001 on the Deliberate Release into the Environment of Genetically Modified Organisms and Repealing Council Directive 90/220/EEC, art. 2(2), 2001 O. J. (L 106) 1，载 http://www.wipo.int/wipolex/en/text.jsp? file_id=236475#LinkTarget_2003，2020年2月7日最后访问。Directive 2001/18/EC was amended by Directive 2008/27/EC, 2008 O. J. (L 81) 45/EC，第6条，载 http://eur-lex.europa.eu/LexUriServ/LexUriServ.do?uri=OJ:L:2008:081:0045:0047:EN:PDF，2020年2月7日最后访问。

② 参见 Directive 2008/27/EC, 2008 O. J. (L 81) 45/EC，第9条，载 http://eur-lex.europa.eu/LexUriServ/LexUriServ.do? uri=OJ:L:2008:081:0045:0047:EN:PDF，2020年2月7日最后访问。

③ 参见 Directive 2008/27/EC, 2008 O. J. (L 81) 45/EC，第8条第1段。

④ 参见 Reg. (EC) No. 1829/2003，第16段叙述。

⑤ 参见 Reg. (EC) No. 1829/2003，第4条第1段。

(3)一份独立评审研究结论的复印件;

(4)一份转基因食品不会引发消费者伦理和宗教方面关注的承诺书;

(5)将转基因食品或饲料投放市场条件的陈述;

(6)如果转基因食品是供人类消费,投放市场后的监管计划。①

申请材料同时还必须包括符合第2001号指令附件三和附件四要求的技术文档。如果转基因生物是依据第2001号指令C部分获得批准的,还应包括授权决定的复印件以及根据第2001号指令要求的一份评估环境影响的监测计划。②

在收到申请的14日之内,欧盟成员国主管当局必须告知申请人它已经收到申请并将所有信息传递给欧盟食品与安全署。该成员国同时必须通知欧盟委员会和其他成员国这项申请。欧盟食品与安全署必须在接到通知的6个月内出具意见。欧盟委员会在收到食品与安全署意见3个月内,需要向"食品链与动物健康常设委员会"(Standing Committee on the Food Chain and Animal Health)出具一份决议草稿。这份草稿包括所有适当和相关的信息,包括授权获得者的名字和每一份获得欧盟批准的转基因生物独特的认证标志。欧盟委员会的决定公布在《欧盟官方杂志》(Official Journal of European Union)。

2. 标签和可追溯性要求

消费者的知情权在《发挥欧盟功能条约》第169条得到确认。基于这一条规定,欧盟有义务在影响到消费者的立法中推广这一权利。③

标签要求适用于向欧盟的消费者和大众餐饮机构配送含有转基因物质或由转基因物质构成的食品、或者含有从转基因生物提炼的成分或者据此生产的食品。第1829号条例要求"转基因"(genetically modified)或者"产自转基因(生物名称)"(produced from genetically modified [name of organism])这样的句子必须清晰地出现在成分目录旁边。④ 如果产品没有成分目录,上述句子必

① 参见 Reg. (EC) No. 1829/2003,第5条第1~3段。

② 参见 Reg. (EC) No. 1829/2003,第5条第5段(a)和(b)。

③ 参见 Treaty on the Functioning of the European Union (TFEU), 2012 O. J. (C 326) 47,载 https://eur-lex.europa.eu/search.html?qid=1581042125931&text=Treaty%20on%20the%20Functioning%20of%20the%20European%20Union%20(TFEU)&scope=EURLEX&type=quick&lang=en,2020年2月7最后访问。

④ 参见 Regulation (EC) No. 1829/2003 of the European Parliament and of the Council of 22 September 2003 on Genetically Modified Food and Feed,第13条第1段(a),2003 O. J. (L 268) 1,载 https://eur-lex.europa.eu/search.html?qid=1581041404240&text=Regulation%20(EC)%20No.%201829/2003%20of%20the%20European%20Parliament%20and%20of%20the%20Council%20of%2022%20September%202003%20on%20Genetically%20Modified%20Food%20and%20Feed&scope=EURLEX&type=quick&lang=en,2020年2月7日最后访问。

须出现在标签上。如果是没有包装的散装食品,上述标签规定必须出现在食品展示的地方或者靠近展示的地方。① 当传统的非转基因食品由于在种植、收获或运输过程中不经意或者技术上无法避免接触了转基因生物而出现微量的转基因生物成分,这些食品不需要特别标明,前提是转基因生物的含量低于0.9%这一阈值。② 第2001号指令也有相似的标签规定。③

转基因生物的可追溯性和标签规定以及从转基因生物中加工生产的食品和饲料产品的可追溯性受第1830号条例管辖。④ 2001号指令引入了一般可追溯要求。该要求规定,欧盟成员国有义务确保转基因生物在投入市场后的各个流通阶段能够查出其来源。

当一项由转基因生物生产或含有转基因生物成分的产品投放市场时,经营者(包括个体和企业)需要出示两项重要书面材料:(1)产品含有转基因生物或由转基因生物生产的声明;(2)每一个转基因生物的独特标志(一个数字编号或条形码)便于辨认相关转基因生物。这类信息必须从一个经营者传递给另一个经营者。⑤

当由转基因生物加工生产的食品和饲料投放市场时,经营者必须向接受这些产品的人提供以下信息:

(1)每一项从转基因生物中提炼的食品成分;

(2)每一项从转基因生物中提炼的饲料原料或添加剂;

---

① 参见 Regulation (EC) No. 1829/2003 of the European Parliament and of the Council of 22 September 2003 on Genetically Modified Food and Feed,第13条第1段(c),2003 O. J. (L 268) 1.

② 参见 Regulation (EC) No. 1829/2003 of the European Parliament and of the Council of 22 September 2003 on Genetically Modified Food and Feed,第12条第2段,2003 O. J. (L 268) 1.

③ 参见 Directive 2001/18/EC of the European Parliament and of the Council of 12 March 2001 on the Deliberate Release into the Environment of Genetically Modified Organisms and Repealing Council Directive 90/220/EEC, arts. 21 and 26, 2001 O. J. (L 106) 1,载 http://www.wipo.int/wipolex/en/text.jsp?file_id=236475#LinkTarget_2003,2020年2月7日最后访问。Directive 2001/18/EC was amended by Directive 2008/27/EC, 2008 O. J. (L 81) 45/EC,载 http://eur-lex.europa.eu/LexUriServ/LexUriServ.do?uri=OJ:L:2008:081:0045:0047:EN:PDF,2020年2月8日最后访问。

④ 参见 Regulation (EC) No. 1830/2003 of the European Parliament and of the Council of 22 September 2003 Concerning the Traceability and Labeling of Genetically Modified Organisms and the Traceability of Food and Feed Products Produced from Genetically Modified Organisms and Amending Directive 2001/18/EC, 2003, O. J. (L 268) 24,载 http://eur-lex.europa.eu/LexUriServ/LexUriServ.do?uri=OJ:L:2003:268:0024:0028:EN:PDF,2020年2月8日最后访问。

⑤ 参见 Regulation (EC) No. 1830/2003 of the European Parliament and of the Council of 22 September 2003 Concerning the Traceability and Labeling of Genetically Modified Organisms and the Traceability of Food and Feed Products Produced from Genetically Modified Organisms and Amending Directive 2001/18/EC, 2003, O. J. (L 268) 24,第1条、第6条和第8条。

(3)假如没有成分表,必须有一个标记,表明该产品是由转基因生物加工而成的。[①]

经营者必须确保由转基因生物加工而成或含有转基因生物成分的产品包装上载有下列字样的标签:“本产品含转基因生物”或“本产品含××转基因生物”。[②] 向消费者提供的非包装产品,上述警示句子必须出现在产品上或者产品展示的地方。[③]

当转基因生物含量不超过0.9%这一阈值,而且转基因生物残留物质是不经意存在或者是技术上无法避免的,可追溯性和标签的规定不适用。[④]

欧盟对于“不含转基因”或“非转基因”这些否定式标签没有统一规范,具体做法由各成员国自己决定。

(七)法律责任与著名案例

一般情况下,使用由转基因作物加工而成的食品或饲料、由转基因物质构成或含有转基因物质成分的食品和饲料,这些都属于欧盟成员国法律的管辖范围。对此,转基因产品的生产者和进口商有可能涉及国内法中民事责任的一般规定。[⑤] 在非转基因作物中出现转基因生物而引发的具体责任和损害赔偿标准是欧盟侵权与保险法中心(European Centre of Tort and Insurance Law)长期

---

① 参见 Regulation (EC) No. 1830/2003 of the European Parliament and of the Council of 22 September 2003 Concerning the Traceability and Labeling of Genetically Modified Organisms and the Traceability of Food and Feed Products Produced from Genetically Modified Organisms and Amending Directive 2001/18/EC,2003,O. J. (L 268) 24,第6条第1段。

② Regulation (EC) No. 1830/2003 of the European Parliament and of the Council of 22 September 2003 Concerning the Traceability and Labeling of Genetically Modified Organisms and the Traceability of Food and Feed Products Produced from Genetically Modified Organisms and Amending Directive 2001/18/EC,2003,O. J. (L 268) 24,第4条第6段(a)。

③ 参见 Regulation (EC) No. 1830/2003 of the European Parliament and of the Council of 22 September 2003 Concerning the Traceability and Labeling of Genetically Modified Organisms and the Traceability of Food and Feed Products Produced from Genetically Modified Organisms and Amending Directive 2001/18/EC,2003,O. J. (L 268) 24。第4条第6段(b)。

④ 参见 Regulation (EC) No. 1830/2003 of the European Parliament and of the Council of 22 September 2003 Concerning the Traceability and Labeling of Genetically Modified Organisms and the Traceability of Food and Feed Products Produced from Genetically Modified Organisms and Amending Directive 2001/18/EC,2003,O. J. (L 268) 24,第7条(该条款修正了 Directive 2001/18/EC 第21条)。

⑤ 参见 Commission Recommendation of 13 July 2010 on Guidelines for the Development of National Co-existence Measures to Avoid the Unintended Presence of GMOs in Conventional and Organic Crops 附件第2.5段,2010 O. J. (C 200) 1,第5页,载 https://eur-lex.europa.eu/legal-content/EN/TXT/PDF/?uri=CELEX:32010H0722&rid=12020年2月8日最后访问。

研究的一个课题。该中心向欧盟各成员国提供相关研究信息。①

在欧盟层面,第 2004 号《有关预防和修补环境损害的环境责任指令》(Directive on Environmental Liability with Regard to the Prevention and Remedying of Environmental Damage)与上述议题相关。② 欧盟法律总的原则是"谁污染,谁承担环境修补责任"。第 2004 号指令扩大了环境损害与损害威胁的范围,包括受保护的野生动物及其栖息地、水源、土壤受一系列活动的影响,上述规定包括第 2001 号指令所界定的"向环境中有意释放转基因生物、转基因生物的运输和投放市场"。③ 尽管如此,保护范围似乎还是有界限的,因为农田中的生物多样性不在保护范围之列,除非这块农田是位于特定的保护区域内。④

2011 年,欧洲法院在一个案子中作出初步裁决,这为生物技术公司因释放到自然界的转基因生物伤害到个人承担责任铺平了道路。在本案中,法院支持一名德国养蜂人要求赔偿的权利。该养蜂人起诉巴伐利亚州政府,因为在该州所属的地块内,用于科学研究种植的孟山都公司研发的 MON810 号转基因玉米"污染"了养蜂人所产的蜂蜜。法院发现该养蜂人由于无法销售他的产品而遭受损失,裁定获得相应赔偿。⑤

2013 年,欧洲议会在修正欧盟委员会递交的一份有关限制转基因作物种植的议案时,增加了与责任要求有关的一个新条款(第 26c 条)。这个新条款要求欧盟各成员国通过保险等方式建立基本的金钱赔偿机制和担保机制。这

① 参见 Bernhard A. Koch (ed.), *Liability and Compensation Schemes for Damage Resulting from the Presence of Genetically Modified Organisms in Non-GM Crops*, European Centre of Tort and Insurance Law, April 2007 /Contract/30-CE-0063869/00-28,载 http://ec.europa.eu/agriculture/analysis/external/liability_gmo/full_text_en.pdf,2020 年 2 月 8 日最后访问。

② 参见 Directive 2004/35/CE of the European Parliament and of the Council of 21 April 2004 on Environmental Liability with Regard to the Prevention and Remedying of Environmental Damage, 2004 O. J. (L 143) 56,载 http://eur-lex.europa.eu/LexUriServ/LexUriServ.do? uri=OJ:L:2004:143:0056:0075:EN:PDF,2020 年 2 月 8 日最后访问。

③ Directive 2004/35/CE of the European Parliament and of the Council of 21 April 2004 on Environmental Liability with Regard to the Prevention and Remedying of Environmental Damage, 2004 O. J. (L 143) 56,附件三第 11 条。

④ 参见 Michael Migus, GMO Statutory Liability Regimes: An International Review, Canadian Institute for Environmental Law and Policy, December 2004,载 http://wenku.baidu.com/link? url=gO88GYoDlkZIAwKgtb4QazBewqRZGMiWK00coPvXxazgnuFJRh1vZk47GiWYhUDa jFAmBXAhp1kSS7s_Jvro4BXkgPgHfklnCTSA07YH9Ne,2020 年 2 月 8 日最后访问。

⑤ 参见 Rady Ananda, EU High Court Rules on GMO Contamination; Opens Door to Biotech Liability, Dissident Voice, September 8, 2011,载 http://dissidentvoice.org/2011/09/eu-high-court-rules-on-gmo-contamination-opens-door-to-biotech-liability/,2020 年 2 月 8 日最后访问。

些机制适用于所有经营者,并确保由于向环境有意释放转基因生物或将转基因生物投放市场而出现意想不到的伤害时,责任人在承担赔偿责任之后,可以从保险机构获得相应赔付。①

在国际层面,《卡塔赫纳生物安全议定书》的宗旨是确保转基因生物在转让、处置、使用过程中不对保存动植物的栖息地带来负面影响。但是,议定书的适用仅限于跨境转移的转基因生物。② 针对第 27 条的执行情况,议定书缔约方大会于 2010 年 10 月 15 日签订了《卡塔赫纳生物安全议定书关于赔偿责任和补救的名古屋—吉隆坡补充议定书》。补充议定书建立了由于转基因生物导致的对生物多样性的破坏所应承担的责任和采取的补救方法的国际规则与程序。③ 补充议定书适用于跨境转移中转基因生物所造成的损害,并且扩大适用至下列情形:

(1)直接使用转基因物质生产食品或饲料,或用于加工食品或饲料;

(2)包含使用转基因生物;

(3)有意向自然界释放转基因生物;④

(4)因任何授权使用转基因生物而导致的损害。⑤

欧盟于 2013 年 3 月 21 日批准加入补充议定书,并向缔约方大会递交了批

---

① 参见 Article 26c, Position of the European Parliament Adopted at First Reading on July 5, 2011, with a View to the Adoption of Regulation (EU) No. .../2011 of the European Parliament and of the Council Amending Directive 2001/18/EC as Regards the Possibility for the Member States to Restrict or Prohibit the Cultivation of GMOs in Their Territory, 2013 O. J. (C 33) E/350.

② 《卡塔赫纳生物安全议定书》是有关安全转让、处置和使用转基因生物的一部国际公约。参见议定书第 10 条,载 https://www.cbd.int/doc/legal/cartagena-protocol-en.pdf,2020 年 2 月 8 日最后访问。欧盟及其成员国于 2000 年 1 月 29 日签署《卡塔赫纳生物安全议定书》。欧洲理事会代表欧盟于 2001 年 6 月 25 日通过 Decision 2002/628/EC 完成正式加入程序,载 http://eur-lex.europa.eu/LexUriServ/LexUriServ.do?uri=CELEX:32002D0628:EN:HTML,2020 年 2 月 8 日最后访问。

③ 参见 Nagoya-Kuala Lumpur Supplementary Protocol on Liability and Redress to the Cartagena Protocol on Biosafety, October 15, 2010,载 http://bch.cbd.int/protocol/NKL_text.shtml,2020 年 2 月 8 日最后访问。

④ 参见 1999/468/EC: Council Decision of 28 June 1999 laying down the procedures for the exercise of implementing powers conferred on the commission, 1999 O. J. (L 184) 23。该决定第 2 条第 2 项和第 5 条特别强调,当欧盟委员会采纳涉及人类和动植物健康的相关立法时,它必须是在一个由欧盟成员国代表组成,并由欧盟委员会指派代表任主席的管理委员会协助下进行。管理委员会主席先提出一份执行草案,由各成员国代表表决通过后执行。参见 http://www.cvce.eu/content/publication/1999/1/1/d29260af-5029-4729-8216-14fdce4b6194/publishable_en.pdf,2020 年 2 月 8 日最后访问。

⑤ 参见 1999/468/EC: Council Decision of 28 June 1999 laying down the procedures for the exercise of implementing powers conferred on the commission, 1999 O. J. (L 184) 23,第 3 条第 1~2 款。

准书。[①]

通过对欧盟有关转基因生物立法条款的解释和欧盟委员会对那些没有很好执行欧盟规则的成员国采取行动,欧洲的司法系统确保了欧盟立法得到有效执行,在转基因生物领域发挥了重要的作用。欧洲法院最近作出有影响的裁决是在 2013 年,即终止欧盟事实上停止转基因生物授权审批的做法。法院要求欧盟对一项被搁置多年的授权申请采取切实行动。

1. 先锋公司案(Case T-164/10)

2013 年 9 月 26 日,欧洲法院作出一项裁决(Case T-164/10),裁定欧盟委员会没有按照第 1999 号执行决定(Comitology Decision 1999/468/EC)第 5.4 条向欧洲理事会递交一份建议,从而违反了第 2001 号指令规定。[②] 本案的基本案情是有关先锋国际高科技育种公司(Pioneer Hi-Bred International, Inc.)依据关于向自然界释放转基因生物的第 2001 号指令于 2001 年申请授权种植 1507 号转基因玉米。2007 年,先锋公司在欧洲法院起诉欧盟委员会,指控欧盟委员会没有将授权决定递交管理委员会表决。当欧盟委员会于 2009 年 2 月向管理委员会递交了一份授权决定草案时,欧洲法院结束审理此案。但是,欧盟委员会并没有对该申请提出任何意见。鉴于此,先锋公司依据欧盟当时适用的执行委员会程序(comitology procedure),[③] 于 2010 年第二次起诉欧盟委员会的

---

① 参见 Press Release, United Nations Decade on Biodiversity COMMUNIQUE: European Union Approves Nagoya-Kuala Lumpur Supplementary Protocol on Liability and Redress (Montreal, March 26, 2013),载 http://www.cbd.int/doc/press/2013/pr-2013-03-26-eu-en.pdf,2020 年 2 月 8 日最后访问。

② 参见 Case T-164/10, Pioneer Hi-Bred International, Inc., Judgment of the General Court (Seventh Chamber), September 26, 2013,载 http://curia.europa.eu/juris/document/document_print.jsf? doclang=EN&text=&pageIndex=0&part=1&mode=lst&docid=142241&occ=first&dir=&cid=127901,2020 年 2 月 8 日最后访问。

③ 为了协助欧盟委员会实施欧共体法律并监督其执行权力,欧盟部长理事会设立了一系列执行委员会(comitology committees)。2007 年,共设立了 264 个执行委员会。这些执行委员会由成员国政府的代表组成,由欧盟委员会的代表主持。它们的任务是对欧盟委员会提交的执行措施草案发表意见,工作程序被称为"执行委员会程序"(comitology procedure)。欧盟委员会采取执行措施前,都需要根据法律要求将拟采取的实施措施提交给执行委员会,并根据执行委员会的意见决定是否采取有关执行措施。例如,欧盟委员会在 2007 年采取了 2522 项执行措施,而各执行委员会在同一年发表了 2613 条意见。通过执行委员会程序,欧盟委员会在采取执行措施前可以与成员国主管机关进行交流和对话,并与成员国政府在执行欧盟决策方面保持密切合作,确保欧盟决策在所有成员国得到统一实施,同时,欧盟各成员国可以通过执行委员会程序来监督和控制它们转交给欧盟委员会的执行权,防止欧盟委员会滥用权力。参见朱贵昌:《欧盟法律执行中的 Comitology 程序》,载《国际论坛》2009 年第 2 期。

不作为(Case T-164/10)。2013 年 11 月,欧盟委员会执行了欧洲法院的裁决。①

2. C-442/09 案判决:卡尔·亨氏·巴布洛克诉佛莱斯塔特·拜耶恩案

1998 年,孟山都获得欧盟授权,将其研发的 MON810 号转基因玉米投放市场。如前所述,德国巴伐利亚州一位养蜂人声称他生产的蜂蜜和培育的花粉准备作为补充食品出售,但是由于养殖的地方靠近巴伐利亚用于科学目的而种植 MON810 号转基因玉米的公共用地,蜂蜜和花粉因受到转基因生物的"污染"而无法销售。他在巴伐利亚州高等行政法院提起诉讼。养蜂人要求欧洲法院作出初步裁决,裁定仅仅是出现已经失去再生能力的转基因玉米花粉是否会导致养蜂人在获得授权之前被禁止在市场上出售其产品。②

欧洲法院裁定,含有转基因生物花粉的蜂蜜和其他食物辅助产品构成欧盟条例中所指的"含有转基因物质成分食品"。鉴于此,欧洲法院作出如下裁决:本案涉及的花粉是从转基因生物中加工而成的,它构成蜂蜜和属于通过花粉培育的食物辅助产品的一种成分。法院同时指出,含有从转基因生物加工而成物质的食品需要获得授权后才能上市,不管转基因生物是有意植入的,还是无意接触的。③

(八)欧盟转基因食品管制机制的成因分析

欧盟与美国在转基因生物的研究和产业化方面几乎是同时起步的,但是经过近几十年的发展,两者对待转基因食品风险管控的态度却出现很大差别。20 世纪 90 年代以前,美国不仅是国际环境保护的积极倡导者,还是诸如《濒危野生动植物种国际贸易公约》《蒙特利尔议定书》《国际捕鲸公约》等国际公约制定的直接推动者。然而,美国的这种领袖地位正逐渐被欧盟取代。欧盟已经正式批准加入《卡塔赫纳生物安全议定书》《控制危险废料越境转移及其处置巴塞尔公约》等新近签订的国际环保条约,美国在这方面则落后于欧盟。这种管制态度的嬗变也可以从欧美的贸易争端历史中得到印证。20 世纪 80 年代,欧共体(欧盟前身)在关贸总协定诉美国的"汽油标准案""金枪鱼案"大多涉及美国更严格的环境保护标准。然而自 90 年代以来,美国在世贸组织诉欧盟的"激

---

① 参见 Charlie Dunmore, EU Prepares New GMO Maize Cultivation Approval: Draft, REUTERS, October 13, 2013, 载 http://www.scientificamerican.com/article/eu-prepares-new-gmo-maize-cultivation-approval/,2020 年 2 月 8 日最后访问。

② 参见 Case C-442/09, Karl Heinz Bablok and Others v. Freistaat Bayern, Judgment of the Court (Grand Chamber), September 6, 2011, 载 http://curia.europa.eu/juris/document/document.jsf?text=&docid=109143&pageIndex=0&doclang=en&mode=lst&dir=&occ=first&part=1&cid=780715,2020 年 2 月 8 日最后访问。

③ 参见 Case C-442/09, Karl Heinz Bablok and Others v. Freistaat Bayern, Judgment of the Court (Grand Chamber), September 6, 2011, 第 109 段。

素牛肉案”“转基因产品案”等一系列贸易纠纷中，争议的焦点都是欧盟更加严格的环保措施，其中有关转基因生物的控制分歧已经成为双方讨论的政治议题，其实质是欧盟的严厉措施影响到了美国农民的利益。欧盟这种管制机制的形成原因，我们可以从三个层面进行剖析："公民"意识的崛起、欧盟不断完善的管制角色以及一系列管制失败动摇了民众的信心。

1.“公民”意识的崛起

从成员国角度讲，德国、荷兰、丹麦等国家历来赞成对环境、卫生和安全议题采取更加严格的风险管控措施，而脱欧前的英国、法国、意大利则一直反对这样做。20世纪七八十年代，欧共体许多公共政策的制定都会遭遇这两派意见的交锋。尽管从趋势看，欧洲的标准在逐渐趋严，但是，欧盟制定的汽车尾气排放、产品循环利用等标准则在一定程度上反映了成员之间不同意见的妥协。然而逐渐地，包括脱欧前的英国、法国在内越来越多成员国的立场开始转向保守。英国还正式将“预防原则”作为支持可持续发展的基本目标和原则之一。[①] 法国的态度转变虽然没有英国那么激烈，但是朱佩内阁的环保部长考利纳·拉佩奇却是一位转基因生物的反对者。1997年，强调环保的法国“绿党”(Green Party)首次加入若斯潘组建的法国政府内阁，绿党出身的环保部长多米尼克·维厄耐坚决反对转基因作物在法国和欧盟其他国家种植和销售。1999年，法国建立了一家独立的食品安全监测机构。2001年，为了避免疯牛病的扩散，法国成为第二个禁止牧场使用人工合成饲料的欧洲国家。这一决定就是基于“预防原则”作出的，因为没有确凿证据表明饲料中的添加剂(farines)对人体和动物有害。法国民众现在已经是欧洲反对转基因生物态度最坚决的。[②]

作为欧洲的两个大国，脱欧前的英国和法国的态度转变直接影响了欧盟转基因生物管制政策的走向。与此同时，欧盟的另一个重要成员意大利，由于民众对公共健康的担心，第一个禁止在牛饲料中放入添加剂。绿党也加入比利时政府内阁，开始影响其政府制定的公共卫生健康与环境保护政策。此外，非政府组织也开始发挥越来越重要的作用。受欧洲消费者联盟事务局(European Bureau of Consumers Unions)要求对牛饲料禁止添加激素规定的启发，欧盟各成员国消费者组织纷纷给本国政府施压，要求对转基因生物用标签标示。“地球之友”和“绿色和平组织”等非政府环保组织以及各成员政府内和欧洲议会

---

① “预防原则”是德国首先提出并适用于其制定的环保政策之中。See Andrew Jordan and Timothly O' Riordan, The Precautionary Principle in UK Environmental Law and Policy, in Tim S Gray (ed.), *UK Environmental Policy in the* 1990*s*, Macmillan London, 1995, pp. 70-71.

② See Le governement peaufine un plan d' interdiction des farines animales, Le Monde, November 12-13, 2001, p. 6.

内的绿党成员也在推动公众反对转基因食品方面发挥了关键作用。尽管这种影响在各成员国不尽相同,但是在奥地利、芬兰、瑞典等国家加入欧盟后,其影响还是非常显著的。建立一个"安全、环保"家园的公民意识正在欧盟兴起。

2. 欧盟的组织架构特点

从1987生效的《单一欧洲法案》开始,包括其前身欧共体,欧盟对《罗马条约》的每一次修订都强调在政策制定过程中给予"欧洲公民"更多的考量。① 《单一欧洲法案》第一次以国际条约形式制定欧洲的环境政策,强调预防措施的必要性和在各成员国之间建立高标准的统一环境保护措施。1993年生效的《马斯特里赫特条约》第一次将预防原则作为欧盟环保政策的指导原则,并将消费者权益保护上升至条约规定。② 1995年,在欧盟委员会下属的"消费者政策署"和"环境理事会"(第九总理事会)(DGⅨ)基础上,欧盟成立了一个涵盖消费者权益保护、环境保护等多项职能的"第二十四总理事会"(DGⅩⅩⅣ)。从2000年起,专门负责管理食品新品种的机构也从工业理事会划归到第二十四总理事会。1997年生效的《阿姆斯特丹条约》要求欧洲理事会和欧洲议会通过欧盟的单一市场立法实现高标准的健康、安全、环境和消费者保护。③ 不断修订的欧盟条约也扩大了欧洲议会的权力。由于欧洲议员都是各成员国选民直接选举产生的,他们自然更关注选民的利益。例如,原先《单一欧洲法案》赋予议会在"合作程序"方面的立法权,《马斯特里赫特条约》将此延伸至"共同决定"程序,赋予欧洲议会和欧洲理事会在立法时的共同责任,④ 进一步扩大了民众在欧盟立法中的参与权。

正如马农教授指出的,欧盟主要是一个管理性质的联盟,制定规则是其形成欧洲公共政策的主要途径。⑤ 尽管有时会被指责缺乏民主,欧盟各部门在代表各阶层民意方面所发挥的作用正变得越来越大。这些民意由原来的国家意志上升为欧盟意志。与美国宪法对于各州处理跨洲事务权限有明确限制不同,欧盟各成员国在推动制定统一的消费者保护和环境保护立法方面一直发挥着重要作用。与其他公共管理事务一样,转基因食品管制最严厉的措施首先出现在国家层面,由于成员国之间以及成员国与欧盟之间的政策冲突,这使得欧

---

① 1957年3月25日,在欧洲煤钢共同体的基础上,法国、前联邦德国、意大利、荷兰、比利时和卢森堡6国在罗马签署《欧洲经济共同体条约》和《欧洲原子能共同体条约》,后人称之为《罗马条约》。这是欧盟前身——欧共体成立的法律基础。

② 参见条约第三部分(union policies and internal actions)。

③ 条约的第153条明确规定对消费者健康保护是欧洲民众的"权利"。

④ See Elizabeth Bomberg, *Green Parties and Politics in the European Union*, London: Routledge, 1998.

⑤ See Giandomenico Majone, *Regulating Europe*, London: Routedge, 1996.

盟制定统一政策的基本立场是适用标准"就高不就低",因为越是高的标准冲突越少。为了倾听欧盟各国民众的意见和协调各国立场,一个成员国的立法很快会成为欧盟的立法议案。这种成员国之间的相互影响在统一市场建立后日趋明显。即使是对本国政府食品监管放心的民众也无法信任所有其他成员国的产品质量,然而其他成员国产品在本国市场流通,与本国产品并没有区别。欧盟这种统一市场结构无意间导致了消费者信任的缺失,这又迫使许多成员国政府以及欧盟本身采取更严格的产品标准。

3. 政府管制失败

除了上述两方面原因,第三个导致欧盟对转基因食品采取严格管制措施的原因是欧盟近年来一系列的管制失败导致公众对本国政府及欧盟能否有效保护公众健康与安全的能力产生怀疑。20 世纪 90 年代后半期,欧盟对于食品安全的管制缺陷因疯牛病暴发而暴露无遗。第一例疯牛病是 1982 年在英国被查出的。当时的欧共体委员会听信英国农业部的保证:该病不会对人类构成威胁。当后来的研究表明,这种病有可能传播给老鼠时,英国被迫向欧盟其他成员国通报疯牛病给食品安全带来的潜在威胁。疯牛病在 20 世纪 80 年代末至 90 年代初大规模暴发时,欧共体委员会只是禁止销售病牛肉,而不是所有英国牛肉。当英国民众对疯牛病对人体健康危害的质疑在 20 世纪 90 年代持续发酵时,英国政府却否定公众这些质疑的合法性。英国政府的立场得到欧共体委员会的支持,英国牛肉在欧共体成员国内的销售也没有受到任何限制。

1996 年,英国政府宣布在患者中查出 10 例雅各布氏病(Creutzfeld-Jakob disease)可能与疯牛病有关时,疯牛病危机在欧盟全面暴发。欧盟委员会下令禁止英国牛肉出口到任何国家,并且要求在英国全部销毁被确诊的病牛。当疯牛病过后,欧盟委员会及其科学咨询委员会给英国签发安全证书时,欧盟前期的迟缓行动已经严重动摇了欧洲民众对于欧盟食品安全监管及科学水平的信心。然而恰恰在这个时候,转基因食品被引入欧洲,这更加唤起了欧洲民众的食品安全意识。疯牛病使得欧洲人对食品加工行业采用的新技术非常敏感,人们对于科学家和政府为树立民众对转基因食品所做的努力自然也持谨慎态度。[①] 社会学家尼杰尔 · 威廉姆斯指出,"疯牛病是这个国家(英国)食品行业的分水岭。人们第一次意识到,仅仅试图去相信我们厨房里的食品可以放心食用,这不是明智的态度。我们必须了解食品的整个生产过程"。[②]

---

① See Clive Cookson and Vanesse Houlder, *An Uncontrolled Experiment*, Financial Times, February 13/14, 1999, p. 7.

② Nigel Williams, *Plant Genetics: Agricultural Biotech Faces Backlash in Europe*, Science, August 7, 1998, pp. 768–771.

疯牛病虽然主要发生在英国,但是在欧盟委员会发出禁令之前,英国牛肉在欧盟其他成员国销售并没有受到任何限制,这是欧盟统一市场的特点决定的。疯牛病让欧洲人开始意识到,欧盟任何一个成员出现食品安全问题,受影响的不仅仅是这个国家的消费者,而是所有成员国的消费者。然而,在疯牛病暴发之前,欧盟还没有确保统一市场内销售的食品安全机制,这导致了“一人得病,大伙吃药”的尴尬局面。

经历了这场食品安全危机之后,欧盟不仅强化了第二十四总理事会的职能,还于 2000 年 12 月在法国尼斯召开的欧盟领导人峰会上决定成立欧盟食品安全局。该机构成立不久便质疑欧盟委员会所依赖的专家咨询机构——兽医科学委员会出具的咨询意见,因为该委员会主席是一名英国科学家,咨询意见也主要反映英国农业、渔业和食品部的立场。事实证明,这些咨询意见是有缺陷的。① 由于欧盟组织的官员不可能取代成员国监管机构的官员,包括新成立的食品安全局在内的欧盟监管和咨询机构与欧盟委员会之间的关系就一直处于不断变化的状态之中。欧盟官员希望通过机构设计来避免出现监管盲点。② 与此同时,疯牛病的暴发也影响到各成员国内监管机制和决策机制的调整。例如,德国进一步提升保护消费者权益的内阁部委的地位,英国和法国负责食品安全监督机构的权力也得到相应扩大。

疯牛病事件之后,欧洲还经历了比利时的“二噁英食品污染事件”、③ 部分国家的“口蹄疫事件”④ 等一系列公共安全事件。加上稍早传出的“可乐丑闻”⑤

① See Graham Chambers, The BSE Crisis and the European Parliament, in Christian Joerges and Ellen Vos (eds.), *EU Committees: Social Regulation. Law and Politics*, Hart Publishing, 1999, pp. 95-108.

② See Graham Chambers, The BSE Crisis and the European Parliament, in Christian Joerges and Ellen Vos (eds.), *EU Committees: Social Regulation. Law and Politics*, Hart Publishing, 1999, pp. 95-108.

③ 1999 年 4 月,比利时农户使用的鸡饲料被查出二噁英含量超出世界卫生组织规定的 140 倍,不仅导致欧盟各国下架所有比利时食品,也直接导致当时的比利时政府下台。

④ 2001 年 2 月 20 日,英国发现首例猪口蹄疫,给欧洲大陆国家造成极大恐慌,纷纷采取紧急措施。德国在从英国进口的羊身上发现口蹄疫病毒抗体后,立即决定将这批羊全部杀掉,并在机场海关设了严格检疫防线;荷兰也宰杀了大批从英国进口的羊、牛、猪、鹿,并下令暂时关闭所有牲畜交易市场;法国对当年 2 月 1 日以后从英国进口的 2 万只羊进行宰杀和销毁。

⑤ 1985 年,《新英格兰医学杂志》报道,哈佛大学医学院的专家对市面上销售的 3 种不同配方的可乐饮料进行“杀精”实验。他们将冷冻精子放入试管内,分别倒入不同的可乐饮料。经过反复测试,得出结论:可乐确实具有杀死精子的效果。对于男性来说,饮用可乐会影响生殖能力。这一研究结果公开后,很多要做爸爸的年轻人都不敢喝可乐了。对此,可口可乐公司发言人称,其他研究人员在后来的实验中不能证实哈佛大学的结论。See John Lanchester, *Mad Coke Disease*, The New York Times Magazine, July 4, 1999, pp. 7-8.

"法国输血丑闻",[①] 欧洲人产生了对转基因食品潜在危害的担忧,尤其是对环境和人类健康的威胁。这种担忧促使人们对食品安全提出更高要求。目前,绝大多数欧洲人都赞同对转基因食品采用标签明确标注。他们觉得,这样做至少选择权在消费者手里,而不是在政府或企业那里。

(九)预防原则——欧盟转基因食品管制机制的合理逻辑

欧盟成立的法律文件——《马斯特里赫特条约》只是提到"预防原则",但是没有对此作出界定。2000 年 2 月,欧盟委员会在一份公报中解释,该原则已经从最初的环保领域延伸至人类、动植物健康保护等领域。当人们从"某种现象、产品及其生产过程中发现潜在危害……而科学评估由于没有充分证据或者被评估对象性质的不确定性,还无法对此作出肯定结论时",可适用"预防原则"。[②] 预防原则从两个方面改变了欧盟的决策思维:第一,在欧盟委员会强调全面、科学的风险评估重要性时,该原则给决策者一个更宽泛的视角,在缺乏足够证据证明危险临近时,评估不一定是必须进行的。第二,该原则使更广泛的民众参与风险评估成为可能。公民参与要体现"跨部门、独立和公开透明"特点,确保所有的观点都能够被听到。

尽管强调预防原则不能偏离科学,因为风险评估的基础是证据。然而人们普遍认为,政府作出的管理决策缺乏科学常识。[③] 决策者往往在两种相互矛盾的逻辑中作出平衡:前者是"科学思维"逻辑,后者是"科学不足"逻辑。[④] 这种决策思维的逻辑矛盾传导给消费者的是一种信任危机:一方面是寄希望于科学,依靠科学证据来作出判断;另一方面总是对已有的科学发现持怀疑态度。事实上,这种信任危机导致了欧盟公共决策作出之前适用科学评估门槛的降低。在制定公共政策时,决策者在有关危害被证实之前,不能以"科学不确定性"作为回避或拖延采取更严格保护措施的合法借口和理由。[⑤]

虽然上述变化在欧盟和各成员国政策制定中的具体影响还没有一个权威

① 1985 年 5 月,法国全国输血中心决定允许已受艾滋病毒污染的血液制品在市场出售,导致三百多人因输入被污染的血液而死去。这一事件导致包括总理在内多名内阁成员辞职和多名高管被刑事指控。

② See Communication from the Commission on the Precautionary Principle, February 2, 2000, p. 15.

③ See James Cameron, The Precautionary Principle, in Gary Sampson and W. Bradnee Chambers (eds.), *Trade, Environment and the Millennium*, New York: United Nations University Press, 1999, p. 244.

④ See Oliver Godard, Social Decision-Making Under Conditions of Scientific Controversy, Expertise and the Precautionary Principle, in Christain Joerges, Karl-Heinz and Ellen Vos (eds.), *Integrating Scientific Expertise into Regulatory Decision-Makin*, Nomos Verlagsgesellschaft, 1997, p. 65.

⑤ See Andrew Jordan and Timothly O' Riordan, The Precautionary Principle in UK Environmental Law and Policy, in Tim S. Gray (ed.), *UK Environmental Policy in the* 1990s, Macmillan London, 1995, p. 71.

统计数据，但是有一点是明显的，那就是现在的政府决策并不都需要科学评估结论作出后才能制定，这使管理决策的“政治化”具有合法依据，同时也使决策者更加在乎公众的意见，而不是一味尊崇科学结论。就像乔丹和奥利欧丹两位学者指出的，“预防原则执行的松紧程度折射的是社会和经济变化的程度。如果公众本能地或者通过了解真相对某项事物持反对意见，预防措施就有可能被采用”。[①] 从某种意义上讲，预防原则不仅为欧盟的普通民众，也为决策者找到了一顶有效的“挡箭牌”。

二、比利时

尽管在经历了几次重大食品安全事件之后，比利时民众对待转基因食品的态度已经由开放变为保守，人们还是普遍认为比利时是欧盟成员中对转基因食品管制采取折中态度的国家。作为欧盟总部所在地，比利时管制转基因食品的国内法规大多数直接或者间接源自欧盟的规定。联邦制国家体制对于比利时转基因生物管理体制的形成有很大影响。就具体情况而言，适用的规则既可能是联邦一级的国家法律，也可能是各地区的地方规定。总体而言，比利时的转基因食品管制主要集中在生产、流通、使用之前的授权要求；限制转基因生物可能释放至非转基因生物区域的强制性技术要求以及有关信息披露的要求。

（一）概述

比利时是世界上生物技术领先的国家。1983 年，两位比利时科学家与一位美国科学家一起研发了世界上第一个转基因植物品种。[②] 目前，比利时有好几所大学仍然在积极从事转基因生物的研究。[③] 然而，经历了像“二噁英食品污染事件”这样的食品安全事件之后，[④] 比利时人对待转基因食品的态度开始转向保守。转基因生物在食品中的使用至今依然是一个有争议的话题。也许

---

① Andrew Jordan and Timothly O' Riordan, The Precautionary Principle in UK Environmental Law and Policy, in Tim S. Gray (ed.), *UK Environmental Policy in the* 1990s, Macmillan London, 1995, p. 61.

② See Frédéric Varone & Nathalie Schiffino, Conflict and Consensus in Belgian Bio policies: GMO Controversy Versus Biomedical Self-regulation, in Eric Montpetit, Christine Rothmayr and Frédéric Varone (eds.), *The Politics of Biotechnology in North America and Europe: Policy Networks, Institutions, and Internationalization*, Lexington Books, 2007, p. 198.

③ See Frédéric Varone & Nathalie Schiffino, Conflict and Consensus in Belgian Bio policies: GMO Controversy Versus Biomedical Self-regulation, in Eric Montpetit, Christine Rothmayr and Frédéric Varone (eds.), *The Politics of Biotechnology in North America and Europe: Policy Networks, Institutions, and Internationalization*, Lexington Books, 2007, p. 198.

④ 1999 年 3 月，比利时专家在调查时发现，有 9 家饲料公司生产的饲料含有致癌物质二噁英 (Dioxin)，吃了这些饲料的鸡体内二噁英含量高出正常值 1000 倍。比利时政府随即要求收回市场上销售的肉鸡和鸡蛋。此事波及欧洲多个国家。

正是有这样鲜明的反差：一方面，转基因生物研究在比利时进行得如火如荼；另一方面，公众对转基因食品却普遍持敌视态度。比利时在转基因生物管制方面被认为是一个“折中”的欧洲国家：与美国以及西班牙和葡萄牙这样的国家相比，不那么乐观；而比起德国、法国这样的国家，则宽松许多。①

(二)公众与学者的观点

转基因生物在比利时是一个有争议的话题。一些消费者权益保护组织和环保组织公开反对转基因生物的使用，并对此作了一系列宣传，这导致比利时民众开始关注转基因生物的潜在风险。② 2007年，一项有关欧盟国家对待转基因生物态度的民意调查显示，22%的比利时受访者赞成转基因生物技术的推广应用，55%受访者对此持反对态度。这表明，比利时民众在这一问题上的基本态度接近欧盟国家的平均水平。③ 尽管上述调查以及其他调查表明，④比利时反对转基因生物技术推广的人数要多于赞成的人数，但是比利时人的反对程度不如德国、法国等其他欧盟国家那么强烈。对待转基因生物技术的推广，比利时不同地区民众的态度也有很大差异，佛兰德地区(Flanders)的支持率要高于瓦隆尼亚地区(Wallonia)和布鲁塞尔首都大区(Brussels)。⑤

(三)相关立法框架

1. 欧盟的规则

比利时是欧盟成员国，在消费者和环境保护方面，它的法律规定服从于欧

① See Frédéric Varone & Nathalie Schiffino, Conflict and Consensus in Belgian Bio policies: GMO Controversy Versus Biomedical Self-regulation, in Eric Montpetit, Christine Rothmayr and Frédéric Varone (eds.), *The Politics of Biotechnology in North America and Europe: Policy Networks, Institutions, and Internationalization*, Lexington Books, 2007, p. 200.

② See Nathalie Schiffino and Frédéric Varone, La régulation politique des OGM, COURRIER EBDOMADAIRE DU CRISP, 2005/35 N° 1900 (2005), p. 16.

③ 参见 European Commission Directorate-General for Communication, Special Euro barometer 295: Attitudes of European Citizens towards the Environment, Publications Office of the European Union, Mar. 2008, p. 65. 同一项调查显示，欧盟各国民众在转基因生物问题上持赞成态度的平均比例是21%，持反对态度的平均比例是55%。参见 http://ec.europa.eu/public_opinion/archives/ebs/ebs_295_en.pdf，2020年2月9日最后访问。

④ 参见 European Commission Directorate-General for Research, Europeans and Biotechnology in 2010: Winds of Change? Office for Official Publications of the European Communities, Oct. 2010, p. 40, 载 http://ec.europa.eu/public_opinion/archives/ebs/ebs_341_winds_en.pdf，2020年2月9日最后访问。

⑤ See Nathalie Schiffino and Frédéric Varone, La régulation politique des OGM, COURRIER EBDOMADAIRE DU CRISP, 2005/35 N° 1900 (2005), p. 11.

盟的规则。[①] 因此,这样的立法框架涉及欧盟与其成员国在转基因生物管制方面的权力分配:比利时政府可以制定适用于本国境内的法律与法规,只要这些规定不与欧盟的规则冲突。[②] 欧盟有关转基因生物的规定主要是欧洲议会与欧洲理事会 2003 年针对转基因食品和饲料制定的(EC) 1829/2003 条例、[③] 欧洲议会与欧洲理事会 2001 年针对向环境中释放转基因生物制定的 2001/18/EC 指南。[④] 前者作为第一份欧盟条例,在欧盟官方杂志公布之日起自动适用于各成员国,后者作为欧盟的指南,不具有自动和直接适用效力,每一个欧盟成员需要将其转化成国内法的规定。

2. 国内法规定

在比利时,有关转基因生物的立法规定主要是 2005 年 2 月 21 日颁布的一条国王法令(Royal Decree from 2005)。该法令全称是"调整转基因生物或含有转基因生物的产品向环境中自由释放以及市场销售的 2005 年 2 月 21 日皇家执行令"(Royal Executive Order of February 21, 2005, Regulating the Voluntary Release into the Environment as well as the Marketing of Genetically Modified Organisms or Products Containing Genetically Modified Organisms)。该法令主要是依据欧盟 2001/18/EC 指南制定的比利时国内法规定。[⑤]

在国内管制层面,比利时联邦政府,尤其是环境部和公共卫生部,是主要的转基因生物管理机构。[⑥] 尽管如此,比利时各级地方政府在这方面也发挥了重要作用。地方政府依据 1997 年联邦政府与其签订的合作框架协议发挥作

---

① 参见 Consolidated Version of the Treaty on the Functioning of the European Union,2012 O. J. (C 326) 50-51,第 2 条和第 4 条,载 http://eur-lex. europa. eu/LexUriServ/LexUriServ. do? uri = CELEX:12012E/TXT:EN:PDF,2020 年 2 月 9 日最后访问。

② 参见 Consolidated Version of the Treaty on the Functioning of the European Union,2012 O. J. (C 326) 50-51,第 2 条。

③ Regulation (EC) 1829/2003 of the European Parliament and of the Council of 22 September 2003 on Genetically Modified Food and Feed,2003 O. J. (L 268) 1,载 http://eur-lex. europa. eu/legal-content/EN/TXT/? qid=1458231529501&uri=CELEX:02003R1829-20080410,2020 年 2 月 9 日最后访问。

④ Directive 2001/18/EC of the European Parliament and of the Council of 12 March 2001 on the Deliberate Release into the Environment of Genetically Modified Organisms and Repealing Council Directive 90/220/EEC,2001 O. J. (L106) 1,载 https://eur-lex. europa. eu/resource. html? uri = cellar:303dd4fa-07a8-4d20-86a8-0baaf0518d22. 0004. 02/DOC_1&format=PDF,2020 年 2 月 9 日最后访问。

⑤ See Moniteur Belge [M. B.], Feb. 24, 2005, Issue 7, p. 129. Nathalie Schiffino and Frédéric Varone,La régulation politique des OGM, COURRIER HEBDOMADAIRE DU CRISP, 2005/35 N° 1900 (2005),p. 5.

⑥ See Nathalie Schiffino and Frédéric Varone, La régulation politique des OGM, COURRIER EBDOMADAIRE DU CRISP,2005/35 N° 1900 (2005),p. 29.

用，该协议涉及行政、科技协作和生物安全事项。①

3. 转基因生物定义

2005年颁布的国王法令对转基因生物的定义与欧盟议会和欧洲理事会2001/18/EC指南如出一辙："除了人类之外的一种生物，该生物的基因物质被改变了，这种改变不是通过自然交配和/或（基因）自然重组发生的。"②

（四）科研、生产、营销方面的限制

比利时对转基因生物的科研、生产、营销限制规定得不是很系统，部分规则是在联邦层面制定，适用于全国所有地区，而更多的规定是由各地政府自行制定，仅适用于本地区。

1. 在限定的环境内使用转基因生物

在限定环境（包括实验室）内使用转基因生物的授权来自地方政府。目前，比利时的3个地区（佛兰德、瓦隆尼亚、布鲁塞尔首都大区）都已经通过本地区立法机构将欧盟的规则转化为各自的地方立法，③其中佛兰德的地方立法是"佛兰德政府关于制定环境授权规则的行政决定"（Executive Decision of the Flemish Government Establishing the Regulations Regarding Environmental Authorizations）；瓦隆尼亚的地方立法是"瓦隆尼亚政府关于制定特定条件下使用含有转基因生物或病原体（物质）规则的行政决定"（Executive Decision of the Walloon Government Establishing the Sector-specific Conditions for the Contained Use of Genetically Modified Organisms or Pathogenes）；布鲁塞尔首都大区的地方立法是"布鲁塞尔首都大区政府关于使用含有转基因生物和/或病原体（物质）以及相关设备分类的行政决定"（Executive Decision of the Government of the Brussels-Capital Region Regarding the Contained Use of Genetically Modified Organisms and/or Pathogenes and the Classification of Related Installations）。④ 这三个地区都要求转基因生物在限定范围内使用，事先需要得到授权许可。这种授权是在对风险以及风险如何化解的评估基础上

---

① See Agreement for Cooperation Between the Federal State and the Regions Regarding Administrative and Scientific Coordination for Biosecurity Issues (Apr. 25, 1997). Law Approving the Agreement for Cooperation Between the Federal State and the Regions Regarding Administrative and Scientific Coordination for Biosecurity Issues (Mar. 3, 1998), M. B., July 14, 1998, pp. 22, 773.

② Royal Executive Order of Feb. 21, 2005，第2.2条，欧盟2001/18/EC指南。

③ 欧盟的规则参见 Council Directive 98/81/EC of 26 October 1998 on the Contained Use of Genetically Modified Micro-organisms, 1998 O. J. (L 330), p. 13，载 http://eur-lex.europa.eu/LexUriServ/LexUriServ.do? uri=OJ:L:1998:330:0013:0031:EN:PDF，2020年7月2日最后访问。

④ See M. B. June 26, 1991, pp. 14, 343; M. B. September 21, 2002, pp. 41, 711; M. B. February 26, 2002, pp. 7, 209.

作出的。①

2. 为了科学目的在公开环境下有意释放转基因生物

正如2005年颁布的国王法令所规定的，为了科学目的在公开环境下有意释放转基因生物需要得到政府的授权，② 个人或单位为了商业以外的目的希望释放转基因生物必须向比利时公共卫生、食物链安全与环境联邦公共署[Federal Public Service (FPS) for Public Health, Food Chain Safety and Environment]（以下简称“联邦公共署”）提出申请，该机构必须评估与“生物安全与生物技术署”（Biosecurity and Biotechnology Service）协调时该申请的可容许性。③ 如果该申请被允许，申请材料将被送给相关地区的政府部长以及受邀出具专家意见的生物安全委员会。④ 公众也将被告知该申请内容，并可以通过一个指定网站表达自己的意见。⑤

一旦联邦公共署作出决定，它就将该决定连同生物安全委员会的专家意见以及向公众提供的信息一起送给相关地区的卫生与环境部长。⑥ 这些部长最终作出批准或拒绝该申请的决定。⑦ 如果出现新的情况或者新的证据足以改变原来批准所基于的事实，相关的部长必须被告知这些变化，他们视情况决定是否需要中止或撤销原来作出的授权。⑧

3. 为了商业目的传播和释放转基因生物

如同2005年颁布的国王法令所规定的，转基因生物或含有转基因生物成分的产品在比利时的使用或商业化传播需要得到政府授权。⑨ 如果一件转基因生物或含有转基因生物的产品已经获得另一个欧盟成员国就相同目的作出的书面授权，该转基因生物或含有转基因生物的产品就能够在比利时合法使用和进行商业化传播。⑩

与前述为了科学目的释放转基因生物的审批程序相似，为了商业目的适用或传播转基因生物的申请也需要递交到联邦公共署。联邦公共暑在评估了该

---

① See M. B. June 26, 1991, pp. 14, 343; M. B. September 21, 2002, pp. 41, 711; M. B. February 26, 2002, pp. 7, 209.

② 参见 Royal Decree from 2005，第3条。

③ 参见 Royal Decree from 2005，第15条。

④ 参见 Royal Decree from 2005，第15~16条。

⑤ 参见 Royal Decree from 2005，第17条。

⑥ 参见 Royal Decree from 2005，第18条。

⑦ 参见 Royal Decree from 2005，第18条。

⑧ 参见 Royal Decree from 2005，第20条。

⑨ 参见 Royal Decree from 2005，第4条。

⑩ 参见 Royal Decree from 2005，第4条。

申请的可容许性之后,将申请材料送交联邦和地方政府的部长以及生物安全委员会。[①] 公众也会被告知这一情况,并通过网络表达自己的意见。[②] 欧盟委员会和其他欧盟成员国也需要被告知这一情况,[③] 并且在收到书面通知的60日内可以表达他们对比利时可能作出授权的反对意见。[④] 任何授权都需要定期更新。[⑤] 如果有新的信息出现并足以改变原先决定所依据的事实,相关授权有可能被改编或撤销。[⑥]

4. 转基因生物的透明度规则

佛兰德地方政府要求,任何希望种植转基因作物的人都必须通知当地主管部门,[⑦] 同时也要通知种植转基因作物地区附近的农民。[⑧] 有关部门将在网上受理注册,列明种植转基因作物区域的信息。[⑨] 部分注册信息对公众开放,包括每一块土地的面积,在这块土地上种植转基因作物的类型,这块土地位于哪个乡镇。[⑩] 那些更具体的信息,包括种植转基因作物农民的姓名和地址、耕地的具体方位、种植的转基因作物品种,只有相关主管机关掌握,并不对公众开放。[⑪]

瓦隆尼亚地方政府也要求希望种植转基因作物的农民通知当地主管部门,[⑫] 并通知附近的农民以及与种植转基因作物使用相同装置的其他农民。[⑬] 瓦隆尼亚主管当局允许公众接触部分转基因作物信息,但是与佛兰德政府的做法不同,他们能够公布种植转基因作物农民的姓名和办公地点,以及种植转基

① 参见 Royal Decree from 2005,第6.2条、第30条和第31条。

② 参见 Royal Decree from 2005,第32条。

③ 参见 Royal Decree from 2005,第6.2条。

④ 参见 Royal Decree from 2005,第34.3条。

⑤ 参见 Royal Decree from 2005,第36条。

⑥ 参见 Royal Decree from 2005,第39条。

⑦ 参见 Executive Order of the Flemish Government Establishing General Measures for the Coexistence of Genetically Modified Crops and Conventional and Organic Crops](Oct. 15, 2010),第3条;M. B. November 30,2010,pp. 73,420.

⑧ 参见 Flemish Executive Order of Oct. 15, 2010, for the Coexistence of Crops,第4条;Decree Organizing the Coexistence of Genetically Modified Cultures and Conventional and Organic Cultures(April 3,2009),第5条,M. B. May 4,2009,pp. 34,847.

⑨ 参见 Decree of Apr. 3,2009,第11条。

⑩ 参见 Flemish Executive Order of Oct. 15,2010,for the Coexistence of Crops,第17条。

⑪ 参见 Flemish Executive Order of Oct. 15,2010,for the Coexistence of Crops,第17条。

⑫ 参见 Decree on the Coexistence of Genetically Modified Crops and Conventional and Organic Crops(June 19,2008),第4条,M. B.,August 8,2008,41,481。

⑬ 参见 Decree on the Coexistence of Genetically Modified Crops and Conventional and Organic Crops(June 19,2008),第5条,M. B.,August 8,2008,41,481。

因作物农田的具体位置和种植时间。[①] 之所以有如此区别,其原因主要是佛兰德地区的民众对上述信息不是特别在意。为了避免给相关人员带来不必要的麻烦,佛兰德地区政府没有公布这些信息。

布鲁塞尔首都大区没有上述类似规定,因为布鲁塞尔不仅是比利时的首都,也是欧盟总部所在地。近年来,布鲁塞尔的城市化程度提高很快,农耕面积逐步减少。该地区由众多城市组成,上述规定在本地区的意义不大。

(五)向自然界释放转基因生物的限制

在比利时,旨在防止或者限制向自然界释放转基因生物的法规主要是地方立法的范畴。佛兰德地区要求准备种植转基因作物的农民接受一堂培训课,以确保他们掌握防止转基因生物偶然释放到自然环境的最佳方法。[②] 佛兰德地方政府同时要求转基因作物与其他非转基因作物分开播种。两者之间的间距因不同作物而有所不同。例如,转基因玉米与其他非转基因作物的缓冲区至少在 50 米以上,[③] 而转基因甜菜与其他非转基因作物的缓冲区则在 5 米以上。[④]

瓦隆尼亚也要求转基因作物与其他作物之间有一定的间隔距离,[⑤] 但是截至 2022 年,只有转基因玉米与非转基因作物的间隔距离有明确规定:如果四周没有单独的非转基因作物种植区,转基因玉米与非转基因作物之间的缓冲区是 600 米;如果转基因作物周围有单独的非转基因作物种植区,则间隔距离在 300 米以上,且非转基因作物的耕地必须在 6 排以上的宽度。[⑥] 瓦隆尼亚同时也为转基因作物的育种、收割、运输、储存以及操作、清洗、维护用于转基因作物耕作的设备规定了一套操作程序。[⑦]

---

① 参见 Decree on the Coexistence of Genetically Modified Crops and Conventional and Organic Crops (June 19,2008),第 13 条,M. B. ,August 8,2008,41,481。

② 参见 Flemish Executive Order of Oct. 15,2010,for the Coexistence of Crops,第 2 条。

③ 参见 Executive Order of the Flemish Government Establishing Specific Measures for the Coexistence of Genetically Modified Maize and Conventional and Organic Maize (October 15,2010),第 5 条;M. B. , November 30,2010,pp. 73,435。

④ 参见 Executive Order of the Flemish Government Establishing Specific Measures for the Coexistence of Crops of Genetically Modified Sugar Beets and Conventional and Organic Sugar Beets (November 10, 2011),第 5 条,M. B. ,December. 23,2012,pp. 80,271。

⑤ See Decree on the Coexistence of Genetically Modified Crops and Conventional and Organic Crops (June 19,2008),M. B. August 8,2008,pp. 41,481.

⑥ See Executive Decision of the Walloon Government Regarding the Coexistence of Genetically Modified Crops and Conventional and Organic Crops (March 27,2009), Annex 1, M. B. May 19,2009, pp. 37,964.

⑦ 参见 Executive Decision of the Walloon Government Regarding the Coexistence of Genetically Modified Crops and Conventional and Organic Crops (March 27,2009),Annex 1,M. B. May 19,2009,第 9~16 条。

如同上述转基因生物的透明度规则一样，布鲁塞尔首都大区也没有像佛兰德和瓦隆尼亚地区那些限制向环境中释放转基因生物的类似规定，原因也相似。

（六）食品中使用转基因生物的限制

转基因食品在欧盟范围内销售需要根据欧盟议会和欧洲理事会制定的有关人类和动物食品消费的1829/2003条例规定获得授权。① 在比利时，商业化使用转基因生物还要遵守2005年颁布的国王法令。② 此外，比利时有关转基因生物的可追溯性（traceability）和标签（labeling）规定是依据欧盟议会和理事会就转基因生物的可追溯性和标签以及由转基因生物加工生产的食品和饲料的可追溯性与标签制度的EC1830/2003条例制定的。③ 与部分欧盟成员国不同，比利时对于不含转基因生物的产品不需用"非转基因"之类的标注。这种特别注明与比利时现行的广告法规定相违背，因而是不允许的。④

（七）法律责任与著名案例

无论是在联邦层面，还是在各地区层面，除了一般的民事责任规定外，比利时没有专门针对转基因生物规定的法律责任。然而，佛兰德和瓦隆尼亚两个地区有相应的组织机制。这些机制似乎与转基因生物生产者的责任有间接关系。例如，佛兰德地区有一种强制保险制度，农民需要向一个"农业和渔业基金"（Fund for Agriculture and Fishing）缴纳一定的保险费。该基金给予因转基因作物而遭受损失的农民一定的赔偿。⑤ 种植转基因作物的农民需要为此再额外缴纳一定的保险费。如果转基因作物在种植过程中"污染"了非转基因作物，由该基金会向种植非转基因作物的农民给予赔偿。⑥ 如果种植转基因作物的农民对于他种植的转基因作物没有遵守相关规则和掌握相关要领，基金会可

---

① Regulation（EC）1829/2003 of the European Parliament and of the Council of 22 September 2003 on Genetically Modified Food and Feed，2003 O. J.（L 268）1，载 http://eur-lex.europa.eu/legal-content/EN/TXT/? qid=1458231529501&uri=CELEX:02003R1829-20080410，2020年2月9日最后访问。

② 参见该法令 Part IV（C）：Distribution and Release of GMOs for Commercial Purposes。

③ 参见 Regulation（EC）1829/2003 of the European Parliament and of the Council of 22 September 2003 on Genetically Modified Food and Feed，2003 O. J.（L 268）1，第12～14条，载 http://eur-lex.europa.eu/legal-content/EN/TXT/? qid=1458231529501&uri=CELEX:02003R1829-20080410，2020年2月9日最后访问。

④ 参见 Guide on the Application of Regulations Regarding GMOs，June 24，2010，载 http://economie.fgov.be/fr/modules/publications/general/guide_ogm.jsp，2015年8月3日最后访问。

⑤ See Decree Regarding the Creation and Functioning of the Fund for Agriculture and Fishing，（May 19，2006），M. B. July 18，2006，pp. 35，701.

⑥ 参见 Decree Regarding the Creation and Functioning of the Fund for Agriculture and Fishing，（May 19，2006），M. B. July 18，2006，第4.1条；Decree of April. 3，2009，第7条。

以要求该农民偿还基金会已经支付给种植非转基因作物农民的赔偿金。[①] 瓦隆尼亚的做法也非常相似。该地区有一个"植物和动物产品质量财政基金"(Budgetary Fund for the Quality of Plant and Animal Products),[②] 它与佛兰德地区的"农业和渔业基金"功能相似。该基金对瓦隆尼亚的农民所遭受的各类经济损失给予赔偿,包括因转基因作物"污染"了非转基因作物而引发的赔偿。[③] 如果法庭裁定种植转基因作物的农民对别的作物造成的损失负有责任,基金会则要求该农民偿还基金会已经替他支付的那部分赔偿。[④]

转基因生物的生产在比利时是一个有争议的话题。一些反对转基因生物的活跃分子曾经捣毁或破坏种植转基因作物的农田。[⑤] 比利时第一起捣毁农田的事件发生在 2000 年,此后几年,此类事件频频发生,并导致了几起引起公众广泛关注的司法审判。[⑥] 一些激进分子被法院裁定有罪。[⑦] 以前,法院一般是从轻判决,就像 2004 年,13 名激进分子只是被法院裁定向孟山都公司象征性地赔 1 欧元。[⑧] 最近一些案子则判得较重。例如,一群激进分子在 2011 年捣毁了一块转基因作物的试验田,结果被法院判处向受损的农民赔偿 25,000 欧元。[⑨]

三、德国

在欧盟已经非常严苛的转基因生物管制框架内,德国尽量不鼓励本国农民

---

① 参见 Executive Order of October 15,2010,第 10 条。

② See Program-Decree of December 18, 2003, Regarding Various Measures on Regional Taxes, Treasury and Debt, Organization of Energy Markets, Environmental Matters, Agricultural Matters, Local and Subordinate Authorities, Patrimony and Housing, and the Public Service (December 18, 2003), M. B. February. 6,2004, pp. 7,196.

③ 参见 Decree of June 19,2008,第 26.1 条。

④ 参见 Decree of June 19,2008,第 26.5 条。

⑤ See Nathalie Schiffino & Frédéric Varone, La régulation politique des OGM, COURRIER HEBDOMADAIRE DU CRISP,2005/35 N° 1900 (2005), p. 21.

⑥ See Nathalie Schiffino & Frédéric Varone, La régulation politique des OGM, COURRIER HEBDOMADAIRE DU CRISP,2005/35 N° 1900 (2005), p. 21.

⑦ See Nathalie Schiffino & Frédéric Varone, La régulation politique des OGM, COURRIER HEBDOMADAIRE DU CRISP,2005/35 N° 1900 (2005), p. 21.

⑧ See Nathalie Schiffino & Frédéric Varone, La régulation politique des OGM, COURRIER HEBDOMADAIRE DU CRISP,2005/35 N° 1900 (2005), p. 21.

⑨ 参见 Champ d' OGM saccagé à Wetteren: les auteurs condamnés à 25 000 euros de dédommagements, RTBF (February 12, 2013),载 http://www.rtbf.be/info/belgique/detail_champ-d-ogm-saccage-a-wetteren-les-prevenus-devront-verser-25-000-euros-de-dedommagements? id=7926257,2020 年 2 月 9 日最后访问。

种植转基因作物。对于偶然传播转基因生物的行为,德国规定了严厉的处罚责任,并对转基因生物的释放制定了严格且操作方法可行的管控措施。2009年,欧盟批准 MON810 号转基因玉米的商业化种植,但是具体是否允许播种,则由各成员国自己决定。德国不允许在其境内种植 MON810 号转基因玉米。自 2013 年起,由于不断遭到反转基因人士的破坏,德国已经放弃了转基因作物的试验性种植。

德国民众对于转基因食品的知晓程度高于许多国家,但是普遍对转基因食品持反对态度。德国的一些非政府组织和学术团体强调转基因生物对环境的危害。另外,由于许多世界顶级的转基因作物种子公司总部设在德国,相关领域的科学家希望继续进行转基因生物的研究,以保持德国在这一领域的竞争力。2010 年,德国联邦宪法法院裁定,德国政府对转基因生物立法所持的限制态度符合宪法原则,这导致部分研究机构迁移至其他国家,德国也因此流失了不少这一领域的一流科学家。

（一）概述

在德国,公众普遍对转基因食品持排斥态度。德国也没有转基因作物的商业化种植。即使是欧盟批准的转基因作物,德国政府也禁止在其境内种植。[①] 德国市场上没有标注为“转基因”的食品出售。尽管如此,德国却是许多世界顶级的转基因作物种子公司总部所在地。德国畜牧业是进口转基因大豆的主要用户。不过,这个行业在德国正不断受到外来压力,要求其放弃采用转基因作物用作饲料的做法。转基因动物研发在德国的规模和影响有限,因而不是争议的焦点。

作为欧盟最大的国家,德国的农业政策不仅对欧盟,而且对全世界都有很大影响。德国人普遍对创新技术持拥抱态度,然而农业转基因技术在德国却被涂上了浓厚的政治色彩。德国社会各界对此也是意见不一,这些分歧都充分体现在政府出台的政策上。德国知道转基因食品的人数比例要高于许多国家。民意调查显示,德国民众反对转基因食品的比例持续在 80%左右。相对而言,年轻人更能够接受转基因食品。

近 20 年来,德国的环保主义者和消费者权益保护者一直致力于反对在德国和全球农业中采用生物技术。德国一些用于科研目的和给欧盟用作批准转基因作物的测试场地种植的转基因作物经常遭到不法分子的损毁,[②] 以致德国

① 迄今为止,欧盟共批准过三十多种转基因作物商业种植,目前仍然生效的是 MON810 号玉米。

② 德国法律规定,转基因作物试验耕种地点必须在网上公布,这也是不法分子容易找到并损毁转基因作物的主要原因。

现在几乎没有这种试验地了。[①] 此外,德国各地教堂拥有大片土地产权,他们在与农民签订土地租赁合同时,明确规定不允许种植转基因作物。

德国联邦政府禁止在其境内种植欧盟批准的 MON810 号玉米。[②] 一些地方在本地区划出了"非转基因种植区"。截至 2022 年,德国大约有 200 块这样的地块,累计面积约 110 万公顷,相当于德国全国耕地和草场的 6%。这些地块大多位于南部的巴伐利亚州,涉及 3 万多农民。"非转基因种植区"是当地农民通过协议自发形成的,对其他人不具有法律约束力。当地政府则利用这些地块作为推广本地农业观光旅游的招牌。

目前,除了部分转基因大豆用作饲料外,转基因作物和食品在德国几乎没有任何市场。这种现象背后交织着德国复杂的政治、经济和社会背景。[③] 然而,这种严格措施也让人们开始关心德国处于世界领先的生物技术的长远竞争力。德国是 Bayer、Crop Science、BASF 和 KWS 这些全球著名的转基因作物种子公司总部所在地。这些企业研发的转基因作物种子主要供应欧盟其他国家及世界各地。2012 年 1 月,BASF 公司对外宣布,将其农业生物技术研发重心从德国转移到美国,原因是欧洲国家对待转基因作物正在恶化的态度和不令人乐观的市场前景。然而由于德国是欧盟第一人口大国,德国仍然是欧盟转基因大豆(用作饲料)的消费大国,每年的进口量达 600 万吨。[④]

德国有关转基因生物的立法是在欧盟法的框架内制定的。2004 年,德国通过修改其国内的《德国转基因工程法案》,[⑤] 转化了欧盟有关转基因生物向自然环境释放的第 18/2001 号指令(Directive 18/2001),[⑥] 而欧盟有关规制转基因食品的第 1829/2003 号条例从 2003 年颁布起在德国就具有直接适用效力。[⑦] 在欧盟法的限定范围内,德国的法律和法规因其允许德国政府进行有效监控和拥有强有力的执行措施,以及要求环境污染者承担民事责任而显得更加严厉、复杂和苛刻。

---

① 2007 年,德国用于转基因作物试验的农田有近 70 公顷,然后逐年减少,直到 2014 年完全消失。

② 德国原先允许其农民种植 MON810 号转基因玉米,但是自 2009 年 4 月起,德国禁止播种转基因玉米。

③ 德国国内的复杂背景也反映在其参与欧盟投票的态度上。20 世纪 90 年代,德国在欧盟审批转基因作物时,投了超过 50%的赞成票,只有对 EH 92-527-1 号土豆和 TA45 号油菜籽这两种转基因作物投了反对票,但是德国连续在 2012 年和 2014 年对多个转基因作物品种投了反对票。

④ 参见 Leif Erik Rehder, Germany: Agricultural Biotechnology Annual, GAIN Report Number: GM14017, April 24, 2014。

⑤ 参见 Gesetz zur Neuordnung des Gentechnikrechts [Act Restructuring the Genetic Engineering Act], December 21, 2004, BUNDESGESETZBLATT [BGBL.] 2005 I at 186。

⑥ 参见 EU report。

⑦ 参见 EU report。

(二)公众与学者的观点

德国民众对待转基因生物的态度体现在两种相互对立的观点中。一方面,有相当多的人对食品中含有转基因生物和对转基因生物向自然环境释放表现出自己的忧虑;另一方面,德国的科技界也不希望失去研究转基因生物的科研实力。① 德国的部分农民也认为,种植转基因作物更有利可图,特别是种植欧盟已经批准、但是德国禁止的 MON810 号玉米。② 然而,德国农民协会(German Farmer's Association)却建议大家不要种植转基因作物,以回应民众对待转基因食品所持的反对立场。③

德国有关转基因生物推广应用的争论非常激烈。反对派援引环境保护中的"预防原则"作为其立论依据,强调限制甚至禁止转基因生物的推广应用是为了预防环境受到污染和破坏;④ 支持转基因生物研究和技术推广的人士则强调其经济效益,尤其是给第三世界国家带来的利益。⑤ 他们同时指出,经过几十年的反复研究,⑥ 没有任何证据证明转基因生物是有害的。⑦ 2008 年,德国的环境学者理事会(Council of Environmental Scholars)也加入这场辩论,认为从技术角度讲,目前还是不可能做到完全避免转基因作物的污染。⑧ 理事会同时认为,转基因生物对于人类的风险没有像对环境那么大,转基因生物对于自

---

① 参见 Berlin-Brandenburgische Akademie der Wisschenschaften, Supplement "GM Plants" (2007): Summary and Core Statements 3 (October 2008),载 http://www.gentechnologiebericht.de/gen/bilder/Summary_GM%20plants_2007.pdf,2015 年 9 月 8 日最后访问。

② 参见 Jost Maurin, *Die Technik wird verteufelt*, TAZ, Die Tageszeitung, February 19, 2014, p. 4,载 http://www.taz.de/Landwirt-ueber-den-Anbau-von-Gen-Mais-/! 133307/,2020 年 2 月 10 日最后访问。

③ INES HÄRTEL, HANDBUCH DES FACHANWALTS AGRARRECHT (2012), p. 726.

④ 参见 Bundesverfassungsgericht [Federal Constitutional Court], November 24, 2010, ENTSCHEIDUNGEN DES BUNDESVERFASSUNGSGERICHTS [BVerfGE] 128 /1 [hereafter BVerfGE 128/1] ¶ p. 135,载 https://www.bundesverfassungsgericht.de/entscheidungen/2010/11/24,2020 年 2 月 10 日最后访问。另见 Press Release, Federal Constitutional Court, Application for Judicial Review in the Matter of the Genetic Engineering Act Is Unsuccessful (November 24, 2010),载 https://www.bundesverfassungsgericht.de/pressemitteilungen/bvg10-108en.html,2015 年 9 月 8 日最后访问。

⑤ 参见 Agricultural Biotechnology Current Scientific, Economic and Societal Developments - Supplement of the Interdisciplinary Research Group "Gene Technology Report": Summary (2013), p. 27,载 http://www.gentechnologiebericht.de/bilder/Kurzfassung_Internet.pdf,2016 年 9 月 20 日最后访问。

⑥ INES HÄRTEL, HANDBUCH DES FACHANWALTS AGRARRECHT (2012), p. 759.

⑦ 参见 Grüne Gentechnik, BUNDESMINISTERIUM FÜR ERNÄHRUNG UND LANDWIRTSCHAFT,载 http://www.bmel.de/DE/Startseite/startseite_node.html,2020 年 2 月 10 日最后访问。

⑧ 参见 SACHVERSTÄNDIGENRAT FÜR UMWELTFRAGEN, UMWELTGUTACHTEN 2008, p. 502,载 http://www.umweltrat.de/SharedDocs/Downloads/DE/01_Umweltgutachten/2008_Umweltgutachten_BTD.pdf?__blob=publicationFile,2020 年 2 月 10 日最后访问。

然界和非转基因作物的危害主要有以下几种传播方式和途径:通过垂直和水平方向扩散基因传播、对于非目标生物的毒性影响以及有可能因改变农业方式所带来的其他影响。①

(三)相关立法框架

在德国,转基因植物的研究、生产、营销和转基因生物释放等活动受《基因工程法案》管制。② 该法案的管制对象包括植物和动物中的转基因生物,但是不涉及转基因食品和饲料,后者直接受欧盟的相关条例管制,特别是关于转基因食品和饲料的第 1829/2003 号条例(Regulation 1829/2003)和有关转基因食品的可追溯性和标志的第 1830/2003 号条例(Regulation 1830/2003)。③ 德国有关转基因生物管制的立法除了少量特别规定外,主要是落实和执行欧盟条例的内容。④《基因工程法案》不涉及药品中的转基因生物,这些产品在德国受《药品法》(Act on Pharmaceutical Drugs)⑤ 和其他各类生产药品操作指南的管制。⑥

德国第一次颁布《基因工程法案》是 1990 年。现行版本是 2005 年修订的,⑦ 主要将欧盟第 2001/18 号指令有关向自然环境释放转基因生物的规定转化为德国国内法。因此,2005 年版的《基因工程法案》将转基因植物纳入其规制范围。此前,德国一直拖延转化欧盟法律的规定,直到 2004 年欧洲法院宣布德国在转化欧盟法律方面动作迟缓,德国才不得不修改其国内法。⑧ 为了与欧

---

① SACHVERSTÄNDIGENRAT FÜR UMWELTFRAGEN, UMWELTGUTACHTEN 2008, p. 489.

② 参见 Gentechnikgesetz [Genetic Engineering Act], repromulgated December 16, 1993, BGBL. I, p. 2066,载 http://www.gesetze-im-internet.de/gentg/index.html,2020 年 2 月 10 日最后访问。

③ 参见 EU Report。

④ 参见 EG-Gentechnik-Durchführungsgesetz [EC Genetic Engineering Implementation Act], June 22 2004, BGBL. I S. 1244,载 http://www.gesetze-im-internet.de/eggentdurchfg/BJNR124410004.html,2020 年 2 月 10 日最后访问。

⑤ 参见 Arzneimittelgesetz [Act on Pharmaceutical Drugs], repromulgated December 12, 2005, BGBL. I, p. 3394, as amended,载 http://www.gesetze-im-internet.de/englisch_amg/index.html,2020 年 2 月 10 日最后访问。

⑥ ARZNEIMITTELRECHT 1022 (Stefan Furhmann & Andreas Fleischfresser eds., 2010).

⑦ Gesetz zur Neuordnung des Gentechnikrechts [Act Restructuring the Genetic Engineering Act], December 21, 2004, BGBL. 2005 I, p. 186.

⑧ 参见 Case C-420/03, *Commission v. Germany*, July 15, 2004,载 http://curia.europa.eu/juris/documents.jsf? pro=&lgrec=en&nat=or&oqp=&lg=&dates=&language=en&jur=C%2CT%2CF&cit=none%252CC%252CCJ%252CR%252C2008E%252C%252C%252C%252C%252C%252C%252C%252C%252C%252Ctrue%252Cfalse%252Cfalse&num=C-420%252F03&td=ALL&pcs=Oor&avg=&page=1&mat=%20or&jge=&for=&cid=548564,2020 年 2 月 10 日最后访问。

盟的法律规定相一致,修订后的《基因工程法案》与之前的版本相比似乎没有像以前那么严格。① 继2005年之后,德国又在2006年和2008年两次修订《基因工程法案》,以期进一步与欧盟的法律规定保持一致。②

德国制定《基因工程法案》有3个目标:第一,保护环境以及人类和动物健康,免受转基因生物释放所带来的风险和危害。第二,确保转基因产品、非转基因产品以及有机食品和饲料的种植、加工和销售共同存在和发展。第三,制定一个规制转基因生物研究、开发和经济价值利用的法律框架。③

德国于2005年确立转基因植物、非转基因植物和有机植物共同开发的目标。这一目标与欧盟第18/2001号指令确立的共同市场导向是一致的。与此同时,德国改变了对转基因生物的定义,以防止由于转基因植物的种植对环境造成的污染。自此,德国的法律将转基因生物定义为:"不是一般意义上的生物,因为其基因物质的改变不是通过自然交配或自然重组而发生的,它的形成是通过转基因生物与非转基因生物交配或自然重组完成的,因而是一种有别于一般定义的生物。"④ 相应地,通过与转基因生物偶然接触而发生基因重组的植物也属于《基因工程法案》规制的对象,包括产品的上市或向自然界传播需要获得批准。⑤ 德国法院基于上述对转基因定义扩大解释作出的裁决导致农民销毁许多受转基因生物"污染"的农作物。⑥

《基因工程法案》专门有一章针对封闭环境下采用转基因生物作业,另外有一章是关于转基因生物的上市和向自然环境释放。此外,法案还规定了行政程序规则以及民事责任规定和处罚条款。鉴于欧盟法律在授权转基因生物释放与转基因作物上市方面已经有了详细规定,德国的法律侧重于保护环境和农业生产以及转基因作物在实验室操作和向自然环境释放时必须遵守的规则。⑦

① 参见128 BVerfGE 1 ¶ 25。

② 参见 SACHVERSTÄNDIGENRAT FÜR UMWELTFRAGEN, UMWELTGUTACHTEN 2008, p. 496,载 http://www.umweltrat.de/SharedDocs/Downloads/DE/01_Umweltgutachten/2008_Umweltgutachten_BTD.pdf?__blob=publicationFile,2020年2月10日最后访问。

③ 参见《基因工程法案》第1条。

④ 《基因工程法案》第3条,注解3。

⑤ 参见《基因工程法案》第3条,注解6;BVerfGE 128/1 ¶ p. 8。

⑥ Martin Brandt, Vernichtung gentechnisch veränderter Pflanzen, JURIS-PR (2012),载 http://www.juris.de,2020年2月10日最后访问;Bayerischer Verwaltungsgerichtshof [Bavarian Higher Administrative Court], November 14, 2013,载 http://www.gesetze-bayern.de/jportal/portal/page/bsbayprod.psml?doc.id=MWRE130003444&st=ent&showdoccase=1&paramfromHL=true#focuspoint,2020年2月10日最后访问。

⑦ INES HÄRTEL, HANDBUCH DES FACHANWALTS AGRARRECHT (2012), p. 759.

然而，自从禁止种植 MON810 号玉米裁决作出后，[①] 德国已经依据这一裁决，对人类健康和环境构成危害的转基因生物可以行使管辖权，从而将欧盟批准转基因生物的专属权搁置一边了。[②]

德国的各个州都需要执行《基因工程法案》。[③] 在联邦政府层面，“联邦消费者保护和食品安全办公室”（Federal Office of Consumer Protection and Food Safety）负责法案的具体落实和执行。[④] 该办公室同时还充当各州的咨询机构和监督机构，与各州的对应机构一起，共同负责转基因生物研究、生产和利用的审批。联邦消费者保护和食品安全办公室代表德国与欧盟及其他成员国保持联络，并向欧盟通报德国的相关事项，同时也是代表德国承担欧盟各成员国管制转基因生物共同责任中德国部分的相应机构。[⑤]

德国还有一个“生物安全中央委员会”（Central Committee for Biological Safety），由来自各个学科的科学家组成。该委员会参与转基因生物的审批，给政府出具专家咨询意见，监督转基因生物安全措施的执行，并撰写这方面的年度报告。[⑥]

在德国，各个州在执行了《基因工程法案》这样的联邦立法外，还有可能执行其本州制定的政策，前提是这些州能够严格执行联邦法律、保护本州的公园和森林以及确立在本州范围内的产品质量认证标志。例如，巴登—符腾堡州利用各种技术手段限制转基因作物在该州的种植，并以本州是“非转基因种植区”而感到自豪。[⑦]

（四）研究、生产和市场化方面的限制

对于在封闭环境下研究和生产转基因生物，德国有一套严密的监管制度。

---

① 参见 Verwaltungsgericht [Regional Administrative Court] Braunschweig, May 4, 2009, docket no. 2 B 111/09，载 http://www.juris.de，2020 年 2 月 10 日最后访问。

② 参见《基因工程法案》第 16 条第 1 款。

③ 参见《基因工程法案》第 31 条。

④ 参见 BUNDESAMT FÜR VERBRAUCHERSCHUTZ [FEDERAL OFFICE OF CONSUMER PROTECTION AND FOOD SAFETY]，载 http://www.bvl.bund.de/DE/Home/homepage_node.html，2015 年 9 月 8 日最后访问。

⑤ 参见 EU report。

⑥ 参见 Activity Report of the Central Committee on Biological Safety 2010, German Federal Office Ofconsumer Protection and Food Safety (August 18, 2011)，载 http://www.bvl.bund.de/EN/Home/homepage_node.html，2015 年 9 月 8 日最后访问。

⑦ 参见 Press Release, Baden-Wuerttemberg, Ministerium für Ländlichen Raum und Verbraucherschutz, Bonde begrüßtAblehnung von Gen-Mais durch Europaparlament und Bundesländer (January 17, 2014)，载 http://www.baden-wuerttemberg.de/de/service/presse/pressemitteilung/pid/bonde-begruesst-ablehnung-von-gen-mais-durch-europaparlament-und-bundeslaender/，2020 年 2 月 10 日最后访问。

相关设施的操作人员需要适当作一些风险评估和制定精确的预防措施。此外，德国政府也会对上述行为进行严密监视。根据相关活动的风险性质和程度，在实验室接触转基因生物的规则与在生产设施中接触转基因生物的规则有所不同。上述规则的遵守是通过给相关人员制定各种通报职责和任命一位内部的监视人员来实现的。① 此外，相关设施的安装和操作程序都需要审批。审批许可只发给合格的操作者。② 如果在实验性种植转基因作物的过程中，转基因生物释放到了自然环境，处理一般情况下故意向自然环境释放转基因生物的规则适用上述情形（见下文“（五）向自然界释放转基因生物的限制”）。③

德国关于转基因生物市场化的规则在很大程度上与欧盟的法律规定相吻合。根据这些规定，转基因生物或者含有转基因生物的产品在进入欧盟市场之前必须获得欧盟相关部门的批准。上述产品的审批依据欧盟第 2001/18 号指令。如果上述产品还涉及食品和饲料，则依据欧盟第 1829/2003 号条例审批。有时转基因生物既用于农作物的种植，也用于食品和饲料的生产，申请人可以按照上述两套机制同时申请。④

德国遵守欧盟的统一市场原则，允许进口欧盟已经批准的含有约 50 种转基因生物的食品和饲料。⑤ 在欧盟已经批准的两种可以投放市场的转基因作物中，德国只批准了转基因土豆（amphora potato）上市。从 2009 年开始，德国禁止已经获得欧盟批准的 MON810 号玉米在其境内种植和上市。

（五）向自然界释放转基因生物的限制

虽然审批向自然环境释放转基因生物依据的主要是欧盟法律，各成员国对于转基因作物种植时如何保护自然环境、避免受到过度危害而制定管理制度时仍然拥有相当大的自由裁量权。德国充分运用这份自由裁量权，在管制转基因生物向自然环境释放方面制定了一套非常严格的制度。这套制度的主要内容包括：申请人只有得到政府批准，才可以向自然环境释放转基因生物。申请人

---

① 参见《基因工程法案》第 6 条。

② 参见《基因工程法案》第 7～14 条。

③ 参见 GENTECHNIK UND LEBENSMITTEL：DIE WICHTIGSTEN FAKTEN，BUNDESMINISTERIUM FÜR ERNÄHRUNG，LANDWIRTSCHAFT UND VERBRAUCHERSCHUTZ，载 http://www.bmelv.de/SharedDocs/Downloads/Landwirtschaft/Pflanze/GrueneGent echnik/OhneGTSie gel/Hintergrund-InformationenOhneGTSiegel.pdf?__blob=publicationFile，2020 年 2 月 10 日最后访问。

④ Felix Sinn and Thomas Gross，Schwerpunktbereich：Einführung in das Gentechnikrecht，JURISTISCHE SCHULUNG（2011），p. 797.

⑤ 参见 GENTECHNIK UND LEBENSMITTEL：DIE WICHTIGSTEN FAKTEN，BUNDESMINISTERIUM FÜR ERNÄHRUNG，LANDWIRTSCHAFT UND VERBRAUCHERSCHUTZ，载 http://www.bmelv.de/SharedDocs/Downloads/Landwirtschaft/Pflanze/GrueneGent echnik/OhneGTSiegel/HintergrundInformationenOhneGTSiegel.pdf?__blob=publicationFile，2020 年 2 月 10 日最后访问。

的资质要求就像转基因生物加工设施操作者一样严格,包括对相关专业知识和工艺技巧的了解。此外,德国法律还要求,审批许可只有在主管机构平衡了释放转基因生物的利益与潜在风险之后才能作出。[①] 这条规定在适用时需要主管当局作出解释,而这些解释往往会引发争议。[②]

转基因作物种植地点登记是增加透明度和加强政府监管的一项有力举措,然而,这项规定也便于反转基因活跃分子能够轻易找到并捣毁这些转基因作物。[③] 转基因作物的种植者必须在播种或直接种植前三个月向主管当局通报准备释放的转基因情况。然后在每一次释放转基因生物三天前再一次向主管当局通报。通报内容包括准备释放的转基因生物信息和释放的准确地点。[④] 登记的部分内容通过互联网向社会公布,而申请人的个人信息只有在想了解的人有合法理由时才向其透露。向社会公布的信息包括每一次种植的具体地点。[⑤] 从事转基因作物试验性种植的研究人员认为,这条规定是 2004 年以来德国境内试验性种植的转基因作物全部被捣毁的主要原因。[⑥]

为了避免临近作物或者整个自然环境被转基因作物污染,转基因作物种植人员必须采取一切可行的预防措施,其中常见的就是将转基因玉米与其他非转基因作物相隔离,两者之间的距离必须在 150 米以上。转基因玉米与用有机方式种植的玉米间隔距离必须在 300 米以上。[⑦] 这是德国法律对转基因作物与非转基因作物种植间隔距离唯一作出明确规定的地方。由于德国是一个养蜂大国,德国国内一直在讨论是否要将转基因作物与养蜂人放置蜂箱的地点间隔距离规定为 10 千米[见下文"(七)法律责任与著名案例"],因为蜜蜂的飞行范围较广。巴登—符腾堡州正在考虑转基因作物种植地点离自然保护区必须在

① 参见《基因工程法案》第 16 条第 1 款。

② See Felix Sinn and Thomas Gross, Schwerpunktbereich: Einführung in das Gentechnikrecht, JURISTISCHE SCHULUNG (2011), p. 797.

③ See Justus Bender, Regenwürmer würden reichen, FRANKFURTER ALLGEMEINE ZEITUNG (February 15, 2014), p. 3.

④ 参见《基因工程法案》第 16 条 a 项。

⑤ 参见《基因工程法案》第 16 条 a 项。

⑥ See Justus Bender, Regenwürmer würden reichen, FRANKFURTER ALLGEMEINE ZEITUNG (February 15, 2014), p. 3.

⑦ See Gentechnik-Pflanzenerzeugungsverordnung [GM Crop Production Regulation], Apr. 7, 2008, BGBL. I, p. 655, Anhang [Appendix].

1千米以上的州立法规定。[①]

德国各州对于转基因生物的释放制定了本州的法律和条例,以避免偶然受到临近种植或者已经收割的转基因作物的污染。[②] 为此,有关州政府会禁止种植转基因作物,[③]或者捣毁受污染的作物[见下文"(七)法律责任与著名案例"]。有些州已经有一套完善的监控体系,并以此引以为傲。巴登—符腾堡州有一套完整的方法检测转基因生物的污染情况。[④]

(六)食品中使用转基因生物的限制

为了遵守欧盟统一市场原则,德国允许进口含有约50种转基因生物的食品和饲料。[⑤] 目前,转基因作物主要用于生产牲畜饲料。德国市场有一些贴上"含转基因生物"标签的小食品(零食、点心之类)销售。欧盟的标签制度规定,转基因生物含量没有超过0.9%的产品无须标注。因此,这些食品有时即使符合欧盟标准而没有标注,但是仍然含有转基因生物。此外,德国市场上销售的食物辅助产品或者这些产品中的添加剂也可能含有转基因生物而没有标注,因为这些产品不受欧盟第1829/2003号条例关于转基因食品和饲料规定的规制,也不受第1830/2003号条例关于食品中含有转基因生物的可追溯性和标签规定的规制。[⑥]

从2008年开始,德国允许商家对自己的产品标注"非转基因"字样。德国政府和一些非政府组织希望在转基因食品和绿色有机食品之间开辟第三市场。这些"非转基因"食品的生产过程不像有机食品那样严格,但是不含转基因生物成分。例如,农产品生产过程中采用了普通化肥和杀虫剂,牲畜和家禽吃的

---

① 参见 Press Release, Baden-Wuerttemberg, Ministerium für Ländlichen Raum und Verbraucherschutz, Bonde begrüßtAblehnung von Gen-Mais durch Europaparlament und Bundesländer (January 17, 2014),载 http://www.baden-wuerttemberg.de/de/service/presse/pressemitteilung/pid/bonde-begruesst-ablehnung-von-gen-mais-durch-europaparlament-und-bundeslaender/,2020年2月10日最后访问。

② See Felix Sinn and Thomas Gross, Schwerpunktbereich: Einführung in das Gentechnikrecht, JURISTISCHE SCHULUNG (2011), p. 800.

③ 参见《基因工程法案》第26条第4款。

④ 参见 Press Release, Baden-Wuerttemberg, Ministerium für Ländlichen Raum und Verbraucherschutz, Bonde begrüßtAblehnung von Gen-Mais durch Europaparlament und Bundesländer (January 17, 2014),载 http://www.baden-wuerttemberg.de/de/service/presse/pressemitteilung/pid/bonde-begruesst-ablehnung-von-gen-mais-durch-europaparlament-und-bundeslaender/,2020年2月10日最后访问。

⑤ 参见 GENTECHNIK UND LEBENSMITTEL: DIE WICHTIGSTEN FAKTEN, BUNDESMINISTERIUM FÜR ERNÄHRUNG, LANDWIRTSCHAFT UND VERBRAUCH-ERSCHUTZ,载 http://www.bmelv.de/SharedDocs/Downloads/Landwirtschaft/Pflanze/GrueneGe ntechnik/OhneGTSiegel/HintergrundInformationenOhneGTSiegel.pdf?__blob=publicationFile,2020年2月10日最后访问。

⑥ 参见 EU Report。

饲料含有普通激素。为了有序规范那些标注"非转基因"的食品,德国联邦食品与农业部(Federal Ministry of Food and Agriculture)推出一个新的食品标记,供德国生产厂商免费使用。这项工作具体由"非生物技术食品协会"(non-Biotech Foods Association)落实。生产企业在满足相关规定后,可以使用这一标记。截至2014年3月,有190家企业获得授权使用这一标记。不过,德国联邦食品与农业部规定,那些像柑橘等并不存在转基因品种的产品不得使用"非转基因"标记,以避免商家故作噱头。[①]

由于上述严格规定,德国市场上几乎见不到转基因食品的销售。根据欧盟规定,吃了转基因饲料的牲畜和家禽加工的肉类和生产的禽蛋不算是转基因食品,但是德国的规定比欧盟更加严格。例如,采用"非转基因"标记的产品必须是不含有任何转基因生物痕迹的食品,包括这种食品采用的辅助产品和添加剂也不含有任何转基因生物的痕迹。对于肉类和禽蛋要贴上这样的标签,牲畜必须在宰杀之前或者家禽在产蛋之前相当长一段时间内吃的饲料是不含转基因生物的。[②]

(七)法律责任与著名案例

德国政府一直严格恪守转基因作物"零容忍"政策,即不允许未经欧盟批准的转基因作物销售。同时,德国一直在欧盟力推对吃了转基因饲料的牲畜和家禽加工的肉类和生产的禽蛋也贴上转基因标志。不过,这一努力目前进展不大。近年来,以德国绿党为代表的一股力量在许多非政府组织支持下,一直在推动取消进口转基因大豆用作饲料。他们的措施包括用干豆等其他作物代替大豆。但是目前看来,德国完全停止进口转基因大豆用作饲料还不太可能。

德国的《基因工程法案》对因转基因生物造成的损害规定了严格的赔偿制度。[③] 赔偿金额最高可达8500万欧元。转基因生物研究人员和相关设施的操作人员必须购买责任险或者获得政府担保。此外,强制解除令也同样适用。法案规定,赔偿责任也适用于偶然对周围财产造成污染。如果种植的转基因作物污染了周围的农田,这些农田里种植的庄稼由于没有获得转基因释放许可而必须销毁的话,种植转基因作物的人必须对其邻居由此而造成的损失承担全部赔偿责任。同样地,别的农作物由于被感染上转基因作物而需要在生产出来的食

---

① 参见 VERBAND LEBENSMITTEL OHNE GENTECHNIKE,载 http://www.ohnegente chnik.org/,2020年2月10日最后访问。

② 参见 EG-Gentechnik-Durchführungsgesetz [EC Genetic Engineering Implementation Act], June 22,2004, BGBl. I S. 1244, as amended, § 3a,载 http://www.gesetze-im-internet.de/eggentdurchfg/BJNR124410004.html,2020年2月10日最后访问。

③ 参见《基因工程法案》第32~36a条。

品上打上“转基因食品”标记,因而无法标明其食品为“非转基因”,受污染食品的市场价值由此降低,种植转基因作物的人也要对其邻居的这部分损失承担全部赔偿责任。[①] 鉴于德国人普遍青睐非转基因食品,这样的损失有可能是巨大的。事实上,这样的赔偿责任已经成为转基因作物在德国种植最大的制约因素,并导致德国农民协会建议农民不要种植转基因作物。[②]

德国的司法裁决已经触及欧盟以及德国国内转基因立法的许多方面。2009 年,慕尼黑行政法院将“蜂蜜案”(honey case)[③]上诉至欧洲法院。[④] 2010 年,德国联邦宪法法院(Federal Constitutional Court)表示支持《基因工程法案》。[⑤] 2012 年和 2013 年,德国的行政法院两次作出支持销毁受转基因作物污染农作物的裁决。[⑥] 然而,德国的反转基因活跃分子也因为他们的破坏行为经常在刑事法院遭到起诉。[⑦]

2010 年,联邦宪法法院的裁决兼顾了转基因生物释放的潜在危害与转基因生物研究者和使用者的权利。联邦法院的这一裁决遭到了萨克森—安哈尔特州政府的挑战,认为公布转基因作物种植的具体地点等信息[见上文“(五)向“自然界”释放转基因生物的限制”]会招致反转基因人士的破坏。该州同时也反对转基因作物污染周围作物要承担严格的民事赔偿责任的做法。联邦宪法法院则认为,《基因工程法案》兼顾了预防转基因生物的危害与推动转基因

---

① 参见《基因工程法案》第 36a 条。

② INES HÄRTEL, HANDBUCH DES FACHANWALTS AGRARRECHT (2012), p. 726.

③ 参见 Case C-442/09, Karl Heinz Bablok and Others v. Freistaat Bayern, Judgment of the Court (Grand Chamber), September 6, 2011, 载 http://curia.europa.eu/juris/document/document.jsf?text=&docid=109143&pageIndex=0&doclang=en&mode=lst&dir=&occ=first&part=1&cid=780715,2020 年 2 月 10 日最后访问;同时参见 EU report。

④ 参见 EU report。

⑤ 参见 Bundesverfassungsgericht [Federal Constitutional Court], Nov. 24, 2010, ENTSCHEIDUNGEN DESBUNDESVERFASSUNGSGERICHTS [BVerfGE] 128 /1 [hereafter BVerfGE 128/1] ¶ p. 135,载 https://www.bundesverfassungsgericht.de/entscheidungen/2010/11/24,2020 年 2 月 10 日最后访问;另见 Press Release, Federal Constitutional Court, Application for Judicial Review in the Matter of the Genetic Engineering Act Is Unsuccessful (November 24, 2010),载 https://www.bundesverfassungsgericht.de/pressemitteilungen/bvg10-108en.html,2015 年 9 月 8 日最后访问。

⑥ 参见 Martin Brandt, Vernichtung gentechnisch veränderter Pflanzen, JURIS-PR (2012),载 http://www.juris.de,2020 年 2 月 10 日最后访问;Bayerischer Verwaltungsgerichtshof [Bavarian Higher Administrative Court], November 14, 2013,载 http://www.gesetze-bayern.de/jportal/portal/page/bsbayprod.psml?doc.id=MWRE130003444&st=ent&showdoccase=1&paramfromHL=true#focuspoint,2020 年 2 月 10 日最后访问。

⑦ 参见 OLG [Oberlandesgericht, Higher Regional Court] Naumburg, May 8, 2013, docket no. 2Ss58/12,载 http://www.juris.de,2020 年 2 月 10 日最后访问。

生物的研究、开发与合理利用之间的平衡关系。法院同时指出,在德国种植转基因生物的地点等信息可以通过互联网查到,这是《卡塔赫纳生物安全议定书》的要求,[①]而且在“欧盟转基因食品与饲料登记处”(EU’s Register of Genetically Modified Foodstuff and Animal Feed)的网站上也能查到。[②] 至于法案就转基因作物对临近农作物造成污染而引发的赔偿责任条款,法院认为,这只是对德国民法中早已存在的疏忽大意责任所作的进一步细化和澄清。

欧洲法院在“蜂蜜案”中的裁决延续了德国法院的观点和欧盟的立法宗旨。欧洲法院认为,受转基因生物污染的蜂蜜和花粉属于欧盟第 1829/2003 条例的管辖范围。2012 年 3 月,巴伐利亚州高等行政法院部分驳回了一名养蜂人要求对他养的蜜蜂为防止转基因生物的污染而采取额外预防措施的赔偿诉求。[③] 2012 年 6 月,德国议会的少数党向议会递交了一份立法草案,呼吁引入种植的转基因作物与临近的蜂箱必须间隔 10 千米的规定,但是这项议案没有获得多数议员的支持。[④]

反转基因人士对转基因作物的捣毁行为也导致德国法院作出多项裁决,这些裁决涉及转基因立法的各个方面。2013 年 5 月,萨克森—安哈尔特州高等法院撤销了瑙姆堡地方法院对反转基因分子捣毁转基因作物行为的裁定。高等法院认为,地方法院在作出裁定之前,没有先审查一下转基因作物的种植是否获得批准。换言之,种植人是否违法在先。肇事者正是以这一点作为其抗辩的理由,认为转基因作物的种植没有得到主管部门的批准,首先违反了法律。[⑤]

四、俄罗斯

2013 年 9 月,俄罗斯政府通过了《向自然环境释放转基因生物登记注册的第 839 号决议》。根据该决议,俄罗斯计划在 2014 年 7 月之前完成建立转基因作物种植登记制度。然而,此事在俄罗斯引起轩然大波,许多研究机构和政府

---

① 参见 Report on the Cartagena Protocol。

② 参见 EU Regulation 1829/2003 art. 28。

③ 参见 Bayerischer Verwaltungsgerichtshof [Bavarian Higher Administrative Court], March 27, 2012, docket no. 22 V11. 2175, 载 http://www.gesetze-bayern.de/jportal/portal/page/bsbayprod.psml?doc.id=JURE120008921&st=ent&showdoccase=1&paramfromHL=true#focuspoint, 2020 年 2 月 10 日最后访问。

④ 参见 Deutscher Bundestag, Drucksachen und Protokolle, Imkerei vor der Agro-Gentechnik schützen, June 13, 2012, 载 http://dipbt.bundestag.de/dip21/btd/17/099/1709985.pdf, 2020 年 2 月 10 日最后访问。

⑤ 参见 OLG [Oberlandesgericht, Higher Regional Court] Naumburg, May 8, 2013, docket no. 2Ss58/12, 载 http://www.juris.de, 2020 年 2 月 10 日最后访问。

部门纷纷卷入这场争论,其中包括俄罗斯国家杜马和联邦委员会下属的土地委员会、联邦会议的专门委员会、俄罗斯主要的立法机构、农业部以及部分公共机构和一些省的地方政府。一些农业生物技术方面的立法草案也被提交到俄罗斯立法机构讨论,内容从暂停几年执行第 839 号决议、全面禁止在俄罗斯种植和进口转基因作物,到对非法种植和传播转基因作物行为制定刑事制裁措施。这场争论于 2014 年 6 月结束。俄罗斯政府随后决定暂停 3 年转基因作物种植申请审批,直到 2017 年 7 月。鉴于俄罗斯审批转基因作物种植申请的时间一般为 5~6 年,可以预料,2023~2024 年之前,俄罗斯境内不会有转基因作物种植。尽管如此,有几类转基因作物经过俄罗斯有关机构登记与管控程序检测后可以被进口用于加工食品和饲料。截至 2015 年 7 月,俄罗斯已经登记进口了部分转基因作物,包括 12 种玉米、7 种大豆、1 种甜菜、1 种大米、2 种土豆。虽然俄罗斯也有部分机构和民众反对转基因食品,但是随着俄罗斯近年来的经济不景气,消费者在选购食品时,价格仍然是一个重要的考量因素。转基因食品的标签以及含量标注由俄罗斯加入的欧亚经济联盟统一规范。按规定,联盟各成员境内销售的食品和饲料含有登记过的转基因作物达 0.9%以上的、未登记过的转基因作物达 0.5%以上的必须标注。

(一)概述

近年来,俄罗斯出台了一系列立法,试图在转基因生物工程领域构建一套现代化和创新政策体系。2012 年,俄罗斯通过了《俄罗斯联邦发展生物技术 2020 年全面规划》(以下简称“2020 规划”)。这份文件承认俄罗斯在生物技术领域落后于世界上许多国家,并显示俄罗斯政府有兴趣进一步推进农业生物技术的发展。[①] 俄罗斯政府批准的《发展生物技术和转基因工程行动计划》[②] 建议尽快在生物医学、农业生物技术及其产业领域采取切实有效措施,推动这些领域的发展。[③]

目前,俄罗斯既没有加入《卡塔赫纳生物安全议定书》,也没有加入《有关环境事务的信息获得、决策中的公众参与和正义获得的奥胡斯公约》。然

① 参见 Comprehensive Program for Development of Biotechnology in the Russian Federation through 2020, Adopted by the Resolution of the Government of the Russian Federation No. 1853, p. 1-8 of April 24, 2012,载 http://www.economy.gov.ru/minec/activity/sections/innovations/development/doc20120427_06,2020 年 2 月 10 日最后访问。

② 参见 Action Plan for Development of Biotechnologies and Genetic Engineering (“Roadmap”), approved by the Order of the Government of the Russian Federation No. 1247-p of July 18, 2013,载 http://government.ru/media/files/41d47b5e0ae078ee508b.pdf,2020 年 2 月 10 日最后访问。

③ See Action Plan for Development of Biotechnologies and Genetic Engineering (“Roadmap”), approved by the Order of the Government of the Russian Federation No. 1247-p of July 18, 2013.

而,在 2012 年加入世界贸易组织(WTO)之后,俄罗斯开始着手规范转基因作物种植和转基因生物使用的立法,包括向自然界释放转基因生物之前向国家有关机构登记的程序。2012 年 6 月,俄罗斯主要负责国家层面控制转基因食品的机构——俄罗斯联邦消费者权益和福利保护局(Rospotrebnadzor)表达了为转基因产品在俄罗斯树立一个正面形象的意愿。①

2006 年 11 月 19 日,在俄罗斯"入世"谈判期间,俄罗斯与美国签订了农业生物技术合作的政府换文。根据这份换文,俄罗斯同意为使用现代生物技术生产的产品、食品和饲料及其加工和进口在 WTO 规则的框架内设定一套审批和注册系统,以促进这类产品的使用和贸易。该换文同时规定,俄罗斯必须给美国评价其与生物技术管制相关事务的机会,并对美国的这些评价予以充分重视。② 政府换文签署后,俄罗斯的一些反转基因人士称上述规定是美国在俄罗斯游说的结果,它将使美国有权直接影响俄罗斯在消费者权益保护和生物安全方面的决策制定。③

2012 年,俄罗斯成为 13 个签署《商业领域少量出现未经批准物质国际申明》(International Statement on Low Level Presence)的国家之一,④ 以避免由于国家对含有转基因生物痕迹的进口农产品进行管制而影响到国际贸易的正常交往。通过签署这份申明,俄罗斯承诺继续与其它缔约国合作,以解决生物技术产品审批滞后的突出问题,同时尽量减少因食品和饲料中出现少量未经批准物质所带来的影响。⑤ 根据普京的指示,俄罗斯政府授权相关职能部门决定是否需要禁止进口含有转基因生物的产品。⑥ 这些职能部门必须在 2013 年 10 月

---

① 参见 Rospotrebnadzor Will Save the Image of GMO, Business FM. RU (June 7, 2012),载 http://www.bfm.ru/news/183095?doctype=news,2020 年 2 月 10 日最后访问。

② 参见 Agreement on Trade and Agricultural Biotechnology, U. S. –Russ., November 19, 2006, T. I. A. S. No. 06–1119. 1,载 http://www.state.gov/documents/organization/189168.pdf,2020 年 2 月 10 日最后访问。

③ 参见 Russia Adopted Mechanism for Direct Lobbying of the U. S. Interests in GMO Regulation, Techexpert,载 http://www.cntd.ru/458201982.html,2015 年 9 月 13 日最后访问。

④ 其余 12 个国家是:澳大利亚、阿根廷、巴西、加拿大、智利、哥斯达黎加、墨西哥、巴拉圭、菲律宾、美国、乌拉圭、越南。LLP 的宗旨有三点:(1)解决因为 LLP 而导致的贸易中断,通过开发多种途径促进农产品的国际贸易;(2)确保涉及的食品和饲料安全;(3)实施各缔约国联合行动的"国际 LLP 行动计划",减少与 LLP 相关的贸易风险。

⑤ 参见 Thirteen Countries Endorse International Statement on Low Level Presence, International Service for Theacquisition of Agri-Biotech Applications,载 http://www.isaaa.org/kc/cropbiotechupdate/article/default.asp?ID=10370,2020 年 2 月 10 日最后访问。

⑥ 参见 Instruction of the Prime Minister of the Russian Federation on Enforcement of the Orders of the President of the Russian Federation Made During the Meeting on Social and Economic Development of Rostov Region (September 18, 2013),载 http://government.ru/orders/6131,2020 年 2 月 10 日最后访问。

15 日之前将它们的工作向时任总理梅德韦杰夫报告。此前,像孟山都公司开发的 NK603 号转基因玉米是禁止进口到俄罗斯的。①

目前,2020 规划依然是俄罗斯政府发展转基因生物技术的指导方针。该计划授权政府各部门在各自领域推动转基因生物的研究,包括设立涉及农业生物技术的不同部门,其中包括一个"开发与推广农业转基因植物"部门。在 2020 规划推动下,2012 年 4 月 24 日,俄罗斯农业部将发展生物技术作为其"农业发展及农业与食品市场管理计划 2013 ~ 2020"(On the State Program for Development of Agriculture and Regulation of Agricultural and Food Markets in 2013-2020)的一个子项目。不过,该子项目涉及的是加工农产品的生物品种管理,不包括转基因农作物的研发。

(二)公众与学者的观点

一般而言,俄罗斯的农产品生产商和科学家都是支持转基因生物研发及其产品的生产,并且主张为转基因生物立法。② 另外,一些非政府组织和反转基因人士则声称,农业生物技术和转基因产品渗透到俄罗斯,这对环境、公共健康、国家食品安全是有危害的。他们认为,俄罗斯应该充分利用自身优势,大量生产有机食品,因为这些产品有更大的市场需求,也更加环保。③

民意调查显示,俄罗斯消费者的购买意愿与其购买能力直接相关。高收入人群更愿意购买非转基因食品。根据俄罗斯食品市场的统计分析,消费者选择食品时,偏重产品质量的人数在持续增加。大约 80% 的莫斯科消费者在接受采访时表示,他们不会购买含有转基因物质的产品。④ 然而,对于大多数俄罗斯民众来说,他们的实际购买行为还是会受到产品价格的影响。⑤

---

① 参见 Levin Flake & Yelena Vassilieva, USDA Foreign Agric. Serv., Gain Rep. No. RS1345, Russianfederation:Agricultural Biotechnology Annual 14 (2013),载 http://gain. fas. usda. gov/Recent%20GAIN%20Publications/Agricultural%20Biotechnology%20Annual_Moscow_Russian%20Federation_7-15-2013. pdf,2015 年 9 月 14 日最后访问。

② 参见 Anna Skripka, Farmers Ask for Permission to Produce Genetically Modified Products, ROSSIYSKAYA GAZETA[ROS. GAZ.], March 26, 2013,载 http://www. rg. ru/2013/03/26/reg-cfo/zerno. html,2020 年 2 月 10 日最后访问。

③ 参见 Legalized Mutants, Ekoreporter. RU. Http://Ecoreporter. RU/Node/1966,2020 年 2 月 10 日最后访问。

④ 参见 Sergey Golubchikov et al., GMO Problem in Russia, GMO. RU (November 19, 2006),载 http://www. GMO. RU/sections/15,2020 年 2 月 1 日最后访问。

⑤ 参见 Levin Flake & Yelena Vassilieva, USDA Foreign Agric. Serv., Gain Rep. No. RS1345, Russianfederation:Agricultural Biotechnology Annual 14 (2013), p. 20,载 http://gain. fas. usda. gov/Recent%20GAIN%20Publications/Agricultural%20Biotechnology%20Annual_Moscow_Russian%20Federation_7-15-2013. pdf,2015 年 9 月 14 日最后访问。

(三)相关立法框架

截至 2015 年 7 月,俄罗斯在农业与食品生物技术领域还没有一部统一法典。政府于 2013 年 9 月 23 日颁布的第 839 号决议不仅规范向自然环境释放转基因生物,而且也有意在俄罗斯生物技术立法统一方面进行尝试。然而,由于该决议被搁置使用至 2017 年 7 月 1 日,延缓了上述统一立法的努力。目前,俄罗斯调整农业生物技术的法律规范包括以下几个部分:联邦法律、政府决议、欧亚经济联盟制定的规范以及"俄罗斯卫生检疫首席医生"(Chief Sanitary Doctor of the Russian Federation)颁布的命令。[①] 这些规范涉及产品登记、消费者知情权等事项。欧亚经济联盟成员国统一适用的规范包括"食品安全技术规范"(Technical Regulation on Food Safety)、"食品标签技术规范"(Technical Regulation on Food Labeling)和"谷物安全技术规范"(Technical Regulation on the Safety of Grain)。另外,"饲料技术规范"(Technical Regulation on Feed)正在讨论之中。

1. 联邦法律

俄罗斯有关基因工程的基础性法律是 1996 年 6 月 5 日颁布实施并在 2000 年和 2010 年经过两次修订的《国家对转基因工程领域活动管制的联邦法律》(Federal Law on State Regulation in the Field of Genetic Engineering Activities),即第 86-FZ 号联邦法律。[②] 此外,还有:1999 年 3 月 30 日颁布实施的《联邦人口卫生与流行病防控法》(Federal Law on the Sanitary - Epidemiological Well-Being of the Population,即第 52-FZ 号联邦法律),[③] 2000 年 1 月 2 日颁布实施、2001 年和 2008 年两次修订的《联邦食品质量与安全法》(Federal Law on the Quality and Safety of Food Products,即第 29-F 号联邦法律),[④] 1992 年 2 月 7 日颁布实施的《联邦消费者权益保护法》(Federal Law on Consumer Rights Protection,即第 2300-1 号联邦法律),[⑤] 2002 年 1 月 10 日颁布实施、2011 年修订的《联邦环境保护法律》(Federal Law on Environment

---

① 俄罗斯卫生检疫首席医生是俄罗斯联邦"人权保护及人类福利监督署"(Federal Service for Surveillance in the Sphere of Human Rights Protection and Human Well-Being)的最高行政长官。

② Federal Law No. 86 - FZ on State Regulation in the Field of Genetic Engineering Activities, Sobraniezakonodatelstva Rossiiskoi Federatsii [SZ RF] [Collection of Russian Federation Legislation (official gazette)] 1996, No. 28.

③ Federal Law No. 52 - FZ on Sanitary - Epidemiological Well - Being of the Population, SZ RF 1999, No. 14.

④ Federal Law No. 29-FZ on Quality and Safety of Food Products, SZ RF 2000, No. 2.

⑤ 参见 Federal Law No. 2300-I on Consumer Rights Protection, ROS. GAZ., Apr. 7, 1992. 该法在 2007 年 10 月 25 日修订时设定了转基因食品强制标志 0.9%的阈值标准。

Protection,即第 7-FZ 号法律),[①] 以及 2014 年 12 月 31 日颁布实施的《联邦行政违法处罚法修正案》(On Amendments to the Codex of the Russian Federation on Administrative Violation,即第 521-FZ 号法律)。[②]

2. 政府决议

(1)2000 年 12 月 21 日颁布实施的第 988 号政府决议,即《新品种食品、原料、货物登记条例》(On State Registration of New Food Products, Materials, and Goods)。该决议规定了转基因食品的登记程序。

(2)2001 年 2 月 16 日颁布实施的第 120 号政府决议,即《转基因生物登记条例》(On State Registration of Genetically Modified Organisms and Registration Regulation)。该决议规定转基因生物的国家强制登记要求。

(3)2002 年 1 月 18 日颁布实施的第 26 号政府决议,即《转基因饲料登记条例》(On the State Registration of GMO Feed)。

(4)2006 年 7 月 14 日颁布实施的第 422 号政府决议,该决议将俄罗斯农业部测试和登记转基因饲料的职责转移给农业部下属的“联邦环境治理监督署”。

(5)2012 年 7 月 14 日颁布实施的第 717 号决议,即《农业发展及农业与食品市场管理计划 2013-2020》(On the State Program for Development of Agriculture and Regulation of Agricultural and Food Markets in 2013-2020)。该计划制定了农业以及包括生物技术在内的农业科技的发展规划,尽管农业生物技术不是其中优先发展的领域。

(6)2013 年 9 月 23 日颁布实施的第 839 号政府决议,即《准备向自然环境释放转基因生物、用转基因生物生产的产品或含有这种生物的产品登记注册条例》(On the State Registration of Genetically-Engineered-Modified Organisms Intended for Release into the Environment as well as Products Derived from the Use of Such Organisms or Containing Such Organisms)。该条例批准了转基因生物登记的指导方针,并要求政府相关部门尽快落实具体登记手续。

(7)2014 年 6 月 16 日颁布实施的第 548 号政府决议,即《第 839 号决议修正案》(On the Amendments to the Resolution No. 839 of September 23, 2013)。该决议将第 839 号决议从 2014 年 7 月 1 日推迟至 2017 年 7 月 1 日起执行。

---

① 该法第 50 条第 1 款规定:“在缺乏有效管控措施、没有得到生态专家肯定评估以及没有获得政府有关部门许可的情况下,禁止生产、培育、使用非自然生态系统中的植物、动物和其他微生物。”

② 该修正案对违反转基因产品强制标志要求规定了处罚标准,对经营者个人处 2 万~5 万卢布罚款,对企业处 10 万~30 万卢布罚款。该法律同时赋予俄罗斯卫生检疫首席医生提起行政诉讼的权力。

3. 政府部门规章

(1)俄罗斯卫生检疫首席医生 2011 年 11 月 8 日签发的第 14 号决议:《转基因食品专业检疫程序》(On the Procedures of Sanitary-Epidemiological Expertise of Food Products from Genetically Modified Sources)。

(2)转基因食品、转基因生物和微生物检测、鉴别和分析名录与方法指南;食品国家标准。这些内容由政府不同部门起草,但通常由工业与贸易部下属的"俄罗斯联邦技术管理与度量署"(Federal Agency on Technical Regulation and Metrology)批准。

(3)农业部 2009 年 10 月 6 日颁布的第 466 号命令,批准各部门起草的转基因饲料登记检疫规范。①

4. 关税同盟决定

俄罗斯是欧亚经济联盟的创始成员之一。欧亚经济联盟的前身是俄罗斯、白俄罗斯、哈萨克斯坦三国建立的关税同盟,目前的成员除了上述三国,还包括亚美尼亚和吉尔吉斯斯坦。欧亚经济联盟的目标是实现区域内货物、服务、资金、人员的自由流通,在《欧亚经济联盟条约》(Treaty on the Eurasian Economic Union)框架内,构建对内更加优惠、对外统一关税和贸易政策的关税同盟。②俄罗斯现在的贸易立法是与欧亚经济联盟制定的规则和程序相对应的,贸易条例直接由联盟委员会制定,③包括《食品安全技术管理条例》(Technical Regulations on Food Safety, TR TS 021/2011)、《食品标签技术管理条例》(Technical Regulations on Food Labeling, TR TS 022/2011)、《谷物安全技术管理条例》(Technical Regulations on Safety of Grain, TR TS 015/2011)。④ 这些条例于 2013 年 7 月 1 日开始生效。

《食品安全技术管理条例》是整个关税同盟有关食品及其加工标准与要求的核心内容,为食品标签建立统一标准,以确保获得批准投放关税同盟成员国市场食品的自由流通。条例将转基因生物定义为:"任何由无细胞、单一细胞、多个细胞组成的一个或多个生物,能够不同于自然生物,采用基因工程方式和/或者获取包括基因及其碎片或组合成分在内的基因工程物质再造或转移基因物

---

① 根据俄罗斯政府 2013 年 9 月 23 日颁布的第 839 号决议,政府各部门将制定相应的规范标准。由于第 839 号决议被推迟执行,这项工作没有取得进展。

② 参见欧亚经济联盟官方网站:http://www.eaeunion.org/?lang=en#about,2020 年 2 月 10 日最后访问。

③ 参见欧亚经济联盟官方网站:http://www.eurasiancommission.org/ru/Pages/default.aspx,2020 年 2 月 10 日最后访问。

④ 参见 Technical Regulations of the Customs Union in Force (December 9,2011),载 http://www.eurasiancommission.org/ru/act/texnreg/deptexreg/tr/Pages/TRVsily.aspx,2020 年 2 月 10 日最后访问。

质。"条例强调:(1)转基因食品中的转基因物质必须是在关税同盟经过登记注册的(第2章第9段);(2)转基因食品的阈值标准是0.9%。在此标准下,即使含有非故意掺杂的转基因成分,仍然被视为非转基因食品(第2章第9段);(3)婴儿食品、孕妇和哺乳期妇女吃的食品不得含有转基因生物成分(第8条第1段)。

《食品标签技术管理条例》规定转基因食品必须标注,同时规定了标注格式。转基因食品标注的阈值标准是0.9%。食品是否需要被标注为"非转基因",这由商家自己决定,但是必须在标签上有检测机构的证明。换言之,这种标注不能由商家自己说了算。

对于转基因食品,条例第4条第11段特别规定:

(1)转基因食品必须在其标签上标注"转基因产品""含转基因生物产品""产品含转基因生物组合成分"等字样。如果产品所含转基因生物未超过0.9%的阈值,且是非故意的,商家无须标注。

(2)下列情况下,产品必须明确标注:①产品含有活性转基因微生物("本产品含有活性转基因微生物");②产品含有不能独立生存的转基因微生物("本产品是在采用转基因微生物的情况下获得的");③从转基因微生物提炼的产品或者在采用转基因微生物组合体的情况下生产的产品("本产品含有转基因生物组合体成分")。

(3)产品如果在加工过程中或采用的添加剂接触到转基因生物,相关信息也要在标签上标注。

《谷物安全技术管理条例》涵盖了关税同盟成员国境内生产和交易的谷物和油菜籽的产品质量标准和生产要求,同时也包括进口与出口谷物和油菜籽的质量标准和生产要求。[①] 条例第4条第16段规定,散装谷物没有标签的,如果转基因生物超过阈值标准,要在相关运输单据中注明其可追溯途径,并标注"转基因谷物"、"谷物中含有转基因生物"或"谷物中含有转基因生物组合体成分"等字样。

涉及转基因生物饲料的《饲料技术管理条例》目前还在讨论之中。[②] 此

---

① 参见 Christopher Riker et al. , USDA Foreign Agric. Serv. , Gain Rep. No. RS1343, Customs Union Food Technical Regulations in Force as of 1 July 2013 (July 5, 2013), 载 http://gain. fas. usda. gov/Recent% 20GAIN% 20Publications/Customs% 20Union% 20Food% 20Technical% 20Regulations% 20in% 20Force% 20as% 20of% 201%20July%202013_Moscow_Russian%20Federation_7-5-2013. pdf,2015 年 9 月 14 日最后访问。

② 参见 Levin Flake and Yelena Vassilieva, USDA Foreign Agric. Serv. , Gain Rep. No. RS1345, Russian Federation: Agricultural Biotechnology Annul 14 (2013), p. 7, 载 http://gain. fas. usda. gov/Recent%20GAIN%20Publications/Agricultural%20Biotechnology%20Annual_Moscow_Russian%20Federation_7-15-2013. pdf,2015 年 9 月 14 日最后访问。

外,与上述条例同时生效的还有《脂肪与食用油技术条例》和《水果、蔬菜汁及其产品技术条例》。

2013 年 9 月,俄罗斯政府批准接受《准备向自然环境释放转基因生物和使用这些生物生产或含有这些生物的产品国家登记决议》(Resolution on the State Registration of Genetically Engineered/Modified Organisms Intended for Release into the Environment and Products Derived from the Use of Such Organisms or Containing Such Organisms)(以下简称"决议")。[①] 决议为转基因生物向自然环境释放以及用于生产食品原料或食品、饲料或饲料添加剂以及在俄罗斯境内为农业目的培育和饲养转基因植物、动物和微生物建立了登记程序。[②]

决议批准的规则给政府登记和监管转基因生物的机构规定了不同功能。例如,"消费者权益保护联邦监督署"(Federal Service for Surveillance of Consumer Rights Protection)负责登记生产食品原料的转基因生物,而准备在俄罗斯培育和饲养的转基因植物和动物以及转基因农用微生物的登记和监管则由"联邦兽医与动植物检疫监督署"(Federal Service for Veterinary and Phytosanitary Surveillance)负责登记和监管。[③] 转基因生物和转基因产品的复核工作将由俄罗斯卫生部负责。[④] 登记需要申请人提供"联邦环境治理监督署"(Federal Service for Surveillance in the Sphere of Environmental Management)对于释放的转基因生物和产品作出的正面环境评估报告。[⑤] 上述规则自

---

① 参见 Resolution of the Russian Federation Government No. 839 on State Registration of Genetically Engineered/Modified Organisms Intended for Release into the Environment and Products Derived from the Use of Such Organisms or Containing Such Organisms,载 http://government.ru/docs/6128,2020 年 2 月 11 日最后访问。

② 参见 Resolution of the Russian Federation Government No. 839 on State Registration of Genetically Engineered/Modified Organisms Intended for Release into the Environment and Products Derived from the Use of Such Organisms or Containing Such Organisms,第 11 条。

③ 参见 Resolution of the Russian Federation Government No. 839 on State Registration of Genetically Engineered/Modified Organisms Intended for Release into the Environment and Products Derived from the Use of Such Organisms or Containing Such Organisms,第 3 条。

④ 参见 Resolution of the Russian Federation Government No. 839 on State Registration of Genetically Engineered/Modified Organisms Intended for Release into the Environment and Products Derived from the Use of Such Organisms or Containing Such Organisms,第 22 条。

⑤ 参见 Resolution of the Russian Federation Government No. 839 on State Registration of Genetically Engineered/Modified Organisms Intended for Release into the Environment and Products Derived from the Use of Such Organisms or Containing Such Organisms,第 12 条 c 项。

2014 年 7 月 1 日起生效。[①]

美国农业部的一份报告显示，接受决议之前，俄罗斯没有关于向自然环境释放转基因生物的登记程序，这事实上等于禁止转基因作物的商业化种植。决议撼动了这种禁止，尽管它对于近期内转基因作物在俄罗斯种植没有带来多少实质性影响，但是它至少提供了批准转基因作物在俄罗斯种植的可能性。[②]

（四）转基因生物研究、生产和市场化方面的限制

1. 研究管制

近年来，俄罗斯科学家一直在实验室试种转基因作物，但是尚未转入田间试验。虽然俄罗斯没有明确禁止这种试验，但是田间试验需要得到农业部下属的“品种测试委员会”（Variety Testing Commission）的特别批准，[③]这种许可在俄罗斯从未授予过。[④] 虽然 2020 计划重新点燃了俄罗斯生物科学家从事田间试验的希望，俄罗斯农业生产者也表达了对转基因作物的兴趣，尤其是那些耐寒作物和免耕作的作物。

俄罗斯是一个地广人稀的国家，许多地方自然条件还很恶劣。俄罗斯科学家因此看好转基因作物的广阔前景。然而，由于俄罗斯政府事实上已经停止审批转基因作物的耕种，俄罗斯科学家无法争取到更多的科研投入，也无法将其研究成果及时推广到商业领域。这种现状在近几年似乎也不太会改变。2015 年，俄罗斯削减执行“2020 计划”经费至 21.5 亿卢布，比原定的数额减少了 10 亿卢布。被削减的这些经费本来是用于创新研究项目，包括农业生物技术。

2013 年，俄罗斯合并了 3 家科研机构：俄罗斯科学院、俄罗斯农业科学院、俄罗斯医学科学院。俄罗斯在转基因作物研究处于领先的机构是原俄罗

---

① 参见 Resolution of the Russian Federation Government No. 839 on State Registration of Genetically Engineered/Modified Organisms Intended for Release into the Environment and Products Derived from the Use of Such Organisms or Containing Such Organisms，载 http://government.ru/docs/6128，2020 年 2 月 11 日最后访问。

② 参见 Levin Flake and Yelena Vassilieva, USDA Foreign Agric. Serv., Gain Rep. No. RS1366, Russian Federation: Government Resolution on GMO Registration for Environmental Release 1-2 (2013)，载 http://gain.fas.usda.gov/Recent%20GAIN%20Publications/Governm ent %20Resolution%20on%20GMO%20Registration% 20for%20Environmental%20Release_Moscow_Russian%20Federation_9-25-2013.pdf，2015 年 9 月 14 日最后访问。

③ 有关该委员会的情况，请见俄罗斯农业部网站：http://www.mcx.ru/，2020 年 2 月 11 日最后访问。

④ 参见 Levin Flake and Yelena Vassilieva, USDA Foreign Agric. Serv., Gain Rep. No. RS1345, Russian Federation: Agricultural Biotechnology Annul 14 (2013), p. 3，载 http://gain.fas.usda.gov/Recent%20GAIN% 20Publications/Agricultural% 20Biotechnology% 20Annual_Moscow_Russian% 20Federation_7-15-2013.pdf，2015 年 9 月 14 日最后访问。

斯农业科学院下属的“俄罗斯农业生物技术研究院”（Russian Institute of Agricultural Biotechnology）。合并之后，原先 3 家科学院大多数研究机构、研究设施和实验室都转移至一个独立法人单位——俄罗斯联邦政府科学组织联盟（Federal Agency for Science Organizations at the Government of the Russian Federation）。尽管新的管理机构对俄罗斯的科学研究有多大影响还不得而知，但是有一点是肯定的，那就是俄罗斯科学研究的经费在近期内不会增加太多。

转基因动物研究在俄罗斯农业科学院曾进行过，但是自 2012 年起，有关这项研究的消息就没有被报道过。①

2. 标签要求

目前，俄罗斯没有种植转基因作物，包括转基因作物种子的培育。尽管如此，俄罗斯出口的部分大豆食品却含有转基因成分，因为生产这些食品的原料是进口的。近年来，俄罗斯增加了大豆和玉米食品的产量和出口数量。2009 年出口的大豆为 45 万吨，总价值 7600 万美元，这些数字到了 2013～2014 年度分别上升至 406 万吨和 8.43 亿美元。

由于不种植转基因作物，俄罗斯没有“非转基因玉米和大豆”生产的认证和鉴别机制。生产商和出口商也无法注册他们的作物是“非转基因”，别的国家进口商也无须向俄罗斯出口商额外支付非转基因作物的保险费。伴随俄罗斯远东地区近几年大豆产量的增加，俄罗斯的大豆出口也由 2010～2011 年度的 105 吨增加到 2013～2014 年度的 160,669 吨。所有大豆被认为是非转基因，但是没有官方认证标志。俄罗斯同时也进口大豆，用于生产供出口的大豆食品。因此，俄罗斯出口的大豆食品有可能含有转基因成分。具体年份的相关产品数量和金额见表 2-4-1、表 2-4-2。

表 2-4-1 2009 年 6 月至 2014 年 5 月、2014 年 6 月至 2015 年 4 月
俄罗斯出口可能含有转基因成分的产品数量

单位：吨

作物名称	时间						
	2009—2010	2010—2011	2011—2012	2012—2013	2013—2014	2013.6—2014.4	2014.6—2015.4
玉米（HSNo. 1005）	452,454	101,565	1,754,847	1,915,057	4,061,828	3,636,640	2,572,015

① See Levin Flake and Yelena Vassilieva, USDA Foreign Agric. Serv., Gain Rep. No. RS1345, Russian Federation：Agricultural Biotechnology Annul 14 (2013), p. 20.

续表

作物名称	时间						
	2009—2010	2010—2011	2011—2012	2012—2013	2013—2014	2013.6—2014.4	2014.6—2015.4
大豆（HSNo. 1201）	—	105	713	29,934	160,669	25,641	25,544
大豆制品（HS No. 2304）	7913	21,166	16,818	53,479	393,103	362,257	516,871

数据来源：Global Trade Atlas。

表 2-4-2　2009 年 6 月至 2014 年 5 月、2014 年 6 月至 2015 年 4 月俄罗斯出口可能含有转基因成分的产品金额

单位：千美元

作物名称	时间						
	2009—2010	2010—2011	2011—2012	2012—2013	2013.1	2013.6—2014.4	2014.6—2015.4
玉米（HSNo. 1005）	75,777	18,861	411,978	537,011	842,104	743,697	444,450
大豆（HSNo. 1201）	109	214	7937	48,574	9388	9333	69,468
大豆制品（HS No. 2304）	4631	11,064	9086	33,729	234,157	215,112	280,063

数据来源：Global Trade Atlas。

俄罗斯不允许进口转基因作物种子在本国种植，但是经过检测合格并登记注册的转基因作物允许进口。具体数据可参见表 2-4-3、表 2-4-4。因此，俄罗斯加工的食品和饲料有可能含有转基因成分。俄罗斯海关对进口申报并不区分转基因还是非转基因产品。目前，俄罗斯与其他欧亚经济联盟成员确定：食品中含有登记注册过的转基因作物含量超过 0.9% 阈值标准的需要标签注明，含有未经登记注册的转基因作物 0.5% 的需要标签注明。尽管近年来，俄罗斯不断扩大非转基因玉米和大豆的种植面积，但是每年还是需要进口大量玉米和大豆，其中不少是转基因作物。① 2015 年 6 月 24 日，普京总统签发第 320 号总统令，宣布禁止进口美国、加拿大、欧盟、澳大利亚、挪威农产品 1 年，但是这项禁令不包括玉米、大豆及其制品。

① 俄罗斯农民总体上接受用进口转基因作物生产饲料，但是，俄罗斯部分企业和别尔哥罗德州等与欧洲接壤的地区宣称本企业只选用非转基因作物用作原料以及本地区为非转基因作物区。由于这些地区和企业生产的产品比进口转基因产品贵，市场竞争力正在逐渐下降。

表 2-4-3 2009 年 6 月至 2014 年 5 月、2014 年 6 月至 2015 年 4 月俄罗斯进口可能含有转基因成分的产品数量

单位:吨

作物名称	时间						
	2009—2010	2010—2011	2011—2012	2012—2013	2013—2014	2013.6—2014.4	2014.6—2015.4
玉米 1005	43,548	101,071	44,261	58,517	52,119	51,205	41,097
其中来自美国的数量	2308	3402	4969	7192	5308	4831	3047
玉米及其制品 1103 13	25,056	22,120	17,214	17,360	11,623	10,861	1560
其中来自美国的数量	0	2	0	0	0	0	0
玉米粉 1108 12	7803	10,035	12,306	17,310	13,877	13,060	17,716
其中来自美国的数量	6	0	90	319	36	34	0
大豆 1201	1,027,999	1,025,652	798,741	646,035	1,703,601	1,553,071	1,909,248
其中来自美国的数量	95,968	26,788	30,250	81,844	450,239	450,239	348,038
大豆粉 1208 10	2089	1651	1248	1215	707	667	205
其中来自美国的数量	—	—	—	—	—	0	0
大豆制品 2304	399,219	455,142	583,237	498,953	594,148	558,534	454,024
其中来自美国的数量	52,160	46,023	1646	18,631	21,509	17,045	14,732
大豆分离制品 3504 等	—	—	—	—	—	—	—
总量	46,333	49,620	53,595	55,512	55,194	50,765	51,523
其中来自美国的数量	209	559	362	220	296	251	349

数据来源:Global Trade Atlas。

表 2-4-4　2009 年 6 月至 2014 年 5 月、2014 年 6 月至 2015 年 4 月俄罗斯进口可能含有转基因成分的产品金额

单位：千美元

作物名称	时间						
	2009—2010	2010—2011	2011—2012	2012—2013	2013—2014	2013.6—2014.4	2014.6—2015.4
玉米 1005	51,112	96,017	101,357	141,934	214,937	213,428	142,986
其中来自美国的数量	1550	2428	4194	6694	5414	4936	3083
玉米及其制品 1103 13	7285	8134	7165	7714	4757	4455	760
其中来自美国的数量	0	6	0	0	0	0	0
玉米粉 1108 12	2899	6068	7966	11,775	11,161	10,402	10,386
其中来自美国的数量	0	90	319	36	0	0	4
大豆 1201	480,150	521,271	431,700	429,935	1,005,147	913,354	982,920
其中来自美国的数量	42,497	15,836	15,064	50,919	261,380	261,380	157,521
大豆粉 1208 10	1499	1380	1152	1170	752	705	227
其中来自美国的数量	0	0	0	0	0	0	0
大豆制品 2304	198,337	213,405	269,802	317,877	387,223	363,727	269,251
其中来自美国的数量	23,186	20,938	918	12,632	14,669	11,529	8,474
大豆分离制品 3504 等	—	—	—	—	—	—	—
总量	108,116	114,410	134,995	146,466	153,889	139,982	144,860
其中来自美国的数量	811	1726	1288	1113	3730	1428	1850

数据来源：Global Trade Atlas。

根据《俄罗斯联邦消费者权益保护法》的规定，所有向俄罗斯出口、在俄罗斯生产主食和副食品或者与俄罗斯有这方面贸易往来的机构，如果其产品的每一种生物技术产品含量超过产品总量 0.9%的话，都必须告知俄罗斯消费者其产品中转基因成分的事实。[①] 这条阈值规定也与 2013 年 7 月 1 日生效的俄罗斯、白俄罗斯、哈萨克斯坦三国关税同盟的有关规定相一致。[②]

俄罗斯曾有一些地区和生产厂商在产品标签上注明其产品采用的是非转基因原料。然而,这种做法被有关当局在一些案例中裁定为违反俄罗斯竞争法。[③] 例如,莫斯科市政府于 2007 年引入了"非转基因"标签机制,允许食品生产商到市政府指定的实验室测试其产品的成分,通过检测后,获得市政府颁发的特别绿色标签,上面写着"不含转基因生物"字样。莫斯科市政府的这种做法后来被俄罗斯联邦反垄断局叫停。[④]

俄罗斯不要求对动物饲料中的转基因生物采用标签标明。谷物和油菜籽及其产品的转基因生物信息必须与这些产品的运输材料放在一起。[⑤]

3. 相关职能机构

俄罗斯没有一家单独负责的机构对种植转基因作物以及在食品和饲料中使用转基因生物的安全问题作出裁决。目前,俄罗斯政府下属的几个部门负责制定俄罗斯发展生物技术政策和控制转基因作物和食品的使用。这些机构包括俄罗斯联邦人权保护及人类福利监督署、农业部、联邦消费者权益保护署、联邦畜牧与卫生检疫局以及另外一些机构。

俄罗斯联邦人权保护及人类福利监督署的最高行政长官是卫生检疫首席医生。该机构的职能包括:(1)负责登记用于生产食品新的转基因作物和新的

---

① See Federal Law No. 2300-I on Consumer Rights Protection, ROS. GAZ., April 7, 1992, p. 10.

② 参见 Uniform Sanitary, Epidemiological, and Hygienic Requirements for Goods Subject to Sanitary and Epidemiological Control § 1, "Safety Requirements and Nutritional Value of Foods," approved by the decision of the Commission of the Customs Union No. 299, May 28, 2010, 载 http://www.tsouz.ru/KTS/KTS17/Pages/P2_299.aspx, 2020 年 2 月 11 日最后访问。

③ 参见 Marina Sheina et al., Economic and Social Impact on Treatment of Food Products Containing GMOs, an Example of the Russian Market, Materials of International Scientific Practical Conference on Economy and Management: Theoretical and Practical Aspects (Russia, Novosibirsk, August 22, 2011), 载 http://sibac.info/konferentsii-uchenykh-2/ekonomika-i-menedzhment/203-203, 2020 年 2 月 11 日最后访问。

④ 参见 Levin Flake and Yelena Vassilieva, USDA Foreign Agric. Serv., Gain Rep. No. RS1230, Russian Federation: Moscow Government Stops Requiring GMO-Free Labeling of Food Products (2012), 载 http://gain.fas.usda.gov/Recent%20GAIN%20Publications/Moscow%20Government%20Stops%20Requiring%20GMO-Free%20Labeling%20of%20%20Food%20%20Produc_Moscow_Russian%20Federation_5-7-2012.pdf, 2015 年 9 月 15 日最后访问。

⑤ 参见 Levin Flake and Yelena Vassilieva, USDA Foreign Agric. Serv., Gain Rep. No. RS1345, Russian Federation: Agricultural Biotechnology Annul 14 (2013), p. 18, 载 http://gain.fas.usda.gov/Recent%20GAIN%20Publications/Agricultural%20Biotechnology%20Annual_Moscow_Russian%20Federation_7-15-2013.pdf, 2015 年 9 月 14 日最后访问。

含有转基因成分的食品，包括俄罗斯第一次进口的食品；(2)根据俄罗斯法律和欧亚经济联盟规定检查和监控俄罗斯境内转基因产品的生产；(3)负责俄罗斯境内转基因事务和卫生检疫的领导机构，具体负责消除转基因生物对农牧业、植物、环境的任何负面影响，负责产品的销售、生产和进口的登记管理工作；(4)负责转基因食品的立法工作；(5)与农业部下属的"联邦兽医与动植物检疫监督署"(Federal Service for Veterinary and Phytosanitary Surveillance)一起监视转基因作物及产品对人体和环境的影响。

俄罗斯农业部与经济发展部(Ministry of Economic Development)、科学教育部(Ministry of Science and Education)一起负责制定国家农业生物技术政策。农业部的具体工作还包括：(1)负责制定有关转基因生物在农业中的使用以及转基因作物总体方针政策。根据新修订的政府第839号决议，从2017年7月1日起，农业部负责起草转基因作物的种植与使用的立法。(2)负责起草农业生产和农产品使用的兽医与检疫条件方面的立法，包括旨在减少转基因作物和转基因生物对牲畜、环境、农业原料、加工食品任何副作用的立法。

联邦兽医与动植物检疫监督署隶属于俄罗斯农业部，主要负责以下工作：(1)负责包括第一次进口的产品在内、用于生产饲料的新品种转基因产品和含有转基因生物的新品种饲料的登记管理工作；(2)对登记注册的转基因饲料核发证书；(3)负责从转基因作物加工的饲料登记工作；(4)负责检查转基因饲料或饲料添加剂生产各环节的安全防范工作；(5)根据政府新修订的第839号决议，从2017年7月1日起，联邦兽医与动植物检疫监督署与农业部一起负责起草转基因作物种植、使用和转基因动物使用的立法；(6)与人权保护及人类福利监督署一起，负责监测转基因作物和动物及其产品对人体和环境的影响。①

此外，俄罗斯工业与贸易部参与制定管制登记注册产品生物安全国家标准和技术规范；②经济发展部负责落实"俄罗斯生物技术发展2020年计划"；卫生部负责转基因生物和向自然环境中释放的转基因产品的复核登记工作；俄罗斯联邦消费者权益和福利保护局负责抽查和控制转基因食品的流向，该机构还负责含有转基因生物的新品种食品的全国登记和进口审批，维持那些获得授权在

---

① 参见 Levin Flake and Yelena Vassilieva, USDA Foreign Agric. Serv. , Gain Rep. No. RS1345, Russian Federation: Agricultural Biotechnology Annul 14 (2013), pp. 6-7; 又见 Levin Flake and Yelena Vassilieva, USDA FOREIGN AGRIC. SERV. , GAIN REP. NO. RS1366, Russian Federation: Government Resolution on GMO Registration for Environmental Release 1-2 (2013), p. 2, 载 http://gain.fas.usda.gov/Recent%20GAIN%20Publications/Government%20Resolution%20on%20GMO%20Registration%20for%20Environmental%20Release_Moscow_Russian%20Federation_9-25-2013.pdf, 2015年9月14日最后访问。

② 工业与贸易部还参与制定欧亚经济联盟的技术标准。

俄罗斯销售、生产以及进口至俄罗斯的转基因食品的国家登记。

(五)向自然界释放转基因生物的限制

向自然界释放转基因生物以及从转基因生物中获得产品或者含有转基因生物的产品受制于国家登记管制。① 在遵守2014年7月1日生效的《转基因生物和向自然环境释放含有转基因生物产品国家登记规则》(Rules on State Registration of GMOs and GMO-Containing Products for Release into the Environment)前提下,俄罗斯登记主管当局在一家法定机构申请的基础上,向转基因生物和含有转基因生物产品申请国家登记者颁发证书。转基因生物如果是用于科学研究,并且是在符合现有卫生标准和程序下生产的,则免于登记。类似可以免于登记的还有那些含有通过混合或加工此前已经登记过的含有转基因生物产品而成的产品,前提是此前已经登记过的含有转基因生物产品的原材料没有发生变化。②

转基因生物和含有转基因生物的产品注册没有失效期。不过在上述产品对人类和动物健康或者环境出现负面影响时,注册证将被取消,或者在使用中规定强制执行的条件。③

(六)食品中使用转基因生物的限制

1. 一般要求

根据俄罗斯联邦《转基因工程国家管制法》,那些在转基因生物领域工作的人员需要为公众安全和环境负责,确保转基因工程活动安全信息的公开,给含有基因工程研究成果的产品颁发证书,负责向环境释放转基因生物的国家登记和采用转基因生物或含有转基因生物生产的产品国家登记。④《转基因工程国家管制法》要求颁发的证书需提供有关获得相关产品和财产方法的详细信息,同时规定,通过转基因工程获得的产品和提供的服务必须满足环境安全、公

---

① 参见 Federal Law No. 86 - FZ on State Regulation in the Field of Genetic Engineering Activities, Sobraniezakonodatelstva Rossiiskoi Federatsii [SZ RF] [Collection of Russian Federa tion Legislation (official gazette)] 1996, No. 28, 第5条。

② 参见 Resolution of the Russian Federation Government No. 839 on State Registration of Genetically Engineered/Modified Organisms Intended for Release into the Environment and Products Derived from the Use of Such Organisms or Containing Such Organisms, 载 http://government.ru/docs/6128, 2020年2月11日最后访问。

③ See Resolution of the Russian Federation Government No. 839 on State Registration of Genetically Engineered/Modified Organisms Intended for Release into the Environment and Products Derived from the Use of Such Organisms or Containing Such Organisms.

④ 参见 Federal Law No. 86 - FZ on State Regulation in the Field of Genetic Engineering Activities, Sobraniezakonodatelstva Rossiiskoi Federatsii [SZ RF] [Collection of Russian Federa tion Legislation (official gazette)] 1996, No. 28, 第5条。

共健康以及俄罗斯国家药典的规定。[①]

有几类在俄罗斯制造并准备在俄罗斯销售的新型食品、原料、制品或者第一次进口至俄罗斯境内的这类产品，需要接受俄罗斯有关部门的登记。[②] 此外，俄罗斯政府也已经针对转基因生物建立了一套特别的出口管制程序。[③] 根据这一程序，2007 年，俄罗斯总统批准了一份不断更新的转基因生物名单和允许从俄罗斯出口至外国的基因物质名单。[④] 这份名单最近的一次更新是在 2013 年 7 月。[⑤]

一份受制于卫生与流行病监控和国家登记的含有转基因生物食品名单由俄罗斯、白俄罗斯、哈萨克斯坦三国关税同盟委员会依据《关税同盟内适用卫生措施协定》(Application of Sanitary Measures within the Customs Union)决定批准。[⑥]

截至 2012 年 9 月，俄罗斯一共批准和登记了 18 种转基因食品，其中 4 种大豆类食品、10 种玉米类食品、2 种土豆、1 种水稻类食品、1 种甜菜类食品。另外，还有 14 种转基因饲料，包括 4 种大豆类饲料和 10 种玉米类饲料。[⑦]

2. 风险评估

俄罗斯的转基因食品需要经过安全评估程序，其中包括历时 180 日的对动

---

① 参见 Federal Law No. 86 - FZ on State Regulation in the Field of Genetic Engineering Activities, Sobraniezakonodatelstva Rossiiskoi Federatsii [SZ RF] [Collection of Russian Federation Legislation (official gazette)] 1996, No. 28, 第 11 条。

② 参见 Federal Law No. 29-FZ on Quality and Safety of Food Products, SZ RF 2000, No. 2, 第 10 条。

③ See Regulation of the Russian Federation Government No. 634 on Control over Microorganisms, Toxins, Equipment and Technologies in the Course of Foreign Economic Activity, SZ RF 2001, No. 37.

④ See Decree of the Russian Federation President No. 1087 on Approval of the List of Microorganisms, Toxins, Equipment and Technologies Subject to Export Control, SZ RF 2007, No. 35.

⑤ See Decree of the Russian Federation President No. 612 on Amendments to the List of Microorganisms, Toxins, Equipment and Technologies Subject to Export Control approved by the Decree of President of the Russian Federation No. 1087 of August 20, 2007, SZ RF 2013, No. 28.

⑥ 参见 Resolution No. 299 of the Customs Union Commission on Application of Sanitary Measures in the Customs Union Member States (May 28, 2010), 载 http://www. tsouz. ru/KTS/KTS17/Pages/R_299. aspx, 2020 年 2 月 11 日最后访问。

⑦ 参见 Recommendations No. 15 - 3. 5 of the Parliamentary Hearings on Legal Regulation of GMO Circulation in the Russian Federation, approved by the State Duma Science and Technology Committee, September 17, 2012, 载 http://komitet2 - 8. km. duma. gov. ru/site. xp/0520531240 52055054. html, 2020 年 2 月 11 日最后访问。

物身上毒性的研究和采用现代测试方式的分析。[①] 基因食品经过测试证明与通过传统方式生产的食品没有区别,并且通过医学和生物评估,被认为是对人体安全的,即被允许向公众销售和不加限制地运用于食品工业。[②]

3. 牲畜饲料

从转基因生物中提炼的饲料需要接受强制性国家登记。[③] 来源于植物的进口饲料需要出具一份证书,证明该饲料是非转基因作物生产的。每一种无须登记的饲料,其转基因生物含量不超过 0.5%的,以及经过登记的饲料,其转基因生物含量不超过 0.9%的,可以被认定为"非转基因饲料"。如果饲料中含有转基因生物,而且没有被认定"非转基因饲料",运输过程中必须包含一份证书表明饲料中的转基因物质是在联邦畜牧与卫生检疫局登记备案过。饲料的登记有效期为 5 年,且有可能延长。[④]

(七)法律责任与司法裁决

在俄罗斯,违反与转基因生物管制要求引发的行政责任确定后,相关的金钱处罚是微不足道的。没有遵守有关卫生和流行病学标准法律规定的个人、政府官员和法律机构将被处以最高可达 2 万卢布的罚款,或者涉及法律机构的情形下,停止工作 90 日的行政处罚。[⑤]

在俄罗斯销售转基因产品缺乏必要信息或产品标签的,个人将会受到警告或者处以最高可达 5 万卢布的罚款,企业将被处以最高可达 30 万卢布的罚款。[⑥]

违反运输、销售和向自然环境释放转基因生物规定的,将被处以最高可达

---

① See Recommendations No. 15 - 3. 5 of the Parliamentary Hearings on Legal Regulation of GMO Circulation in the Russian Federation, approved by the State Duma Science and Technology Committee, September 17, 2012.

② 参见 Letter of Rospotrebnadzor No. 0100/3572 - 06 - 32 on Improving the Supervision of Food Products Containing GMOs, April 3, 2006, 载 http://89. rospotrebnadzor. ru/documents/ros/103/print/, 2020 年 2 月 11 日最后访问。

③ 参见 Decree of the Russian Federation Government No. 26 on State Registration of Feed Derived from Genetically Modified Organisms, 载 http://www. fsvps. ru/fsvps/laws/243. html, 2020 年 2 月 11 日最后访问。

④ 参见 Administrative Regulation on the State Function of the Federal Service for Veterinary and Phytosanitary Surveillance for State Registration of Feed Produced from GMOs, approved by the Order of the Ministry of Agriculture of the Russian Federation No. 466 of October 6, 2009, 载 http://www. mcx. ru/documents/document/v7_show/11682. 285. htm, 2020 年 2 月 11 日最后访问。

⑤ 参见 Code of Administrative Violations of the Russian Federation, SZ RF 2001, No. 1, 第 6. 3 条。

⑥ 参见 Code of Administrative Violations of the Russian Federation, SZ RF 2001, No. 1, 第 14. 5 条和第 14. 8 条。

30 万卢布的罚款。违法行为导致对人的生命、健康、财产或者环境造成损害或损害威胁的，将招致更加严厉的处罚，罚款金额最高可达 60 万卢布，同时还会并处没收相关产品。[①]

截至 2022 年，俄罗斯还没有作出过在转基因生物管制方面有影响的司法裁决。

五、法国

法国的转基因作物商业化种植始于 2004 年，曾经还是欧盟第二大转基因玉米生产国，主要种植欧盟批准的 Mon810 号玉米，种植面积达 2 万公顷，产品除供应西班牙等国外，主要用于法国国内的饲料生产。随着国内反转基因力量的不断增强，法国自 2008 年开始逐渐减少转基因作物的种植数量，直到现在已基本上没有转基因作物的种植。总体而言，法国有关转基因生物的立法是从属于范围更广的欧盟法律规制框架，不过法国有自己配套的国内法，对转基因生物设置更多的限制规定。这些国内法的限制主要集中在故意向自然环境释放转基因生物和转基因产品的标注等方面。法国立法要求转基因作物种植的信息向社会公开，同时对防止转基因作物可能流入非转基因作物农田设定了严格的管理责任。由于法国民众对转基因生物普遍持质疑态度，加上法国严格的立法限制，尽管法国仍然从国外进口不少转基因作物，但是转基因作物在法国本土种植的前景并不太乐观。

（一）概述

根据欧盟第 EC 2001/18 指令（Directive EC 2001/18），当某个欧盟成员有充分依据认为某个已经被批准上市的转基因产品对人体或环境有危害时，该成员对这项转基因产品可启动安全保障条款，暂时限制或禁止该产品在这个成员境内使用。法国是对转基因生物采取严格管制的国家，[②]先后对 3 个转基因产品启动过安全保障条款，包括 1998 年针对拜耳公司 Topas 19/2 和 MS1XRf1 两种油菜籽的进口和 2008 年、2012 年两次禁止种植孟山都公司的 MON810 玉米，后者还引发一系列的争议和官司。在欧盟食品安全署（European Food Safety Agency，EFSA）和欧洲法院（European Court of Justice）等机构的施压下，法国于 2011 年 11 月取消了 2008 年开始实行的禁令。然而，法国政府于 2012 年 3 月又重新启动禁止令。由于这个时间点在春天播种季之前，因此，法国农民并没有因为前后两项禁令之间存在间隔时间而有播种机会。

---

① 参见 Code of Administrative Violations of the Russian Federation，SZ RF 2001，No. 1，第 14. 43 条。

② See USDA Foreign Agricultural Service，Gain Report：France：Agricultural Biotechnology Annual 2 (June 10，2013)，pp. 14-15.

尽管法国国内立法的某些方面也是在对转基因生物的研发采取一种平衡观点,具体做法是确保消费者和生产者有“选择或不选择转基因产品的自由”,[①]但是从总体上讲,法国政府对于农业生物技术的利用不是特别感兴趣。[②]虽然法国科学家在转基因生物研究方面非常活跃,研究水平居于世界前列,[③]法国也向其他国家进口大量转基因作物生产饲料,[④]但是,法国目前的农业生产中并没有任何转基因作物的商业化种植。[⑤] 法国最近的一次转基因生物田间试验项目也于 2013 年 7 月结束。[⑥]

(二)公众与学者的观点

法国民众对于转基因生物的观点分歧很大。美国农业部曾有过这样一番描述:“在需要使用生物技术产品的利益相关者中,他们对这类产品的市场化接受程度很高。这些利益相关者包括进口商、动物复合饲料的生产者以及家禽/生猪/奶牛饲养者等对进口大豆制品依赖程度很高的群体。”[⑦]此外,许多法国科学家也支持对生物技术的持续研究,以保持法国在这一领域处于世界领先地位。[⑧] 然而,法国的一些反转基因分子非常活跃,他们不仅不遗余力地宣传转基因产品的危害,还到处捣毁试验性种植的转基因作物。[⑨] 由于法国政府规定,转基因作物种植的具体信息必须向社会公开,这使反转基因分子能够轻而易举地找到这些作物。[⑩] 与此同时,法国还有相当一部分反对转基因食品的消费者。2012 年的一项民意调查显示,79%的受访者表示担心食品中含有转基

---

① CODE DE L' ENVIRONNEMENT, art. L531-2-1.

② See USDA Foreign Agricultural Service, Gain Report: France: Agricultural Biotechnology Annual 2 (June 10, 2013), pp. 14-15.

③ See USDA Foreign Agricultural Service, Gain Report: France: Agricultural Biotechnology Annual 2 (June 10, 2013), pp. 14-15.

④ See USDA Foreign Agricultural Service, Gain Report: France: Agricultural Biotechnology Annual 2 (June 10, 2013), pp. 14-15.

⑤ See USDA Foreign Agricultural Service, Gain Report: France: Agricultural Biotechnology Annual 2 (June 10, 2013), pp. 14-15.

⑥ 参见 Marc Mennessier, Fin de la recherche sur les OGM en France, LE FIGARO (July 15, 2013),载 http://www.lefigaro.fr/environnement/2013/07/15/01029-20130715ARTFIG0 0419-il-n-y-a-plus-de-recherche-sur-les-ogm-en-france.php,2020 年 2 月 11 日最后访问。

⑦ See USDA Foreign Agricultural Service, Gain Report: France: Agricultural Biotechnology Annual 2 (June 10, 2013), pp. 23-24.

⑧ Pour un débat raisonné sur les OGM, LE MONDE, September 27, 2012.

⑨ See USDA Foreign Agricultural Service, Gain Report: France: Agricultural Biotechnology Annual 2 (June 10, 2013), p. 15.

⑩ See Laurent J. Journo, France Exporter Guide Annual, Gain Report Number: FR9164, Date: 12/8/2014, p. 9.

因生物。[①] 2011 年的一项民意调查显示,80%的受访者反对在不加隔离的普通农田种植转基因作物。[②]

(三)相关立法框架

1. 欧盟条例

法国是欧盟成员国,它的转基因国内立法总体上深受欧盟相关规定的影响,[③]尤其是在消费者权益和环境保护等领域,法国的国内立法从属于欧盟的规定。[④] 尽管如此,欧盟与其成员国之间也有一些共享的权力。法国政府在制定和执行本国法时可以有自己的考量,只要这些国内法原则上与欧盟的规定保持一致。[⑤] 例如,在转基因作物种植的选择方面,成员国可以决定接受还是不接受经过欧盟批准的转基因作物是否在本国境内种植。欧盟负责审批转基因生物的主管机构也会向各成员国食品安全机构咨询。[⑥] 法国的食品安全机构是"卫生、食品、环境和工作场所安全国家总署"(National Agency on Sanitary,Food,Environmental,and Workplace Safety)。[⑦]

2. 国内法规定

法国管制转基因生物的国家立法主要是《2008 年综合立法》。[⑧] 这部法律的各项条款已分别渗透到法国的各部法典之中,[⑨]其中大部分条款被结合到

---

① 参见 IFOP,Les Francais et les OGM (September 2012),载 http://www.ifop.com/media/poll/1989-1-study_file.pdf,2015 年 9 月 3 日最后访问。

② 参见 IFOP,Les Francais et les OGM (December 2011),载 http://www.ifop.com/media/poll/1697-1-study_file.pdf,2015 年 9 月 3 日最后访问。

③ USDA Foreign Agricultural Service, Gain Report: France: Agricultural Biotechnology Annual 2 (June 10,2013),p. 13.

④ 参见 Consolidated Version of the Treaty on the Functioning of the European Union,arts. 2 &4,2012 O. J. (C 326),50-51,载 http://eur-lex.europa.eu/LexUriServ/LexUriServ.do? uri=CELEX:12012E/TXT:EN:PDF,2020 年 2 月 11 日最后访问。

⑤ 参见 Consolidated Version of the Treaty on the Functioning of the European Union,arts. 2 &4,2012 O. J. (C 326),50-51,第 2 条。

⑥ 参见 Regulation (EC) 1829/2003 of the European Parliament and of the Council,arts. 6(2)(b) & 18(3)(b),2003 O. J. (L 268) 8,14,载 http://eur-lex.europa.eu/LexUriServ/LexUriServ.do? uri=OJ:L:2003:268:0001:0023:EN:PDF,2020 年 2 月 11 日最后访问。

⑦ 该机构的法文名称是"Agence Nationale de Sécurité Sanitaire, de l' alimentation, de l' environnement et du Travail"。参见 CODE DE LA SANTE art. 1313-1。

⑧ Loi 2008-595 du 25 juin 2008 relative aux organismes génétiquement modifiés [Law 2008-595 of June 25,2008, regarding genetically modified organisms], JOURNAL OFFICIEL DE LA REPUBLIQUE FRANÇAISE [J. O.][Official Gazette of the Republic of France],June 26,2008,p. 10218.

⑨ Loi 2008-595 du 25 juin 2008 relative aux organismes génétiquement modifiés [Law 2008-595 of June 25,2008, regarding genetically modified organisms], JOURNAL OFFICIEL DE LA REPUBLIQUE FRANÇAISE [J. O.][Official Gazette of the Republic of France],June 26,2008,p. 10218.

《环境法典》(Environmental Code)之中。此外,部分条款被结合到《乡村法典》(Rural Code),部分被结合到《公共卫生法典》(Public Health Code),部分被结合到《研究法典》(Research Code)。①

《2008 年综合立法》的核心内容被吸收到《环境法典》,但是有关农产品生产、运输和销售的内容被放在《乡村法典》。被吸收到《公共卫生法典》的内容主要是有关在医疗过程中涉及的转基因生物。《2008 年综合立法》(第 16 条)修改的《研究法典》只涉及转基因生物研究和对高等教育的评估。② 因此,援引有关转基因生物规制的法国国内法主要是指《环境法典》《乡村法典》《公共卫生法典》这些法典,而不是笼统地指《2008 年综合立法》。

法国对转基因生物法律规制的一个重要内容是成立一个名为"生物技术高级理事会"(High Council for Biotechnologies)的高级别国家特别机构。③ 这个高级理事会由多位专家、政界人士、社会组织代表以及相关利益团体和专业机构的代表组成。理事会被分成"科学委员会"(Scientific Committee)和"经济、伦理与社会委员会"(Economic, Ethical and Social Committee)两个部分。④ 正如本文下面所述,在涉及转基因事务时,法国许多立法都要求政府主管部门咨询生物技术高级理事会。

在法国的地方立法中,许多市长和市议会都试图在其管辖范围内制定禁止种植转基因生物的地方条例。但是,这些地方管制措施往往遭到挑战其立法的完整性,并被法国行政法院裁定无效。⑤

3. 转基因生物的定义

《环境法典》将转基因生物定义为"一种生物,其基因物质的改变不是通过自然再生或重组的方式实现的"。⑥ 这样的定义与欧盟议会和欧盟理事会通过的第 2001/18/EC 指令所下的定义相似。欧盟的指令对转基因生物是这样定义的:"除了人类之外,一种生物,其基因物质的改变不是通过自然交配和/或

---

① Loi 2008-595 du 25 juin 2008 relative aux organismes génétiquement modifiés [Law 2008-595 of June 25, 2008, regarding genetically modified organisms], JOURNAL OFFICIEL DE LA REPUBLIQUE FRANÇAISE [J. O.] [Official Gazette of the Republic of France], June 26, 2008, p. 10218.

② Loi 2008-595 du 25 juin 2008 relative aux organismes génétiquement modifiés [Law 2008-595 of June 25, 2008, regarding genetically modified organisms], JOURNAL OFFICIEL DE LA REPUBLIQUE FRANÇAISE [J. O.] [Official Gazette of the Republic of France], June 26, 2008, p. 10218.

③ CODE DE L'ENVIRONNEMENT, art. L531-3.

④ CODE DE L'ENVIRONNEMENT, art. L531-3.

⑤ BIRGIT MÜLLER, LA BATAILLE DES OGM, COMBAT VITAL OU D'ARRIÈRE-GARDE? 88 (Ellipses, 2008).

⑥ CODE DE L'ENVIRONNEMENT, art. L531-1.

自然重组实现的。"[①]

(四)研究、生产和市场化方面的限制

法国的法律要求,转基因生物的种植、销售或使用必须"重视环境保护、公共卫生、农业结构、地方的生态系统以及已经贴有'不含转基因生物'标注的生产和商业渠道,同时做到信息完全公开"。[②] 为了实现上述目标,法国法律规定,转基因生物的研究、生产和销售必须首先获得有关部门的批准。此外,转基因作物的种植还要遵守公开透明原则。

1. 在封闭的环境下使用转基因生物

在一个封闭区域,为了科学和教学目的使用转基因生物需要事先得到政府主管科研部门的批准。[③] 主管部门在作出授权决定之前,必须咨询生物技术高级理事会。[④] 如果转基因生物对于公共卫生或环境的潜在危害并不存在或者可以忽略不计,则不需要有关部门的事先授权,但即使如此,也要向政府有关部门通报使用转基因生物的相关事宜。[⑤] 为了工业目的,在封闭环境下使用转基因生物适用相同规则,除非主管此事的是地方政府相关部门,而不是法国中央政府主管科研的部门。[⑥]

2. 为了科学目的,在公开环境下故意释放转基因生物

为了科学目的,在公开环境下故意释放转基因生物同样需要得到政府批准(虽然其他行政部门对于某些特定事务负有管理职权,但是通常情况下,都是由环境部门负责审批)。[⑦] 审批部门在授权之前必须接受生物技术高级理事会就转基因生物对公共卫生和环境有可能造成的危害出具的咨询意见。[⑧] 审批部门还必须通过其政府网站广泛征求公众的意见。[⑨] 此外,审批部门还要提前通知准备释放转基因生物区域的地方政府。[⑩] 如果新出现的情况足以证明原先作出的审批决定需要改变,授权释放转基因生物的决定可以被修改或

---

① Directive 2001/18/EC of the European Parliament and of the Council, art. 2(2), 2001 O. J. (L 106) 4,载 http://eur-lex. europa. eu/legal-content/EN/TXT/? uri=CELEX:32001L0018,2020 年 2 月 12 日最后访问。

② CODE DE L'ENVIRONNEMENT, art. L531-2-1.

③ CODE DE L'ENVIRONNEMENT, art. L531-2-1, arts. L532-3 & R532-5.

④ CODE DE L'ENVIRONNEMENT, art. L531-2-1, arts. L532-3 & R532-5.

⑤ CODE DE L'ENVIRONNEMENT, art. L531-2-1, arts. L532-3 & R532-5.

⑥ CODE DE L'ENVIRONNEMENT, art. L531-2-1, art. L532-25.

⑦ CODE DE L'ENVIRONNEMENT, art. L531-2-1, arts. L533-3 & R533-1.

⑧ CODE DE L'ENVIRONNEMENT, art. L531-2-1, art. L533-3-3.

⑨ CODE DE L'ENVIRONNEMENT, art. L531-2-1, art. L533-3-2.

⑩ CODE DE L'ENVIRONNEMENT, art. L531-2-1, art. L533-3-4.

中止。[1]

3. 为了商业目的传播和释放转基因生物

为了商业目的,转基因生物投放市场和向自然环境释放首先需要得到政府的批准(虽然其他行政部门对于某些特定事务负有管理职权,但是通常情况下,都是由环境部门负责审批)。[2] 主管部门批准前需要评估转基因生物对环境和公共健康的潜在风险,并获得生物技术高级理事会的咨询意见。[3]《环境法典》第 L533-6 条规定,欧盟其他成员国或者欧盟主管机构依照欧盟条例签发的授权与法国政府签发的授权具有同等效力。[4] 然而,即使授权已经签发,如果有新的或其余的信息证明转基因生物对环境和公共卫生有轻微风险,法国政府仍然可以中止或禁止使用或销售转基因产品。[5]

4. 转基因作物的透明度原则

除了上述授权要求外,法国立法还要求申请人向政府公布转基因作物的种植地点。[6] 政府主管部门将这一信息输入全国统一注册平台,并上网公布。[7] 这条规定在法国引起不小的争议,因为这些信息可以被反转基因活跃分子利用,按图索骥找到种植地点摧毁这些转基因作物。[8] 有鉴于此,法国的立法者试图采取折中办法:一方面,隐瞒不报种植地点的将被罚款 3 万欧元,并判处 6 个月监禁;[9]另一方面,摧毁或损坏获得授权种植的转基因作物将被罚款 75,000 欧元,并判处 2 年监禁。[10] 如果摧毁或损坏的转基因作物是用于科学目的的,将被处于 15 万欧元罚款,并判处 3 年监禁。[11]

除了通报政府主管部门外,种植转基因作物的农民还需要在耕种前通知周围的农民,并遵守规定的间隔距离标准。[12]

---

① CODE DE L'ENVIRONNEMENT, art. L531-2-1, art. L533-3-5.

② CODE DE L'ENVIRONNEMENT, art. L531-2-1, arts. L533-5 & R533-25.

③ CODE DE L'ENVIRONNEMENT, art. L531-2-1, arts. L533-5 & L533-5-1.

④ CODE DE L'ENVIRONNEMENT, art. L531-2-1, art. L533-6.

⑤ CODE DE L'ENVIRONNEMENT, art. L531-2-1, art. 533-8.

⑥ Code Rural [Rural Code], art. L663-1.

⑦ Code Rural [Rural Code], art. L663-1.

⑧ Luc Bodiguel et al., Coexistence of Genetically Modified, Conventional, and Organic Crops in the EuropeanUnion: National Implementation, in Luc Bodiguel & Michael Cardwell (eds.), *The Regulation of Genetically Modified Organisms: Comparative Approaches*, Oxford University Press, 2010, p. 172.

⑨ Code Rural [Rural Code], art. L671-14.

⑩ Code Rural [Rural Code], art. L671-15.

⑪ Code Rural [Rural Code], art. L671-15.

⑫ Code Rural [Rural Code], art. L663-1.

(五)向自然界释放转基因生物的限制

鉴于转基因生物有可能向周围环境扩散,如何管制转基因作物与非转基因作物和有机作物共存便成为欧盟及其成员国重点关注的事项。① 法国对转基因食品界定的阈值是0.9%,这个标准与欧盟的规定一致。法国规定,转基因含量低于0.1%、其他方面符合有机食品生产标准的食品可以标注为“有机食品”。有机食品与其他食品的区别在于生产过程中不使用化学肥料和杀虫剂。2012年,欧盟与美国达成协议,双方相互承认对方的有机食品标准,从而形成了世界上最大的有机食品市场。

针对故意向环境中释放转基因生物,欧盟可以依据欧盟议会和欧盟理事会制定的2001/18/EC指令进行审批授权。② 欧盟条例不允许成员国完全禁止转基因生物的种植和销售,③但是欧盟成员国可以采取“适当措施避免在其他产品中意外地出现转基因生物”。④ 法国制定的相关措施都是基于这一特别规定,这也是为什么法国在2008年、2011年和2012年数次作出的决定都是“暂时”禁止转基因作物在其境内种植的原因所在。

如前文所述,法国的《环境法典》第531-2-1条要求,转基因生物的种植、销售或使用必须“重视环境保护、公共卫生、农业结构、地方的生态系统以及已经贴有‘不含转基因生物’标注的生产和商业渠道,做到信息完全公开”。⑤ 同时要求确保人们有权选择或不选择转基因产品的消费和生产。⑥ 为此,法国的立法旨在限制转基因生物向指定区域外传播。《乡村法典》第L663-2条也规定,种植、收割、存储、运输转基因作物受一些技术规范规制。⑦ 这些规范由法

---

① Margaret Rosso Grossman, Coexistence of Genetically Modified, Conventional, and Organic Crops in the European Union: The Community Framework, in Luc Bodiguel & Michael Cardwell (eds.), *The Regulation of Genetically Modified Organisms: Comparative Approaches*, Oxford University Press, 2010, pp. 122-62.

② 参见 Directive 2001/18/EC of the European Parliament and of the Council, art. 2(2), 2001 O. J. (L 106) 1,载 http://eur-lex.europa.eu/legal-content/EN/TXT/? uri=CELEX:32001L0018,2020年2月12日最后访问。

③ Margaret Rosso Grossman, Coexistence of Genetically Modified, Conventional, and Organic Crops in the European Union: The Community Framework, in Luc Bodiguel & Michael Cardwell (eds.), *The Regulation of Genetically Modified Organisms: Comparative Approach* es, Oxford University Press, 2010, p. 131.

④ 2001/18/EC Deliberate Release Directive, art. 26a(1), as amended by the (EC) 1829/2003 Food andFeed Regulation.

⑤ CODE DE L'ENVIRONNEMENT, art. L531-2-1.

⑥ CODE DE L'ENVIRONNEMENT, art. L531-2-1.

⑦ Code Rural [Rural Code], art. L663-2.

国农业部长在咨询生物技术高级理事会之后与环境部长分别制定。①

对于转基因作物和其他对偶然出现的转基因生物非常敏感的非转基因作物的种植间隔距离,《乡村法典》第 L663-2 条作了原则性规定。② 违反这些间隔距离规则要求的将受到严惩。《乡村法典》第 L671-15 条规定,最严重的情形可处以 75,000 欧元的罚款,并处以 2 年监禁。③ 需要指出的是,《乡村法典》只是对间隔距离作出原则规定。对此具体负责的法国农业部长至今仍未划出具体的间隔距离标准。④ 除了上述规则外,法国的立法还规定,"在法国境内实施生物监控",包括植物的健康状况、监视包括使用转基因生物在内的农业活动可能出现意想不到的后果。⑤ 这项工作由一个名为"境内生物监控委员会"(Committee for Biological Monitoring of the Territory)负责协调。该委员会是依据《2008 年综合立法》,针对转基因生物的特定情况而设立的。⑥ 该机构每年向法国国会上下两院(参议院和国民议会)出具一份年度报告。如果出现一些意想不到的情形时,境内生物监控委员会可以提醒法国政府采取紧急措施。⑦

(六)食品中使用转基因生物的限制

在欧盟范围内,用于人类食品和动物饲料生产的转基因作物销售需要依据欧盟议会和欧盟理事会制定的第 1829/2003 号条例规定获得批准授权。⑧ 此外,欧盟还制定了转基因食品可追溯制度和标签规则。这些规则是通过欧盟议会和欧盟理事会就转基因生物的可追溯性和标签规定以及转基因食品的可追溯制度等议题制定的第 1830/2003 号条例确立的。⑨

① Code Rural [Rural Code], art. L663-2.

② Code Rural [Rural Code], art. L663-2.

③ Code Rural [Rural Code], art. L671-15.

④ Luc Bodiguel et al., Coexistence of Genetically Modified, Conventional, and Organic Crops in the European Union: National Implementation, in Luc Bodiguel & Michael Cardwell (eds.), *The Regulation of Genetically Modified Organisms: Comparative Approaches*, Oxford University Press, 2010, p. 173.

⑤ Code Rural [Rural Code], art. L251-1.

⑥ Loi 2008-595 du 25 juin 2008 relative aux organismes génétiquement modifiés [Law 2008-595 of June 25, 2008, Regarding Genetically Modified Organisms] art. 9, J. O., June 26, 2008, p. 10221.

⑦ CODE RURAL [RURAL CODE], art. L251-1. 又见法国农业部网站有关境内生物监控委员会的相关信息,载 http://agriculture. gouv. fr/csbt-missions-et-avis,2020 年 2 月 12 日最后访问。

⑧ 参见 Regulation (EC) 1829/2003 of the European Parliament and of the Council, 2003 O. J. (L 268) 1,载 http://eur-lex. europa. eu/LexUriServ/LexUriServ. do? uri=OJ:L:2003:268:0001:0023:EN:PDF,2020 年 2 月 12 日最后访问。

⑨ See Margaret Rosso Grossman, Coexistence of Genetically Modified, Conventional, and Organic Crops in the European Union: The Community Framework, in Luc Bodiguel & Michael Cardwell (eds.), *The Regulation of Genetically Modified Organisms: Comparative Approaches*, Oxford University Press, 2010, p. 129.

除了上述欧盟法律,还有一些法国国内的限制规定。具体而言,含有转基因生物的食品上市需要事先获得法国有关部门的批准。① 此外,转基因产品还要受特定的标签制度规制。这些特别规定中的部分规则是欧盟制定的,尤其是转基因生物在食品的每一种成分中含量超过0.9%的阈值时,就必须标明"含转基因生物"。如果转基因生物在食品成分中的含量偶然超出0.9%或者在技术上是无法避免的,则免于执行标签规则。② 欧盟针对牲畜饲料的管制采取类似的规则。③

需要指出的是,欧盟的标签规定属于"正面标注"(positive labeling),即超过阈值标准的转基因食品必须标注。欧盟条例并没有"负面标注"(negative labeling)规定,即在标签上明确注明"非转基因"等信息。因此。负面标注主要受各成员国内法规制。法国于2012年制定的法令针对非转基因食品规定了一种特别的、选择性的标签制度。④ 只有当不存在转基因作物的产品占了食品成分的95%以上,商家才可以将"非转基因"的标志放在产品的包装前。否则,"非转基因"的标志只能放在产品包装背面的"成分"一栏里,而且必须与成分内容的表述采用相同规格的字体、字形和颜色。⑤ 后者是针对食品原料有相应的转基因作物,但是本产品采用的是非转基因作物作为原料生产的情形。这些规定与欧盟有关转基因食品0.9%的阈值规定并不冲突。

上述标签规定不同于之前法国食品行业或超市连锁企业自行采用的标签

---

① 参见本章"五、法国(四)研究、生产和市场化方面的限制"。

② 参见 Margaret Rosso Grossman, Coexistence of Genetically Modified, Conventional, and Organic Crops in the European Union: The Community Framework, in Luc Bodiguel & Michael Cardwell (eds.), *The Regulation of Genetically Modified Organisms: Comparative Approach es*, Oxford University Press, 2010, p. 129. 同时参见 Regulation (EC) 1829/2003 of the European Parliament and of the Council, 2003 O. J. (L 268) 1, arts. 12-13, 载 http://eur-lex.europa.eu/LexUriServ/LexUriServ.do? uri=OJ:L:2003:268:0001:0023:EN:PDF,2020年2月12日最后访问。

③ 参见 Regulation (EC) 1829/2003 of the European Parliament and of the Council, 2003 O. J. (L 268) 1, arts. 24-25, 载 http://eur-lex.europa.eu/LexUriServ/LexUriServ.do? uri=OJ:L:2003:268:0001:0023:EN:PDF,2020年2月12日最后访问。

④ Décret n° 2012-128 du 30 janvier 2012 relatif à l'étiquetage des denrées alimentaires issues de filières qualifiées《sans organismes génétiquement modifiés》[Decree No. 2012-128 of January 30, 2012, Regarding the Labeling of Food Products Emanating from Channels Deemed "Without Genetically Modified Organisms"], J. O., January 31, 2012, p. 1770.

⑤ Décret n° 2012-128 du 30 janvier 2012 relatif à l'étiquetage des denrées alimentaires issues de filières qualifiées《sans organismes génétiquement modifiés》[Decree No. 2012-128 of January 30, 2012, Regarding the Labeling of Food Products Emanating from Channels Deemed "Without Genetically Modified Organisms"], J. O., January 31, 2012, arts. 8-13.

规定。[①] 原先像家乐福等一些超市在自己生产出售的肉制品上贴上“非转基因”标签,这种做法不规范,也没有统一标准。现在,法国零售商和超市自行采用的标签要遵守 2012 年颁布“非转基因”标签令规定。[②]

法国 2012 年制定的标签规定只适用于本国产品,进口食品的标签规定仍然执行欧盟的标准。

(七)法律责任与著名案例

《乡村法典》规定,如果转基因生物不小心向其他地区扩散,导致其他种植非转基因作物农民经济损失的,转基因作物种植者对此负有直接责任。[③] 这种责任属于“无过错责任”,即使转基因作物种植者对于转基因生物扩散主观上没有过错,也要承担相应的赔偿责任。[④] 在这样的法律规定下,因为受到基因“污染”,原先种植非转基因作物的农民后来不得不在其销售的农产品上打上“转基因”标志,该农民可以对由此造成的损失向责任方提出赔偿要求。[⑤]《乡村法典》同时规定,种植转基因作物的农民必须购买第三人责任险。[⑥] 事实上,这一条严苛规定已经限制了转基因生物在法国农业中的广泛使用,因为保险公司一直不愿意将在法国种植的转基因作物列入保险范围。[⑦]

此外,依据欧盟法律,如果某人的财产因为别人使用转基因生物而受到不利影响,他可以按照“不正常的邻里骚扰”(abnormal neighborhood disturbance)这一理由提出赔偿诉求。虽然这种情形至今尚未出现,但是这种可能性是存在的。[⑧]

由于转基因生物的使用在法国引起了很大争议,在过去的几年中,已经成为部分诉讼的焦点,其中引起公众广泛关注的几起案件涉及对捣毁或损坏转基因作物的反转基因活跃分子的起诉。第一起此类案件发生在 1997 年,起诉的对象是一个名为“志愿收割者”(volunteer reapers)团体的成员。[⑨] 此后的几

---

① See USDA Foreign Agricultural Service, Gain Report: France: Agricultural Biotechnology Annual 2 (June 10, 2013), pp. 19-20.

② Décret n° 2012-128 du 30 janvier 2012, art. 2.

③ Code Rural [Rural Code], art. L663-4. - Ⅰ.

④ Code Rural [Rural Code], art. L663-4. - Ⅰ.

⑤ Code Rural [Rural Code], art. L663-4. - Ⅰ.

⑥ Code Rural [Rural Code], art. L663-4. - Ⅲ.

⑦ BIRGIT MÜLLER, LA BATAILLE DES OGM, COMBAT VITAL OU D'ARRIÈRE-GARDE? 88 (Ellipses, 2008), p. 116.

⑧ BROU AKPOUÉ, DROIT PRIVÉ DE L'ENVIRONNEMENT 46 - 50 (Atelier National de Reproduction des Theses, 2009).

⑨ BIRGIT MÜLLER, LA BATAILLE DES OGM, COMBAT VITAL OU D'ARRIÈRE-GARDE? 88 (Ellipses, 2008), p. 116.

年,法国又发生了多起类似案件,参与捣毁转基因作物的反转基因活跃分子在2004年声称,他们已经捣毁了70%转基因生物研究试验田上的作物。[①] 法国警方与检察机关拘捕和起诉了参与上述事件的部分反转基因活跃分子,但是法国法院对这些行为的处理前后并不一致,有些人被宣布无罪释放,有些则被判入狱。[②] 尽管法院的判决前后不一致,反转基因活跃分子也利用这些诉讼扩大了他们的社会影响。与此同时,对反转基因活跃分子提起刑事诉讼也让他们对自己的行为有所收敛,迫使他们放弃在光天化日之下捣毁转基因作物的做法,而是改在夜间偷偷行动,避免被察觉并遭到拘捕。[③]

除了上述诉讼,法国还有一些其他的司法裁决也对转基因生物管制产生重要影响。最近一份这样的决定是由法国最高行政法院——国家理事会(Council of State)于2013年8月1日作出的。[④] 国家理事会在该案中被请求对法国政府作出的禁止使用MON810号转基因玉米行政命令的合法性进行裁定。虽然欧盟委员会已经批准了MON810号转基因玉米,法国政府可以依据欧盟第1829/2003号条例第34条,在出现"人类和动物健康、环境受到威胁"的紧急情况下,暂停使用MON810号转基因玉米。[⑤] 法国国家理事会裁定:鉴于MON810号转基因玉米既没有出现严重危害,也不存在其他紧急情况,法国政府停止使用MON810号转基因玉米是一种越权行为。MON810号转基因玉米也因此在法国成为一种被合法化的转基因作物。这项裁决在法国民众中受到相当负面的评价。法国政府也在裁决作出后表示,将寻求其他途径继续停止批准MON810号转基因玉米在法国的种植。[⑥]

---

① BIRGIT MÜLLER, LA BATAILLE DES OGM, COMBAT VITAL OU D'ARRIÈRE-GARDE? 88 (Ellipses, 2008), p. 117.

② BIRGIT MÜLLER, LA BATAILLE DES OGM, COMBAT VITAL OU D'ARRIÈRE-GARDE? 88 (Ellipses, 2008), p. 121.

③ BIRGIT MÜLLER, LA BATAILLE DES OGM, COMBAT VITAL OU D'ARRIÈRE-GARDE? 88 (Ellipses, 2008), pp. 121-123.

④ 参见 Arrêté sur les OGM (1 août 2013),载 http://www.conseil-etat.fr/Actualites/Communiques/Arrete-sur-les-OGM,2015年9月5日最后访问。

⑤ 参见 Regulation (EC) 1829/2003 of the European Parliament and of the Council, 2003 O. J. (L 268) 19,载 http://eur-lex.europa.eu/LexUriServ/LexUriServ.do?uri=OJ:L:2003:268:0001:0023:EN:PDF,2020年2月12日最后访问。

⑥ 参见 Elodie Vallerey, Le Conseil d'Etat suspend l'interdiction de la culture du maïs transgénique Monsanto (August 1, 2013),载 http://www.usinenouvelle.com/article/le-conseil-d-etat-suspend-l-interdiction-de-la-culture-du-mais-transgenique-monsanto.N202460,2020年2月12日最后访问。

六、荷兰

荷兰虽然是第一个在转基因生物研发初期就制定了基因工程改良作物生产立法指南的欧盟成员国,但是一直没有对转基因作物进行商业化推广。尽管荷兰政府以及农业界对待转基因产品的进口和使用采取比较务实的态度,荷兰民众对于转基因食品是否有害健康的认识仍不一致。加上荷兰复杂的环境管理体制和来自环保组织的压力,这一切都制约了荷兰的转基因产业发展。

在荷兰,有关转基因生物的活动主要是出于科学研究目的,在实验室和田间试验时受到严格管制。政府的执法依据主要是根据欧盟 2001/18 指令第 95 条制定的"皇家法令",即《环境中的转基因生物法令》。该法令是基于荷兰《环境有害物质法案》第 24 条制定的。

皇家法令第 8 条规定,释放转基因生物需要得到政府许可,荷兰的基础设施与环境部负责监管荷兰境内一切从事与转基因生物有关的活动。基础设施与环境部下属的转基因生物局负责发放从事转基因生物活动许可证。所有与转基因生物有关的活动开展前都需要进行风险评估,主管部门需要适时监管,从事转基因生物活动者也要及时汇报有关进展。违反上述规定者有可能遭受刑事制裁或行政处罚。

荷兰的食品与消费者产品安全保护署和食品安全研究院分别负责转基因食品和饲料的安全。在荷兰销售的转基因食品标签需要符合荷兰《食品与日用品法案》和《食品标签法令》以及欧盟有关食品和饲料的条例规定。一方如果要将在封闭环境下使用的转基因生物产品转移给另一方使用,必须在其包装的标签以及其他相关文件上明确标明转基因生物的存在。

(一)概述

在荷兰,大规模的商业化生产转基因产品还没有出现。[①] 根据美国农业部 2013 年 6 月公布的一份有关荷兰生物技术现状的报告,"荷兰还没有研发可以在未来 5 年投放市场的转基因作物"。[②] 然而,荷兰确实进口了一些转基因作

---

① 参见 Country Reports: GMOs in EU Member States: The Netherlands, GMO Compass (March 23, 2007),载 http://www.gmo-compass.org/eng/news/country_reports,2016 年 1 月 12 日最后访问。

② Bob Flach, Netherlands: Agricultural Biotechnology Annul 1 (June 12, 2013),载 http://gain.fas.usda.gov/Recent%20GAIN%20Publications? Agricultural%20Biotechnology%20Annual_The%Hague_Netherlands_6-12-2013.pdf,2016 年 1 月 12 日最后访问。据该报告介绍,作为荷兰唯一指定的大学,瓦赫宁根大学(Wageningen University)于 2013 年开始试验培育转基因土豆,但是这种土豆不可能在 5 年内进入市场销售。参与该项研究的另外 3 组单位分别是公共研究机构、生物技术公司和土豆培育公司。参见 W. J. Bijman, The Development and Introduction of Genetically Modified Potatoes in the Netherlands,载 http://www.accessexcellence.org/RC/AB/BA/Potatos_in_Netherlands.php,2016 年 10 月 28 日最后访问。

物和产品。[①] 与此同时,荷兰在遵守欧盟有关文件报送和标签的法律规定前提下,也向欧盟其他成员国转运此类进口的转基因作物和产品,或者再出口至非欧盟国家。[②] 由于荷兰不允许种植转基因作物,荷兰不进口转基因作物的种子。[③]

由于供消费者使用的转基因产品投放市场之前必须明确贴上相应的标签,荷兰进口的转基因产品数量并不是很多。[④] 进口的转基因作物与产品主要包括两部分:一部分是从巴西和美国进口的大豆;另一部分是从巴西和阿根廷进口转基因大豆做成的食物。[⑤] 与欧盟的立法规定相一致,荷兰对于动物饲料采用"低含量出现"政策(low level presence policy),即饲料中可以含有少量的未经批准的转基因作物。[⑥] 根据美国农业部的报道,"荷兰的饲料生产原料是从欧盟以外第三方进口的转基因作物,其中主要是转基因大豆。荷兰的农产品流通领域不存在转基因动物,荷兰的农业研究机构也没有用于科研目的培育转基因动物"。[⑦]

(二)公众与学者的观点

正如一些学者所言,从总体上讲,荷兰政府和议会视"转基因产业为经济发展和民生领域一个非常重要的组成部分"。[⑧] 然而,由于欧盟条例的烦琐规定以及环保组织无处不在的抗议,荷兰政府以及整个农业领域被认为在对待转基因农产品的进口和使用等问题上持较为谨慎和务实的态度,转基因作物的田间试验和商业化种植在荷兰是被有效阻止的。[⑨] 当然,这种局面的形成也有一些其他原因。"荷兰转基因委员会"(The Netherlands Commission on Genetic Modification,COGEM)是一家独立的科学咨询委员会,[⑩]专门研究转基因作物

① Bob Flach,Netherlands:Agricultural Biotechnology Annul 1 (June 12,2013).

② Bob Flach,Netherlands:Agricultural Biotechnology Annul 1 (June 12,2013).

③ Bob Flach,Netherlands:Agricultural Biotechnology Annul 1 (June 12,2013).

④ Bob Flach,Netherlands:Agricultural Biotechnology Annul 1 (June 12,2013).

⑤ Bob Flach,Netherlands:Agricultural Biotechnology Annul 1 (June 12,2013).

⑥ Bob Flach,Netherlands:Agricultural Biotechnology Annul 1 (June 12,2013),p. 5.

⑦ Bob Flach,Netherlands:Agricultural Biotechnology Annul 1 (June 12,2013),p. 1.

⑧ Hubert P. J. M. Noteborn and Freija H. van Duijne,The Dutch Approach to Safety in Agriculture,in Michael Baram & Mathilde Bourrier (eds.),*Governing Risk in GM Agriculture*,Cambridge University Press 2011,p. 88; Maggie Delano,Key Players:Farmers – Monsanto – Government – Non – Government Organizations,ROUNDUP READY CROPS,Spring,2009,载 http://web. mit. edu/demoscience/Monsanto/players. html,2020 年 2 月 12 日最后访问。

⑨ 参见 Bob Flach,Netherlands:Agricultural Biotechnology Annul 1 (June 12,2013),载 http://gain. fas. usda. gov/Recent% 20GAIN% 20Publications? Agricultural% 20Biotechnology% 20Annual_The% Hague_Netherlands_6-12-2013. pdf,2016 年 1 月 12 日最后访问。

⑩ 参见 COGEM,Commissie Genetische Modificatie:COGEM,载 http://www. cogem. net/index. cfm/en/cogem,2016 年 1 月 20 日最后访问。

对荷兰农业环境和经济的影响。[①] 该委员会于2008年发布的一份报告显示,“鉴于荷兰狭小的农业耕地,目前播种转基因作物在荷兰还没有多少吸引力”。转基因作物“能够给荷兰农民带来的实际好处并不多”。[②]

荷兰有关转基因食品和动物克隆技术的知识普及率相对较高。据2010年的一份报道,大约93%的荷兰民众听说过转基因食品,87%的人知道克隆这件事情。[③] 公众就转基因食品对人体是否有害存在很大分歧。43%的受访者认为转基因食品对人体不利,44%的受访者不同意上述观点,另有13%的受访者表示不太清楚。[④] 尽管大多数受访者认为,转基因食品对未来的子孙后代并非有好处,但是同一份报道显示,高达34%的荷兰人认为转基因食品是安全的,这一比例远远高于许多欧盟国家。[⑤] 另一份研究报告显示,大多数荷兰人对于传统农作物和转基因作物及其差异的了解更多是基于文化和传统知识,而非科学的安全测试结果。[⑥]

荷兰的不同政党对待转基因生物的态度也有差异。保护动物党派(Party for the Animals)一直积极反对使用转基因生物。2013年1月,该党派试图通过议会作出决定,在荷兰划出一片“非转基因生物保护区”(GMO-free zone),但是最终没有成功。[⑦] 此外,一些在转基因事务方面表现积极的组织和研究机构基本上都是反对在荷兰生产转基因生物制品的,它们包括Gentech-NL-

---

① 参见 COGEM, Socio-Economic Aspects of GMOS: Building Blocks for an EU Sustainability Assessment of Genetically Modified Crops 34 (January 5, 2010), 载 http://www.rijksoverheid.nl/documenten-en-publicaties/kamerstukken/2010/01/15/sociaal-economische-aspecten-van-genetisch-gemodificeerde-gewassen-rapportengels.html,2020年2月12日最后访问。

② COGEM, Socio-Economic Aspects of GMOS: Building Blocks for an EU Sustainability Assessment of Genetically Modified Crops 34 (January 5, 2010).

③ 参见 TNS Opinion & Social, Eurobarometer: Biotechnology Report (October 2010), p. 13, 52, 载 http://ec.europa.eu/COMMFrontOffice/PublicOpinion/,2020年2月12日最后访问。

④ TNS Opinion & Social, Eurobarometer: Biotechnology Report (October 2010), pp. 20-21.

⑤ TNS Opinion & Social, Eurobarometer: Biotechnology Report (October 2010), p. 23.

⑥ 参见 Hubert P. J. M. Noteborn and Freija H. van Duijne, The Dutch Approach to Safety in Agriculture, in Michael Baram & Mathilde Bourrier (eds.), *Governing Risk in GM Agricult ure*, Cambridge University Press 2011, p. 86; Maggie Delano, Key Players: Farmers - Monsanto - Government - Non-Government Organizations, ROUNDUP READY CROPS (Spring 2009), 载 http://web.mit.edu/demoscience/Monsanto/players.html,2020年2月12日最后访问。

⑦ 参见 Netherlands, GMO-Free Europe 2012, 载 http://www.gmo-free-regions.org/gmo-free-regions/netherlands.html,2020年2月12日最后访问。有关提案,参见 PARTIJ VOOR DE DIEREN, AMSTERDAM GENTECHVRIJ, 载 http://amsterdam.partijvoordedieren.nl/downloads/amsterdam/2013/01/1359384683_Initiatiefvoorstel_Amsterdam_gentechvrij_Partij_voor_de_Dieren_-_28012013.pdf,2020年2月13日最后访问。

ASEED（该组织曾于2013年10月30日发起反对孟山都公司的示威游行）、[①] Milieudefensie（荷兰大地之友）、Greenpeace Netherlands（荷兰绿色和平组织）以及Nederlands Platform Genetechnologie（荷兰基因技术平台）、De Gentechvrije Burgers、GoedeWaar. nl、Burgers voor gentechvrij voedsel等组织。[②]

（三）相关立法框架

1. 转基因生物的定义

根据荷兰《环境中的转基因生物法令》（Decree on Genetically Modified Organisms in the Environment，GMO Decree）的定义，[③]"转基因生物"是指"人类以外的生物，这类生物的基因物质已经被改变，而这种改变不是通过自然交配或自然重组实现的"。[④]"基因物质"是指"DNA"和"RNA"；"转基因"是指"以一种并非通过再生或重组改变基因物质的方式"；"生物"是指"具备繁衍或传播基因物质能力的微生物和其他生物体"。[⑤]

2. 转基因生物的管制

转基因生物管制在荷兰分为国际、欧盟、国家和地方几个层面。荷兰已经加入《生物多样性公约》[⑥]、《卡塔赫纳生物安全议定书》[⑦]、《有关环境事务的信息获得、决策中的公众参与和正义获得的奥胡斯公约》[⑧]等国际条约，并于2011年3月7日签署加入《卡塔赫纳生物安全议定书赔偿责任和补救问题名古屋-吉隆坡补充议定书》。[⑨]

以欧盟法律为例，欧盟有关在封闭环境下使用转基因微生物的第219号指

---

① 参见ASEED Europe，30 October 2013：March Against MonsantoS，载http：//aseed. net/en/march-against-monsantos/，2020年2月12日最后访问。

② 参见Netherlands，GMO-Free Europe 2012，载http：//www. gmo-free-regions. org/gmo-free-regions/netherlands. html，2020年2月12日最后访问。

③ 参见Besluit genetisch gemodificeerde organismen milieubeheer（1990年1月25日颁布，最近一次修订时间：2010年6月24日，同年10月1日生效），载http：//wetten. overheid. nl/BWBR0004703/geldigheidsdatum_25-10-2013，2020年2月12日最后访问。

④ Besluit genetisch gemodificeerde organismen milieubeheer（1990年1月25日颁布，最近一次修订时间：2010年6月24日，同年10月1日生效），第1条（f）项。该定义与欧盟的规定（EU Directive 2001/18/EC）完全一致。

⑤ Besluit genetisch gemodificeerde organismen milieubeheer（1990年1月25日颁布，最近一次修订时间：2010年6月24日，同年10月1日生效），第1条（b）、（c）、（e）项。

⑥ 荷兰于1992年6月5日签署加入公约。该公约于1994年6月12日生效。

⑦ 公约于2000年1月29日签订，2003年9月11日生效。荷兰于2002年1月8日递交接受议定书的法律文件，议定书于2003年9月11在荷兰生效。

⑧ 公约于1998年6月25日获得通过，2001年10月31日生效。荷兰于1998年6月25日加入该公约，并于2004年12月29日递交正式接受该公约的法律文件。

⑨ 荷兰议会尚未批准正式加入该补充议定书。

令(90/219/EEC)[①]和有关向自然界故意释放转基因生物的第18号指令(Directive 2001/18)[②]的相关规定已经通过《环境中的转基因生物法令》转变为荷兰国内法。另外一些主要的欧盟立法包括有关实验室使用转基因微生物制度框架的第41号指令(Directive 2009/41/EC)、[③]有关食品法和确保食品安全程序的基本原则和要求的第178号条例(Regulation EC No. 178/2002)、[④]有关新食品和新食品成分的第258号条例(Regulation EC No. 258/97)、[⑤]有关转基因食品和饲料的第1829号条例(Regulation EC No. 1829/2003)、[⑥]有关转基因生物的可追溯性和标签以及用转基因生物加工食品的可追溯性第1830号条例

---

① 该指令1998年被第81号指令(Directive 98/81/EC),即"封闭使用指令"(Contained Use Directive)修正。参见Council Directive 90/219/EEC of 23 April 1990 on the Contained Use of Genetically Modified Micro-Organisms,1990 O. J. (L 117),载http://eur-lex.europa.eu/LexUriServ/LexUriServ.do?uri=CELEX:31990L0219:EN:HTML,2020年2月12日最后访问。Council Directive 98/81/EC of 26 October 1998 Amending Directive 90/219/EEC on the Contained Use of Genetically Modified Micro-Organisms,1998 O. J. (L 330),载http://eur-lex.europa.eu/LexUriServ/LexUriServ.do?uri=CELEX:31998L0081:EN:HTML,2020年2月12日最后访问。

② 参见Directive 2001/18/EC of the European Parliament and of the Council of 12 March 2001 on the Deliberate Release into the Environment of Genetically Modified Organisms and Repealing Council Directive 90/220/EEC-Commission Declaration,2001 O. J. (L 106),载http://eur-lex.europa.eu/LexUriServ/LexUriServ.do?uri=CELEX:32001L0018:EN:HTML,2020年2月12日最后访问。

③ 参见Directive 2009/41/EC of the European Parliament and of the Council of 6 May 2009 on the Contained Use of Genetically Modified Micro-Organisms (Recast) Text with EEA Relevance,2009 O. J. (L 125),载http://eur-lex.europa.eu/legal-content/EN/TXT/?uri=CELEX%3A32009L0041,2020年2月12日最后访问。

④ 参见Regulation (EC) No. 178/2002 of the European Parliament and of the Council of 28 January 2002 Laying Down the General Principles and Requirements of Food Law, Establishing the European Food Safety Authority and Laying Down Procedures in Matters of Food Safety,2002 O. J. (L 31),载http://eur-lex.europa.eu/LexUriServ/LexUriServ.do?uri=OJ:L:2002:031:0001:0024:EN:PDF,2020年2月12日最后访问。

⑤ 参见Regulation (EC) No. 258/97 of the European Parliament and of the Council of 27 January 1997 Concerning Novel Foods and Novel Food Ingredients,1997 O. J. (L 43),载http://eur-lex.europa.eu/smartapi/cgi/sga_doc?smartapi!celexapi!prod!CELEXnumdoc&lg=EN&numdoc=31997R0258&model=guichett,2020年2月12日最后访问。

⑥ 参见Regulation (EC) No. 1829/2003 of the European Parliament and of the Council of 22 September 2003 on Genetically Modified Food and Feed (Text with EEA Relevance),2003 O. J. (L 268),载http://eur-lex.europa.eu/LexUriServ/LexUriServ.do?uri=CELEX:32003R1829:EN:HTML,2020年2月12日最后访问。

(Regulation EC No. 1830/2003)。[①] 欧盟2003年颁布的第1946号条例适用于转基因生物的跨境转移。[②]

荷兰当今有关转基因生物立法的主要目的是贯彻欧盟这一领域的立法,以期在推动科学进步和环境与消费者保护之间寻找到一种平衡。这一目标主要通过《环境中的转基因生物法令》实现。荷兰有关转基因生物的综合性立法是《环境有害物质法》(Environmentally Hazardous Substances Act),[③]《环境中的转基因生物法令》是其中的核心部分。除了《环境中的转基因生物法令》,荷兰执行欧盟法的主要国内法还有《转基因生物管理条例》(Regulation on GMOs)、[④]《环境管理法》(Environmental Management Act)、[⑤]《食品与日用品法》(Food and Commodities Act)[⑥]和《新食品法令》(Decree on Novel Foods)。[⑦]

在荷兰的地方层面,一些市和省已经采取反对转基因生物的行动。例

① 参见 Regulation (EC) No. 1830/2003 of the European Parliament and of the Council of 22 September 2003 Concerning the Traceability and Labelling of Genetically Modified Organisms and the Traceability of Food and Feed Products Produced from Genetically Modified Organisms and Amending Directive 2001/18/EC,2009 O. J. (L 268),载 http://eurlex. europa. eu/LexUriServ/LexUriServ. do? uri=CELEX:32003R1830:EN:HTML,2020年2月12日最后访问。

② 参见 Regulation (EC) No. 1946/2003 of the European Parliament and of the Council of 15 July 2003 on Transboundary Movements of Genetically Modified Organisms,2003 O. J. (L 287),载 http://eur-lex. europa. eu/LexUriServ/LexUriServ. do? uri=OJ:L:2003:287:0001:0010:EN:PDF,2020年2月12日最后访问。

③ 参见 Wet milieugevaarlijke stoffen (1985年12月5日生效,最近一次修订是2007年10月17日),载 http://wetten. overheid. nl/BWBR0003892/geldigheidsdatum_31-05-2008,2020年2月12日最后访问。

④ 参见 Regeling Genetisch Gemodificeerde Organismen [Regulation on GMOs](1998年5月28日生效,最近一次修订生效时间是2010年10月1日),载 http://wetten. overheid. nl/BWBR0009653/Hoofdstuk1/geldigheidsdatum_05-11-2013,2020年2月12日最后访问。

⑤ 参见 Wet milieubeheer (1979年6月13日颁布,最近一次修订生效时间是2013年7月1日),载 http://wetten. overheid. nl/zoeken/regeling_type_wetten+AMVB+ministeries/datum_22-1-2016,2020年2月12日最后访问。另见 Environmental Management Act (English translation as of May 1,2004),载 http://www. asser. nl/upload/eel-webroot/www/documents/national/netherlands/EMA052004. pdf,2020年2月12日最后访问。

⑥ 参见 Warenwet (1935年12月28日颁布,最近一次修订是2012年12月20日,生效时间是2013年1月1日),载 http://wetten. overheid. nl/BWBR0001969/geldigheidsdatum_13-11-2013,2020年2月12日最后访问。

⑦ 参见 Besluit van 29 april 1997, houdende regels voor nieuwe voedingsmiddelen en nieuwe voedselingrediënten(Warenwetbesluit Nieuwe voedingsmiddelen)(最近一次修订时间是2007年1月17日,生效时间是2007年2月7日),载 http://wetten. overheid. nl/BWBR0008643/geldigheidsdatum_13-11-2013,2020年2月12日最后访问。

如,2011 年 1 月 26 日,弗里斯兰省(Friesland Province)成为荷兰第一个“无转基因生物区”(GMO-free region)。同年 7 月,奈梅亨(Nijmegen)市议会宣布该市为“无转基因市”。①

(四)研究、生产和市场化方面的限制

1. 许可证与风险评估

在荷兰,从事转基因生物活动事先需要进行风险评估并获得授权。荷兰《环境管理法》规定,任何人基于其职业生产一种物质、配制品或转基因生物,或者进口或管理上述物质、准备、加工上述物质或者在荷兰将其推广给其他人,并且他知道或者有理由能够猜测到,通过他的行为,这种物质、配制品或生物有可能对人体健康或环境造成危害的,必须采取一切必要措施,以尽可能避免或减少这种风险。② 荷兰法律规定,作为上述活动审批程序之一,荷兰转基因委员会(COGEM)评估上述物质是否会对人体健康或环境造成危害,③并向荷兰基础设施和环境部长汇报。④

根据荷兰法律,转基因生物分为 3 组:第一组包括符合荷兰基础设施与环境部制定的转基因生物分类规则所指的转基因微生物,以及采取不符合生产第一组制定生物的生物体和带菌者生产的微生物,但是经过基础设施与环境部长审核后,发现符合第一组分类标准。第二组包括另外的转基因微生物。第三组包括微生物以外的转基因生物。⑤

《环境中的转基因生物法令》规定,经营转基因植物和微生物者必须获得

---

① 参见 Netherlands, GMO-Free Europe 2012, 载 http://www. gmo-free-regions. org/gmo-free-regions/netherlands. html, 2020 年 2 月 12 日最后访问。有关提案,参见 PARTIJ VOOR DE DIEREN, AMSTERDAM GENTECHVRIJ, 载 http://amsterdam. partijvoordedieren. nl/downloads/amsterdam/2013/01/1359384683_Initiatiefvoorstel_Amsterdam_gentechvrij_Partij_voor_de_Dieren_-_28012013. pdf, 2020 年 2 月 12 日最后访问。

② 参见 Wet milieubeheer(1979 年 6 月 13 日颁布,最近一次修订生效时间是 2013 年 7 月 1 日),第 9 条第 2. 1. 2 款,载 http://wetten. overheid. nl/zoeken/regeling_type_wetten+AMVB+ministeries/datum_22-1-2016, 2020 年 2 月 13 日最后访问。

③ COGEM 是一家独立的科学咨询机构。除了评估转基因生物是否对人体和环境造成危害,该机构还向政府提供相关伦理和社会问题。参见 COGEM 最近的一份咨询报告:Additional Advice on Import of T25 Maize (CGM/131028 - 01), COGEM, 载 http://www. cogem. net/index. cfm/nl/publicaties/publicatie/additional-advice-on-import-of-t25-maize, 2020 年 2 月 13 日最后访问。

④ 参见 Hubert P. J. M. Noteborn and Freija H. van Duijne, The Dutch Approach to Safety in Agriculture, in Michael Baram and Mathilde Bourrier (eds.), *Governing Risk in GM Agricult ure*, Cambridge University Press, 2011, p. 89; Maggie Delano, Key Players: Farmers - Monsanto - Government - Non - Government Organizations, Roundup Ready Crops (Spring 2009), 载 http://web. mit. edu/demoscience/Monsanto/players. html, 2016 年 1 月 12 日最后访问。

⑤ 参见《环境中的转基因生物法令》第 2(1)条和第 2(4)条。

许可证。[1] 法令允许有多种形式的许可证,大致分为以下三类:封闭条件下使用的许可证、市场进入许可证和诸如田间试验等其他目的的许可证。[2] 一般而言,经营转基因许可证应包含以下信息:经营转基因物质的目的;转基因生物拥有者信息、被转基因物质以及转入基因的名称;安全水平;工作场所的准确位置。[3] 每一类许可证要求的具体信息列在《环境中的转基因生物法令》的附件四中。

代表荷兰基础设施与环境部的"转基因生物局"(Bureau for Genetically Modified Organisms)负责处理从事转基因生物许可证的颁发。[4] 政府主管部门掌握已经颁发和中止许可证的相关数据。此外,数据库网站还包括自 2008 年以来在荷兰进行田间试验的具体位置和注册的转基因作物的信息。[5]

2. 封闭环境下使用转基因生物

任何人准备在封闭环境下从事与转基因生物有关的活动,都必须事先对由此可能对人体健康和环境造成的危害进行风险评估,并向荷兰基础设施与环境部部长以及对从事上述活动地区有管辖权的主管部门提供一份评估报告。[6] 许可证申请如果没有获得批准,荷兰禁止在封闭环境下使用转基因生物。[7]

为了在标准的实验室研究或涉及小规模制造(一般每个单位达 10 升的培养液),需要取得"第一组 A 类"的许可。[8] A 类许可涵盖实验室,动物居所,储存室,用于培育转基因生物的温室或用于教育、研究、开发或非工业化目的的再生、储存、使用、占有、运输、处置或销毁转基因生物的温室。[9] 第一组 A 类许可证获得者必须在每年的 6 月 1 日之前,就其前一年的工作准备好一份报告给基

---

① 参见 Han Somsen, GMO Regulation in the Netherlands, in Michelle Everson and Ellen Vos (eds.), *Uncertain Risks Regulated*, Routledge-Cavendish, 2009, p. 195.

② 参见 Han Somsen, GMO Regulation in the Netherlands, in Michelle Everson and Ellen Vos (eds.), *Uncertain Risks Regulated*, Routledge-Cavendish, 2009, p. 195.

③ 参见 Piet de Wildt, Enforcement and Inspections: "Contained Use"/"Field Trails" [sic]: Dutch Case, Workshop on Biosafety, Kiev (April 2012), 载 http://ec. europa. eu/enlargement/taiex/dyn/taiex-events/library/detail_en. jsp? EventID = 46779(具体查询"Documents produced by TAIEX"栏目下"Mr Petrus Jacobus de Wildt"这一目录),2016 年 1 月 22 日最后访问。

④ 参见 Bureau for Genetically Modified Organisms 网站: http://www. ggo-vergunningverlening. nl/,2020 年 2 月 12 日最后访问。

⑤ 参见 Permit Database, 载 Bureau for Genetically Modified Organisms 网站: http://www. ggo-vergunningverlening. nl/Vergunningendatabase,2020 年 2 月 13 日最后访问。

⑥ 参见《环境中的转基因生物法令》第 5 条。

⑦ 参见《环境中的转基因生物法令》第 17(1)条。

⑧ 参见 Group I Class A (IA) Application, 载 Bureau for Genetically Modified Organisms 网站: http://ggo-vergunningverlening. nl/index. jsp,2016 年 1 月 22 日最后访问。

⑨ 参见《环境中的转基因生物法令》第 3. 1(a)条。

础设施与环境部长。该报告将存档至少5年。[①] 另外还有第一组B类许可,适用于涉及第一组生物的其他活动。[②] 这类许可有可能涉及大规模制造(使用10升以上的培养液),[③]或者既不涉及小规模制造,也不涉及大规模制造。[④]

所有获得封闭环境下使用的许可,其工作必须受到生物安全官员(Biological Safety Officer)的监督。生物安全官员的职权由基础设施与环境部部长授予。[⑤] 许可证获得者向生物安全官员负责汇报以下事项:起草和修改内部工作程序、安全处理转基因生物的规则,内部监督检查遵守上述程序和规则的情况。[⑥]

(五)向自然界释放转基因生物的限制

1. 故意向自然环境释放的条件

涉及向自然环境释放转基因生物的活动需要遵守欧盟第18号指令(EU Directive 2001/18/EC)规定的程序。[⑦] 除了其他资料,将转基因生物投放市场的申请还必须包括欧盟指令所规定的信息、环境安全风险评估报告、许可证的有效期以及监管计划。[⑧] 一般情况下,投放市场许可的有效期最长不超过10年。[⑨] 出于其他目的(如田间试验)申请将转基因生物向自然环境释放的许可必须包括按照欧盟指令附件三以及环境风险评估规定所需的信息。[⑩]

荷兰禁止在没有许可证的情况下,为了使用、拥有,或向别人提供而生产转基因生物;禁止在没有许可证的情况下将转基因生物引进到荷兰、抛弃在荷兰,或者在荷兰运输微生物以外的转基因生物。[⑪] 上述禁令的例外包括以下情形:在封闭环境下使用的转基因生物;[⑫]除微生物外,并且符合基础设施与环境

---

① 参见《环境中的转基因生物法令》第8(3)条。

② 参见《环境中的转基因生物法令》第3.1(b)条。

③ 参见Contained Use,载Bureau for Genetically Modified Organisms网站:http://ggo-vergunningverlening.nl/,2020年2月12日最后访问。

④ 同上注。

⑤ 同上注。

⑥ 参见《转基因生物管理条例》第4条。

⑦ 参见Wetten en Regels,COGEM,载http://www.cogem.net/index.cfm/nl/genetische-modificatie/wetten-en-regels/,2016年1月23日最后访问。

⑧ 参见《环境中的转基因生物法令》第28(1)条。

⑨ 参见《环境中的转基因生物法令》第31条。

⑩ 参见《环境中的转基因生物法令》第24(1)(a)和(b)条。

⑪ 参见《环境中的转基因生物法令》第23(1)条,例外情况列在第23(2)条。

⑫ 参见《环境中的转基因生物法令》第23(2)(a)条。

部制定的规则的转基因生物的运输;[①]如果有关条件得到满足,[②]手术涉及的药材并且是供人体使用,这些药材中含有一定的转基因生物;在满足一定条件的前提下,[③]转基因生物作为产品或含在产品或销售的商品之中;转基因生物作为商品符合另一个欧盟成员国的主管当局规定的市场准入条件或者事先获得市场准入的书面许可;[④]能够跟踪用于市场上销售的商品或者直接用作食品、饲料或用于加工的转基因生物。[⑤]

此外,荷兰还禁止从转基因生物中提炼出的物质流入其境内,即使这种提炼方法得到另一个欧盟成员国批准,这种物质还是被禁止投放荷兰市场,除非获得相关许可证或书面许可证明。[⑥]

违反《环境中的转基因生物法令》关于许可证要求的做法将被认为属于《荷兰经济侵权法》(Dutch Act on Economic Offenses)第1(a)条规定的犯罪行为,最重可判处6年有期徒刑,并处罚款7.8万欧元。[⑦] 荷兰基础设施与环境部部长也可以视具体情况作出诸如收回许可证等行政处罚的决定。[⑧]

2. 报告制度与透明度

许可证获得者有义务向荷兰有关部门递交各种报告。许可证生效之前,他首先要对下一年即将展开的工作做一番描述。[⑨] 这份报告必须经荷兰转基因生物管理局批准,并附上书面确认书。[⑩] 如同本书前面对封闭环境下使用转基因生物许可证所作的分析,每一个工作年结束之前,许可证获得者还必须递交

---

① 参见《环境中的转基因生物法令》第23(2)(c)条。

② 参见《环境中的转基因生物法令》第23(2)(d)条。

③ 参见《环境中的转基因生物法令》第23(2)(e)和(f)条。

④ 参见《环境中的转基因生物法令》第23(2)(g)条。

⑤ 参见《环境中的转基因生物法令》第23(2)(h)条。

⑥ 参见《环境中的转基因生物法令》第23(3)条。

⑦ 参见 J. H. Jans, GMO Regulation in the Netherlands, Avosetta Meeting, Siena (Sept. 2006), at 3, 载 http://www-user.uni-bremen.de/~avosetta/netherlands_06.pdf, 2016年1月23日最后访问。Wet op de economische delicten(第一次颁布时间是1950年6月22日,最近一次修订时间是2013年11月6日), art. 1a (1) & art. 6, 载 http://wetten.overheid.nl/BWBR0002063/geldigheidsdatum_25-11-2013, 2020年3月3日最后访问。Wetboek van Strafrecht [Criminal Code](第一次颁布时间是1881年3月3日,最近一次修订时间是2013年11月6日,生效时间是2013年11月15日), art. 23 (4), 载 http://wetten.overheid.nl/BWBR0001854/EersteBoek/TitelII/geldigheidsdatum_25-11-2013, 2020年3月3日最后访问。

⑧ 参见 J. H. Jans, *GMO Regulation in the Netherlands*, Avosetta Meeting, Siena (Sept. 2006), at 3.

⑨ 参见 Obligations of Permits Issued, 载 Bureau for Genetically Modified Organisms 网站: http://ggo-vergunningverlening.nl/Vergunningverlening/Introductie_in_het_milieu/Verplichtin gen_op_afgegeven_vergunningen, 2016年1月24日最后访问。

⑩ 同上注。

一份工作情况汇报。[①] 田间试验一旦结束,还必须准备一份总结报告。报告格式必须符合欧盟相关法律的规定。[②]

如果准备将转基因生物投放市场或作其他用处,许可证的申请人或持有人意识到转基因生物或者所从事的相关工作对人体健康或环境有可能造成风险的最新消息,或者向自然环境释放的转基因生物有所改变或出现意想不到的变化时,相关人员必须及时向基础设施与环境部部长汇报,并采取保护人体健康和环境免受威胁的必要措施,同时修改原先的许可证申请材料并递交给基础设施与环境部部长。[③] 如果有重大潜在风险,基础设施与环境部部长必须被告知这些新的信息,[④]如同该部长意识到一种新的转基因生物在没有得到许可的情况下向自然环境释放。[⑤]

如果从事转基因生物活动的场所发生变化,即使这种变化没有构成不同或更大的风险,获得从事这项活动的授权也要重新申请,[⑥]包括批准从事上述活动的条件。经过审核,基础设施与环境部部长将协同农业、自然环境管理与渔业部部长,以书面形式通知许可证持有人。如果所汇报的变化符合相关标准,不需要修改许可证,[⑦]基础设施与环境部部长将签发一份通知,发表在一份或多份报纸上,或者发表在政府公报上。通知内容包括所有相关信息。[⑧]

3. 监管

所有在获得许可情况下向自然界释放转基因生物的活动都必须受到基础设施与环境部部长授权的环境安全检察官(Environmental Safety Officer)的监督。[⑨] 根据《环境中的转基因生物法令》的规定,从事转基因生物活动的场所必

① 参见 Obligations of Permits Issued,载 Bureau for Genetically Modified Organisms 网站:http://ggo-vergunningverlening.nl/Vergunningverlening/Introductie_in_het_milieu/Verplichtin gen_op_afgegeven_vergunningen,2016 年 1 月 24 日最后访问。另见《环境中的转基因生物法令》第 23c 条。

② 参见 Obligations of Permits Issued,载 Bureau for Genetically Modified Organisms 网站:http://ggo-vergunningverlening.nl/Vergunningverlening/Introductie_in_het_milieu/Verplichtin gen_op_afgegeven_vergunningen,2016 年 1 月 24 日最后访问。

③ 参见《环境中的转基因生物法令》第 23a(1)条。

④ 参见《环境中的转基因生物法令》第 23a(2)条。

⑤ 参见《环境中的转基因生物法令》第 23b 条。

⑥ 参见《环境中的转基因生物法令》第 24a 条。

⑦ 参见《环境中的转基因生物法令》第 24a(1)条。

⑧ 参见《环境中的转基因生物法令》第 24b(3)条。

⑨ 参见 MVF Admission,载 Bureau for Genetically Modified Organisms 网站:http://ggo-vergunningverlening.nl/Vergunningverlening/Introductie_in_het_milieu/Toelating_MVF,2016 年 1 月 24 日最后访问;另见《环境中的转基因生物法令》第 11 条。

须注册备案。[①]

4. 共存

荷兰是欧盟第一个从立法上制定转基因生物与其他生物共存指南的国家。为此,相关利益方在2005年达成一致共识。[②] 在农业领域,共存是指"保持传统和有机农业与转基因作物同时耕种的可能性,彼此互不排斥"。[③] 2010年7月13日,欧盟委员会决定采用新的规则,允许各成员国关于"共存"的概念制定其本国解释标准。[④] 欧盟成员国以往只能基于自愿合作的基础安排"非转基因技术区域"。按照新的法律规定,它们可以禁止种植部分转基因植物。[⑤] 按照欧盟规定的0.9%阈值标准,欧盟成员国以往采取强制性措施确保转基因生物在传统作物中的适当比例。采用新的指南之后,各成员国国内种植管制措施经过调整后,可以避免0.9%这样过低的比例。[⑥]

(六)食品中使用转基因生物的限制

1. 管制机构与风险评估

欧盟有关转基因食品和饲料的第1829号条例(EC Regulations 1829/2003)、关于转基因生物的可追溯性和标签规定的第1830号条例(EC Regulations 1830/2003)和转基因生物跨境转移管制的第1946号条例(EC Regulations 1946/2003)在欧盟层面制定了食品中使用转基因生物的相关规则。欧洲食品安全署(European Food Safety Agency,EFSA)负责"就转基因生物在欧洲对食品和饲料安全所产生的直接或间接影响相关的所有事项提供客观的科学建议"。[⑦] 该机构已经就转基因植物和转基因食品与饲料的风险评估签发了指导性文件。[⑧]

---

① 参见《环境中的转基因生物法令》第12条。

② 参见 Country Reports: GMOs in EU Member States: The Netherlands, GMO Compass (Mar. 23, 2007),载 http://www.gmo-compass.org/eng/news/country_reports,2016年1月12日最后访问。

③ Han Somsen, GMO Regulation in the Netherlands, in Michelle Everson and Ellen Vos (eds.), *Uncertain Risks Regulated*, Routledge-Cavendish, 2009, p. 201.

④ 参见 New Coexistence-Guidelines in the EU: Cultivation Bans Are Now Permitted, GMO Safety(颁布时间:2010年7月27日),载 http://www.gmo-safety.eu/news/1205.coexistence-guidelines-cultivation-bans-permitted.html,2020年2月13日最后访问。

⑤ 同上注。

⑥ 同上注。

⑦ GMOs in a Nutshell, European Commission,载 http://ec.europa.eu/food/food/biotechnology/qanda/a3_en.htm#a,2020年2月13日最后访问。

⑧ 参见 GMOs in a Nutshell, European Commission. 另见 Yi Liu, GMO Food Safety Assessment in the European Union, Workshop on GMOs in Global Perspective, Wageningen (May 16, 2013),载 http://www.selamat.net/en/show/Workshop-on-GMOs-in-global-perspective-safety-assessment-and-traceability-1.htm,2016年1月24日最后访问。

荷兰卫生、福利与体育部和经济事务、农业与创新部这两个政府部门负责欧盟第1829号条例和第1830号条例在荷兰的执行。此外,欧盟第882号条例(Regulation 882/2004)①帮助成员国相关研究机构在转基因生物分析方面充当国家实验室的角色。荷兰有两家常规的田间实验室帮助政府从事转基因生物样本分析:食品方面有"荷兰食品与消费产品安全署"(Netherlands Food and Consumer Product Safety Authority);饲料方面有"食品安全研究所"(Institute of Food Safety)。② 荷兰食品与消费产品安全署是设在经济事务、农业与创新部内的一家独立机构,也是为卫生、福利与体育部服务的一家信息传递机构。③该机构的风险评估官员负责"作出转基因农业创新中的早期警示,删选对人体和动物有可能产生的潜在风险,评估公众印象,委托相关研究"。④ 荷兰食品与消费产品安全署下属的风险评估办公室事实上已经成为转基因生物管制的"前沿阵地",尽管其将自己的职责限定于"评估某种特定转基因作物的风险与好处,并不参与政策起草、决策制定或者食品法的执行"。⑤

2. 标签制度

一般而言,荷兰市场上销售的包装食品标签需要符合《食品与日用品法案》和《食品标签法令》(Food Labeling Decree)。依据法令的规定,经销商需要提供包括产品名称、净重量、保质期、生产商、包装提供商或者零售商等信息。⑥

---

① 参见 Regulation (EC) No. 882/2004 of the European Parliament and of the Council of 29 April 2004 on Official Controls Performed to Ensure the Verification of Compliance with Feed and Food Law, Animal Health and Animal Welfare Rules, 2004 O. J. (L 165), 载 http://eur-lex.europa.eu/LexUriServ/LexUriServ.do? uri=CELEX:32004R0882:en:NOT, 2020年2月13日最后访问。

② 参见 I. M. J. Scholtens-Toma et al., Genetically Modified Organisms in Food and Feed: Annul Report of the Dutch National Reference Labortory 7-8 (May 2012), 载 http://edepot.wur.nl/217728, 2020年2月13日最后访问。

③ 参见 NEDERLANDSE VOEDSEL-EN VARENAUTORITEIT, About the Netherlands Food and Consumer Product Safety Authority, 载 http://www.vwa.nl/english/about-the-netherlands-food-and-consumer-product-safety-authority, 2016年1月24日最后访问。

④ Hubert P. J. M. Noteborn and Freija H. van Duijne, The Dutch Approach to Safety in Agriculture, in Michael Baram and Mathilde Bourrier (eds.), *Governing Risk in GM Agriculture*, Cambridge University Press 2011, p. 106; Maggie Delano, Key Players: Farmers-Monsanto-Government-Non-Government Organizations, Roundup Ready Crops (Spring 2009), 载 http://web.mit.edu/demoscience/Monsanto/players.html, 2020年2月13日最后访问。

⑤ Hubert P. J. M. Noteborn and Freija H. van Duijne, The Dutch Approach to Safety in Agriculture, in Michael Baram and Mathilde Bourrier (eds.), *Governing Risk in GM Agricult ure*, Cambridge University Press, 2011, p. 106.

⑥ 参见 Answers for Business, Labelling of Food, 载荷兰政府网站: http://www.answersforbusiness.nl/regulation/labelling-food, 2020年2月13日最后访问。

如果某件食品含有营养价值、对人体健康的益处、医学疗效等宣传内容，生产商必须根据产品特征和所宣传的内容遵守其他规则。①《新食品法令》也适用于转基因生物。②

对于转基因食品，荷兰的标签要求也是基于欧盟第1829号条例第12~13条的规定。标签要求适用于那些"提供给终端消费者或大众饮食供应商并且含有转基因生物或由转基因生物组成，或者含有从转基因生物中加工而成的原料成分或直接由此类原料生产而成的食品"。③ 上述规定不适用于采用含有转基因生物原料或由转基因生物提炼的物质组成，转基因生物的含量比例不超过食品总量的0.9%，而且这种微量的转基因生物是偶然出现或技术上无法避免的。④ 此外，如果出现下列情形中的任何一种，标签还必须注明其任何特征或物质：(1)一种转基因食品，就其成分、营养价值或效果、用途、对某些人群的健康影响而言，不同于同种类的非转基因食品；以及/或者(2)该食品有可能引发伦理或宗教上的问题。⑤

对于那些没有非转基因食品相匹配的转基因食品，其标签必须标注包含有关其性质和特征的基本信息。⑥ 对于持有在封闭环境下使用转基因生物许可证者，而且其生产的转基因生物是供其他国家的，荷兰法律也有相应的标签规定。⑦ 根据美国农业部的一份调查报告显示，"自从荷兰采用欧盟标准之后，美国的一般标签已经不符合荷兰的标签规定要求了"。⑧

荷兰《新食品法令》规定，"不经过生物技术工程生产"之类的表述只能用于符合下列情形的食品或饮料：(1)相关食品或饮料不是由转基因生物构成或者不是由转基因生物提炼出来的物质构成；(2)相关食品或饮料在生产过程中没有添加含有转基因生物的物质或者从转基因生物中提炼的物质；在生产过程

① 参见 Answers for Business, Labelling of Food，载荷兰政府网站：http://www.answersforbusiness.nl/regulation/labelling-food，2020年2月13日最后访问。

② 参见 Warenwetbesluit Nieuwe Voedingsmiddelen（首次颁布时间是1997年4月29日，最近一次修订生效的时间是2007年2月7日），载 http://wetten.overheid.nl/BWBR0008643/geldigheidsdatum_18-11-2013，2020年2月13日最后访问。

③ 参见欧盟第1829号条例第12(1)条。

④ 参见欧盟第1829号条例第12(2)条。

⑤ 参见欧盟第1829号条例第13(3)条。

⑥ 参见欧盟第1829号条例第13(3)条。

⑦ 参见《环境中的转基因生物法令》第22a条。

⑧ Marcel Hendrikus Pinckaers, Netherlands: Food and Agricultural Import Regulations and Standards-Narrative: Fairs Country Report (March 8, 2013)，载 http://gain.fas.usda.gov/Recent%20GAIN%20Publications/Food%20and%20Agricultural%20Import%20Regulations%20and%20Standards%20-%20Narrative_The%20Hague_Netherlands_3-8-2013.pdf，2016年1月25日最后访问。

中没有采用转基因生物中提炼的物质作为添加剂;(3)不是从依赖转基因饲料或掺入转基因添加剂饲料喂养的动物加工而成的,除少数情形外,不是采用现代生物技术生产的,或者除了无意的或无法避免的情形外,产品中不含转基因生物的痕迹。①

值得注意的是,欧盟新食品标签规则的大部分内容是从 2014 年 12 月 13 日开始适用,但是其中部分内容是从 2014 年 1 月 1 日开始适用,部分内容是从 2016 年 12 月 13 日开始适用。② 欧盟新颁布的第 1169 号条例(EU Regulation 1169/2011)③取代了第 13 号指令(Directive 2000/13/EC)。④ 前者第 3 条对食品标签制定了基本的规范要求。⑤

(七)法律责任与著名案例

截至 2022 年,荷兰并没有关于转基因作物损害赔偿的法律规定。⑥ 荷兰

---

① 《新食品法令》第 3a 条。

② 参见 Marcel Hendrikus Pinckaers, Netherlands: Food and Agricultural Import Regulations and Standards - Narrative: Fairs Country Report (March 8, 2013),载 http://gain. fas. usda. gov/Recent%20GAIN%20Publications/Food%20and%20Agricultural%20Import%20Regulations%20and%20Standards%20-%20Narrative_The%20Hague_Netherlands_3-8-2013. pdf,2016 年 1 月 25 日最后访问。

③ 参见 Regulation (EU) No. 1169/2011 of the European Parliament and of the Council of 25 October 2011 on the Provision of Food Information to Consumers, Amending Regulations (EC) No. 1924/2006 and (EC) No. 1925/2006 of the European Parliament and of the Council, and Repealing Commission Directive 87/250/EEC, Council Directive 90/496/EEC, Commission Directive 1999/10/EC, Directive 2000/13/EC of the European Parliament and of the Council, Commission Directives 2002/67/EC and 2008/5/EC and Commission Regulation (EC) No. 608/2004, 2011 O. J. (L 304),载 http://eur-lex. europa. eu/LexUriServ/LexUriServ. do? uri=OJ:L:2011:304:0018:0063:EN:PDF,2020 年 2 月 13 日最后访问。

④ 参见 Directive 2000/13/EC of the European Parliament and of the Council of 20 March 2000, the Approximation of the Laws of the Member States Relating to the Labelling, Presentation and Advertising of Foodstuffs, 2000 O. J. (L 109),载 http://eur-lex. europa. eu/LexUriServ/LexUriServ. do? uri = OJ:L:2000:109:0029:0042:EN:PDF,2020 年 2 月 13 日最后访问。

⑤ 参见 Marcel Hendrikus Pinckaers, Netherlands: Food and Agricultural Import Regulations and Standards-Narrative: FAIRS COUNTRY REPORT (March 8, 2013),载 http://gain. fas. usda. gov/Recent%20GAIN%20Publications/Food%20and%20Agricultural%20Import%20Regulations%20and%20Standards%20-%20Narrative_The%20Hague_Netherlands_3-8-2013. pdf,2016 年 1 月 25 日最后访问。

⑥ 参见 Melissa Moncada Castillo and Willem H. van Boom, Netherlands, in Bernhard A. Koch (ed.), *Liability and Compensation Schemes for Damage Resulting from the Presence of Genetically Modified Organisms in Non-GM Crops: Annexi: Country Reports* 306, European Centre of Tort and Insurance Law, April 2007,载 http://ec. europa. eu/agriculture/analysis/external/liability_gmo/annex1. pdf,2020 年 2 月 13 日最后访问。另见 Ingrid Greveling and Willem H. van Boom, Damage Caused by GMOs Under Dutch Law, in Bernard A. Koch (ed.), *Damage Caused by Genetically Modified Organisms*, De Gruyter 2010,载 http://www. professorvanboom. eu/pdf_files/2010_Greveling_VanBoom_GMO_Netherlands. pdf,2020 年 2 月 13 日最后访问。

现有的法律规定,对于过错行为,严格责任与过失责任是有区别的。[①] 严格责任分为两种:其他个人违法行为引发的严格责任和因采用的物品或物质有缺陷引发的严格责任,并由此承担法律规定的相应责任:替代承担的责任(《民法典》第 6:170 条)和为有害物质承担的严格责任(《民法典》第 6:175 条)。[②]《民法典》第 6:162 条包含了过失责任的相关规定。[③]

为了在损害事实与转基因作物之间找到关联性,荷兰法律依据两种测试方式:一种是"没有出现转基因生物情形下的测试"。在此情形下,转基因生物的出现是造成损害的必要条件。另一种是"归因测试",[④]这种测试依据是《民法典》第六篇第 98 条。该条款规定,只要相关责任能够归咎于被诉人,申诉人就可以主张赔偿请求。[⑤] 荷兰的判例法在这之前已经进一步完善了归因测试方

---

① 参见 Melissa Moncada Castillo and Willem H. van Boom, Netherlands, in Bernhard A. Koch (ed.), *Liability and Compensation Schemes for Damage Resulting from the Presence of Genetically Modified Organisms in Non-GM Crops: Annexi: Country Reports* 306, European Centre of Tort and Insurance Law, April 2007.

② 参见 Melissa Moncada Castillo and Willem H. van Boom, Netherlands, in Bernhard A. Koch (ed.), *Liability and Compensation Schemes for Damage Resulting from the Presence of Genetically Modified Organisms in Non-GM Crops: Annexi: Country Reports* 306, European Centre of Tort and Insurance Law, April 2007, p. 312. Burgerlijk Wetboek [Civil Code], Book 6: General Part of the Law of Obligations, Title 3: Torts § 2: Liability for Persons and Things arts. 170 & 175, 载 http://wetten.overheid.nl/BWBR0005289/Boek6/geldigheidsdatum_19-11-2013, 2020 年 2 月 13 日最后访问。英文版的荷兰民法典,参见 Hans Warendorf, Richard Thomas and Ian Curry-Sumner, *The Civil Code of the Netherlands*, Kluwer Law International 2009, pp. 679-682.

③ 参见 Melissa Moncada Castillo and Willem H. van Boom, Netherlands, in Bernhard A. Koch (ed.), *Liability and Compensation Schemes for Damage Resulting from the Presence of Genetically Modified Organisms in Non-GM Crops: Annexi: Country Reports* 306, European Centre of Tort and Insurance Law, April 2007, pp. 306 - 307, 载 http://ec.europa.eu/agriculture/analysis/external/liability_gmo/annex1.pdf, 2020 年 2 月 13 日最后访问。另见 Burgerlijk Wetboek [Civil Code], Book 6: Title 3, § 1: General Provisions art. 162; Hans Warendorf, Richard Thomas & Ian Curry - Sumner, p. 677, 载 http://wetten.overheid.nl/BWBR0005289/Boek6/geldigheidsdatum_19-11-2013, 2020 年 2 月 13 日最后访问。

④ 参见 Melissa Moncada Castillo and Willem H. van Boom, Netherlands, in Bernhard A. Koch (ed.), *Liability and Compensation Schemes for Damage Resulting from the Presence of Genetically Modified Organisms in Non-GM Crops: Annexi: Country Reports* 306, European Centre of Tort and Insurance Law Apr. 2007, p. 308, 载 http://ec.europa.eu/agriculture/analysis/external/liability_gmo/annex1.pdf, 2020 年 2 月 13 日最后访问。

⑤ 参见 Melissa Moncada Castillo and Willem H. van Boom, Netherlands, in Bernhard A. Koch (ed.), *Liability and Compensation Schemes for Damage Resulting from the Presence of Genetically Modified Organisms in Non-GM Crops: Annexi: Country Reports* 306, European Centre of Tort and Insurance Law Apr. 2007, p. 308; 另见 Burgerlijk Wetboek [Civil Code], Book 6, Title 1, art. 98, 载 http://wetten.overheid.nl/BWBR0005289/Boek6/Titel1/geldigheidsdatum_25-01-2016, 2020 年 2 月 13 日最后访问; Hans Warendorf, Richard Thomas and Ian Curry-Sumner, p. 660.

式,这一点已经体现在《民法典》第 98 条中“合理归因性”要求的具体规定中。①

截至 2022 年,荷兰国内尚未出现关于转基因生物的司法裁决和相关案例。

七、挪威

挪威是对进口转基因产品采取最严格管制措施的国家之一,而且自己也不生产转基因产品。由于挪威只是欧洲经济区的一部分,并不是欧盟的正式成员,因此不受欧盟指令约束。尽管如此,挪威在具体管制方面还是会参照欧盟指令的规定执行。有几种欧盟已经批准可以采用的转基因生物在挪威却被其国内法禁止使用。伴随挪威最近一次相关制度的变化,目前,人们还在观察挪威在转基因生物方面的立场是否会发生变化。

(一)概述

挪威是对待进口转基因产品采取最严格管制措施的国家之一,并且自己也不允许生产转基因产品。迄今为止,挪威尚未批准过一件申请进口含有转基因生物的食品。② 挪威在审查转基因生物时遵循的是预防原则,③并要求转基因生物的使用者或进口商证明这种使用是符合伦理和社会正义的。具体而言,使用者或进口商需要证明相关的转基因生物没有危害,使用该转基因生物对社会有利。④ 这样严苛的限制条件几乎挡住了所有申请者。

挪威对转基因生物最关注的行业是渔业加工产业,尤其是三文鱼生产商。渔业是挪威的支柱产业,其养殖技术和产量都处于世界领先地位。不过长期以来,挪威有四家使用转基因生物饲料的渔业企业被豁免申请许可证。这种豁免直到 2005 年才结束,因为当时挪威出台更加严格的申请程序,包括欧盟批准的

---

① 参见 Melissa Moncada Castillo and Willem H. van Boom, Netherlands, in Bernhard A. Koch (ed.), *Liability and Compensation Schemes for Damage Resulting from the Presence of Genetically Modified Organisms in Non-GM Crops: Annexi: Country Reports* 306, European Centre of Tort and Insurance Law, April 2007, p. 308, 载 http://ec. europa. eu/agriculture/analysis/external/liability_gmo/annex1. pdf, 2020 年 2 月 13 日最后访问。

② 参见 Mattilsynet, 载 Norwegian Food Safety Authority 网站: http://www. mattilsynet. no, 2020 年 2 月 14 日最后访问。

③ 参见 The Precautionary Principle, Europa: Summaries of EU Legislation, 载 http://europa. eu/legislation_summaries/consumers/consumer_safety/l32042_en. htm, 2020 年 2 月 14 日最后访问; 又见 discussion in EU survey, 同上, at 65, notes. 4 and 6.

④ 参见 GENTEKNOLOGILOVEN [Gene Technology Act], LOV APRIL 2, 1993 NO. 38 OM RAMSTILLING OG BRUK AV GENMODIFISERTE ORGANISMER M. M., 第 1 章第 1 条, 载 http://lovdata. no/dokument/NL/lov/1993-04-02-38, 2020 年 2 月 14 日最后访问。

转基因生物在内的所有转基因生物使用在挪威都需要经过申请批准。[①]

(二)公众与学者的观点

挪威民众对转基因生物大多持反对态度。挪威人和瑞士人是被认为欧洲最不信任转基因生物的两个国家民众。[②]

1. 政府的立场

随着2013年9月9日的大选,挪威政府对待转基因生物的立场发生了变化。2013年10月16日,挪威保守党(Høyre)和挪威进步党(Fremskritt)组成联合政府,来自保守党的厄娜·索尔伯格(Erna Solberg)担任首相,她被认为是挪威所有政党中对转基因生物持最积极态度的政治家,尤其是厄娜·索尔伯格提倡在挪威应该多一些转基因生物的研究。[③] 不过这些变化是否对挪威转基因生物产业政策的未来走向产生影响,现在下结论还为时过早。

2. 反对派的立场

挪威目前的在野党——挪威工党(Arbeiderpartiet),挪威社会主义左派党(Sosialistisk Venstreparti)和挪威中央党(Senterpartiet)曾经在2005年10月至2013年10月主掌挪威政府。[④] 在那段时间里,挪威没有批准过任何转基因生物用于食品消费。

3. 学者的观点

挪威有一些学者主张采用转基因生物技术改良植物,而不是用杀虫剂保护植物,[⑤]尤其是大剂量使用杀虫剂已经被证明有可能导致癌症。[⑥] 然而,挪威的大多数民众目前还是不愿意修改法律,这就导致研究人员不断抱怨:“我们得

---

① 参见 Faar norske produksjondyr genmodifisert for?, MATTILSYNET (November 27, 2012),载 http://www.mattilsynet.no/planter_og_dyrking/genmodifisering/faar_norske_produksjonsdyr_genmodifisert_for.4024,2020年2月14日最后访问。

② Pressmeddelande SLU, EU-konsumenter mindre negativa till GMO än man trott, FORSKNING.SE (September 11, 2013),载 http://www.forskning.se/?s=,2020年2月14日最后访问。

③ 参见 Hoyre mest positive till genmodifiserte mat, DAGEN.NO,载 http://www.dagen.no/Default.aspx?ModuleId=62582&articleView=true&tabId=248,2016年2月28日最后访问;又见 GMO-hva svarar partiene? OIKOS (August 20, 2009),载 http://www.renmat.no/newsread/page.aspx?docid=11328,2016年2月28日最后访问。

④ 参见 Regjeringen,载 https://www.regjeringen.no/no/om-regjeringa/tidligere/ministerier_regjeringer/nyere_tid/regjeringer/jens-stoltenbergs-andre-regjering/id449424/,2020年2月14日最后访问。

⑤ 参见 Bedre å sette inn et gen enn å sprøyte, NRK (October 2, 2012),载 http://www.nrk.no/fordypning/forskere-positive-til-gmo-mat-1.8333629,2016年11月8日最后访问。

⑥ 同上注。

不到研究经费,农民不愿意种植转基因作物,消费者不愿意购买转基因食品”。[①] 此外,一些对转基因食品的负面报道也影响了挪威的转基因生物研究。这些报道内容包括:有研究显示,吃了转基因玉米的老鼠比吃普通玉米的老鼠长得更加肥胖;[②]另一份对猪进行试验的报告显示,用转基因饲料喂养的猪比用普通饲料喂养的猪不健康。[③]

4. 企业的立场

挪威渔民对美国2010年作出的允许养殖转基因三文鱼的决定持批评态度。[④] 挪威的渔民对政府这些年处理转基因生物的态度一直是耿耿于怀。他们强调,人们对于转基因生物的恐惧不同于其他与食品安全和人体健康有关的风险。[⑤]

5. 非政府组织的立场

(1)Norsk Landbrukssamvirke

在挪威食品市场代表16家生产企业的非政府组织Norsk Landbrukssa mvirke也倾向对待转基因生物遵循预防原则。[⑥]

(2)Norges Bygdekvinnelag

2013年大选之前,挪威有一股非政府组织推动的力量,这其中包括Norges Bygdekvinnelag。这是一个妇女组织,其成员崇尚田园生活,主张生物原料就地取材。[⑦] 她们还推动当时的挪威政府驳回已经收到的种植转基因玉米的申请。[⑧]

---

① 参见Bedre å sette inn et gen enn å sprøyte,NRK(October 2,2012),载http://www.nrk.no/fordypning/forskere-positive-til-gmo-mat-1.8333629,2016年11月8日最后访问。

② 参见Rotter fetere av genmat,FORSKNING.NO(July 11,2012),载http://www.forskning.no/artikler/2012/juli/327547,2016年2月27日最后访问。

③ 参见Griser far darligere helse med genmodifisert mat,NHI.NO(June 13,2013),载http://nhi.no/forside/griser-fardarligere-helse-med-genmodifisert-mat-40051.html,2020年2月14日最后访问。

④ 参见Nå kommer GMO-laksen,载http://kyst.no/nyheter/na-kommer-gmo-laksen/,2016年2月28日最后访问。

⑤ 参见Advarer mot en ensidig negative holdning till GMO,DAGEN(July 19,2013),载http://www.dagen.no/Default.aspx? ModuleId=62582&articleView=true&tabId=248,2016年2月27日最后访问。

⑥ 参见Genmodifisering i landbruket,NORSK LANDBRUKSSAMVIRKE,载http://www.landbruk.no/Naeringspolitikk/Internasjonalt/Genmodifisering-i-landbruket,2016年2月28日最后访问。

⑦ 参见Bygdekvinnelaget-en modern møtesplass,BYGDEKVINNELAGET,载http://bygdekvinnelaget.no/om-bygdekvinnelaget,2016年2月28日最后访问。

⑧ 参见GMO-forbudet må på plass nå,BONDEBLADET(October 4,2012),载http://www.bondebladet.no/bondebladet/gmo-forbudet-ma-pa-plass-na/,2020年2月14日最后访问。

（三）相关立法框架

挪威虽然不是欧盟成员国，但是其在转基因生物方面的立法大多是依据欧盟的指令和条例制定的，包括欧盟第1829号条例（EU Regulation 1829/2003）。不过，挪威对待转基因生物所持的反对立场比欧盟更加强硬。例如，挪威法律规定，进口某些欧盟批准上市的转基因生物属于违法行为。[①]

1.《挪威基因技术法》（Genteknologiloven）

挪威制定的转基因生物管制立法与众不同。1993年通过的《挪威基因技术法》（Norwegian Gene Technology Act，或"Genteknologiloven"）涵盖下列议题：[②]封闭环境下使用转基因生物（第二章），转基因生物的释放（第三章），转基因生物克隆[第三章（a）]。

挪威立法的宗旨是确保转基因生物的生产和使用从伦理和社会角度讲都是正义的，并且兼顾了可持续发展的目标和确保不危害人体健康和自然环境。[③] 通过制定双重标准，即转基因生物不仅是安全的，还对社会有益。挪威的立法确保了转基因生物进入其市场时将面临严苛的审批程序。

2. 转基因生物定义

《挪威基因技术法》第4节（b）将"转基因生物"定义为"通过使用基因技术或细胞技术改变过的生物"。[④]

3.《国家食品法》

除了《挪威基因技术法》，挪威还有《国家食品法》（Matloven）管制在食品中使用的转基因生物。[⑤]

4. 特别指示与条例

挪威已经就转基因生物的使用制定了6份特别指示，这些指示是由环境部颁发的（FOR 2000-12-15 1268，2001-12-21 1600，2001-12-21-1602，2001-12-21-1603，FOR 2005-09-02 1609）。此外，还有一系列转基因生物条例。这

① 参见 FOR 2000-12-15 1268, FORSKRIFT OM FORBUD MOT OMSETNING I NORGE AV BESTEMTE GENMODIFISERTE PRODUKTER [Regulation on the Prohibition on Use in Norway of Specified Genetically Modified (GM) Products]，载 http://www.lovdata.no/for/sf/md/xd-20001215-1268.html，2020年2月14日最后访问。

② 参见《挪威基因技术法案》第1章第1条。相关评论参见 Norsk regelverk om GMO, MILJODIREKTORATET (Feb. 19, 2010; rev'd June 14, 2013)，载 http://www.miljodirektoratet.no/no/Regelverk/Lov/Genteknologiloven/Norsk-regelverk-om-GMO/，2016年3月10日最后访问。

③ 参见《挪威基因技术法案》第1章第1条。

④ 参见《挪威基因技术法案》第4节。

⑤ 参见 LOV 19 DES 2003 NR 124 OM MATPRODUKSJON OG MATTRYGGHET MV. (MATLOVEN [Food Act])，载 http://lovdata.no/dokument/NL/lov/2003-12-19-124? q=matloven，2020年2月14日最后访问。

些条例公布在环境署的网站上。[①] 特别指示聚焦在转基因生物的标签、运输、进口、出口、生产、饲料中使用转基因生物、封闭环境下使用转基因生物以及上述使用的影响报告和内部控制等事宜。

部分欧盟批准上市的转基因产品在挪威被特别列为非法产品,不会被许可进口。[②] 所有其他转基因生物则需要经过个案申请程序,相关的许可证或者是由食品安全署(Food Safety Authority)颁发,或者是由挪威政府其他部门颁发。

(四)研究、生产、市场化方面的限制

1. 研究

挪威的《封闭环境下使用转基因微生物条例》有针对封闭环境下使用转基因生物的相关规定。[③] 对于在实验室环境下使用转基因生物,这种使用以及实验室本身必须在开始前获得批准。[④] 一般情况下,相关的监管机构是卫生与社会事务部,除非法律另有规定。

2. 标签要求

含有转基因生物的产品必须在标签中注明,除非转基因生物的含量低于0.9%的阈值标准。[⑤]

3. 相关机构

(1)挪威生物技术咨询委员会(Bioteknologinemnda)

挪威生物技术咨询委员会(Norwegian Biotechnology Advisory Board,

---

① 参见 Nasjonale forskrifter, MILJODIREKTORATET (Feb. 19, 2010; rev'd June 14, 2013), 载 http://www.miljodirektoratet.no/no/Regelverk/Lov/Genteknologiloven/Norsk-regelverk-om-GMO/Nasjonale-forskrifter/,2016 年 3 月 10 日最后访问。

② 参见 FOR 2000-12-15 1268, FORSKRIFT OM FORBUD MOT OMSETNING I NORGE AV BESTEMTE GENMODIFISERTE PRODUKTER [Regulation on the Prohibition on Use in Norway of Specified Genetically Modified (GM) Products], 载 http://www.lovdata.no/for/sf/md/xd-20001215-1268.html,2020 年 2 月 14 日最后访问。

③ 参见 FOR 2001-12-21-1600 FORSKRIFT OM INNESLUTTET BRUK AV GENMODIFISERTE MIKROORGANISMER [Regulation on the Contained Use of Genetically Modified Microorganisms, 载 http://www.lovdata.no/for/sf/ho/xo-20011221-1600.html,2020 年 2 月 14 日最后访问。

④ 参见 FOR 2001-12-21-1600 FORSKRIFT OM INNESLUTTET BRUK AV GENMODIFISERTE MIKROORGANISMER [Regulation on the Contained Use of Genetically Modified Microorganisms, 7 § st. 1. 该条例同时指出,不是所有使用都需要事先获得批准,使用风险等级 1 和等级 2 的转基因生物只需要通报有关部门即可,同上,10 §。

⑤ 参见《挪威基因技术法》第 4.14 段。FOR 1993-12-21 NR 1385:FORSKRIFT OM MERKING MV AV NAERINGSMIDLER [Regulation on Food Labeling] ch. Ⅲ:10c. http://www.lovdata.no/cgi-wift/ldles?doc=/sf/sf/sf-19931221-1385.html#10c,2020 年 2 月 14 日最后访问。FOR 2002-11-07 NR 1290 FORSKRIFT OM FÔRVARER [REGULATION RELATING TO FODDER] ch. III: 4b §, 载 http://www.lovdata.no/cgi-wift/ldles? doc=/sf/sf/sf-20021107-1290.html#4b,2020 年 2 月 14 日最后访问。

Bioteknologinemnda)[1]监管生物技术的一般使用,并且就生物(包括转基因生物)技术的使用签发申明和给予指导。[2] 挪威生物技术咨询委员会是一个独立机构,其成员由挪威政府任命。[3] 这些成员包括生物技术专家和相关产业的代表。目前,该委员会没有政府机构的代表。[4]

在最近审理一份转基因大豆进口申请时,生物技术咨询委员会对进口商提出一系列问题,表明挪威对待转基因生物的管制是非常严厉的。批准一项此类申请需要有此类进口产品在短期内(5 年)和长期内(20 年)影响的证明材料。[5] 这一点表明,挪威的规定比欧盟还要严格。也正因为如此,挪威要求向其出口的转基因产品需要单独申请,即使是那些符合欧盟标准并且已经获得其成员国批准的转基因产品。

生物技术咨询委员会已经出版了一份英文报告,指导如何解释《挪威基因技术法》。[6] 2013 年 6 月,委员会大多数成员呼吁挪威应该基本上拒绝批准进口转基因玉米。[7] 主要原因是没有证据证明这种进口产品对挪威社会的有利之处超过潜在的危害。[8] 鉴于此,生物技术咨询委员会依据预防原则作出上述建议。虽然委员会将最后的决定留给挪威政府作出,政府在作出决定之前,通

---

① 参见 BIOTEKNOLOGINEMNDA,载 http://www.bion.no,2020 年 2 月 14 日最后访问。

② 参见《挪威基因技术法》第 5 章第 26 节。

③ 参见《挪威基因技术法》第 5 章第 26 节。

④ 参见该委员会网站:http://www.bion.no/om-oss/nemndsmedlemmer/,2020 年 2 月 14 日最后访问。

⑤ 参见 Genmodifisert, sprøytemiddelresistent soya DAS-444 ø6-6, June 21, 2013, 载 http://www.bion.no/filarkiv/2013/06/Hoeringssvar-EFSA_GMO_NL_2012_106-soya-DAS-444%C3%986-6-21.06.13.pdf,2020 年 2 月 14 日最后访问。

⑥ 参见 BIOTEKNOLOGINEMNDA, Sustainability, Benefit to the Community and Ethics in the Assessment of Genetically Modified Organisms: Implementation of the Concepts Set Out in Sections 1 and 10 of the Norwegian Gene Technology Act (2d rev. ed. 2009),载 http://www.bion.no/filarkiv/2010/07/2009_11_18_diskusjonsnotat_baerekraft_engelsk.pdf,2020 年 2 月 14 日最后访问。G. Kristin Rosendal, Competing Knowledge Claims and GMO Assessment by the Norwegian Biotechnology Advisory Board, FNI Report5/2007 (August 2007),载 https://www.researchgate.net/publication/242490648_Competing_Knowledge_Claims_and_GMO_Assessment_by_the_Norwegian_Biotechnology_Advisory_Board,2020 年 3 月 3 日最后访问。

⑦ 参见 Press Release, Bioteknologinemnda, Noreg bør avslå 27 søknader om å få godkjent genmodifisert mais til import, vidareforedling og bruk i mat og fôr, tilrår eit fleirtal i Bioteknologinemnda (September 10, 2013),载 http://www.bion.no/2013/07/nei-til-genmodifisert-mais/,2020 年 2 月 14 日最后访问。

⑧ 参见 Press Release, Bioteknologinemnda, Noreg bør avslå 27 søknader om å få godkjent genmodifisert mais til import, vidareforedling og bruk i mat og fôr, tilrår eit fleirtal i Bioteknologinemnda (September 10, 2013).

常要与挪威食品安全科学委员会、食品安全署、挪威环境署以及挪威环境部进行沟通。挪威生物技术咨询委员会对待转基因生物的立场显然是比较犹豫的。

(2)挪威食品安全署(Norwegian Food Safety Authority)

挪威食品安全署是负责确保转基因食品和转基因饲料安全的机构。[①]

(3)挪威食品安全科学委员会(Norwegian Scientific Committee for Food Safety)

根据挪威官方网站介绍,"挪威食品安全科学委员会替挪威食品安全署在其职责范围内进行独立的转基因生物风险评估,[②]同时替挪威环境署进行转基因生物环境危害评估"。[③]

(五)向自然界释放转基因生物的限制

在挪威,向自然环境释放转基因生物受《挪威基因技术法》管制。该法要求这种释放需要获得批准并进行环境影响分析。[④]

挪威的自然管理理事会(隶属环境署)负责向自然环境释放转基因生物申请的行政管理与协调事务。[⑤]

大多数转基因物质的运输事先需要获得批准。[⑥] 运输前不需要获得批准的转基因生物制品包括那些通过基因改良的动物,这些动物在野外没有近亲,不会出现交叉繁殖。[⑦] 所有转基因生物运输的记录必须保留。[⑧] 上述活动必须向挪威环境署通报。如果转基因生物被列为有害物质,运输过程还必须通

---

① 参见 MATTILSYNET,载 http://www. mattilsynet. no,2020 年 2 月 14 日最后访问。

② 参见 VITENSKAPSKOMITEEN FOR MATTRYGGHET (VKM),载 http://www. vkm. no,2020 年 2 月 14 日最后访问。

③ 参见 VKM,载 http://www. english. vkm. no/, 2017 年 1 月 17 日最后访问;又见 GMO overview,载 http://www. vkm. no/dav/adfb158238. pdf,2016 年 3 月 14 日最后访问。

④ GENTEKNOLOGILOVEN [Gene Technology Act], LOV APRIL 2, 1993 NO. 38 OM RAMSTILLING OG BRUK AV GENMODIFISERTE ORGANISMER M. M. ,第 10 章和第 11 章。http://lovdata. no/dokument/NL/lov/1993-04-02-38,2020 年 2 月 14 日最后访问。

⑤ 参见 FOR 2005-09-02-1009 § 7,FORSKRIFT OM MERKING,TRANSPORT,IMPORT OG EKSPORT AV GENMODIFISERTE ORGANISMER [Regulation on Labeling,Transport,Import and Export of Genetically Modified Organisms],载 http://www. lovdata. no/for/sf/md/xd-20050902-1009. html#map004,2020 年 2 月 14 日最后访问。

⑥ 参见 FOR 2005-12-16-1495, FORSKRIFT OM KONSEKVENSUTREDNING ETTER GENTEKNOLOGILOVEN [Regulation on Impact Assessment According the Gene Technology Act] § 3.

⑦ 参见 FOR 2005-12-16-1495, FORSKRIFT OM KONSEKVENSUTREDNING ETTER GENTEKNOLOGILOVEN [Regulation on Impact Assessment According the Gene Technology Act] § 3.

⑧ 参见 FOR 2005-12-16-1495, FORSKRIFT OM KONSEKVENSUTREDNING ETTER GENTEKNOLOGILOVEN [Regulation on Impact Assessment According the Gene Technology Act] § 9.

报当地的消防部门。[①] 此外,转基因生物的承运人必须确保对转基因生物的所有处置不会对人体健康和环境构成危害。[②]

（六）食品中使用转基因生物的限制

1. 风险评估

由于挪威恪守预防原则,[③]风险评估是该国颁发转基因生物许可证的一个重要环节。[④] 转基因生物许可证申请人必须显示其使用是符合法定要求的,“从伦理和社会角度讲也是正义的,并且兼顾可持续发展的目标,没有对人体健康和环境构成危害”。[⑤]

2. 挪威食品安全署的作用

每一位转基因生物许可证的申请人可以要求将环评报告送给挪威食品安全署。[⑥] 食品安全署是负责监管含有转基因生物食品和饲料的主管机构。除了《挪威基因技术法》的一般规定,转基因生物在挪威还受到《国家食品法案》(Matloven)的管制。截至2022年年底,食品安全署还没有批准过在食品和饲料中使用任何转基因生物。然而,它曾授予挪威渔业部门一项豁免,豁免其从事与转基因生物相关活动的许可要求。

3. 牲畜饲料

牲畜饲料受《与饲料相关条例》(Regulation Relating to Fodder)的管制。[⑦] 根据该条例规定,转基因饲料必须用标签注明,上市前还必须获得食品安全署

---

① 参见 FOR 2005-12-16-1495, FORSKRIFT OM KONSEKVENSUTREDNING ETTER GENTEKNOLOGILOVEN [Regulation on Impact Assessment According the Gene Technology Act] § 20.

② 参见 FOR 2005-12-16-1495, FORSKRIFT OM KONSEKVENSUTREDNING ETTER GENTEKNOLOGILOVEN [Regulation on Impact Assessment According the Gene Technology Act] § 4.

③ 参见 FOR 2005-12-16-1495, FORSKRIFT OM KONSEKVENSUTREDNING ETTER GENTEKNOLOGILOVEN [Regulation on Impact Assessment According the Gene Technology Act] § 4.

④ 参见 BIOTEKNOLOGINEMNDA [The Norwegian Biotechnology Advisory Board], Sustainability, Benefit to the Community and Ethics in the Assessment of Genetically Modified Organisms: Implementation of the Concepts Set out in Sections 1 and 10 of the Norwegian Gene Technology Act 8 (2d rev. ed. 2009),载 http://www. bion. no/filarkiv/2010/07/2009_11_18_diskusjonsnotat_baerekraft_engelsk. pdf,2020年2月14日最后访问。

⑤ GENTEKNOLOGILOVEN [Gene Technology Act], LOV APRIL 2, 1993 NO. 38 OM RAMSTILLING OG BRUK AV GENMODIFISERTE ORGANISMER M. M.,第1章第1条。

⑥ 参见 FORSKRIFT OM KONSEKVENSUTREDNING ETTER GENTEKNOLOGILOVEN; LOV 19 DES 2003 NR 124 OM MATPRODUKSJON OG MATTRYGGHET MV (MATLOVEN),载 http://lovdata. no/dokument/NL/lov/2003-12-19-124? q=matloven,2020年2月14日最后访问。FORSKRIFT OM FÔRVARER. 更多信息可参见挪威食品安全署(Mattilsynet)网站: http://www. mattilsynet. no,2020年2月14日最后访问。

⑦ 参见 FORSKRIFT OM FÔRVARER。

的批准。[①] 截至2022年年底,挪威境内还没有任何获得批准的转基因饲料用于牲畜喂养。[②]

4. 鱼饲料

虽然2005年9月修改的规则放开对鱼饲料的限制,挪威的三文鱼还没有用转基因饲料喂养,但是今后不排除这种可能。[③] 2008年,挪威渔业联合会(FNL)坦陈,现在要找到非转基因饲料已经越来越困难了。[④]

2005年之前,挪威对进口欧盟批准的转基因产品持不太严厉的态度。这些进口转基因产品加工以后主要用于生产鱼饲料。然而,挪威通过最近的一些立法已经不再笼统批准这些转基因产品,而是改为逐个审批的办法。目前,渔业从业人员已经很难在市场上找到非转基因鱼饲料。2008年,挪威政府颁布了一项豁免政策,主要针对因生产鱼饲料而进口转基因产品审批的豁免,并不包括进口转基因产品的标签要求。该政策一直持续到2014年。[⑤] 截至2013年9月15日,一份包括玉米、大豆在内的渔民用作鱼饲料的转基因产品目录公布在挪威食品安全署的官方网站上。[⑥]

5. 标签规定

根据挪威法律规定,所有含有转基因生物超过0.9%的产品都必须用挪威语或英语在标签上注明“转基因生物”或“转基因产品”的字样。[⑦] 这一点与欧盟的标准相同。如果产品有包装的,这些信息必须注明在包装材料上。如果没

---

① 参见FORSKRIFT OM FÔRVARER,第4a和4b小节。

② 参见MATTILSYNET,载http://www.mattilsynet.no/planter_og_dyrking/genmodifi sering/,2020年2月14日最后访问。

③ 参见Laks kan få genmodifisert mat, NRK.NO (August 1, 2006),载http://www.nrk.no/nordland/laks-kan-fa-genmodifisert-mat-1.792575,2016年11月9日最后访问。

④ 参见Henrik Stenwig, Op-ed., Oppgjør med bonde-topp, FHL.NO (March 27, 2008),载http://sjomatnorge.no/oppgjor-med-bonde-topp/.55,2016年3月15日最后访问。

⑤ 参见Press Release, Mattilsynet, Fire virksomheter har fått dispensasjon fra kravet om godkjenning av genmodifisert fiskefôr (September 17, 2013),载http://www.mattilsynet.no/planter_og_dyrking/genmodifisering/fire_virksomheter_,2016年3月15日最后访问。

⑥ 参见Genmodifiserte fôrprodukter som fiskefôrvirksomhetene Biomar, Ewos, Skretting og Polarfeed kan omsette på det norske markedet inntil 15. September 2014, forutsatt at de er merket “genmodifisert,” MATTILSYNET,载http://www.mattilsynet.no/planter_og_dyrking/genmodifisering/oversikt_over_tillatte_gmproduktgrupper_pr_15_september_2013.10952/BINARY/Oversikt%20over%20tillatte%20GM-produktgrupper%20pr%2015%20september%202013,2020年2月14日最后访问。

⑦ 参见FORSKRIFT OM MERKING, TRANSPORT, IMPORT OG EKSPORT AV GENMODIFISERTE ORGANISMER [Regulation on Labeling, Transport, Import and Export of Genetically Modified Organisms], § 19.

有包装,则出现在其他配套的证明材料中。[①] 上述信息必须与其他信息一起告知分销商,同时明确告诉其有关产品含有哪些转基因生物。[②] 那些既没有标签直接说明,也没有其他配套材料注明转基因生物的产品,入市之前必须获得批准。[③]

6. 检测

植物中的转基因生物检测由食品安全署负责。[④] 截至 2012 年,很少有在食品中非法使用转基因生物的报道。[⑤] 不过 2012 年有报道称,挪威发现养殖的转基因鱼——斑马鱼(zebra fish)。[⑥]

(七)法律责任与著名案例

《挪威基因技术法》第 4 章第 23 节规定了转基因生物造成损害所应当承担的法律责任。[⑦] 任何释放转基因生物的法人或自然人,不管是否受到处罚,都要为此造成的损害、不便以及损失承担责任。此外,违反《挪威基因技术法》有可能被处以罚金或最高达 1 年的监禁。[⑧]

截至 2022 年,挪威尚未有关于转基因生物的司法案例。2013 年,食品安全署发现市场有非法进口玉米用于制作爆米花。[⑨] 食品安全署在这种含有转

① 参见 FORSKRIFT OM MERKING, TRANSPORT, IMPORT OG EKSPORT AV GENMODIFISERTE ORGANISMER [Regulation on Labeling, Transport, Import and Export of Genetically Modified Organisms], § 19.

② 参见 FORSKRIFT OM MERKING, TRANSPORT, IMPORT OG EKSPORT AV GENMODIFISERTE ORGANISMER [Regulation on Labeling, Transport, Import and Export of Genetically Modified Organisms], § 19 st. 2-3.

③ 参见 FORSKRIFT OM MERKING, TRANSPORT, IMPORT OG EKSPORT AV GENMODIFISERTE ORGANISMER [Regulation on Labeling, Transport, Import and Export of Genetically Modified Organisms], § 7e.

④ 参见 FORSKRIFT OM FÔRVARER, § 18。

⑤ 参见 Faa funn av ulovlig genmodifisert materiale paa det norske markedet, MATTILSYNET (April 29, 2013),载 http://www. mattilsynet. no/planter_og_dyrking/genmodifisering/faa_funn_av_ulovlig_genmodifisert_materiale_paa_det_norske_markedet. 9246,2016 年 3 月 15 日最后访问。

⑥ 参见 Fant ulovlig genmodifisert fisk, MILJODIREKTORATET. NO (November 30, 2012; rev'd May 23, 2013),载 http://www. miljodirektoratet. no/no/Nyheter/Nyheter/Nyhetsarkiv/2012/11/Fant-ulovlig-genmodifisert-fisk/,2020 年 3 月 3 日最后访问。

⑦ 参见 GENTEKNOLOGILOVEN [Gene Technology Act], LOV APRIL 2, 1993 NO. 38 OM RAMSTILLING OG BRUK AV GENMODIFISERTE ORGANISMER M. M., ch. 4:23 §.

⑧ 参见 GENTEKNOLOGILOVEN [Gene Technology Act], LOV APRIL 2, 1993 NO. 38 OM RAMSTILLING OG BRUK AV GENMODIFISERTE ORGANISMER M. M., ch. 4:25 §.

⑨ 参见 Mattilsynet stanser salg av genmodifisert mais ti popcorn, MATTILSYNET. NO (September 18, 2013),载 http://www. mattilsynet. no/planter_og_dyrking/genmodifisering/mattilsynet_stanser_salg_av_genmodifisert_mais_til_popcorn. 10901,2016 年 3 月 15 日最后访问。

基因生物的食品投放市场之前便予以制止,因而没有引起更大的社会反响。①

八、瑞典

瑞典的消费者和生产者对转基因生物都持非常谨慎的态度。转基因生物的使用在瑞典受到严格限制,只允许在生产动物饲料中使用转基因生物。食品中使用转基因生物在瑞典是一个敏感话题,它有可能引发公众激烈争论。大多数瑞典人认为,他们喝的牛奶应该是不含转基因物质的,这一点非常重要。因此,瑞典的奶农尽量避免在他们使用的饲料中含有转基因生物成分。作为欧盟成员,瑞典对待转基因生物采取逐个研究分析的政策措施。截至2022年,一种用于工业目的的转基因土豆已经在瑞典获得批准种植,但是还没有转基因食品获得批准生产。

(一)概述

瑞典是被普遍认为在使用转基因生物问题上态度犹豫的国家。迄今为止,瑞典只批准过一种转基因土豆——"Amflora 土豆",用于商业化生产。目前,这种土豆还没有正式投产。作为欧盟成员国,瑞典遵守欧盟的规定,批准了两种转基因玉米在瑞典种植。不过,瑞典政府目前还没有收到正式要求商业化种植这两种玉米的申请。在转基因生物管制方面,瑞典与欧盟的立场保持一致,恪守预防原则。在中央政府对转基因生物采取逐个检查分析的同时,瑞典的一些地方政府已经对转基因生物采取更为严格的措施,纷纷宣布他们所在的地区为"非转基因生物区"。进口转基因作物在这些地区生产饲料是绝对禁止的。

(二)公众与学者的观点

1. 公众观点及其对市场的影响

瑞典人对转基因产品一般都比较谨慎,尤其是对待转基因食品。一份瑞典奶农所做的调查显示,63%的受访者认为,他们消费的牛奶应该是不含转基因物质的,这一点非常重要。② 另一份由瑞典国家食品署(National Food Agency)所做的调查也显示,一家企业愿意销售转基因产品,但不愿意用该企业原来的品牌,怕影响其他产品的销路。③ 在瑞典市场上,供人类消费的转基因产品数量很少。这一事实也进一步证明瑞典人担心转基因生物的危害,或者至少表明

---

① Mattilsynet stanser salg av genmodifisert popcorn, MATTILSYNET. NO (June 18, 2013), 载 http://www. mattilsynet. no/planter_og_dyrking/genmodifisering/mattilsynet_stanser_salg_av_genmodifisert_popcorn. 9920,2016年3月15日最后访问。

② 参见 Frågor och svar om GMO-fritt foder, LANTBRUKARNAS RIKSFÖRBUND, 载 http://www. lrf. se/PageFiles/137196/,2016年3月16日最后访问。

③ 参见 Undersökning av tillämpning av lagstift ningen rörande genetiskt modifierade livsmedel (GMO) (Investigation of the Application of Legislation on GMOS] (February 14, 2007), 载 https://www. livsmedelsverket. se/,2020年2月14日最后访问。

瑞典人对其商业消费的欲望不太强烈。2006年,一项由瑞典国家食品署所做的调查显示,被抽查的96项产品中,只有一项含有转基因生物,而且有标签明确注明,另有10件产品在其标签中注明"不含转基因生物"等字样。[①] 作为推行其环保政策的一部分,瑞典的食品企业一直致力于减少甚至消除转基因作物的使用。[②] 为此,由瑞典国家食品署推广的转基因生物计划(GMO Project)一直持续至今,目的是增加公众对转基因生物的了解。

在瑞典民众中,反对转基因生物的力量非常强大。2011年,公众的消费态度迫使瑞典最大的肉类零售商——Scan重新使用非转基因饲料。[③]

2. 政府和反对派的立场

瑞典政府对待转基因生物的官方立场是既不支持,也不反对。政府推行的制度是每一次转基因生物的使用都要经受审查,评估其风险和利弊得失。[④] 由于政府各职能部门的工作侧重点不同(如科研、环保等),这项政策在各部门的落实情况会有所差别。[⑤]

瑞典的反对派主要由社会民主党(Social Democrats)、左翼党(Leftist Party)和绿党(Green Party)组成。他们对待转基因生物比瑞典中右翼联合政府持更加严厉的态度,[⑥]其中以环保理念著称的绿党尤其反对使用转基因生物。[⑦]

---

① 参见 Undersökning av tillämpning av lagstift ningen rörande genetiskt modifierade livsmedel (GMO)(Investigation of the Application of Legislation on GMOS](February 14,2007).

② 参见 Undersökning av tillämpning av lagstift ningen rörande genetiskt modifierade livsmedel (GMO)(Investigation of the Application of Legislation on GMOS](February 14,2007),at 11.

③ 参见 Enbart GMO-fritt foder till Scans grisar, CISION. COM (March 23, 2011),载 http://news. cision. com/se/scan-ab/r/enbart-gmo-fritt-foder-till-scans-grisar,2016年3月16日最后访问。

④ 参见 Genetiskt modifierade organismer, REGERINGSKANSLIET,载 http://www. regeringen. se/sb/d/6421/a/58280,2016年3月16日最后访问。

⑤ 参见瑞典环保署所做的一份调查:EKOLOGISKA EFFEKTER AV GMO, NATURVÅRDS VERKET (September 2006),载 http://www. popgen. su. se/pdf/GMO620-5597-6. pdf,2020年3月3日最后访问。

⑥ 瑞典的中左翼联合政党对待转基因生物比较谨慎,没有在其执政纲领中表明自己的态度。参见 MODERATERNA. SE,载 http://www. moderat. se/jordbruk/mat,2016年3月17日最后访问。绿党的观点参见 MILJOPARTIET,载 http://www. mp. se/sala/just-nu/sala-gmo-fri-kommun,2016年3月17日最后访问。社会民主党希望欧盟成员国可以禁止经欧盟批准的转基因作物在其境内种植,其理由是出于保护人类健康需要。参见 SOCIALDEMOK-RATERNA,载 http://www. socialdemokraterna. se/Webben-for-alla/EU/EU/Ledamoterna-/maritaulvskog/,2016年3月17日最后访问。

⑦ 参见 Carl Schlyter, Op-(ed.), Genmanipulation ger inte ett uthålligt jordbruk, SVENSKA DAGBLADET (March 26,2012),载 http://www. svd. se/opinion/brannpunkt/genmanipulation-ger-inte-ett-uthalligt-jordbruk_6951821. svd,2016年3月16日最后访问;同时参见 Kew Nordqvist's voting record on the Board, Addendum 1 of each of the following:040/2013-4. 1. 1. ,034/2013-4. 1. 1. ,007/2013-4. 1. 1. ,007/2013-4. 1. 1. ,005/2013-4. 1. 1. ,004/2013-4. 1. 1. ,104/2012-4. 1. 1,103/2012-4. 1. 1. , available at GENTEKNIKNÄMNDEN,载 http://www. genteknik. se/sv/2013—yttranden,2016年3月17日最后访问。

瑞典民众对待转基因食品的态度转变可以从对其称呼改变中可见一斑。转基因食品在 20 世纪 90 年代被称为“人为操纵的食品”(manipulated food),现在则统一被称为“转基因食品”(genetically modified foods)。① 这一称呼的转变与 2006 年瑞典政府更替有关,因为新政府比前一届政府对待转基因食品更加客观一些。现在,瑞典也有一些人公开赞成使用转基因食品。②

3. 学者与非政府组织的观点

有关转基因生物是否对人体健康和环境有不利影响,瑞典科学家对此还没有达成广泛一致的结论。③ 与瑞典政府所持的立场一致,大家奉行预防原则,对涉及转基因生物的案例采取逐个审查分析的办法。

瑞典的非政府组织在这一问题上的态度也不一致。有些对转基因生物持赞成的态度,有些则持反对态度。对使用转基因生物反对最激烈的是那些环保主义者(主要是那些绿党成员和绿色和平组织成员),而支持使用转基因生物态度最坚决的是瑞典农民,因为他们希望采用更加便宜的饲料。然而,即使在农业界,对待转基因生物的态度也是有分歧的。瑞典农民联合会(Federation of Swedish Farmers)中的工业组织赞成使用转基因生物。④ 不过在 2003 年,瑞典的奶农协会(该组织是农民联合会的一个组成部分)决定继续使用非转基因饲料作为其饲养奶牛的饲料。⑤ 他们这样做的原因是怕失去消费者的信任,因为大多数牛奶消费者认为,他们喝的牛奶不应该含有转基因成分。⑥

(三)相关立法框架

瑞典有关转基因生物的立法和政府主管部门管制的详细信息可以从政府的英文网站上查询到。⑦ 相关内容概述如下:

---

① 两者的瑞典语分别是“Genmanipulerade vs. Genmodifierade”。

② 参见 Nyttig genmanipulerad mat stoppas av skräckpropaganda, DAGENS NYHETER (March 11, 2009),载 http://www.dn.se/debatt/nyttig-genmanipulerad-mat-stoppas-av-skrackpropaganda/, 2020 年 3 月 4 日最后访问。

③ 参见 Lars Brander, Kan genmanipulerad föda ge skador? ALLTOMVETENSKAP MAGAZINE (May 4, 2010),载 http://www.alltomvetenskap.se/nyheter/kan-genmanipulerad-foda-ge-skador, 2020 年 3 月 4 日最后访问。

④ 参见 LRFs genpolicy, LANTBRUKARNAS RIKSFÖRBUND,载 http://www.lrf.se/Medlem/Politik-Paverkan/Miljo-vatten/Genteknik/LRFs-genpolicy/, 2016 年 3 月 17 日最后访问。

⑤ Fortsatt GMO-fritt till svenska mjölkkor, LANTBRUKARNAS RIKSFÖRBUND,载 http://www.lrf.se/Om-LRF/Kontakta-LRF/Press/Pressmeddelanden/2013/Fortsatt-GMO-fritt-till-svenska-mjolkkor, 2016 年 3 月 17 日最后访问。

⑥ Frågor och svar om GMO-fritt foder, LANTBRUKARNAS RIKSFÖRBUND,载 http://www.lrf.se/PageFiles/137196/, 2016 年 3 月 16 日最后访问。

⑦ 参见 Welcome Page, GMO REGULATIONS IN SWEDEN,载 http://www.gmo.nu/gmoenglish.4.778a5d1001f29869a7fff935.html, 2016 年 3 月 17 日最后访问。

1. 欧盟法

作为欧盟成员，瑞典受欧盟有关转基因生物的条例和指令约束。瑞典通过修改本国的环境法和其他立法，已经执行了欧盟理事会颁布的第 2009/41 号和第 2001/18 号指令以及第 1829/2003 号、第 1830/2003 号、第 1946/2003 号和第 726/2004 号条例。[①]

2. 国内立法和转基因生物的定义

瑞典有关转基因生物立法的总体框架包括《环境法》第 13 章及其配套的条例。按照《环境法》的授权，部分政府机构和主管部门可以颁发一些管制转基因生物的行政指令。

瑞典的《环境法》将转基因生物定义为“一种生物，其基因物质的改变不是通过交配或自然合成等自然方式完成的”。[②] 瑞典还有专门立法管制转基因生物在食品和饲料中的使用、在医疗中的使用、向水中释放转基因生物、向大自然释放转基因生物等事项。此外，瑞典还有保护接触转基因生物工人的行政指令以及处理转基因生物突发危害情形的处置计划等。迄今为止，瑞典针对转基因生物共有 10 部立法和 13 件政府行政指令。[③] 颁布上述指令的政府部门也是具体负责执行的部门。

3. 地方政府的行政指令与“非转基因生物区”

瑞典基层的县或市无权制定在本地区有约束力的有关转基因生物的地方性指令。因此，任何市或县如果想让本地区成为“非转基因生物区”（GMO-Free Area），必须与当地农民达成协议。这种协议的达成必须是农民自愿的，而不是地方政府强迫农民接受的。地方政府无权阻止农民种植或者使用已经批准合法上市的转基因作物。

（四）研究、生产、市场化方面的限制

1. 一般条款

在瑞典，以任何方式使用转基因生物都要受到《环境法》第 13 章的调整，并且所有转基因生物的使用，无论是在封闭的实验室内使用还是在自然环境下使用，事先都必须得到政府主管部门的批准。[④] 瑞典《环境法》要求对转基

---

① MILJÖBALK [MB] [ENVIRONMENTAL CODE] (Svensk författningssamling [SFS] 1998:808) 13:4.

② 《环境法》第 13 章第 4 条。

③ 参见 Part IV（B）。具体立法和行政指令，参见瑞典基因技术管理当局网站：http://www.gmo.nu/toppmeny/lagstiftning.4.1d07c3f108381dd74480001062.html，2016 年 3 月 17 日最后访问。

④ 参见 Part IX（B）。

因生物及相关活动的检查和监督通过一部特别监督条例落实。①《环境法》还包含了针对不同领域使用转基因生物的具体规定。这些条款比第 13 章规定得更加严格。例如,第 2 章规定转基因生物在水里使用需要遵守的规则,第 14 章规定转基因生物在化学品中使用需要遵守的规则。②

2. 许可证颁发与监管部门

瑞典的一些政府部门负责转基因生物使用、释放以及转基因产品生产许可证的颁发,同时负责相关转基因生物使用的监督与检查。③

(1)瑞典基因技术咨询理事会(Swedish Gene Technology Advisory Board)

瑞典专门成立了一个机构——基因技术咨询理事会(Gene Technology Advisory Board)"密切关注基因技术领域的发展,监管与伦理相关的事务,就基因技术的使用提供指导"。④ 该理事会收到由相关政府部门转来的所有使用转基因生物申请书的复印件后,作出建议或决定。⑤ 瑞典政府掌管该理事会的组成和成员遴选。⑥ 目前,理事会的组成人员包括律师、各政治利益阶层代表以及有关专家。⑦

(2)国家环境保护署(National Environmental Protection Agency)

国家环境保护署负责在田间对转基因生物测试研究。它聚焦在转基因生物增加研究的需求上,以及从长远看,转基因生物对环境的影响。⑧

(3)瑞典海洋与水域管理署(Swedish Agency for Marine and Water Management)

瑞典海洋与水域管理署负责转基因生物在水体生物中的使用、水体中活的

---

① 参见 MILJÖTILLSYNSFÖRORDNING [Regulation on Environmental Oversight](SFS 2011:13),载 http://www.notisum.se/rnp/sls/lag/20110013.htm,2020 年 2 月 14 日最后访问。

② 参见 MILJÖTILLSYNSFÖRORDNING [Regulation on Environmental Oversight](SFS 2011:13)第 2、14 章。

③ 参见 MILJÖTILLSYNSFÖRORDNING [Regulation on Environmental Oversight](SFS 2011:13)第 2 章第 12~18 条。

④ 参见 GENTEKNIKNÄMNDEN,载基因技术咨询理事会网站:http://www.genteknik.se/sv/in-english,2016 年 3 月 18 日最后访问。

⑤ FÖRORDNING OM UTSÄTTNING AV GENETISKT MODIFIERADE ORGANISMER I MILJÖN [Regulation on the Release of Genetically Modified Organisms into the Environment](SFS 2002:1086) ch. 2:11st2.

⑥ ENVIRONMENTAL Code ch. 13:19 §.

⑦ 参见 Gentekniknämndens ledamöter och personliga ersättare, GENTEKNIKNÄMNDEN,载 http://www.genteknik.se/sv/ledamoter,2020 年 3 月 3 日最后访问。

⑧ 参见 Genetiskt modifierade organismer i Sverige, NATURVÅRDSVERKET,载 http://www.naturvardsverket.se/Miljoarbete-i-samhallet/Miljoarbete-i-Sverige/Uppdelat-efter-omrade/Naturvard/Genetiskt-modifierade-organismer/GMO-i-Sverige/,2020 年 3 月 3 日最后访问。

转基因生物的放置以及含有水体活的转基因生物向自然环境释放。①

(4)瑞典农业理事会(Swedish Board of Agriculture)

瑞典农业理事会负责批准和监督通过转基因植物有意向自然环境释放转基因生物、没有被瑞典化学药品管理署(Swedish Chemicals Agency)监管的附着于土地的转基因生物以及转基因饲料。②

(5)国家森林理事会(The National Board of Forestry)

瑞典国家森林理事会负责管理用于采伐的转基因树木的种植。③

(6)瑞典化学品管理署(Swedish Chemicals Agency)

瑞典化学品管理署负责受理故意向自然环境释放转基因微生物、线虫、蜘蛛纲的动物、昆虫等申请。化学品管理署在其官方网站上公布了一份获得批准的转基因植物种植的研究。④ 在这之前,化学品管理署还批准生物杀虫剂使用的预申请。⑤

(7)瑞典民间突发事件管理署(Swedish Civil Contingency Agency)

瑞典民间突发事件管理署负责管理诸如转基因物质之类"危险物品"的运输。⑥

(8)国家食品管理署(The National Food Agency)

国家食品管理署负责落实"转基因生物项目"。这些项目旨在测试生产者使用的转基因生物以及教育他们遵守转基因生物的管理规则。⑦

(9)医疗产品管理署(Medical Products Agency)

医疗产品管理署负责管理故意释放含有转基因生物的医疗产品以及向自

---

① 参见 FISKERIVERKETS FÖRESKRIFTEROM GENETISKT MODIFIERADE VATTENLEVANDE ORGANISMER [Fishery Ministries Regulations on Genetically Modified Organisms Living in Water] (Fiskeriverkets föreskrifter[FIFS]2004:2), amended by Havs-och vattenmyndighetens författningssamling [HVMFS] 2011:3, 载 https://www.havochvatten.se/download/18.312592e01301d753523800017708/1348912773023/HVMFS+-+FIFS++2004-2-keu-1107...pdf,2020 年 2 月 14 日最后访问。

② 参见 JORDBRUKSVERKET,载 http://www.jordbruksverket.se/amnesomraden/odling/genteknikgmo.4.373db8e013d4008b3a18000378.html,2020 年 2 月 14 日最后访问。

③ 参见 MILJÖTILLSYNSFÖRORDNING [REGULATION ON ENVIRONMENTAL OVERSIGHT] (SFS 2011:13), ch. 2:17 §;SKOGSSTYRELSEN,载 http://www.svo.se,2020 年 2 月 14 日最后访问。

④ 参见 Genmodifierade organismer, GMO, KEMIKALIEINSPEKTIONEN,载 http://www.kemi.se/Innehall/Bekampningsmedel/Genmodifierade-organismer-GMO/,2020 年 2 月 14 日最后访问。

⑤ Genmodifierade organismer, GMO, KEMIKALIEINSPEKTIONEN.

⑥ 参见 Swedish Civil Contingency Agency,载 https://www.msb.se/en/(访问时间:2020 年 2 月 14 日)。

⑦ 参见 annual reports on the GMO project in Swedish at LIVSMEDELSVERKET, 载 http://www.livsmedelsverket.se/,2020 年 2 月 14 日最后访问。

然界释放转基因生物的申请。[①] 目前,瑞典市场上还没有含有转基因生物的医疗产品。对人体的诊断一般被认为是向自然环境释放转基因生物的过程。[②] 不涉及向自然环境释放转基因生物的测试(如对一些动物的测试)则从瑞典工作环境署(Swedish Work Environment Authority)申请从事转基因生物的许可,而不是从医疗产品管理署申请。[③] 所有含有转基因生物的医疗产品必须贴上标签注明"本产品含有转基因生物"。[④]

(10)瑞典工作环境署(Swedish Work Environment Authority)

瑞典工作环境署负责许可证的颁发和在封闭环境下使用转基因生物(如实验室使用)的登记,以及负责检查所有从事与转基因生物有关的工作环境。根据对于人类的危害级别,这种管理分为要求使用转基因生物进行备案登记或者获得许可证。[⑤]

3. 标签

含有转基因生物的饲料、食品和药品必须贴上标签注明。[⑥] 从用转基因生物饲料喂养长大的动物提炼的产品不需要贴上标签注明。

(五)向自然界释放转基因生物的限制

1. 一般条款

欧盟有关向自然环境释放转基因生物的管理规则是第 2001 号指令(EU

---

① 参见 SFS 2011:13,ch. 2:16 §. 该条款落实执行欧盟 2001/18/EG 指令。

② 参见 LÄKEMEDELSVERKETS FÖRESKRIFTER OCH ALLMÄNNA RÅD OM AVSIKTLIG UTSÄTTNING VID KLINISK PRÖVNING AV LÄKEMEDEL SOM INNEHÅLLER ELLER BESTÅR AV GENETISKT MODIFIERADE ORGANISMER [Medical Products Agency's Regulation on Advice on Intentional Release During Clinical Trials of Drugs Containing Genetically Modified Organisms] (Livsmedelsverkets föreskrifter [LVFS] 2004:10) at 4 § 3,载 http://www.lakemedelsverket.se/upload/lvfs/LVFS_2004-10.pdf,2020 年 2 月 14 日最后访问。

③ 参见 LÄKEMEDELSVERKETS FÖRESKRIFTER OCH ALLMÄNNA RÅD OM AVSIKTLIG UTSÄTTNING VID KLINISK PRÖVNING AV LÄKEMEDEL SOM INNEHÅLLER ELLER BESTÅR AV GENETISKT MODIFIERADE ORGANISMER [Medical Products Agency's Regulation on Advice on Intentional Release During Clinical Trials of Drugs Containing Genetically Modified Organisms] (Livsmedelsverkets föreskrifter [LVFS] 2004:10) at 4 §. 医疗产品管理署仍然要求所有的医疗测试需要做一个总的申请,但是不负责监管转基因生物方面的测试。

④ 该标注的瑞典语原文为"Denna produkt innehåller genetiskt modifierade organismer." LVFS 2004:10 12 §。

⑤ INNESLUTEN ANVÄNDNING AV GENETISKT MODIFIERADE MIKROOR-GANISMER [Contained Use of Genetically Modified Organisms] (Arbetsmiljöverkets Föeskrifter [AFS] 2011:2) at 14-16 §§.

⑥ Instruction LVFS 2004:10 12 § 和 The National Food Agency Instruction. 另见 ENVIRONMENTAL CODE ch. 13:18 §.

Directive 2001/18/EG)。作为欧盟成员国,瑞典通过 SFS 2002:1086 号条例(Regulation SFS 2002:1086)落实欧盟的上述指令。在瑞典,向自然环境释放转基因生物是受限制的,事先需要获得许可。[①] 政府各职能部门必须奉行预防原则,采取必要措施,避免因故意向自然环境释放转基因生物给人体健康和环境造成危害。[②] 相关部门还可以制定补充指导意见。向自然环境释放转基因生物许可证的颁发必须符合伦理标准。[③] 在一项使用转基因生物申请获得批准之前,公众应该有机会对这项申请作出评价。[④] 受理部门还必须将该申请的副本送达欧盟委员会、瑞典国家环境保护署和瑞典基因技术咨询理事会。[⑤] 一旦向自然界释放转基因生物的申请获得批准并付诸实施,转基因生物使用者必须及时汇报这种释放所产生的影响,其所有的活动都应该按照有关部门的规定进行。[⑥] 在瑞典进行的所有关于转基因生物的研究内容都可以在欧盟的相关网站上查询到。

根据已公布的信息,迄今为止,瑞典已经进行了 48 项与植物有关的转基因生物研究,[⑦] 9 项与植物无关的转基因生物研究。[⑧]

2. 报告要求与检查

按照瑞典的《环境监督条例》(Environmental Oversight Regulation)规定,相关部门要对从事与转基因生物有关的活动进行检查。[⑨] 每一个职能部门各自制定检查条例,但是这些条例必须与瑞典《环境法》(Environmental Code)的内容保持一致。

---

① ENVIRONMENTAL CODE ch. 13: 12 - 14 § §, FÖRORDNING OM UTSÄTTNING AV GENETISKT MODIFIERADE ORGANISMER I MILJÖN (SFS 2002:1086) ch. 2:2 and 3:2.

② FÖRORDNING OM UTSÄTTNING AV GENETISKT MODIFIERADE ORGANISMER I MILJÖN [Regulation on Release of Genetically Modified Organisms into the Environment] ch. 1:3 §.

③ 参见 ENVIRONMENTAL CODE ch. 13: 13 §,载 http://www.riksdagen.se/sv/Dokument-Lagar/Lagar/Svenskforfattningssamling/Miljobalk-1998808_sfs-1998-808/,2020 年 2 月 14 日最后访问。

④ 参见 FÖRORDNING OM UTSÄTTNING AV GENETISKT MODIFIERADE ORGANISMER I MILJÖN 第 2 章第 10 条。

⑤ 参见 FÖRORDNING OM UTSÄTTNING AV GENETISKT MODIFIERADE ORGANISMER I MILJÖN 第 2 章第 9 条、第 11 条。

⑥ 参见 FÖRORDNING OM UTSÄTTNING AV GENETISKT MODIFIERADE ORGANISMER I MILJÖN 第 2 章第 17 条。

⑦ 参见 Deliberate Release and Placing on the EU Market of GMOs - GMO Register, European Ommission,载 http://gmoinfo.jrc.ec.europa.eu/gmp_browse.aspx,2016 年 3 月 18 日最后访问。

⑧ 同上注。

⑨ 参见 MILJÖTILLSYNSFÖRORDNING (SFS 2011:13),第 2 章第 11 ~ 18 条,载 http://www.notisum.se/rnp/sls/lag/20110013.htm,2020 年 2 月 14 日最后访问。

3. 邻近种植的防范

欧盟各国分别制定政策和条例,规范在非转基因植物边上种植转基因植物应采取的防范措施。瑞典规定,转基因玉米和非转基因玉米种植的间隔距离必须在 50 米以上,转基因土豆和非转基因土豆种植的间隔距离必须在 3 米以上。① 瑞典农业理事会(Swedish Board of Agriculture)负责规定转基因植物与非转基因植物种植的间隔距离。② 该理事会已经就转基因植物种植时如何遵循预防原则制定了一份指导意见。③ 如前所述,瑞典目前只批准"Amflora"这一种转基因土豆的种植申请,但是实际上还没有进行商业化种植。因此,转基因作物与非转基因作物种植间隔距离的问题并没有出现。

4. "非转基因生物区"的发展

虽然瑞典对于释放和种植转基因产品有严格限制,但是瑞典的地方政府却没有合法理由宣布本地区为"非转基因生物区"(GMO-Free Area)。④ 地方政府可以与当地农民达成协议,决定在本地区不种植转基因作物,前提是这些协议都是出自农民自愿。瑞典已有若干个市和一个县宣布本地区为"非转基因生物区"。⑤

然而,没有标榜自己是"非转基因生物区"的地方认为,要将一个地区的转基因生物完全去除,这在实践中是不可能办到的。⑥ 不管瑞典各地对待转基因

① 4 § FÖRSIKTIGHETSÅTGÄRDER VID ODLING AV GENETISKT MODIFIERADE GRÖDOR [Precautionary Measures for Cultivation of Genetically Modified Plants] (Statens jordbruksverks föreskrifter [SJVFS] 2008:34).

② 9 § FÖRSIKTIGHETSÅTGÄRDER VID ODLING OCH TRANSPORT M. M. AV GENETISKT MODIFIERADE GRÖDOR (SFS 2007:273).

③ 参见 FÖRSIKTIGHETSÅTGÄRDER VID ODLING AV GENETISKT MODIFIERADE GRÖDOR (SJVFS 2008:34),载 http://www. jordbruksverket. se/download/18. 26424bf71212 ecc74b080001053/1242046883569/2008-034. pdf,2020 年 2 月 14 日最后访问。

④ 与瑞典不同,其邻国拉脱维亚则允许地方政府可以决定转基因生物是否可以在本地区使用。参见 GMO i nordisk perspektiv, BYGDEKVINNELAGET (November 6, 2012),载 http://bygdekvinnelaget. no/gmo-i-nordisk-perspektiv,2016 年 3 月 18 日最后访问。

⑤ Östersunds kommun är Sveriges första GMO-fria kommun, HEJ DÅ GMO! (March 30, 2009),载 http://hejdagmo. se/2009/03/30/ostersunds-kommun-ar-sveriges-forsta-gmo-fria-kommun/,2016 年 3 月 18 日最后访问。NORDANSTIG,载 http://www. nordanstig. se/Kommunen/Kost-och-stad/Kost/GMO-fri-kommun. html,2016 年 3 月 18 日最后访问。GREENPEACE. http://www. greenpeace. org/sweden/se/nyheter/nyheter/aennu-en-kommun-blir-gmo-fri/,2016 年 3 月 17 日最后访问。Jämtland 是瑞典第一个宣布为"非转基因生物区"的地方,该县希望成为瑞典的样板,让其他地方的农民也仿效他们。参见 Jämtland vill vara GMO-fri zon, ATL (May 7, 2009),载 http://www. atl. nu/lantbruk/jamtland-vill-vara-gmo-fri-zon,2020 年 2 月 15 日最后访问。

⑥ 参见 Meeting Minutes, City Council, GOTLAND (April 24, 2006),载 http://www. gotland. se/25174,2016 年 2 月 15 日最后访问。

生物的态度如何,目前在农业中使用转基因生物的许可证仍然由国家层面的瑞典农业理事会(Swedish Board of Agriculture)统一颁发。因此,瑞典的地方政府是无法阻止当地农民生产或使用欧盟批准的转基因生物的。

(六)食品中使用转基因生物的限制

1. 预防原则

如前所述,与欧盟一样,瑞典管制转基因生物在食品和动物饲料中的使用一直遵循的是预防原则。[①] 虽然欧盟现在已经允许使用部分转基因生物,但是瑞典对于转基因生物的使用申请还是采取逐个审批的方式。换言之,即使已经获得欧盟批准的转基因生物,在瑞典使用之前,仍需要经过审批。[②]

2. 执行机构与授权程序

瑞典农业理事会(Board of Agriculture)负责监管转基因生物在饲料中的使用,国家食品署(National Food Agency)负责监管转基因生物用于人类消费的食品。[③]

3. 转基因生物用于供人类消费的食品

在瑞典,转基因生物用于食品受到两部法律调整,即《食品法》(Livsmedelslagen)[④]和《食品管理条例》(Livsmedelsförordningen)。[⑤] 这两部法律也是瑞典执行欧盟第 852 号条例(EU Regulation 852/2004)、第 178 号条例(EU Regulation 178/2002)和第 853 号条例(EU Regulation 853/2004)的国内法。[⑥] 在瑞典,含有转基因生物的食品需要有标签注明。[⑦] 然而,供人类消费的肉类制品和禽蛋类(牛肉、鸡蛋),其动物和家禽喂养时吃的饲料含有转基因生物成分的话,这些产品不需要标签注明。瑞典的蜂蜜产品不需要做转基因生物

---

① 参见 Ordlistan, försiktighetsprincipen, EUROPA, 载 http://europa. eu/legislation _ summaries/glossary/precautionary_principle_sv. htm,2020 年 2 月 15 日最后访问。

② 参见 GMO-potatis och försiktighetsprincipen, RIKSDAGEN (June 22, 2011),载 http://www. riksdagen. se/sv/Dokument-Lagar/Fragor-och-anmalningar/Svar-pa-skriftliga-fragor/GMO-potatis-och-forsiktighetsp_GY12585/,2016 年 3 月 19 日最后访问。

③ 参见 MILJÖTILLSYNSFÖRORDNING (SFS 2011:13),第 15 条和第 18 条。

④ 参见 LIVSMEDELSLAG [FOOD ACT] (SFS 2006:804),载 http://www. riksdagen. se/sv/Dokument-Lagar/Lagar/Svenskforfattningssamling/Livsmedelslag-2006804_sfs-2006-804/,2020 年 2 月 15 日最后访问。

⑤ 参见 LIVSMEDELSFÖRORDNING [Food Regulation] (SFS 2006:813),载 http://www. riksdagen. se/sv/Dokument-Lagar/Lagar/Svenskforfattningssamling/Livsmedelsforordn ing-2006813_sfs-2006-813/,2016 年 3 月 19 日最后访问。

⑥ Food Act (SFS 2006:804); Food Regulation (SFS 2006:813).

⑦ 参见 Livsmedelsverket 前言以及 SFS 2006:804 ch. 1:6 § st1. 第 2 页和 Environmental Code 第 13 章第 18 条。

测试。①

没有经过欧盟批准的转基因生物不得用于食品生产。欧盟食品安全署(European Food Safety Agency)是主管机构,有权决定哪些转基因生物适合用于人类消费,哪些不适合。瑞典的国家食品署只是执行欧盟食品安全署决定的国内机构。

4. 牲畜的饲料

转基因作物在瑞典主要用于生产饲料,这一点在申请使用转基因作物的材料中已经明确作了说明。② 人们可以在瑞典农业理事会的网站上查询已经获得批准用于饲料生产的转基因作物目录。③ 有关转基因饲料的生产、销售管理制度也可在同一网站查询。④ 在瑞典,已经获得批准上市的转基因产品包括 8 种棉花、27 种玉米、3 种油菜、1 种甜菜、7 种大豆和 1 种土豆。⑤ 通过付费,人们可以从瑞典农业理事会网站上查到瑞典转基因饲料市场的调查结果。⑥

5. "非转基因生物"与常用的表明绿色产品的标签

虽然从技术角度讲,声称自己是"非转基因产品"的标签在瑞典是不允许

① 参见 Honung med pollen från GMO, LIVSMEDELSVERKET, 载 http://www.biodlarna.se/website1/1.0.1.0/25/1/? item=art_art-s1/281,2016 年 3 月 19 日最后访问。

② 参见 Gene Technology Board applications, Yttranden 2013, 载 http://www.genteknik.se/sv/2013——yttranden,2016 年 3 月 19 日最后访问。LIVSMEDELSVERKET, UNDERSÖKNING AV TILLÄMPNING AV LAGSTIFTNINGEN RÖRANDE GENETISKT MODIFIERADE LIVSMEDEL (GMO) [Investigation of the Application of Legislation on GMOS] (February 14, 2007), 载 http://www.livsmedelsverket.se/globalassets/rapporter/2007/2007_02_14_-gmorapport.pdf? _t_id = 1B2M2Y8AsgTpgAmY7PhCfg%3d%3d&_t_q=LIVSMEDELSVERKET%2c+UNDERS%C3%96KNING+AV+TILL%C3%84MPNING+AV+LAGSTIFTNINGEN+R%C3%96RANDE+GENETISKT+MODIFIERADE+LIVSMEDEL+(GMO)&_t_tags = language%3asv%2csiteid%3a67f9c486-281d-4765-ba72-ba3914739e3b&_t_ip = 211.80.94.132&_t_hit.id = Livs_Common_Model_MediaTypes_DocumentFile/_fa40685a-756d-4b32-9902-ba8c924f199b&_t_hit.pos=1,2020 年 2 月 15 日最后访问。

③ 参见 Godkända genetiskt modifierade växter, JORDBRUKSVERKET, 载 http://www.jordbruksverket.se/amnesomraden/djur/foder/genteknikgmo/godkandagenetisktmodifieradevaxter.106.7c4ce2e813deda4d30780001930.html,2020 年 3 月 4 日最后访问。

④ 参见 Genteknik och foder, JORDBRUKSVERKET, 载 http://www.jordbruksverket.se/amnesomraden/djur/foder/genteknikgmo.4.207049b811dd8a513dc80004212.html,2020 年 3 月 4 日最后访问。

⑤ 参见 Godkända genetiskt modifierade växter, JORDBRUKSVERKET, 载 http://www.jordbruksverket.se/amnesomraden/djur/foder/genteknikgmo/godkandagenetisktmodifieradevaxter.106.7c4ce2e813deda4d30780001930.html,2020 年 2 月 15 日最后访问。

⑥ JORDBRUKSVERKET, GMO PÅ FODERMARKNADEN, Rapport 2009:17, 载 http://webbutiken.jordbruksverket.se/sv/artiklar/gmo-pa-fodermarknaden.html,2020 年 3 月 4 日最后访问。

的，但这是一种很普遍的现象。[①] 因为有国家食品署的检查，这些产品的标签现在已经改头换面，标榜自己是"有机生长"或者"由某特定机构认证"。[②] 如果产品含有转基因物质，就不符合上述标签的标准。[③] 如前所述，动物制品如果是从用转基因饲料喂养的动物提炼的，不需要特殊标签注明。[④] 为此，瑞典的左翼联盟和绿党强调，这使得消费者想回避转基因生物制品几乎变得不可能。他们要求限制所有的油菜籽进口，[⑤]并要求对瑞典饲养的海豹采用非转基因饲料。[⑥]

6. 近期颁发的转基因生物使用许可证

尽管瑞典民众对转基因生物有抵触情绪，近期进口转基因产品的申请（共 7 份）都获得了瑞典基因技术理事会的批准。[⑦] 有关该理事会对待转基因生物的态度，人们可以从其年度《转基因生物报告》中了解到。[⑧]

瑞典农业理事会列举了所有获得批准的 48 种转基因产品，[⑨]其中只有 Amflora 土豆是获准可以在瑞典种植的转基因产品。[⑩] 需要指出的是，这种土

① 参见 Annual GMO Project Reports，载 http://www. livsmedelsverket. se/，2020 年 2 月 15 日最后访问。

② Annual GMO Project Reports.

③ 参见 Svenskt Sigill och gentekniken，SVENSKT SIGILL（March 26，2013），载 http://www. svensktsigill. com/IP - STANDARD/KONTROLLMARKET - SVENSKT - SIGILL/EN - VAG - TILL - BATTRE-MAT--BLOMMOR/SVENSKT-SIGILL/，2016 年 11 月 13 日最后访问。KRAV，载 http:// www. krav. se/ar-krav-certifierad-mat-fri-fran-gmo，2016 年 3 月 19 日最后访问。

④ 参见 GENTEKNIKNÄMNDEN，Yttrande 2013 - 0417，Diarienr 034/2013 - 4. 1. 1 Bilaga 1，载 http://www. genteknik. se/Uploads/Files/034_2013_raps_MS8xRF3xGT73. pdf，2016 年 3 月 19 日最后访问。

⑤ 同上注。

⑥ 参见 Svenskt Sigill och gentekniken，SVENSKT SIGILL（March 26，2013），载 http://www. svensktsigill. com/IP - STANDARD/KONTROLLMARKET - SVENSKT - SIGILL/EN - VAG - TILL - BATTRE-MAT--BLOMMOR/SVENSKT-SIGILL/，2016 年 11 月 13 日最后访问。

⑦ 参见 Decision Nos. 040/2013-4. 1. 1，034/2013-4. 1. 1，007/2013-4. 1. 1，007/2013-4. 1. 1，005/2013-4. 1. 1，004/2013-4. 1. 1，104/2012-4. 1. 1，以及 103/2012-4. 1. 1，载 http://www. genteknik. se/sv/2013——yttranden，2016 年 3 月 20 日最后访问。

⑧ 参见 Genteknikens utveckling 2010，GENTEKNIKNÄMNDEN，载 http://startsida. wikispaces. com/file/view/genteknikens+utveckling+2010. pdf/296931856/genteknikens+utveckling+2010. pdf，2016 年 3 月 20 日最后访问。

⑨ 参见 Godkända genetiskt modifierade växter，JORDBRUKSVERKET，载 http://www. jordbruksverket. se/amnesomraden/odling/genteknikgmo/kommersiellanvandning/godkanda. 4. 300b18bd13d103e79ef80002529. html，2020 年 2 月 15 日最后访问。

⑩ 有关 Amflora 土豆更多的信息，参见 Stärkelsepotatisen Amflora，JORDBRUK-SVERKET，载 http://www. jordbruksverket. se/amnesomraden/odling/genteknikgmo/kommersiell anvandning/starkelspotatisenamflora. 4. 300b18bd13d103e79ef80002589. html，2020 年 2 月 15 日最后访问。

豆不适合人类食用,瑞典也没有这方面的种植安排。① 另外45种转基因产品适合用作饲料加工。上述批准的48种转基因产品中,除了8种允许瑞典本国企业研制和生产外,其余转基因产品都是进口的。② 瑞典目前所做田间试验的转基因产品包括油白菜、土豆、欧洲山杨、水芹以及苹果树和梨树。③

(七)法律责任与著名案例

瑞典《环境法典》第29章是关于违反法律行为的处理规定。自2013年11月5日开始,向自然环境释放转基因生物时违反预防原则的行为将受到罚款和最高2年的监禁处罚。④ 阻拦环境执法检查者也有可能受到罚款和最高2年的监禁处罚。⑤ 违反转基因生物专门立法规定的行为,如不遵守转基因作物与非转基因作物种植间隔距离的规定、不遵守转基因产品强制标签规定以及转基因生物运输时不遵守通报、识别和文档制定的规定,也有可能受到罚款的处罚。⑥ 一些细小的错误和过失行为不需要承担责任。⑦ 上述违法行为涉及的动植物可以依法没收。⑧ 目前,瑞典还没有制定因私人原因违反转基因生物管制而进行处罚的立法规定。因此,一般过失行为导致的侵权责任在瑞典转基因生物管制中是适用的。⑨

瑞典没有全国层面有关转基因生物管制的司法案例。在这方面,对瑞典同样适用的是"欧盟蜂蜜案"。⑩

---

① Stärkelsepotatisen Amflora, JORDBRUKSVERKET.

② 参见 Godkända genetiskt modifierade växter, JORDBRUKSVERKET, 载 http://www.jordbruksverket.se/amnesomraden/djur/foder/genteknikgmo/godkandagenetisktmodifieradevaxter.106.7c4ce2e813deda4d30780001930.html, 2020年3月4日最后访问。

③ 瑞典完整的批准产品目录, 参见 Försök med genetiskt modifierade växter, ORDBRUKSVERKET, 载 http://www.jordbruksverket.se/amnesomraden/odling/genteknikgmo/faltforsok/2013arsforsok.4.300b18bd13d103e79ef80002609.html, 2020年2月15日最后访问。完整的欧盟批准上市的转基因作物目录,参见欧盟委员会相关网站:http://ec.europa.eu/food/dyna/gm_register/index_en.cfm, 2020年2月15日最后访问。

④ 参见 Environmental Code 第29章第4条h段和i段。

⑤ 参见 Environmental Code 第29章第5条第4段。

⑥ 参见 Environmental Code 第29章第5条第5~8段。

⑦ 参见 Environmental Code 第29章第11条。

⑧ 参见 Environmental Code 第29章第12条。

⑨ SKADESTÅNDSLAGEN [Torts Liability Act] (SFS 1972:207). Statens Offentliga Utredningar [SOU] 2007:46 Ansvarsfrågan vid odling av genmodifierade grödor [government report series].

⑩ 参见 Case C-442/09, Karl Heinz Bablok and Others v. Freistaat Bayern (September 6, 2011), 载 http://curia.europa.eu/juris/document/document.jsf?text=&docid=109143&pageIndex=0&doclang=EN&mode=lst&dir=&occ=first&part=1&cid=809490, 2020年3月4日最后访问。Case Summary available at http://ec.europa.eu/dgs/legal_service/arrets/09c442_en.pdf, 2016年3月20日最后访问。

以下两例案例裁决虽然不是直接判断转基因生物的安全性问题，但是与转基因生物有关。一例是市场法庭作出的，另一例是一家地方上诉法院作出的。

1. 误导的广告宣传（非转基因生物）

2004 年，瑞典的市场法庭（market court）发现一则鸡肉产品广告，除了其他一些违规事项外，还在其广告中声称该产品是“非转基因产品”。法庭认为，这种宣传不合适并起到误导作用，因为这种鸡肉吃了转基因饲料，体内含有 2% 的转基因生物，而瑞典海关对于进口产品界定为“非转基因产品”的标准为少于 1%这一阈值标准。[①] 这则广告因此被禁止刊登。

2. 地方政府控制租赁的土地

2013 年 1 月 15 日，瑞典 Göta 上诉法院在一项裁决中认为，一般情况下，地方政府可以改变土地租赁条件，只要这些改变没有实质加重承租人（农民）的负担。[②] 由于本案涉及因打造非转基因生物的生态农业计划而给农民带来不合理的负担，法院阻止了地方政府准备增加农民负担的计划实施。因此，农民原来与地方政府签订的土地租赁合同不需要修改，也不需要为建造生态农业而多承担费用。

九、意大利

意大利没有在本国商业化推广转基因作物。转基因技术的研发主要集中在提高植物繁殖能力以及了解涉及植物构造、品质检测、抗病毒的新陈代谢路径。作为欧盟的一员，意大利在过去的二十多年中，虽然在转基因生物管制方面一直执行欧盟的指令，但是其行动似乎有点迟缓。事实上，正如意大利的转基因生物立法所反映的，意大利民众的观点已经由过去完全反对引入转基因生物转变为开始接受转基因生物。意大利本国没有转基因作物的商业化种植，但是进口的加工产品和动物饲料中可能含有转基因成分。意大利的政治和行政架构运行依赖于中央政府和 20 个大区政府的权力行使。地方政府在管理农业和农作物种植以及转基因生物试验方面有一定的自治权。因此，一些地区会比另一些地区对待转基因生物采取更加宽容的态度。此外，意大利宪法法院曾经裁定，中央政府应该克制自己干预地方政府管制本地区转基因生物的事务。上述事实加上欧盟约束意大利的条例总体上对转基因生物持较为宽容态度等因素都给人们展示这样一种憧憬：由于意大利中央政府对地方政府制约权力有限，转基因生物研究在意大利自发式增长将为期不远。

---

① 参见 Marknadsdomstolen [Market Court], MD 2004:8 (March 24, 2004).

② 参见 Decision from Göta Court of Appeals, January 15, 2013, No. ÖA 2956-12.

（一）概述

意大利早期有关转基因生物的立法旨在遏制其在意大利境内发展。然而，自20世纪90年代以来，欧盟改变了转基因生物管制的法律框架。根据欧盟1990年颁布的第219号指令和第220号指令以及1997年颁布的第259号指令，意大利不能限制已经获得欧盟相关机构批准的转基因作物的进口。2000年，意大利首次颁布自己的立法，禁止在人类消费的食品中使用部分转基因生物［参见下文"（三）3. 国内立法"］。两年后，意大利停止批准转基因生物与非转基因产品的混合。自2003年起，部分立法开始对转基因生物的试验、使用、合成、向自然环境释放，尤其是在食品中采用转基因生物，采取更加严格的管制。因此，转基因作物种植目前在意大利虽然是允许的，但受制于严格管制，包括对人类、动物和环境影响的评估。

（二）公众与学者观点

转基因生物在意大利公众的印象中可谓毁誉参半。对于一些观察家而言，采用新技术改变植物和动物的基因符号标志着在食品选择最大化方面取得成功。[①] 对另外一些人而言，将转基因生物引入意大利已经引起了与食品安全和消费者保护有关的严重关注。例如，将蛋白质和基因植入转基因生物之中，这是以前人类食品和动物饲料中没有出现过的现象（如土豆中的蝎子基因和玉米中的细菌）。这些转基因食品带给后续食物链的影响也是一个非常有争议的问题。[②] 另一个普遍反对转基因生物的理由是转基因生物流出原先封闭的环境后，与生长在自然条件下的生物结合后给传统农业带来的风险。[③] 上述争议给意大利转基因生物研究带来的负面影响导致近年来公共和私人投入该领域的研究经费几乎为零，转基因作物的田间试验也差不多完全被取消。

尽管欧盟已经制定了转基因管理条例，但是意大利民众还是强烈反对将转基因生物引入意大利。这些反对意见至少从2000年开始一直影响着意大利的

---

① 参见 OGM：una nuova tecnologia che ha avuto troppo successo［GMO：A New Technology That Has Had Much Success］，CONFAGRICOLTURA ROVIGO，载 http://www. salmone. org/ogm－cosa－sono/，2015年9月11日最后访问。

② 参见 OGM：Organismi geneticamente modificati：una definizione［GMO：Genetically Modified Organisms：A Definition］，MINERVA OSSERVATORIO SULL'INDUSTRIA ALIMENTARE，载 http://www. minerva. unito. it/Alimentare/OGM/OGMdef. htm，2020年2月15日最后访问。

③ 参见 OGM，TRECCANI. IT：L'ENCICLOPEDIA ITALIANA［Italian Encyclopedia］，载 http://www. treccani. it/enciclopedia/ogm/，2020年3月4日最后访问。

立法。[1] 2013 年 7 月 12 日，意大利政府禁止在意大利种植孟山都公司开发的 810 号玉米（Mon810），作为针对转基因作物在意大利种植制定一套更加严格制度框架系列措施的第一步。[2] 然而，最新的民意调查显示，意大利人的立场开始有些松动，他们逐渐由反对变为接受转基因生物。[3]

意大利曾经制定过转基因作物与非转基因作物并存的政策，但是 2015 年 1 月的一项部际联合法令禁止转基因作物在意大利商业化种植。目前，意大利有 16 个大区、41 个省和 2350 个市宣布本地区为“非转基因区域”（GE-free Area）。

（三）相关立法框架

意大利参与农业研究的政府部门主要是农业、食品和林业部（Ministry of Agriculture，Food and Forestry）、教育、大学和研究部（Ministry of Education，University and Research）以及各省和特伦托、博尔扎诺这两个自治区。此外，卫生部（Ministry of Health）、经济发展部（Ministry of Economic and Development）以及环境和土地保护部（Ministry of Environment and Land Protection）也在一定程度上参与。国家大学和研究机构评估署（National Agency for the Evaluation of Universities and Research Institutes）负责评估提高科研水平和创新活动的研究经费使用情况。

2014 年 7 月 1 日至 12 月 31 日，意大利在担任欧盟轮值主席国期间提议修改欧盟条例，允许成员国因健康和环境以外的原因拒绝种植欧盟批准的转基因作物。2015 年 3 月 2 日，欧盟理事会正式批准第 2015/412 号指令，修正了原先第 2001/18 号指令，允许成员国在其境内限制或禁止种植欧盟批准的转基因作物。健康和环境以外的原因包括对社会经济和公共政策的关注、国家和地方的建设规划以及土地利用等因素。

---

① 参见 Il Paradosso della sfiducia negli OGM [The Paradox of the Distrust of GMOs]，LE SCIENZE (Edizione Italianadi Scientific American) (September 11，2013)，载 http://www.lescienze.it/news/2013/09/11/news/ogm_sicurezza_controlli_percezione_rischio-1804408/，2020 年 2 月 16 日最后访问。

② 参见 Press Release，Ministero delle politiche agricole，alimentari e forestali [Ministry of Agricultural，Food，and Forestry Policies]，Ogm，De Girolamo：firmato decreto che vieta la coltivazione del mais MON810 in Italia [GM，De Girolamo：Signed Decree Prohibiting the Cultivation of MON810 Corn in Italy] (July 12，2013)，载 http://www.politicheagricole.it/flex/cm/pages/ServeBLOB.php/L/IT/IDPagina/6560，2020 年 2 月 16 日最后访问。

③ 参见 Pro o contro：sugli Ogm è facile cambiare opinione [For or Against：It is Easy to Change Opinions About GMOs]，CORRIERE DELLA SERA.IT AMBIENTE (September 13，2013)，载 http://www.corriere.it/ambiente/13_settembre_13/ogm-facile-cambiare-opinione_bce7ca28-1c49-11e3-8df2-24a872f62c06.shtml? refresh_ce-cp，2020 年 2 月 15 日最后访问。

1. 意大利立法对“转基因生物”的定义

在意大利，转基因生物（organismi geneticamente modificati）被定义为“基因物质被改变过的生物，这种改变不是在自然受精或自然重组条件下发生的。转基因生物可以像细菌、寄生虫和真菌那样存在于植物、动物或微生物之中”。[①] 通过转基因技术培育的植物和饲养的动物已经被用于食品加工、农业、畜牧业和制药行业。[②] 然而，意大利科技界使用“转基因生物”这个术语主要是指那些遗传特质由于接受了新的基因而被改变的植物，这些植物改变了其原有的细胞和结构组织。[③]

意大利 2003 年颁布的第 224 号立法令（Legislative Decree No. 224）将“转基因生物”定义为“一种区别于人类的生物，这种生物的基因物质不是通过自然交配、接触或重组而改变的”。[④]

2. 欧盟法律

转基因生物生产过程中涉及的道德伦理和经济问题的复杂性导致了欧盟陆续制定了第 90/219 号指令（Directive No. 90/219）、第 259/97 号指令（Directive No. 259/97）和第 2001/18 号指令（Directive No. 2001/18），其中后者取代了第 90/220 号指令（Directive No. 90/220）。[⑤] 由于这些指令的规定，意大利既不限制经过欧盟相关机构批准的转基因作物进口，也不禁止转基因作物为了科学研究之外的目的种植。

---

① Organismi Geneticamente Modificati [Genetically Modified Organisms], AUTORITÀ EUROPEA PER LA SICUREZZA ALIMENTARE [European Authority for Food Safety], 载 http://www.efsa.europa.eu/it/topics/topic/gmo.htm, 2020 年 3 月 4 日最后访问。

② 参见 OGM, TRECCANI.IT: L'ENCICLOPEDIA ITALIANA [Italian Encyclopedia], 载 http://www.treccani.it/enciclopedia/ogm/, 2020 年 2 月 16 日最后访问。

③ 同上注。

④ Decreto Legislativo 8 luglio 2003, n. 224, Attuazione della direttiva 2001/18/CE concernente l'emissionedeliberata nell'ambiente di organismi geneticamente modificati [Legislative Decree No. 224 of July 8, 2003; Implementing Directive 2001/18/CE Concerning the Deliberate Release of Genetically Modified Organisms into the Environment] [L. D. No. 224 of 2003] art. 1(b), Gazzetta Ufficiale della Repubblica Italiana [G. U.] [OFFICIALJOURNAL OF THE REPUBLIC OF ITALY], No. 194, August 22, 2003, 载 http://www.normattiva.it/uri-res/N2Ls? urn:nir:stato:decreto.legislativo:2003;224, 2020 年 2 月 16 日最后访问。

⑤ 参见 Directive 2001/18/EC of the European Parliament and of the Council of 12 March 2001 on the deliberate release into the environment of genetically modified organisms and repealing Council Directive 90/220/EEC, 2001 O. J. (L106) 1, 载 http://eur-lex.europa.eu/legal-content/EN/TXT/? uri=URISERV:l28130, 2020 年 2 月 16 日最后访问。

欧盟的转基因生物立法是基于预防原则,[①]其内容主要包括以下几个部分:

(1)欧洲议会和欧洲理事会针对转基因食品和饲料于2003年9月22日颁布的第1829/2003号条例[Regulation (EC) No. 1829/2003]。

(2)欧洲议会和欧洲理事会针对转基因生物的可追溯性和标签制度制定的法律,包括针对转基因食品和饲料可追溯性修订的第2001/18号指令(Directive 2001/18/EC)和第1830/2003号条例[Regulation (EC) No. 1830/2003]。

(3)欧洲议会和欧洲理事会针对向自然环境中故意释放转基因生物以及废止欧共体第90/220号理事会指令(Council Directive 90/220/EEC)(该指令要求转基因生物生产者向主管当局展示新产品遵守相关的安全标准)而于2001年3月12日颁布的第2001/18号指令(Directive 2001/18/EC),该指令已经被欧盟第1830/2003号条例[Regulation (EC) No. 1830/2003]修正。

(4)欧盟委员会2003年7月23日出具的第2003/556号委员会推荐意见(Commission Recommendation 2003/556/EC),这份推荐意见指导欧盟成员国制定国家战略和采取最佳措施,并作为确保转基因作物和非转基因作物与有机作物和谐共处的指南。[②]

3. 意大利立法

第一次阻止转基因生物进入意大利的努力是在2000年作出的。当时,由意大利部长理事会(Council of Ministers)主席签发了一份禁止令,[③]禁止使用从转基因玉米(Corn 4)提炼的食品。禁止令的内容是根据欧盟第258/97号条例(European Regulation 258/97)包含的安全条款(safeguard clause)作出的。然而,这份禁止令在2004年被法院以证据不足,无法证明转基因玉米对健康有害为由予以撤销。因此,Corn 4号转基因玉米现在可以在意大利种植和使用。

自从包括诺贝尔奖获得者在内的1500多位意大利科学家在2000年联名

---

① 参见 The Precautionary Principle, Europa: Summaries of EU Legislation, 载 http://europa.eu/legislation_summaries/consumers/consumer_safety/l32042_en.htm, 2020年2月16日最后访问。

② The Precautionary Principle, Europa: Summaries of EU Legislation.

③ 参见 Decreto del Presidente del Consiglio dei Ministri 4 agosto 2000 Sospensione cautelativa dellacommercializzazione e dell' utilizzazione di taluni prodotti transgenici sul territorio nazionale, a norma dell' art. 12del regolamento (CE) n. 258/97 [Decree of the President of the Council of Ministers of August 4, 2000, Concerning the Precautionary Suspension of the Commercialization and Use of Certain Transgenic Products on the National Territory, in Accordance with Article 12 of Regulations (EC) No. 258/97], 载 http://www.arpa.emr.it/cms3/documenti/alimenti/normativa/DPCM_04ago2000.pdf, 2015年9月12日最后访问。

发表公开信,反对完全禁止转基因生物研究之后,有关转基因产品使用的争论在意大利就一直没有中断。① 部长理事会的禁止令是 2002 年正式实施的,它规定了转基因生物、非转基因农业和有机农业和谐共处的原则。这份禁止令规定,停止审批转基因作物种子和非转基因作物种子的杂交申请,对违规者规定严厉的处罚;中止意大利政府当时正在进行的一项转基因生物试验。该试验是根据意大利农业、食品和森林部制定的条例进行的。②

如前所述,意大利此前对待转基因生物种子一直采取零容忍政策。2003 年,意大利发生了皮德蒙特地方政府下令捣毁准备播种转基因生物地块的事件,因为当地转基因作物的种子与传统的非转基因作物种子之间的比例已经超过了欧盟和意大利相关条例规定的最大值。不过这起事件在意大利全国和其他欧盟成员国并没有引起多大反响。

此外,欧盟第 2001/18 号指令(Directive 2001/18/EC)在意大利通过 2003 年颁布的第 224 号立法令(Legislative Decree No. 224 of 2003)得到执行。③ 与现行的转基因生物试验标准与评估一起,这项指令规定,在作出下列行为之前,必须先进行包括对转基因生物评估在内的一系列活动:

(1)由于转基因生物的影响,放弃或取代已经不适宜消费或失去经济价值的作物,尤其是那些地方性作物;

(2)对于本地区产品以及/或者转基因生物释放地区的形象构成危害的,以及维护这些形象所需的费用;

(3)由于转基因生物释放地区无法买到非转基因产品,源自转基因生物释放地区的产品因而改变了市场版图,以及其他商业影响;

(4)地理地貌的改变而对农业和旅游带来的负面影响;

(5)受转基因生物的影响,转基因生物释放地区的农业利润在减少,而这

---

① 参见 Pusztai Rebuttal to "GM Myths"; Italian Scientists Blast, AGBIOWORLD, 载 http://www.agbioworld.org/newsletter_wm/index.php? caseid=archive&newsid=886,2020 年 2 月 16 日最后访问。

② 参见 Ogm, il decreto Alemanno è legge "Mai più commistioni nei campi," LA REPUBBLICA. IT (January 25, 2005), 载 http://www.repubblica.it/2004/j/sezioni/politica/ogmo/okogm/okogm.html, 2020 年 2 月 16 日最后访问。

③ 参见 Decreto Legislativo 8 luglio 2003, n. 224 Attuazione della direttiva 2001/18/CE concernente l'emissionedeliberata nell'ambiente di organismi geneticamente modificati [Legislative Decree No. 224 of July 8, 2003. Implementing Directive 2001/18/EC on the Deliberate Release of Genetically Modified Organisms], G. U., No. 194, August 22, 2003, 载 http://www.normattiva.it/uri-res/N2Ls? urn:nir:stato:decreto.legislativo:2003;224,2020 年 2 月 16 日最后访问。

又导致了这些释放地区被抛弃或被边缘化。[①]

意大利2004年颁布的第279号法令(Decree-Law No. 279)[②]经过2005年第5号法律(Law No. 5)[③]的修正后升格为法律。该法律要求对各种形式的农业平等对待,但是强制规定意大利各地区和自治省必须执行一项转基因作物与非转基因作物“和谐共处计划”(plan of coexistence),避免转基因产品与非转基因产品混合在一起。在2005年升格为法律之前,第279号法令因其规定不同作物的“和谐共处”以及意大利地方政府的管辖权等问题而被认为部分违宪,其结果导致全国20个大区(政治与行政的划分区域)现在可以自行决定其本地区转基因作物与非转基因作物“和谐共处”的政策和计划,前提是这些地方政府要遵守欧盟的规定,即不能一概禁止转基因作物。目前,其中的13个大区已经颁布了地方自治条例,几乎是限制在这些地区种植转基因作物。因此,转基因作物在意大利的种植目前仍处于试验阶段。意大利农场目前加工饲料使用的转基因大豆和玉米几乎都是进口的。

(四)研究、生产和市场化方面的限制

意大利自己不生产任何转基因作物和种子,但是进口的玉米和大豆大多是转基因产品,其中,玉米主要来自乌克兰、匈牙利、法国和罗马尼亚,大豆主要来自阿根廷、乌克兰、巴拉圭、斯洛文尼亚、巴西和美国。进口的转基因作物主要用于生产饲料。

意大利2003年颁布的第224号立法令规定,有关转基因生物的信息必须

---

① 参见 Decreto Legislativo 8 luglio 2003, n. 224 Attuazione della direttiva 2001/18/CE concernente l'emissionedeliberata nell'ambiente di organismi geneticamente modificati [Legislative Decree No. 224 of July 8, 2003. Implementing Directive 2001/18/EC on the Deliberate Release of Genetically Modified Organisms], G. U., No. 194, August 22, 2003,第8条、第15条、第19条和第22条。

② Decreto-Legge 22 novembre 2004, n. 279, Disposizioni urgenti per assicurare la coesistenza tra le forme diagricoltura transgenica, convenzionale e biologica [Decree-Law No. 279 of November 22, 2004, Containing Urgent Measures to Ensure the Coexistence Between Transgenic, Conventional, and Biological Forms of Agriculture], G. U., No. 280, Nov. 29, 2004,载 http://www.normattiva.it/uri-res/N2Ls? urn:nir:stato:decreto-legge:2004;279,2020年2月16日最后访问。

③ Legge 28 gennaio 2005, n. 5 Conversione in legge, con modificazioni, del decreto-legge 22 novembre 2004, n. 279, recante disposizioni urgenti per assicurare la coesistenza tra le forme di agricoltura transgenica, convenzionale e biologica [Law No. 5 of January 28, 2005, Converting into Law, with Amendments, Decree-Law No. 279 of November 22, 2004, Containing Urgent Measures to Ensure the Coexistence Between Transgenic, Conventional, and Biological Forms of Agriculture], G. U., No. 22, January 28, 2005,载 http://www.normattiva.it/uri-res/N2Ls? urn:nir:stato:legge:2005;5,2020年2月16日最后访问。

在透明和持续的基础上向社会公开,[①]除非相关信息需要保密。[②] 2005 年颁布的第 70 号立法令[③]确立了 3 年停止审批,包括转基因生物含量超过 0.5%的食品和饲料。[④] 此外,2003 年颁布的第 224 号立法令规定,获得授权向自然环境释放转基因生物的公司需要负责事后监管和从事相关的研究活动,[⑤]并且在网上公布释放的具体地点。[⑥] 最后,第 224 号立法令确立了意大利与欧盟及其他成员国相互交换转基因生物信息的程序。[⑦] 上述规定,加上 2001 年颁布的第 433 号总统令(Presidential Decree No. 433),内容变得更加充实,[⑧]总统令还包含转基因作物种植相关数据保护的内容。[⑨]

(五)向自然界释放转基因生物的限制

意大利通过本国第 224/2003 号法令(以下简称第 224 号法令)贯彻落实欧盟第 18/2001 号指令(EU Directive No. 18/2001)。第 224 号法令将批准向自然环境释放转基因生物的职权由卫生部转移至环境部,同时对卫生、劳工、农业、经济发展、教育等部门以及部际联合评估委员会[⑩]设定了相应职责。上述部门可依据法令规定的保障条款"作为一项紧急措施法案,他们可以基于新的信息和科学知识,暂时限制和禁止向市场释放、使用和销售转基因产品或含有转基因成分的产品……"从自己的管辖范围出发,作出对转基因生物向自然环境释放的判断。

---

① 参见 L. D. No. 224 of 2003 第 26 条。

② 参见 L. D. No. 224 of 2003 第 27 条。

③ 参见 Decreto Legislativo 21 marzo 2005, n. 70, Disposizioni sanzionatorie per le violazioni dei regolamenti (CE) numeri 1829/2003 e 1830/2003, relativi agli alimenti ed ai mangimi geneticamente modificati [Legislative Decree No. 70 of March 21, 2005, Penalties for the Violation of Regulation (EC) Nos. 1829/2003 and 1830/2003, Related to Genetically - Modified Food and Feed] [L. D. No. 70 of 2005], G. U., No. 98, March 21, 2005, 载 http://www. normattiva. it/uri - res/N2Ls? urn: nir: stato: decreto. legislativo:2005;070,2020 年 2 月 16 日最后访问。

④ 参见 Decreto Legislativo 21 marzo 2005 第 9 条。

⑤ 参见 L. D. No. 224 of 2003 第 22 条。

⑥ 参见 L. D. No. 224 of 2003 第 30 条。

⑦ 参见 L. D. No. 224 of 2003 第 14 条。

⑧ 参见 Decreto del Presidente della Repubblica 2 novembre 2001, n. 433, Regolamento di attuazione delle direttive96/51/CE, 98/51/CE e 1999/20/CE in materia di additivi nell' alimentazione degli animali [Presidential Decree No. 433 of November 2, 2001, Implementing Regulations of Directives 96/51/CE, 98/51/CE and 1999/20/CE Concerning Additives to Animal Feeds] [Presidential Decree No. 433 of 2001], G. U., No. 291, December 15, 2001, 载 http://www. normattiva. it/atto/caricaDettaglioAtto? atto. dataPubblicazioneGazzetta = 2001 - 12 - 15&atto. codiceRedazionale = 001G0484,2020 年 2 月 16 日最后访问。

⑨ 参见 Decreto del Presidente della Repubblica 2 novembre 2001 第 7 条。

⑩ 该委员会由环境部牵头,成员来自上述各部门。

意大利批准转基因产品的立法规定和行政程序是构建在欧盟规则基础之上的。根据欧盟第 1829/2003 号条例(EU Regulation No. 1829/2003),转基因产品或者从中提炼的产品在欧盟市场销售之前必须获得欧盟食品安全署(EFSA)的批准。审批程序首先从成员国开始。申请人按照欧盟的规则和食品安全署的指南要求,将申请交给成员国相关部门(意大利是卫生部),然后由该部门交给欧盟食品安全署进行安全评估。食品安全署的转基因生物评估小组(Panel on Genetically Modified Organism)对申请的转基因生物和相关食品、饲料进行仔细评估。评估小组的结论是欧盟委员会及其成员国决定的重要依据。①

意大利于 2010 年 6 月 25 日颁布的第 124 号立法令(L. D. No. 124))②针对将转基因生物释放到商业领域制定了强制性规定,包括通知、环境影响评估以及向公众提供咨询机会等要求。③ 第 124 号立法令赋予意大利农业、食品与森林部的主要职责是制定国家农业、食品安全和森林管理方面的政策。④ 第 124 号立法令同时允许向食物链中释放转基因物质,帮助促成水果品种的增加,以达到基因多样化的目的。⑤ 此外,第 124 号立法令还规定,转基因水果的标签必须清楚标明该品种是通过基因转化,同时还必须明确标注经过基因转化的特定生物名称。⑥ 尽管第 124 号立法令不适用于铁路、公路、内河航运、海运和空运,⑦但是还是设立了一个部际联合委员会,赋予其审核转基因生物的职权。⑧

2001 年颁布的第 433 号意大利总统令(Presidential Decree No. 433)对第 124 号立法令起到了配合作用。总统令规定,事先没有得到相关部门的授权,⑨

---

① 欧盟委员会批准的转基因产品目录公布在欧盟委员会网站:http://ec. europa. eu/food/dyna/gm_register/index_en. cfm,2020 年 2 月 16 日最后访问。

② 参见 Decreto Legislativo 25 giugno 2010, n. 124 Attuazione della direttiva 2008/90 relativa alla commercializzazione dei materiali di moltiplicazione delle piante da frutto destinate alla produzione di frutti (refusione) [Legislative Decree No. 124 of June 25, 2010, Implementing Directive 2008/90 Related to the Commercialization of Propagating Materials of Fruit Plants Intended for Fruit Production (Reimbursement)], G. U., No. 180, August 4, 2010, 载 http://www. normattiva. it/uri-res/N2Ls? urn: nir: stato: decreto. legislativo: 2010; 124, 2020 年 2 月 16 日最后访问。

③ 参见 Decreto Legislativo 25 giugno 2010 第 3 条 c-i 项。

④ 参见 Decreto Legislativo 25 giugno 2010 第 3 条。

⑤ 参见 Decreto Legislativo 25 giugno 2010 第 4 条第 5 款 c 项。

⑥ 参见 Decreto Legislativo 25 giugno 2010 第 8 条。

⑦ 参见 Decreto Legislativo 25 giugno 2010 第 4 条。

⑧ 参见 Decreto Legislativo 25 giugno 2010 第 6 条。

⑨ 参见 Presidential Decree No. 433 of 2001 art. 3, G. U., No. 291, December 15, 2001, 载 http://www. normattiva. it/atto/caricaDettaglioAtto? atto. dataPubblicazioneGazzetta=2001-12-15& atto. codiceRedazionale=001G0484, 2020 年 2 月 16 日最后访问。

食品中不能掺入添加剂。这种授权也包括来自欧盟相关部门的授权。[①]

(六)食品中使用转基因生物的限制

自2004年4月起,意大利通过国内立法开始执行欧盟第1829/2003号和第1830/2003号条例就转基因生物的标签和转基因食品和饲料的可追溯性的有关规定。欧盟制定了框架机制,确保从整个食品生产链中追溯到转基因产品的痕迹,包括加工过程中去除或增加了转基因DNA(如食用油)。意大利的这些规定不仅适用于食品中的转基因物质,也适用于农作物和饲料中的转基因物质。上述产品必须标有"转基因"或者"产自转基因(生物名称)"字样。转基因物质含量低于0.9%,且非故意掺和或者技术上无法避免的产品可以免于上述要求的做法。

意大利2003年颁布的第224号立法令[②](L. D. No. 224)虽然不适用于供人类使用的转基因食品和药物,但是强调要遵守获得批准上市和传播的转基因生物标签和包装规定。[③] 第224号立法令授权意大利环境部、卫生部、农业、食品和森林部基于对于人类、动物和环境危害新的科学知识,可以限制或临时中止转基因生物的商业化运作。[④]

2001年颁布的第433号意大利总统令(Presidential Decree No. 433)对第224号立法令起到了配合作用,包括有关转基因生物添加剂的标签、包装盒商业传播的规则,[⑤]并规定对上述行为的监控。[⑥]

(七)法律责任与刑事处罚

与转基因生物有关的活动导致的损害,其民事赔偿责任的认定主要依据意大利民法典。这类责任主要是因疏忽大意而构成的侵权责任。[⑦] 第224号立法令对与转基因生物有关的活动构成对人类健康和环境的危害、环境修复、对环境造成危害的赔偿作了特别规定:任何人,由于其行为或疏忽,因违反第224号立法令的规定造成水源、土壤、底土或其他环境资源的破坏,由此构成现实或将来的环境污染,必须自己承担所有费用,在受污染的地区采取安全措施和环

① 参见 Presidential Decree No. 433 of 2001 第6条。

② 参见 L. D. No. 224 of 2003 art. 7, G. U., No. 194, August 22, 2003, 载 http://www.normattiva.it/uri-res/N2Ls? urn:nir:stato:decreto.legislativo:2003;224, 2020年2月16日最后访问。

③ 参见 L. D. No. 224 of 2003 第24条。

④ 参见 L. D. No. 224 of 2003 第25条。

⑤ 参见 Presidential Decree No. 433 of 2001 arts. 14-19, G. U., No. 291, December 15, 2001, 载 http://www.normattiva.it/atto/caricaDettaglioAtto? atto.dataPubblicazioneGazzetta=2001-12-15&atto.codiceRedazionale=001G0484, 2020年2月16日最后访问。

⑥ 参见 Presidential Decree No. 433 of 2001 第20条。

⑦ 参见 CODICE CIVILE [Civil Code] 第2043条。

境修复和保护措施。[①]

相应地,意大利2005年颁布的第70号立法令[②](L. D. No. 70)规定了对没有获得政府授权、擅自推销转基因生物用作食品的营养成分、推销含有转基因生物食品或者用转基因生物制造食品的责任人的处罚内容。那些对与转基因生物相关活动没有采取适当监控措施或者没有将影响到转基因生物安全的最新发展变化通报给有关当局的责任人,也将受到处罚。[③]

意大利第70号立法令还对那些将转基因生物投放市场,却没有遵守标签规则,或者投放市场的食品,其转基因生物含量超过法律或主管当局允许的标准的责任人规定了其他法律没有规定的处罚。[④] 不仅如此,那些将转基因生物用于宠物食品或牲畜饲料,却不经过主管当局批准授权或不遵守标签规定的责任人也要受到处罚。[⑤]

(八)司法决定与著名案例

2006年,宪法法院就2004年颁布的第279号法令(Decree-Law No. 279)合宪性作出的裁定可以被视为意大利与转基因生物相关最重要的司法裁决。[⑥]法院认为,第279号法令的立法程序不完全符合规定,导致中央政府干预地方政府的自治权力,因而部分撤销了第279号法令的内容。不仅如此,法院认为,意大利行政当局在采取宪法要求的措施之前,没有就此与有关部门磋商和进行广泛辩论。此外,法院还考虑了有关转基因生物产品和非转基因生物产品混合在一起是否有可能造成无法挽回损失的争论。

宪法法院裁定的后续影响是导致意大利有关转基因生物政策制定的权力分散,更多的是下放到地方政府。这也直接导致意大利目前有关转基因生物没有统一的全国性政策这样的局面。

2013年7月12日,意大利农业部、卫生部、环境部联合发布一项禁令,禁止在意大利种植转基因作物。2013年10月12日,意大利农业协会在北部的

---

① 参见 L. D. No. 224 of 2003 art. 36(2), G. U., No. 194, August 22, 2003, 载 http://www.normattiva.it/uri-res/N2Ls? urn:nir:stato:decreto.legislativo:2003;224,2020年2月16日最后访问。

② 参见 L. D. No. 70 of 2005 art. 1, G. U., No. 98, March 21, 2005(implementing Regulation (EC) No. 1829/2003 of the European Parliament and of the Council of September 22, 2003, on Genetically Modified Food and Feed),载 http://www.normattiva.it/uri-res/N2Ls? urn:nir:stato:decreto.legislativo:2005;070,2020年2月16日最后访问。

③ 参见 L. D. No. 70 of 2005 第3条。

④ 参见 L. D. No. 70 of 2005 第4条。

⑤ 参见 L. D. No. 70 of 2005 第5条。

⑥ 参见 Corte Costituzionale, 8 marzo 2006, sentenza n. 116 [Constitutional Court, March 8, 2006, Decision No. 116],载 http://www.cortecostituzionale.it/actionSchedaPronuncia.do? anno=2006&numero=116,2020年2月16日最后访问。

维瓦罗(Vivaro)收获了一公顷的MON810转基因玉米。意大利农业部长要求该地区行政当局铲除这些转基因作物,因为该地区违反了上述禁令。同年10月18日,农业协会主席费得那托(Fidenato)向拉齐奥大区行政法院起诉这项禁令。2014年4月24日,法院驳回他的起诉。2015年2月6日,意大利国家理事会(Italian Council of State)驳回了他的上诉。2015年1月23日,三部门决定将禁令再延长18个月。

十、英格兰与威尔士

在欧洲国家中,英国对待转基因食品的态度有点与众不同。一方面,受传统盟友美国的影响,无论是在转基因生物研究,还是在转基因食品加工生产,英国都走在许多欧洲国家前列。另一方面,在脱欧之前,英国仍然受欧盟有关转基因生物和转基因食品的规则约束。在严格遵守授权审批程序的前提下,尤其是在脱欧之前,在满足欧盟的规定要求之后,转基因作物在英格兰和威尔士是被允许种植和销售的。英格兰和威尔士适用于转基因生物的立法,其中多数内容是关于如何执行欧盟的法律。在英格兰,民众以往的态度是反对转基因产品的。然而近来有报道称,这一态度正在发生转变。英国媒体开始质疑一些非政府组织反对转基因食品缺乏充分的科学证据。政府近期出台的政策也显示,英国对待转基因产品开始持宽容和开放的态度。种种迹象表明,英国脱欧有可能成为其调整国内转基因生物政策的一个转折点。

(一)概述

英国的全称为“大不列颠及北爱尔兰联合王国”,是由英格兰、威尔士、苏格兰以及北爱尔兰组成的一个君主立宪制国家。除了接受女王为国家主权象征和承认中央政府在国防、外交等国家事务方面的统一支配权外,上述各地区都有自己独立的立法和财政权,苏格兰地区更是享有相当一部分独立的司法权。在转基因生物管制方面,英国政府的立场更多代表的是英格兰和威尔士的立场。相对而言,由于独特的生态环境和气候条件,苏格兰对待转基因生物持更加严苛的态度。

经历了20世纪90年代的疯牛病疫情之后,英国通常被认为对待转基因生物和作物持较为保守的态度。然而近期的变化显示,这一态度正在发生转变,英国人对待转基因产品开始持宽容和开放的态度。① 目前,转基因作物在英国还没有被允许商业化种植,但是已经有转基因作物进口到英国。这些进口

---

① See Adam Vaughn, *Public Concern over GM Food Has Lessened*, *Survey Shows*, The Guardian, March. 9, 2012. Martin Robbins, *Hulk Smash GM-mixing Angry Greens with Bad science*, The Guardian, May 30, 2012.

产品主要用于生产饲料和一小部分转基因食品。[①] 对于种植转基因作物，英国没有采取一概禁止的做法，而是在相关风险评估显示对人体和环境是安全的前提下，英格兰地区允许种植转基因作物。[②] 英国已经申明：如果转基因作物在英国进行商业化种植，政府对此会持务实的态度，并采取隔离措施将转基因作物与非转基因作物和有机作物分开种植，以确保机会均等和各方利益的平衡。[③] 在这样的政策导向下，不同人可以有不同的选择，各方的经济利益也会得到合理保护。

英国农民以前在种植转基因作物时，经常会引起民众的抗议，并不断有反转基因人士毁坏种植的转基因作物。英国的食品安全制度一直是非常严格的，政府对于转基因产品有具体的标签规定，要求转基因产品必须公布采用的转基因生物信息。英国对待转基因生物立法和制定政策的宗旨是保护人体健康和环境安全。具体而言，英国政府承诺，"只有在相关风险评估显示对于人体和环境是安全的前提下，它才会允许种植转基因作物、向自然环境中释放转基因生物、批准转基因食品和饲料上市"。每一项转基因产品的上市申请都是基于个案审批决定的，同时考虑所有相关的科学知识，并将保护公众健康和环境作为政府优先考虑的目标。[④]

（二）公众与学者的观点

以往的新闻报道普遍认为，英国民众对于转基因生物和转基因食品大多持反对态度。媒体曾经把英国描述为热衷于转基因产品开发和销售的生物技术公司攻不破的国家。[⑤] 这种坚定的抵制态度形成于20世纪90年代。当时，英国社会有一股力量要将转基因作物引进到这个国家。然而，受"疯牛病"等一系列事件影响，英国民众担心转基因作物有可能对非转基因作物发生花粉异体传播，不接受转基因作物，纷纷抗议示威游行。反对者甚至拔出田里种植的转基因作物，以制止在英国继续开展这项工作。"科学怪食物"（frankenfood）作为转基因作物的外号也广为流传。[⑥] 在这样的社会氛围下，转基因生物研究在

① 参见 Public Sector Network, Making the Food and Farming Industry More Competitive while Protecting the Environment，载英国政府网站：http://www.public-sector.co.uk/news/article-1492，2020年2月16日最后访问。

② 同上注。

③ 参见 Proposals of UK Government 2006, Supply Chain Initiative on Modified Agricultural Crops，载 http://www.scimac.org.uk/summary.html，2017年12月8日最后访问。

④ See Jennifer Wilson, *UK GE Plants and Animals Report* 2015, GAIN Report, 7/16/2015.

⑤ See Ian Sample, *Biotech Firm Mans Barricades as Campaigners Vow to Stop Trials*, The Guardian, February. 16, 2008.

⑥ See Ian Sample, *The "Frankenfood" Experiments*, The Guardian, May 28, 2012.

英国受到一定的影响。①

反映当时英国民众心态的一篇网络文章指出，民众的反对主要针对大型跨国公司，因为这些公司对待公众就有关消费转基因食品安全问题的关心采取粗暴的回应方式。② 英国的一些媒体甚至将20世纪90年代描述成“转基因大战”的年代，因为出现了众多民众的抗议活动。在其中的一次抗议活动中，一些反转基因活跃分子在一位政府部长带领下，手持割草机捣碎田里种植的转基因作物，而当地的农民则开着拖拉机加以阻拦，场面非常激烈。③ 2007年和2008年，英国又发生了两起类似的破坏转基因作物事件。当时，有两块种植转基因作物的农田尽管有当地农民24小时把守，并在周围筑起了篱笆，法院还为此发出了禁止令，但是，田里种植的转基因作物还是经常在夜间被反转基因人士连根拔起。④

英国最近的转基因作物种植虽然也遭遇一些抵制，但是已经没有20世纪90年代那么激烈。⑤ 当反转基因人士威胁在试验田种植转基因作物的科学家时，科学家们录制了一段视频，呼吁反对者不要破坏他们的工作。这一次，英国媒体对科学家持同情态度，谴责反转基因人士威胁拔出试验田里的转基因作物是一种破坏他人财产的行为。⑥

由于脱欧前的英国和其他欧盟成员国民众的基本观点是反对转基因作物，生物技术种子生产巨头孟山都公司在2013年宣布，它正在撤回所有向英国和欧盟提出的转基因作物申请。孟山都公司认为，“今天的欧盟市场事实上已经是一个传统种子的市场”。⑦ 英国政府前任首席科学顾问大卫·金爵士（Sir

---

① 英国一直是生物技术世界领先的国家，加上与传统盟友美国的密切关系，两国在转基因生物研究方面有许多合作。20世纪80年代，两国在这一领域的研究水平不相上下。See Michael Cardwell, *The Release of Genetically Modified Organisms into the Environment: Public Concerns and Regulatory Responses*, Environmental Law Review, No. 4, 2002, pp. 156-170.

② 1998年10月25日，孟山都公司公共关系部主任菲尔·安吉尔（Phil Angell）在接受媒体采访时表示：“孟山都不应该专注于通过生物技术生产的食品安全问题……我们的兴趣在于尽可能多地销售这些产品。要弄清楚这些产品是否安全，这是美国食品与药品管理署的职责”。转引自 Michael F. Jacobson, *Meeting on the Safety and Labeling of Genetically Modified Organisms*（November. 18, 1999），载 http://cspinet.org/new/genetics_fda.html，2020年2月16日最后访问。

③ See Ian Sample, Biotech Firm Mans Barricades as Campaigners Vow to Stop Trials, The Guardian, February 16, 2008.

④ See Ian Sample, Biotech Firm Mans Barricades as Campaigners Vow to Stop Trials, The Guardian, February 16, 2008.

⑤ See Ian Sample, Anti-GM Activists Urged not to Trash Wheat Field, The Guardian, May 1, 2012.

⑥ Ian Sample, Anti-GM Activists Urged not to Trash Wheat Field, The Guardian, May 1, 2012.

⑦ Christopher Hope, *Major GM Food Company Monsanto Pulls Out of Europe*, The Telegraph, July 18, 2013.

David King)批评英国社会抵制转基因作物的现象。他估计英国已经为此损失了40亿英镑的财政收入。① 据报道,当时这届英国政府在环境大臣和科技部长带领下,通过颁布国家支持转基因食品的一系列政策,正在推动英国人吃更多的转基因食品。② 英国政府出台的政策强调,转基因生物如果被安全使用,它可以成为解决全球粮食安全和气候变化的有效途径,确保农业的可持续发展。③

(三)相关立法框架

英国负责管理转基因事务的机构主要有以下几个:

卫生与安全执行委员会(Health and Safety Executive):负责管理封闭状态下使用转基因生物。

环境、食品与乡村事务部(Department for Environment, Food & Rural Affairs):依据脱欧前英国的本国规定以及欧盟和国际规则的规定,管制向环境释放转基因农产品。该部还是英国独立机构"向环境释放咨询委员会"(Advisory Committee on Release to the Environment)的秘书单位。

食品标准署(Food Standards Agency)负责食品和饲料的安全评估和标签事宜。该部门还就转基因食品和其他新食品、转基因饲料接受"新食品及加工咨询委员会"(Advisory Committee on Novel Foods and Processes)和"动物饲料咨询委员会"(Advisory Committee on Animal Feedingstuffs)的咨询意见,前者负责食品的安全评估,后者负责饲料的安全评估。

英国的领土由英格兰、苏格兰、威尔士、北爱尔兰几部分组成,其中苏格兰、威尔士和北爱尔兰在农业、渔业、食品政策方面具有独立管辖权。苏格兰和威尔士在欧盟农业政策中得到的好处并不多,但是他们也愿意打出生态这张牌。苏格兰和威尔士对转基因农业采取比英格兰更严格的管制措施,专门划出部分地区为"非转基因地区"(GMO-free zones)。北尔兰也在2008年加入爱尔兰共和国争取"非转基因地区"(GMO-free zone)的行列。这些地区普遍认为,转基因给当地环境带来的负面影响远远超过它的经济利益。鉴于上述基本国情,英国政府在制定本国的转基因政策时需要考虑各方关系的平衡。

---

① See Ian Sample, *Biotech Firm Mans Barricades as Campaigners Vow to Stop Trials*, The Guardian, February 16, 2008.

② See Christopher Hope, *Major GM Food Company Monsanto Pulls Out of Europe*, The Telegraph, July 18, 2013.

③ 参见 Public Sector Network, Making the Food and FaRming Industry More Competitive while Protecting the Environment,载英国政府网站:http://www.public-sector.co.uk/news/article-1492,2020年3月6日最后访问。

在英国脱欧之前,英格兰和威尔士管制转基因生物立法的基本出发点是执行欧盟相关的法律。1990 年颁布的《环境保护法》是英国有关转基因生物最主要的一部立法,同时赋予国务大臣授权批准和控制在英格兰地区释放转基因生物的权力和责任。①

1. 转基因生物的定义

《环境保护法》第四部分第 6 节将下列情形定义为“转基因生物”:

(4)……生物中的任何基因或其他基因物质①已经被人为改变过了;②或者从上述人为改造的基因或基因物质中,通过任何次数的复制,遗传或提炼出的基因或基因物质。

(4A)生物中的基因或其他基因物质如果不是通过自然交配或自然重组而发生的改变,那么就属于上述第 4 段所说的“人为地改变了基因或基因物质”。②

2. 环境法

英国脱欧前有关环境保护和转基因生物管制的法律主要是建立在欧盟法的基础之上。如上文所述,英国最主要的环境保护法律是《环境保护法》。该法赋予英国国务大臣授权批准和控制在英格兰地区释放转基因生物的权力和责任。在欧盟法层面,管制在欧盟成员国之间释放转基因生物的规则主要是第 2001/18 号指令。③ 这项欧盟法律在英格兰地区通过 2002 年颁布的《转基因生物释放条例》[Genetically Modified (Deliberate Release) Regulations 2002]这部英国国家立法得到执行。④

3. 有关食品的法律

英国脱欧前管制食品中使用转基因生物以及有关转基因食品标签的法律比较分散,而且主要是根据欧盟的条例和指令制定的。欧盟管制各成员在食品中使用转基因生物的条例主要是第 1829 号条例(Regulation 1829/2003)和第

---

① 参见 Environmental Protection Act 1990, c. 43,载 http://www.legislation.gov.uk/ukpga/1990/43/contents,2020 年 3 月 6 日最后访问。

② 参见《环境保护法》第四部分。

③ 参见 Directive 2001/18/EC of the European Parliament & of the Council of 12 March 2001 on the deliberate release into the environment of genetically modified organisms & repealing Council Directive 90/220/EEC, Article 1,载 http://www.wipo.int/wipolex/zh/text.jsp? file_id = 236475,2020 年 2 月 17 日最后访问。

④ 参见 Genetically Modified (Deliberate Release) Regulations 2002, SI 2002/2443,载 http://www.legislation.gov.uk/uksi/2002/2443/introduction/made#f00003,2020 年 2 月 17 日最后访问。

1830 号条例(Regulation 1830/2003)。[1] 这两部条例在英格兰通过《2004 年英格兰转基因食品管理条例》[Genetically Modified Food (England) Regulations 2004][2]、《英格兰转基因动物饲料管理条例》[3]和《英格兰转基因生物(可追溯性和标签)管理条例》[4]得到落实。下文将介绍这些条例。

(四)研究、生产和市场化方面的限制

任何人希望向大自然释放转基因生物都必须得到相关职能部门的授权。英国脱欧之前,无论授权决定是欧盟作出的还是英国作出的,都将取决于转基因生物释放的目的。欧盟有权批准包括转基因作物、种子和食品在内的转基因产品的市场化,英国政府有权批准用于研究和开发目的的转基因生物释放。[5] 下文将介绍转基因产品市场化申请的评估。

英国管制转基因生物研究的法律是分散的。英国政府认为,"通过严格立法控制有意向自然环境释放转基因生物",这是基于"保护人类健康和环境,并确保消费者选择权"的需要。[6] 为了研究和开发需要向自然界释放转基因生物,事先需要向英国国务大臣递交书面申请。[7] 申请书递交 10 日之内,申请人必须在一家全国性的报纸上公布相关信息,包括他们的联系方式、即将释放的转基因生物的详细描述、释放地点、日期以及释放目的。[8] 英国环境、食品和乡村事务部的职责是评估即将释放的转基因生物对环境的影响,评估的具体工作

① 参见 Regulation (EC) 1829/2003 of the European Parliament and of the Council, 2003 O. J. (L 268) 1, 载 http://eurlex. europa. eu/LexUriServ/LexUriServ. do? uri = OJ:L:2003:268:0001:0023:EN:PDF, 2020 年 2 月 17 日最后访问。Regulation (EC) 1830/2003 of the European Parliament and of the Council, 2003 O. J. (L 268) 24, 载 http://eur-lex. europa. eu/LexUriServ/LexUriServ. do? uri = OJ:L:2003:268:0024:0028:EN:PDF, 2020 年 2 月 17 日最后访问。

② 参见 Genetically Modified Food (England) Regulations 2004, SI 2004/2335, 载 http://www. legislation. gov. uk/uksi/2004/2335/contents/made, 2020 年 2 月 17 日最后访问。

③ 参见 Genetically Modified Animal Feed (England) Regulations 2004, SI 2004/2334, 载 http://www. legislation. gov. uk/uksi/2004/2334/contents/made, 2020 年 2 月 17 日最后访问。

④ 参见 Genetically Modified Organisms (Traceability and Labeling) (England) Regulations 2004, SI 2004/2412, 载 http://www. legislation. gov. uk/uksi/2004/2412/contents/made, 2020 年 2 月 17 日最后访问。

⑤ 参见 Public Sector Network, Making the Food and Farming Industry More Competitive while Protecting the Environment, 载英国政府网站: http://www. public-sector. co. uk/news/article-1492, 2020 年 2 月 17 日最后访问。

⑥ 参见 Genetically Modified Organisms: Applications and Consents, GOV. UK, 载英国环境、食品和乡村事务部网站: https://www. gov. uk/genetically-modified-organisms-applications-and-consents, 2020 年 2 月 17 日最后访问。

⑦ 参见 Genetically Modified (Deliberate Release) Regulations 2002, 2002/2443, ¶ 10(1), 载 http://www. legislation. gov. uk/uksi/2002/2443/introduction/made#f00003, 2020 年 2 月 17 日最后访问。

⑧ See Genetically Modified (Deliberate Release) Regulations 2002, 2002/2443, ¶ 10(1).

由依照《环境保护法》选聘的专家组成的一家法定独立机构——向环境中释放咨询委员会承担。[①] 该委员会就“转基因生物释放和市场化是否会对人体健康和环境造成危害”向英国政府相关部门的部长提供咨询意见。[②] 评估委员会在评估转基因生物释放和市场化时需要考虑一系列因素，包括毒性、过敏的可能性等安全因素以及新的基因传播到其他生物的可能性。[③]

在批准用于研究的转基因生物释放申请之前，评估委员会需要确信：

1. 用于研究生产的转基因作物不会进入人类的食物链之中；

2. 转基因作物周围种植一条植物隔离带，防止转基因作物的转移；

3. 任何工人和农用机械设备在从事转基因作物种植之后都必须消毒；

4. 种植转基因作物的农田在结束研究之后需要抛荒 1 年。[④]

（五）向自然界释放转基因生物的限制

如前所述，英国脱欧之前，任何人希望向自然环境释放转基因生物，事先必须得到授权，其中转基因产品的商业化需要得到欧盟相关机构的批准，转基因生物的研究和开发需要得到英国相关机构的批准。[⑤] 英国 2002 年颁布的《转基因生物（故意释放）条例》是英格兰地区贯彻执行欧盟管制向自然环境释放转基因生物的第 2001/18/EC 指令的国内法。[⑥] 在英格兰和威尔士地区，向自然环境释放转基因生物需满足英国国务大臣设定的条件。这些条件被认为是“确保采取所有适当措施避免因同意向自然环境释放转基因生物而可能对环

---

① 参见 Environmental Protection Act 1990, c. 43, § 124, 载 http://www.legislation.gov.uk/ukpga/1990/43/part/VI, 2020 年 2 月 17 日最后访问；又见 Advisory Committee on Releases to the Environment, 载英国环境、食品和乡村事务部网站：http://www.defra.gov.uk/acre/, 2020 年 2 月 17 日最后访问。

② 参见英国环境、食品和乡村事务部网站：Advisory Committee on Releases to the Environment, 2020 年 2 月 17 日访问。

③ 参见英国环境、食品和乡村事务部网站：Advisory Committee on Releases to the Environment, 2020 年 2 月 17 日访问。

④ 参见 Advisory Committee on Releases to the Environment, Advice on an Application for Deliberate Release of a GMO for Research and Development Purposes: Advice of the Advisory Committee on Releases to the Environment to the Secretary of State under Section 124 of the Environmental Protection Act 1990 (May 4, 2010), 载 http://webarchive.nationalarchives.gov.uk/20130123162956/http://www.defra.gov.uk/acre/files/acre-advice-10-r29-01.pdf, 2020 年 2 月 17 日最后访问。

⑤ 参见 Public Sector Network, Making the Food and Farming Industry More Competitive while Protecting the Environment, 载英国政府网站：http://www.public-sector.co.uk/news/article-1492, 2020 年 2 月 17 日最后访问。

⑥ 参见 Genetically Modified Organisms (Deliberate Release) Regulations 2002, SI 2002/2443, 载 http://www.legislation.gov.uk/uksi/2002/2443/contents/made, 2020 年 2 月 17 日最后访问。

境造成损害”所必需的。①

1. 通报要求

在英国，管制转基因生物的条例需要有很高的透明度。如前所述，任何机构向自然环境释放转基因生物之前需要在一家全国性的报纸上公布申请人的名称和地址、种植转基因作物的地点和时间。任何转基因作物的实验性种植都需要在注册登记时公布相关信息，②尤其是种植地点。许多生物技术公司对于这项要求都感到非常沮丧。他们认为，这样做等于给反转基因分子“送上门的破坏机会”，因为他们知道试验性种植转基因作物的准确地点，很容易找到并摧毁这些作物。附近的农民也感到恐惧，因为他们担心反转基因人士的暴力行为会殃及他们的农田，或者担心这些转基因作物的花粉飘落到他们的农田，“污染”了他们的农作物，因而也参与破坏这些试验田里的转基因作物。通报转基因作物种植地点的要求是基于欧盟第 2001/18/EC 指令(Directive 2001/18/EC)的规定。英国的生物技术公司认为，这项指令在英国的执行比其他欧盟成员国更加严苛，这也许与当时的布莱尔政府环境大臣麦克·米切(Michael Meacher)是一位反转基因人士不无关系。在欧盟其他国家，试验性种植转基因作物的农田位置不需要那么准确通报。相关公司只需告诉种植的大致区域，详细信息只透露给替公司严格保密的政府登记官员。③

2. 检查规定

根据英国《环境保护法》第四部分的规定，英国环境、食品和乡村事务部下属的一个部门——食品与环境研究署(Food and Environment Research Agency)在转基因生物有意向自然环境释放时履行法律赋予的职责。④ 食品与环境研究署是通过对获得授权向自然环境释放转基因生物公司的一系列检查和审计活动来履行其职责的。该机构同时负责调查任何未经授权偷偷向自然环境释放转基因生物的行为。⑤

---

① 参见 Environmental Protection Act 1990, c. 43, § 112, 载 http://www.legislation.gov.uk/ukpga/1990/43/section/112, 2020 年 2 月 17 日最后访问。

② 最近的一次登记是 2013 年 4 月 20 日，详细记载了转基因作物种植的地点。参见 Sites with Consent for Part B Release of GMOs, GOV. UK, 载 https://www.gov.uk/government/uploads/system/uploads/attachment_data/file/200516/partb-consent-sites-list-20130420.pdf, 2015 年 8 月 28 日最后访问。

③ See Ian Sample, *Biotech Firm Mans Barricades as Campaigners Vow to Stop Trials*, The Guardian, February 16, 2008.

④ 参见 GM Inspectorate, The Food & Environment Research Agency (FERA), 载 http://www.gm-inspectorate.gov.uk/index.cfm, 2015 年 8 月 28 日最后访问。

⑤ 参见 FERA, GMO Risk Assessment and Regulation, DEFRA, 载 http://www.fera.defra.gov.uk/landUseSustainability/gmCrops.cfm, 2020 年 2 月 17 日最后访问。

(六)食品中使用转基因生物的限制

1. 转基因食品销售的审批

从2003年开始,评估和批准转基因食品上市的权力从成员国转移至欧盟。[①] 在欧盟范围内,转基因食品的安全评估由欧盟食品安全署(European Food Safety Authority)负责。食品安全署对成员国转基因食品上市申请进行个案审查,评估其消费安全,确认"转基因食品没有对人体健康构成危害,产品标签没有误导消费者,与同类非转基因食品相比,营养成分没有缺失"。[②] 在调查转基因食品安全性的任何阶段,食品安全署会咨询欧盟每一个成员国的相关机构。英国当时的对应机构是"食品标准署"(Food Standards Agency)。[③] 如果在英国咨询的事项还包括转基因作物的种植,那么咨询对象还必须包括英国环境、食品与乡村事务部。[④]

2. 转基因食品的标签

在脱欧前的英国,含有转基因生物成分或者直接由转基因生物制品生产的食品必须符合欧盟的要求,即"所有批准上市的转基因产品都必须有清楚的标签"。[⑤] 这项规定的适用范围包括从转基因作物提炼的食品,即使这些食品已经检测不出转基因生物成分。这样的标签规定适用范围是很广的,它要求终端产品有任何转基因物质的都必须公布。[⑥] 按照这一规定,面粉、食用油等采用含有转基因物质的产品作为原料加工而成的产品与直接来源于转基因生物的产品一样进行标签。然而,通过转基因技术生产的产品,如用转基因酵母生产的奶酪,不需要在标签中注明。用转基因饲料喂养的动物生产的产品也不需要特别标注。例如,用转基因饲料喂养的奶牛产下的牛奶以及牛肉不需要标明转基因成分。[⑦]

如果是有意采用转基因作物作为原料成分的,无论其中的比例多少,该食品都应该被标明为转基因食品。但是,转基因作物是无意间掺入食品的,只有

---

① 参见 Regulation (EC) 1829/2003 of the European Parliament and of the Council, 2003 O. J. (L 268) 1,载 http://eurlex. europa. eu/LexUriServ/LexUriServ. do? uri = OJ: L: 2003: 268: 0001: 0023: EN: PDF,2020年2月17日最后访问。

② 参见 Food Standards Agency, Evaluating GM Goods,载 http://www. food. gov. uk/policy-advice/gm/evaluating,2015年8月29日最后访问。

③ See Food Standards Agency, Evaluating GM Goods.

④ Ibid.

⑤ Regulation (EC) 1829/2003 of the European Parliament and of the Council, 2003 O. J. (L 268) 1,载 http://eurlex. europa. eu/LexUriServ/LexUriServ. do? uri = OJ: L: 2003: 268: 0001: 0023: EN: PDF,2020年2月17日最后访问。

⑥ 同上注。

⑦ 同上注。

当转基因生物的比例超过0.9%时,该食品才需要被标明为转基因食品。这个0.9%的阈值只适用于经欧盟批准上市的转基因食品。因此,没有经过欧盟批准的转基因食品,无论其中的转基因生物比例是多少,都不得在欧盟上市。[①]

3. 牲畜饲料

牲畜饲料中的转基因生物评估和授权程序与人类消费的食品一样。如同上述第一部分所述,也是由欧盟管辖。[②] 脱欧前英国超市出售的肉类,如果宰杀的牲畜吃的是转基因饲料,需要标注。最近,特易购(Tesco)、阿斯达(Asda)等一些大型超市开始放弃这种做法。这也是一个值得注意的一个动向。

(七)法律责任与著名案例

英国脱欧前,英格兰针对环境损害的立法主要是基于欧盟制定的条例和确立的原则,即"谁污染,谁支付"。[③] 在英格兰地区,损害环境的部分责任是由《2015年环境损害(避免与补救)(英格兰)条例》规定的。[④] 该条例规定,损害的赔偿责任由对环境造成损害或损害威胁的活动者承担。具体责任包括确定临近的威胁将在何时出现,或者确定已经造成的损害,以及采取及时行动防止这种危害出现或修补这种危害造成的损失。[⑤] 因此,环境责任也常常被形容为是一道"防护堤",重点在于制定预防环境污染的措施,阻止威胁和损害的发生。[⑥]

条例的规定只适用于对环境造成严重损害的情形,包括具有特殊意义的一个科学监测点的完整性遭到了破坏、地表水或地下水受到严重污染、土壤受到污染以及对人体健康造成一种负面影响。[⑦]

《2015年环境损害(避免与补救)(英格兰)条例》适用的是"无过错责任原

---

① Regulation (EC) 1829/2003 of the European Parliament and of the Council, 2003 O. J. (L 268) 1,载 http://eurlex. europa. eu/LexUriServ/LexUriServ. do? uri = OJ:L:2003:268:0001:0023:EN:PDF, 2020年2月17日最后访问。

② See Regulation (EC) 1829/2003 of the European Parliament and of the Council, 2003 O. J. (L 268) 1.

③ 参见 The Environmental Damage (Prevention and Remediation) Regulations 2009,载 http://webarchive. nationalarchives. gov. uk/20130903013253/http://www. legislation. gov. uk/uksi/2009/153/contents/made,2020年2月17日最后访问。

④ 参见 The Environmental Damage (Prevention and Remediation) (England) Regulations 2015,载 http://www. legislation. gov. uk/uksi/2015/810/pdfs/uksi_20150810_en. pdf,2020年2月17日最后访问。

⑤ 参见 The Environmental Damage (Prevention and Remediation) (England) Regulations 2015 第二部分。

⑥ 参见 The Environmental Damage (Prevention and Remediation) Regulations 2009,载 http://webarchive. nationalarchives. gov. uk/20130903013253/http://www. legislation. gov. uk/uksi/2009/153/contents/made,2020年2月17日最后访问。

⑦ 参见 The Environmental Damage (Prevention and Remediation) (England) Regulations 2015,载 http://www. legislation. gov. uk/uksi/2015/810/pdfs/uksi_20150810_en. pdf,2020年2月17日最后访问。

则”。只要是使用或释放了转基因生物,包括在运输途中,不管主观意愿如何,就应该承担相应责任。[①] 当出现现实的环境损害或即将出现环境损害,经营者需要采取措施避免损害进一步扩大或防止损害出现,并通报相关主管部门。[②] 在大多数情况下,该主管机关就是环境署。主管机关就此调查决定所造成的损害是否属于条例定义的环境损害,并确定经营者的相应责任,然后向经营者发出一份补救通知。经营者必须按照通知要求采取相应措施,并支付主管机关确定的环境损害赔偿费用。[③]

经营者如果确信有下列情形,可以提起上诉:

1. 他的行为没有导致损害;

2. 主管机关不合理地将相关损害定义为“环境损害”;

3. 损害是由第三方的行为导致的;

4. 经营者没有过错或过失,转基因生物的释放或整个事件是在主管机关授权下或者是在公众的科学常识范围内(这一点不能成为在威尔士转基因生物造成环境损害的免责理由)进行或操作的。

经营者如果认为主管机关出具的补救通知不合理,也可以就此提起上诉。[④]

此外,一般的民事责任也可以适用,但是迄今为止,英格兰还没有报道过一起因转基因生物而引发的其他民事责任。2005 年的一篇法学论文指出,“疏忽大意”的民事责任应该限制在“基因污染”的案件中适用,因为“在花粉传播或基因转移过程中,很难证明当事人为了避免这类事件发生是否已经尽了合理的努力”。更重要的是,赔偿责任是针对土壤和其他财产造成的损失的。尽管转基因作物或转基因作物种子的传播可以被认为造成财产损失,影响别的作物商业价值的基因漂移一般不是故意行为导致的财产损害。仅仅确定金钱上的损害赔偿责任,这在许多普通法系国家是很少见的。[⑤]

英国脱欧前,对英格兰有影响的大多数司法裁决都是欧盟作出的,而且不是只针对英格兰,也涉及其他欧盟国家。迄今为止,尚未出现仅涉及英格兰的有关转基因生物的司法裁决。

---

① See The Environmental Damage (Prevention and Remediation) (England) Regulations 2015.

② 参见 The Environmental Damage (Prevention and Remediation) Regulations 2009,载 http://webarchive.nationalarchives.gov.uk/20130903013253/http://www.legislation.gov.uk/uksi/2009/153/contents/made,2020 年 2 月 17 日最后访问。

③ 同上注。

④ 同上注。

⑤ See Sebastian San, *International Court of Environmental Arbitration and Conciliation, Consultative Opinion on Liability of Public and Private Actors for Genetic Contamination of Non-GM Crops*, Environmental Law Review 4, 2005, pp. 253-72.

第三章　非　洲

非洲是世界上自然条件较恶劣、经济较不发达的地区。目前,非洲还有不少国家粮食不能自给,需要联合国等国际组织以及部分国家的援助。因争夺粮食资源而引起的冲突在非洲时有发生。按理说,转基因作物具有抗虫、耐旱等特性,最适合在非洲种植。然而,受制于经济、科技以及宗教文化等因素影响以及政局不稳导致国家政策的不确定性,转基因技术几乎没有传播到非洲。除了埃及、南非这些相对发达的非洲国家有一些科研人员从事农业转基因技术研究和种植少量转基因作物外,转基因技术如同其他许多新科技,对于不少非洲国家而言,还是比较遥远的事情。因此,与其他新技术被引入非洲国家的经历相似,转基因技术帮助非洲国家推进农业生产也需要有一个稳定的社会发展环境。

一、埃及

埃及的食品管制系统是基于食品法和相关条例、部长令以及食品检验署、实验室和技术支持部门等部门管理制度共同构建起来的。总体而言,埃及对待转基因生物的态度是相当宽容的,除了种子之外,别的国家允许销售的转基因作物和食品,埃及都可以进口。政府制定的公共政策不反对种植、进口、出口转基因作物。虽然埃及的一些反转基因活跃分子反对这样的公共政策,埃及法律不仅没有限制转基因作物和食品研究、生产和上市,也没有限制向自然环境释放转基因生物。此前虽然有一项关于生物安全的立法草案被提交到立法机关,但是没有在埃及议会获得通过。

(一)概述

尽管埃及在2009年宣布,任何进口的农产品都需要出具原产地证明,说明该产品是非转基因作物。[①] 总体而言,埃及对待转基因生物的态度还是相当宽容的。政府制定的公共政策不反对种植、进口、出口转基因作物。根据最近的报道,埃及种植和进口的转基因作物数量在非洲各国排名第三。南非和布基纳法索是非洲两个最大的种植转基因作物国家。排在埃及后面的是苏丹。[②]

自2010年12月以来,转基因作物已经在埃及10个省种植,并没有受到任何限制,[③]其中包括2012年总数达1000公顷的转基因玉米。早在2008年,埃及就已经成为第一个种植转基因作物的北非国家,[④]目前也是世界上五大转基因作物输出国之一。[⑤]

埃及不仅鼓励本国农民和企业从事转基因作物的种植和贸易,还为其他国家提供技术培训,帮助他们提高种植转基因作物的能力。坦桑尼亚便是其中之一,埃及在2004年同意向这个国家提供技术援助。[⑥]

(二)公众与学者的观点

埃及的反转基因活跃分子反对在埃及种植、进口和出口转基因作物。2013年5月,大约有100位反转基因活跃分子在埃及农业部门前示威,抗议使用转基因食品。[⑦] 这场抗议活动是一系列新闻报道的结果,因为这些报道声称转基因食品致癌。[⑧] 稍早之前的2012年8月,来自开罗大学的一位埃及科学家宣

---

① 参见 Maha El Dahan, Egypt Says No GM Food Exports or Imports, Reuters (August 12, 2009),载 https://www.organicconsumers.org/news/egypt-says-no-gm-food-exports-or-imports,2020年2月17日最后访问。

② See Louise Sarant, *Biotechnology Report*: 1000 *Hectares of Genetically Modified Maize Grows in Egypt*, Egypt Independent, March 14, 2013.

③ See Louise Sarant, *Tests on Rats Suggest Genetically Modified Foods Pose Health Hazards*, Egypt Independent, August 12, 2012.

④ 参见 Ademola A. Adenle, BMC Research Notes-Response to Issues on GM Agriculture in Africa: Are Transgenic Crops Safe? (2011),载 http://www.biomedcentral.com/content/pdf/1756-0500-4-388.pdf,2015年8月23日最后访问。

⑤ 参见 Clive James, ISAAA BRIEF 39-Global Statusof Commercialized Biotech/GM Crops: 2008,载 http://isaaa.org/resources/publications/briefs/39/download/isaaa-brief-39-2008.pdf,2020年2月17日最后访问。

⑥ See Deodatus Balile, *Egypt Will Help Tanzania with "Inevitable" GM Crops*, Scidevnet, June 18, 2004.

⑦ 参见 Marwa Hussein, Egyptian Activists Launch First Protest Against Genetically Modified Food, Ahramonline (May 26, 2013),载 http://english.ahram.org.eg/NewsContent/3/12/72305/Business/Economy/Egyptian-activists-launch-first-protest-against-ge.aspx,2020年2月17日最后访问。

⑧ 参见 American Company Exports Carcinogenic Genetically Modified Crops to Egypt, AL-NAHAR (May 26, 2013),载 http://www.alnaharegypt.com/,2020年2月17日最后访问。

称:在埃及种植的转基因作物危害人类健康,导致人体器官衰竭。① 这些言论造成部分埃及民众的恐慌。

(三)相关立法框架

埃及没有专门制定针对转基因食品的立法。涉及食品的法律有 120 多部,包括立法机关的法律、总统令、政府相关部门发布的规章。上述法律制定的时间不一,内容也不完全相同,在管制包括食品在内的进出口贸易时,要做到与国际条约的规定相一致有一定的困难。为此,埃及于 2005 年颁布第 770 号部长令,即“执行进出口法行政条例”(Executive Regulation to Implement Import and Export Law 118/1975)和“进出口货物检验及管控程序”(Inspection and Control Procedures of Imported and Exported Goods)。此外,相关立法还有“进出口法”(Law 118/1975 Import and Export)、“进口商登记法”(Law 121/1982 The Registration of Importers)、“知识产权保护法”(Law 82/2002 The Protection of Intellectual Property Rights)、“促进进出口货物检验及管控程序总统令”(Presidential Decree 106/2000 Facilitating Inspection and Control Procedures of Exported and Imported Goods)、“促进进出口货物检验及管控程序总理令”(Prime Ministerial Decree 1186/2003 Inspection and Control Measures of Exports and Imports)

第 770 号部长令将需要在埃及重新进行质量检验的商品从原先规定的 5700 种减少到 101 种,允许进口商提供经过国际认证的埃及境内外实验室提供的质量报告或证书。第 770 号部长令规定,进口食品的检验和颁发质量合格证统一由埃及贸易与工业部(Ministry of Trade and Industry)下属的“进出口管制总局”(General Organization for Export and Import Control)负责。该机构是唯一有权审核进出口食品相关的海关报关材料并签发商品检验合格证书的机构。为此,进出口管制总局与埃及农业部和卫生部保持密切联系。② 这两个部都有权对进口食品进行检验和检测,其中,卫生部除了在进口口岸与进出口管制总局一起检验进口食品外,还负责到国家公共卫生健康实验室进行采样检测,分析进口食品的化学成分、毒性以及微生物含量。

埃及农业部下属的“区域食品与饲料实验室”(Regional Laboratory for Food and Feed)负责检测进口和国产食品的成分。农业部下属的另一个机构“兽医服务总局”(General Organization for Veterinary Services)负责保护人类和

---

① See Louise Sarant, *Tests on Rats Suggest Genetically Modified Foods Pose Health Hazards*, Egypt Independent, August 12, 2012.

② 埃及农业部的全称是“农业与土地开垦部”(Ministry of Agriculture and Land Reclamation)。

牲畜的健康，预防疾病传入、检测兽药残留物及成分。该机构还负责起草动物及动物制品进口管理条例。农业部下属的“植物检疫总署”(Central Administration of Plant Quarantine)是埃及负责保护植物健康的主要机构，它负责起草进口植物及植物制品的管理条例。上述机构都必须与埃及海关和进出口管制总局保持协调。

第770号部长令允许埃及相关机构在主要进出口口岸建立数据交换中心，促进海关、商检、口岸管理、航运以及货主之间的信息交流。世界银行2014年的一份研究报告显示，进口货物从埃及入关到运达目的地，通常需要12天时间，比之前缩短一天，与中东和其他非洲国家的20日相比，算是快捷了。

为了遏制迅速扩散的转基因作物和转基因食品，埃及的反转基因活跃分子联合环境部“保护自然局”(Nature Protection Section)推动《生物安全法》(Biosafety Law)的起草工作。他们希望通过该法来限制埃及市场上销售的转基因作物和转基因食品。2011年11月，立法草案获得部长理事会通过。然而，埃及人民议会(People's Assembly)(议会下议院)和埃及协商会议(Shura Council)(议会上议院)都没有通过这项立法草案，这使得该草案至今仍未成为有约束力的法律。[①]

(四)转基因生物的研究、生产、市场化

埃及对转基因作物和转基因食品的研究、生产和市场化方面没有任何限制。相反，埃及还在2011年将转基因棉花推向市场。[②] 这项最新成果的运用是起始于2007年5月的一项科学研究的结果。[③] 自此，埃及拥有了自主研发的转基因棉花品种，并允许大规模种植。

埃及没有限制转基因生物向自然环境释放。2008年3月，埃及农业部批准了在其国内种植转基因玉米，随后批准进口28吨转基因玉米种子。然而，在2009年春季，埃及暂停转基因玉米种子的进口，以便国家生物安全委员会(National Biosafety Committee)完成制定埃及的国家生物安全框架(National

① 参见 Haytham Khayri, Biosafety Law Protecting Citizens from Chaos Caused by Genetically Modified Food Products, AL-SHOROUK (October 8, 2011)，载 http://www.shorouknews.com/news/view.aspx?cdate=08102011&id=49170ffe-e4f9-420f-9ecf-479b41a34f23，2020年2月17日最后访问。

② 参见 Phillip De Wet, The Tide Turns in Favor of Biotech Foods, Mail & Guardian (May 2, 2012)，载 http://mg.co.za/article/2012-05-02-the-tide-turns-in-favour-of-biotech-foods，2020年2月17日最后访问。

③ 参见 USDA Foreign Agricultural Service, Egypt: Foodand Agricultural Import Regulations and Standards Narrative-FAIRS Country Report (July 28, 2009)，载 http://gain.fas.usda.gov/Recent%20GAIN%20Publications/Food%20and%20Agricultural%20Import%20Regulations%20and%20Standards%20-%20Narrative_Cairo_Egypt_7-28-2009.pdf，2015年8月25日最后访问。

Biosafety Framework)。[①] 截至2022年,埃及仍未允许转基因作物种子的进口。

埃及对外贸易部制定的第770-2005号部长决议(Ministerial Resolution 770-2005)禁止用转基因作物压榨的食用油制作的灌装沙丁鱼在埃及上市。[②]然而在现行的埃及法律中,没有其他规定限制食品中含有转基因生物。

(五)食品标签规定

埃及是一个农产品纯进口国家。进口产品包括用于生产食品和饲料的大豆和用于生产饲料的玉米。除了农作物种子,埃及对待进口农产品的基本政策是:只要出口国允许消费,埃及就允许进口,包括转基因产品,只要这些进口产品符合埃及的食品包装要求。埃及法律没有要求对进口转基因产品进行特别标注,也没有要求经过特别审批。埃及农业部支持农业生物技术的运用和基于科学的风险评估。2014年12月16日,农业部颁布了第1495号部长令(Ministerial Decree No. 1495/2014),决定重新组建埃及国家生物安全委员会(Egyptian National Biosafety Committee)。

埃及的食品标签规定包含在2011年颁布的第1546号标准条例(Egyptian Standard 1546/2011)之中。该条例适用于所有进口食品,包括转基因食品。进口食品的检验标准参照埃及国内食品标准。如果国内没有相对应的食品,则参照ISO、IEC或国际食品法典委员会(Codex Alimentarius)等国际组织制定的标准。

标准条例规定,进口食品的包装上除了外文外,必须配备相应的阿拉伯语,便于埃及消费者识别。如果两种文字表述不一,这有可能导致退货。商品标签应该贴在产品的外包装或其他不易脱落的地方。如果包装盒内小包装标识的日期与外包装标注不一致,这也可能导致退货。标签上的信息不得有涂改、划痕或修改的痕迹。上述规定在针对肉制品和禽类制品适用时更加严格。具体而言,标准条例要求产品标签包含以下信息:

1. 制造商名称与地址;
2. 产品商标(如果有);
3. 原产地;
4. 产品类型和等级;
5. 进口商名称与地址;
6. 生产与保质日期;

---

① 尽管停止进口转基因玉米种子,埃及国家生物安全委员会仍然批准本国培育的转基因作物种子在新近批准的区域内种植。同上。

② 参见Ministerial Resolution 770-2005, Al-Waqa'a Al-Masriyyah (supp.), Vol. 234, p. 2,载http://www.mfti.gov.eg/english/laws.htm(点击"Executive Regulation to Implement Import and Export Law"页面),2015年8月25日最后访问。

7. 使用方式(选择性规定);

8. 产品成分;

9. 储存方式与温度;

10. 净重;

11. 毛重以及具体小包装数量;

12. 防腐剂名称及比例(如果产品含有防腐剂);

13. 肉制品和禽类制品的标签上还必须注明“按伊斯兰教律法屠宰牲畜”。如果是冷冻肉类和禽类制品,上述标签可放在包装的塑料袋内。

此外,下列产品可以不受上述标签规定限制:(1)小包装食品,其包装盒口径不超过10厘米;(2)200毫升以下的奶制品;(3)散装糖果和干果。

(六)法律责任与著名案例

对于使用转基因生物或转基因食品,埃及法律没有专门的责任和损害赔偿规定。在法律适用方面,与其他民事和刑事案件没有区别。

截至2022年,埃及尚无作出有关转基因生物或转基因食品安全性的司法裁决,也没有出现过这方面的案例。

二、南非

南非是非洲较早开发转基因技术并处于领先的国家。包括在封闭条件下使用、试验性释放、商业化释放、进口和出口在内,南非有关转基因生物的主要立法是《1997转基因生物法》及其辅助立法。为此,南非设立了3个管理机构——登记管理处、执行理事会、咨询委员会,以确保有效落实立法的各项规定。

《转基因生物法》对于转基因生物的研究、生产、市场化设置了许多限制。例如,该法对从事大多数与转基因生物有关的活动都要求获得许可,并规定从事上述活动需要借助以科学为基础的风险评估措施,同时在向自然环境释放前告知公众。在执行理事会认为有必要的情况下,申请从事与转基因生物有关活动许可的申请人也可能被要求进行环境风险评估。《转基因生物法》同时要求所有为从事与转基因生物有关活动提供的设施必须登记注册。该法还要求转基因生物被批准释放前,能够被证明对环境是安全的。

从事与转基因相关活动对别人造成损失的,《转基因生物法》规定了相应的民事责任,并对包括违反法律条款、拒绝与管理机构合作在内的各种行为规定了刑事责任。

除了基本立法和管理机构,南非还针对与转基因生物有关的一些具体管理事项制定了法律和设置了相应机构。南非卫生部,尤其是其承担确保全国食品安全职责的“食品管控司”,已经制定了条例,要求转基因食品或食品原料在投放市场前必须贴上标签注明。对于产品标签，南非的《消费者权益保护法》及其辅助立法还有更严格的规定。

（一）概述

相对于其他非洲国家，南非较早接触转基因技术。该国第一次转基因作物的田间试验性种植是在 1989 年，[①]第一次批准商业化推广种植抗病虫转基因棉花和玉米是在 1997 年。[②] 如今，南非已经是世界第八大转基因农作物生产国。2011~2012 年的统计数据显示，南非的转基因玉米占了该国所有商业化玉米种植的 79%（约 216 万公顷），其中白玉米（white maize）的种植面积为 130 万公顷，黄玉米（yellow maize）的种植面积为 86 万公顷，分别占各类玉米全国总产量的 78%和 81%。[③]

对涉及转基因生物使用的各类议题，包括封闭环境下使用转基因生物、试验性释放转基因生物、商业化释放转基因生物以及转基因生物的跨境转移，南非拥有一套非常灵活的管理制度。该领域最主要的立法是《1997 转基因生物法》（Genetically Modified Organisms Act of 1997，以下简称《转基因生物法》）[④]以及诸多转基因生物管理条例等辅助立法（GMO Regulations）。[⑤] 2006 年，南

---

① 参见 Rosemary A. Wolson，Assessing the Prospects for the Adoption of Biofortified Crops in South Africa，10（3） AgBioForum 184 （2007），载 http://www. agbioforum. org/v10n3/v10n3a08 - wolson. htm，2016 年 11 月 6 日最后访问。

② See Rosemary A. Wolson，*Assessing the Prospects for the Adoption of Biofortified Crops in South Africa*，10（3） AgBioForum 184（2007）.

③ 参见 Department of Agriculture，Forestry and Fisheries：Trends in the Agricultural Sector - 2012，（2013），p. 11，载 http://www. nda. agric. za/docs/statsinfo/Trends2012. pdf，2016 年 2 月 24 日最后访问。

④ 参见 Genetically Modified Organisms Act（GMO Act） No. 15 of 1997，as amended，2 Butterworths Statutes of the Republic of South Africa［BSRSA］（rev. ed. 2012）. 有关《转基因生物法》的具体内容，参见南非农业、林业、渔业部（Department of Agriculture，Forestry and Fisheries）网站：http://www. daff. gov. za/doaDev/sideMenu/acts/15%20GMOs%20No15%20%281997%29. pdf，2016 年 11 月 6 日最后访问。另见《转基因生物法》修正案，即 The Genetically Modified Organisms Amendment Act No. 23 of 2006（April 17，2007），载 http://www. info. gov. za/view/DownloadFileAction? id = 67850，2016 年 11 月 6 日最后访问。

⑤ 这些管理规定包括：Genetically Modified Organisms Act，1997，Regulations，2010，GOVERNMENT NOTICES［GN］No. 32966（February 26，2010），载 http://www. info. gov. za/view/117972，2016 年 11 月 6 日最后访问；Genetically Modified Organisms Act，1997，Regulations Amendments，2010，GN No. 33007（March 12，2010），载 http://www. info. gov. za/view/123130，2016 年 11 月 6 日最后访问；Genetically Modified Organisms Act，1997，Regulations Amendments，2011，GN No. 34020（February 18，2011）；Genetically Modified Organisms Act，1997，Regulations Amendments，2011，GN No. 35007（February 10，2012），载 http://www. info. gov. za/view/159582，2017 年 1 月 17 日最后访问；Genetically Modified Organisms Act，1997，Regulations Amendments，2011，GN No. 36124（February 8，2013），载 http://www. info. gov. za/view/183647，2016 年 11 月 6 日最后访问。

非对《转基因生物法》部分内容进行修订(修订后的法律直到 2010 年生效),目的是让南非在 2003 年签署的《卡塔赫纳生物安全议定书》生效。[①] 此外,南非其他一些对转基因生物有关的法律规则也有规范作用,包括《国家环境管理:生物多样性法》(National Environmental Management:Biodiversity Act,NEMBA)、[②]《消费者权益保护法》(Consumer Protection Act)。[③]

(二)公众与学者的观点

南非是非洲最有影响的国家之一,南非公众与学者对待转基因生物的态度在整个非洲具有代表性意义。有关南非公众对待转基因生物的态度,2005 年曾经做过一次较详细的民意调查。该调查结果表明,只有一小部分民众了解转基因生物,并对此能够发表自己的观点。[④] 这份调查报告同时显示,80%的受访者对于生物技术知之甚少,超过 2/3 的人之前从未听说过转基因生物。[⑤]

然而,与民众的认知度形成强烈反差的是南非各类重要组织在检讨转基因生物管理制度时却对此表现出极大的兴趣。2006 年,在一次为《转基因生物法》修正案举行的听证会上,南非议会下属的"农业与土地事务委员会"(Agriculture and Land Affairs Portfolio Committee)收到了 10 份来自"支持转基因生物"人士和"反对转基因生物"活跃分子的提案,参与人员来自农民联合会、非政府组织、政府部门和相关学术团体等机构。[⑥] 例如,南非生物安全中心(African Centre for Biosafety)在其递交的提案中要求生物技术公司为其与转基因生物相关的活动对人类健康和环境造成的任何负面影响承担责任。这项

① 参见 Genetically Modified Organisms Amendment Act No. 23 of 2006, Preamble: Country Profile-South Africa, Biosafety Clearing House, Convention on Biological Diversity,载 http://bch. cbd. int/about/countryprofile. shtml? country=za,2020 年 3 月 4 日最后访问。

② See National Environmental Management: Biodiversity Act, No. 10 of 2004 [NEMBA], 20 BSRSA.

③ Consumer Protection Act No. 68 of 2008, 526 Government Gazette [GG], No. 467 (April 29, 2009),载 http://www. standardbank. co. za/site/2011/CPA/CPA_long%20version. pdf,2016 年 2 月 25 日最后访问。

④ 参见 Rosemary A. Wolson, Assessing the Prospects for the Adoption of Biofortified Crops in South Africa, 10(3) AgBioForum 184 (2007), p. 3,载 http://www. agbioforum. org/v10n3/v10n3a08-wolson. htm,2020 年 2 月 17 日最后访问。

⑤ See Rosemary A. Wolson, *Assessing the Prospects for the Adoption of Biofortified Crops in South Africa*, 10(3) AgBioForum 184 (2007), p. 3.

⑥ 参见 Parliamentary Monitoring Group (PMG), Genetically Modified Organisms Amendments Bill: Hearings, Submission by Kwangwanase Farmers Union (January 17, 2006),载 https://pmg. org. za/committee-meeting/6041/,2020 年 3 月 4 日最后访问。

要求已经作为2006年修正案的部分内容被吸收到《转基因生物法》。[①] 一家农民联合会要求对含有转基因生物的食品引入标签制度。[②]

尽管有人坚持认为转基因生物有可能带来危害，南非科技界和学术界基本上对与转基因生物相关的研究活动表示支持。他们认为，即使有危害，这也是可控的。然而，南非许多民间团体还是对转基因生物表示反对和怀疑。这些团体包括民权组织、工会和一些宗教团体。[③] 南非社会各阶层对待转基因生物及其产业认识差距较大，部分原因与不同阶层的民众受教育程度有关。相对而言，教育程度越高的阶层，接受转基因产品的比例也要高一些。

(三)相关立法框架

南非政府负责食品安全的主要是卫生部(Department of Health)、农业、林业和渔业部(Department of Agriculture, Forestry and Fisheries)、贸易与工业部(Department of Trade and Industry)。卫生部下属的食品管控司(Food Control Division)负责所有熟食制品的安全，农业、林业和渔业部管理酒类产品、农业加工产品、易腐烂产品、鲜花和蔬菜。贸易与工业部承担国家强制规格管理者(National Regulator for Compulsory Specification)职责，负责制定和强制执行包括国产和进口在内的海鲜和灌装鱼类产品的食品标准。这一职责原来由南非标准管理局(South African Bureau of Standards)承担。当相关产品和服务不符合最低标准，国家强制规格管理者将对其采取制裁措施，包括停止销售、没收、销毁不合标准产品、将违法者绳之以法。

南非的食品立法体系包括以下组成部分：《食品、消毒剂、化妆品法》(Foodstuffs, Disinfectants and Cosmetics Act)[④]、《动物疾病法》(Animal Disease Act)[⑤]、《酒类产品法》(Liquor Products Act)[⑥]、《农产品标准法》(Agricultural Products Standards Act)[⑦]、《肉类安全法》(Meat Safety Act)[⑧]、《国家强制规格

---

① See Parliamentary Monitoring Group (PMG), Genetically Modified Organisms Amendments Bill: Hearings, Submission by African Centre for Biosafety; GMO Act § 17.

② 参见 Parliamentary Monitoring Group (PMG), Genetically Modified Organisms Amendments Bill: Hearings, Submission by Kwangwanase Farmers Union (January 17, 2006)，载 https://pmg.org.za/committee-meeting/6041/，2020年3月4日最后访问。

③ 参见 Rosemary A. Wolson, Assessing the Prospects for the Adoption of Biofortified Crops in South Africa, 10 (3) AgBioForum 184 (2007), p. 188，载 http://www.agbioforum.org/v10n3/v10n3a08-wolson.htm，2020年2月17日最后访问。

④ 该法案制定于1972年，主要规范食品的销售、生产、进口安全。

⑤ 该法案制定于1984年，主要规范动物疾病的控制。

⑥ 该法案制定于1989年，主要规范酒的生产和部分酒类产品销售。

⑦ 该法案制定于1990年，主要规范部分进口和出口农产品的销售。

⑧ 该法案制定于2000年，主要规范肉制品和动物产品的安全。

管理者法》(National Regulator for Compulsory Specifications Act)。[①]

具体负责《转基因生物法》落实与执行的是南非农业、林业和渔业部以及依据该法成立的 3 个机构——登记管理处(Registrar)、执行理事会(Executive Council)、咨询委员会(Advisory Committee),分别负责登记、执行和咨询事务。《转基因生物法》设定了一系列目标,包括推动转基因生物的相关活动,防范转基因生物对环境以及人类和动物健康造成危害,同时制定适用于转基因生物相关活动风险评估的标准。[②]

基于上述一般食品立法,《转基因生物法》将转基因生物定义为"一种生物,其基因或基因物质已经被改变,而这种改变并非通过自然交配或重组,或结合上述两种方式完成的"。[③] 该法的具体适用限于以下三种情形:

1. 生物的基因转移;

2. 转基因生物(包括病毒、噬菌体)的开发、生产、释放、使用和推广应用;

3. 基因疗法的采用。[④]

如上所述,南非依据《转基因生物法》设立的执行理事会、登记管理处和咨询委员会各司其职。作为一个独立法人,执行理事会在该法的适用和批准与转基因生物有关活动的过程中发挥一系列重要功能,[⑤]包括:(1)监管转基因生物相关活动,确保这些活动按照《转基因生物法》制定的规则和程序进行,并向农业、林业和渔业部部长提出建议;(2)对于想从事转基因生物活动的申请人决定其是否需要递交环评报告;(3)经与咨询委员会协商后,批准使用相关设施,从事与转基因生物有关的活动。[⑥]

执行理事会最多可达 10 名成员,他们由南非农业、林业和渔业部部长任命,[⑦]来自《转基因生物法》列举的各个相关部门,包括科学技术部(Department of Science and Technology)、环境事务和旅游部(Department of Environmental Affairs and Tourism)。这些成员了解转基因生物对各自领域的影响以及相关

① 该法案制定于 2008 年,主要负责制定和强制执行包括国产和进口在内的海鲜和灌装鱼类产品的食品标准。

② 参见 Legislation, DAFF, 载 http://www.daff.gov.za/daffweb3/Branches/Agricultural-Production-Health-Food-Safety/Genetic-Resources/Biosafety/Legislation,2016 年 2 月 25 日最后访问。

③ 《转基因生物法》第 1 条。

④ 参见《转基因生物法》第 1 条。法案同一条款还列出不适用的事项,包括涉及人体基因疗法的技术。

⑤ 参见《转基因生物法》第 3 条和第 5 条。

⑥ 参见《转基因生物法》第 4 条和第 5 条。

⑦ 参见《转基因生物法》第 3 条。

适用的法律与政策。① 执行理事会所作的一切决议需要得到全体成员的一致同意。只要有一票反对,决议就不能通过。②

登记管理处官员由农业、林业和渔业部部长在与执行理事会商议后任命。登记官负责《转基因生物法》的落实,行使该法以及理事会赋予的权力,履行其职责。③ 登记官的主要职能包括:(1)审查《转基因生物法》对于转基因生物相关活动的适用情况;(2)颁发许可证或延长许可证期限;(3)修改或撤销许可证;(4)确保所有转基因生物的使用者采取必要措施保护环境和人类与动物健康;(5)纠正任何与转基因生物相关活动有关的事项。④

根据法律规定,登记官需要对所有用于封闭环境下使用的转基因生物、所有试验性释放转基因生物地点的设备以及使用者(涉及转基因生物相关活动的个人)的姓名和地址进行登记注册。⑤ 登记官还需要对用于转基因生物相关活动的设施进行检查。如果发现或怀疑相关活动违反法律规定或许可证规定的条件,登记官可以责令其停止相关活动。⑥ 实地检查由登记官派遣的检查人员进行。《转基因生物法》授权检查人员调查的事项包括:如果有证据证明或有理由认定相关活动违反该法,在获得所有人同意的前提下,检查人员有权搜寻并没收各种物品,包括转基因生物制品及相关资料。⑦ 此外,检查人员还可以在事先不经通知也不需要获得所有人同意的情况下,对登记注册从事转基因生物相关的设施进行例行检查,并提取转基因生物样本。⑧

咨询委员会是一个国家级的咨询机构。它可以对所有涉及转基因生物相关活动提出咨询意见,包括将转基因生物释放到自然环境、在封闭环境下使用转基因生物、跨境转移转基因生物以及制定与转基因生物有关的法律和指南。⑨ 咨询委员会还有权与国际组织保持联系,通过南非国内相关政府部门,就生物安全议题进行磋商。⑩ 咨询委员会成员最多不超过10人,由南非农业、林业和渔业部部长任命。咨询委员会成员中至少有8人具有与转基因生物

---

① 参见《转基因生物法》第3条。
② 参见《转基因生物法》第7条。
③ 参见《转基因生物法》第8条。
④ 参见《转基因生物法》第9条。
⑤ 参见《转基因生物法》第9条。
⑥ 参见《转基因生物法》第8条。
⑦ 参见《转基因生物法》第15条。
⑧ 参见《转基因生物法》第16条。
⑨ 参见《转基因生物法》第11条。
⑩ 参见《转基因生物法》第11条。

活动相关科技领域的知识。[①] 另外2人必须来自公共领域,其中1人必须对生态学和转基因生物有一定的了解,另外1人必须熟悉转基因生物对人类和动物健康的影响。[②]

(四)研究、生产、市场化方面的限制

在南非,没有获得批准是不允许从事与转基因生物相关的活动,[③]包括“借助转基因生物从事相关活动,包括但不限于转基因生物的进口、出口、转移、开发、生产、释放、流通、使用、储存和应用”。[④] 不过,在一个已经登记注册的设施内,在1级和2级装置内的封闭条件下使用转基因生物不需要获得许可。[⑤]

对从事与转基因生物相关活动有兴趣的人可以向登记机关递交申请,申请内容包括:

1. 一份科学的风险评估报告;
2. 建议采取的风险评估措施;
3. 根据《转基因生物条例》(GMO Regulations)规定作出的公告的副本;
4. 如果执行理事会认为合适,还需要递交环境风险评估报告。[⑥]

南非对于如何完成一份科学的风险评估报告有严格的内容要求。评估要考虑国家、地区以及国际风险评估方式。[⑦] 评估包括以下几个步骤:(1)从转基因生物新的遗传型和表型性状特征中寻找任何潜在的负面影响;(2)评估上述潜在负面影响变为现实的可能性,包括考虑自然环境接受这种转基因生物影响的程度;(3)评估这些潜在负面影响一旦成为现实所带来的后果;(4)基于对潜在负面影响一旦实现有可能造成的后果评估,对转基因生物有可能带来的总体危害的评估。[⑧]

申请一旦递交,执行理事会有可能批准或驳回申请,或者要求申请人补充信息。执行理事会必须对其所作的任何决定给予说明。[⑨] 如果执行理事会批准一份申请,该申请必须包括登记管理处颁发许可证所需的所有内容和符合所有条件。[⑩] 任何设施以及任何提供封闭式使用转基因生物的场所都必须经过

---

① 参见《转基因生物法》第10条。

② 参见《转基因生物法》第10条。

③ GMO Regulations as amended,第2条。

④ 《转基因生物法》第1条。

⑤ 参见 GMO Regulations as amended,第2条。

⑥ 参见 GMO Regulations as amended,第3条。

⑦ 参见 GMO Regulations as amended,第4条。

⑧ 参见 GMO Regulations as amended,第4条。

⑨ 参见 GMO Regulations as amended,第3条。

⑩ 参见 GMO Regulations as amended,第3条。

登记管理处登记。[①] 登记申请必须包括设施负责人的姓名,设施内部各个装置布局的分布图,设施所处的地理方位图,在该设施内从事转基因生物的风险评估报告以及拟采取的风险管控措施的实施步骤。[②]

任何对于执行理事会、登记管理处或者检查官作出的决定不满的申请人可以在决定作出或采取相关措施后的30日内,向南非农业、林业和渔业部部长提出申诉。[③]

(五)向自然界释放转基因生物的限制

包括试验性释放和一般释放,南非对于向自然环境释放转基因生物有严格的申请和审批程序规定。[④] 如果释放的转基因生物"有可能对本土的物种或环境构成威胁,除非按照相关法律规定和要求做过环境影响评估,否则不予颁发释放许可证"。[⑤] 事实上,在对环境安全被证实之前,任何形式的转基因生物释放都不会被批准。[⑥]

南非的法律要求在释放转基因生物之前必须告知公众。一般性释放转基因生物的申请人必须在3家以上的全国性报纸上刊登通知。试验性释放转基因生物的申请人必须在两家地方报纸和一家全国性报纸刊登通知。[⑦] 如果进行试验性释放的地方没有地方报纸,申请人必须通过其他有效传播方式通知当地民众,并将传播方式记录下来,交给登记主管部门作为凭证。[⑧] 通知的内容包括申请人信息、申请目的、转基因生物的基本情况概述、释放地点以及其他相关信息。[⑨]

如果发生事故,涉及非故意向自然环境释放转基因生物或跨境转移转基因生物,转基因生物的使用者必须同时以口头和书面形式通知登记管理处,并提供相关信息,包括相关转基因生物的大致数量、释放日期、对自然环境和人类与

---

① 参见 GMO Regulations as amended,第8条。

② 参见 GMO Regulations as amended,第8条。

③ 参见《转基因生物法》第19条; GMO Regulations as amended,第11条。

④ 参见 Department of Agriculture, Application for Intentional Introduction (Conduct a Trial Release) of a GeneticallyModified Organism into the Environment of South Africa,载 http://www.gov.za/services/?p=services/content/Home,2020年2月18日最后访问。

⑤ 根据 NEMBA § 78 解释,"释放"(release)是指向环境中释放,包括试验性释放(trial release)、有条件释放(conditional release)和一般性释放(general release)。另见《转基因生物法》,第1条。

⑥ Understanding Genetically Modified Organisms: What Are the Issues of Concern for the Environment? DAFF,载 http://www.nda.agric.za/doaDev/sideMenu/biosafety/doc/understanding GMOs.pdf,2016年2月26日最后访问。

⑦ 参见 GMO Regulations as amended,第9条。

⑧ 参见 GMO Regulations as amended,第9条。

⑨ 参见 GMO Regulations as amended,第9条。

动物的健康和安全有可能产生的负面影响。①

转基因生物一旦向自然环境释放,必须由南非"国家生物多样性研究所"(National Biodiversity Institute)检测其对自然环境的影响。该机构是一家独立研究机构,并依据《国家环境管理:生物多样性法》(NEMBA)具有独立法人资格。② 国家生物多样性研究所的职能之一是随时检测转基因生物对自然环境的影响,并向南非水质与环境事务部(Water and Environmental Affairs)部长汇报。汇报内容包括对非目标生物和生态的影响、当地用于农业的本土生物资源和生物品种的多样性等情况。③

(六)食品中使用转基因生物的限制

在南非,确保食品安全是卫生部,尤其是其食品管控司的职责。④ 作为其职责的一部分,食品管控司监督有关食品立法的落实,包括食品安全管理条例的宣传、食品标签制度的执行、针对农药和通过生物技术生产的食品替南非农业、林业和渔业部进行风险评估。⑤

南非要求通过某种转基因技术方式获得的食品在上市前必须贴上标签注明。⑥ 具体而言,如果食品的成分构成、营养价值、储存方式、准备过程以及烹饪方式"与现有食品有很大区别",法律对其有强制标注要求。⑦

对于商品标签,2011 年 4 月 11 日生效的《消费者权益保护法》还包含了一些更加具体的规定。该法要求,"任何生产、供应、进口、包装任何指定物品的人都必须在该商品的包装上,在指定位置和按照指定的方式贴上标注,标明'直接含有转基因生物成分或含有合成转基因生物的成分,并符合相关法律规

---

① 参见 GMO Regulations as amended,第 10 条。

② 参见《国家环境管理:生物多样性法》第 10 条。

③ 参见《国家环境管理:生物多样性法》第 11 条。

④ 参见 Food Control Section, Department of Health of South Africa,载 http://www.health.gov.za/index.php/component/content/article/133-programmes/249-food-control,2020 年 2 月 18 日最后访问。

⑤ 参见 Food Control Section, Department of Health of South Africa.

⑥ 参见 Regulations Relating to the Labelling of Foodstuffs Obtained Through Certain Techniques of GeneticModification, GG No. 25908,载 http://www.doh.gov.za/docs/foodcontrol/advertising/2004/fcr25.pdf,2016 年 2 月 27 日最后访问。

⑦ 参见 Regulations Relating to the Labelling of Foodstuffs Obtained Through Certain Techniques of GeneticModification, GG No. 25908,第 2 条。"很大区别"是指"通过某种转基因技术获得食品,通过相关数据科学分析得出结论,在考虑到该食品自然变化可接受的限制前提下,其特征与现有的食品相比有区别"。

定’等信息”。[①] 该规定适用于经执行理事会批准销售的商品,包括含有 5%以上转基因生物的商品。[②]

2010 年,南非贸易与工业部部长依据《消费者权益保护法》颁布了转基因生物的标签条例。条例规定,所有转基因生物含量超过 5%的食品,无论是南非本国生产的还是进口的,都必须明确标注“至少含有 5%转基因生物”的字样。对于那些采用转基因产品作为原料生产但已无法检测出转基因生物的产品必须标准“可能含有转基因生物”的字样。转基因生物含量低于 5%的产品可以注明“转基因物质含量低于 5%”。

(七)法律责任与著名案例

《转基因生物法》规定了两类责任:民事责任和刑事责任。根据该法规定,转基因生物使用者有义务采取适当措施,避免因使用转基因生物给环境以及人类和动物的健康带来负面影响。[③] 当出现危害时,转基因生物的使用者有责任承担清理费用。他们需要采取一系列行动,包括停止造成危害的行为、控制或者减少转基因生物的传播、消除危害源、修复已经造成的损失。[④] 如果转基因生物使用者不采取上述措施,执行理事会可以介入此事,并采取必要的行动。由此所造成的一切费用将由转基因生物的使用者承担。[⑤] 此外,转基因生物使用者还将承担与转基因生物相关活动所造成的损失,除非转基因生物活动处于检查官的掌控之下,而且使用者无法预见或避免这样的危害。[⑥]

《转基因生物法》及其辅助立法还对某些行为规定了刑事责任。如果某人的行为违反法律设定的条件、限制或禁止规定,或者不按照法律条款的指示行事,他就触犯了刑律。[⑦] 如果某人拒绝与检查官、登记官、执行理事会、咨询委员会合作或者提供的信息是错误的或具有误导性质的,其行为也触犯了刑事法律。[⑧] 假冒依据法律授权的执法人员也属于犯罪行为。[⑨] 此外,任何人违反《转

---

① Consumer Protection Act No. 68 of 2008, § 24,526 GG No. 467 (April 29,2009),载 https://www.greengazette.co.za/notices/_20150828-LNB-39144-44575-02012.pdf,2020 年 2 月 18 日最后访问。

② The Consumer Protection Act Regulations, No. 293, § 7, GN No. 34180 (April 1, 2011),载 http://www.info.gov.za/view/DynamicAction? pageid=623& myID=292342,2017 年 1 月 17 日最后访问。

③ 参见《转基因生物法》第 17 条。

④ 参见《转基因生物法》第 17 条。

⑤ 参见《转基因生物法》第 17 条。

⑥ 参见《转基因生物法》第 17 条。

⑦ 参见《转基因生物法》第 21 条。

⑧ 参见《转基因生物法》第 21 条。

⑨ 参见《转基因生物法》第 21 条。

基因生物管理条例》的行为也属于违法行为。[①] 上述任何一项违法行为都有可能受到罚款或者最高达 2 年的监禁。有 2 项以上罪名的或者当事人是事后被定罪的,则有可能被处以长达 4 年的监禁。[②]

《消费者权益保护法》对含有一定比例转基因生物的食品有标签规定。该法也对某些行为规定了刑事责任。该法规定,任何人“不经授权,篡改、隐瞒、造假、去除或省略标签”的,其行为构成刑事犯罪。[③] 上述行为一旦定罪,将被处以罚款或最高一年的监禁。[④] 此外,违反《消费者权益保护法》的行为还有可能承担民事责任和招致行政处罚。[⑤]

2005 年,南非法院受理了一起诉讼,涉及转基因生物信息的可获得性。[⑥] Biowatch Trust 是一家非政府机构,关注涉及转基因的事务和公布这方面的信息。该机构向南非转基因生物登记管理处提出一系列请求,要求获得有关南非转基因生物使用的信息,包括田间试验和风险评估的数据。[⑦] 当登记管理处以该请求过于宽泛和他们掌握的部分信息属于权利人专属为理由拒绝公布这些信息后,Biowatch Trust 向南非高等法院提起诉讼,将登记管理处、执行理事会以及其他相关机构共同列为被告。[⑧] 法院认为,在南非,信息的可获得性不是一项绝对权利,这项权利需要与政府和私人对于保护某些信息私密性的考虑相平衡。[⑨] 然而法院最终裁定:Biowatch Trust 有权获得某些信息。登记处官员拒绝公布这些信息侵犯了宪法赋予 Biowatch Trust 的权利。[⑩] 对此,法院这样

---

① 参见 GMO Regulations as amended,第 13 条。

② 参见《转基因生物法》第 21 条。

③ Consumer Protection Act No. 68 of 2008, § 110,526 GG No. 467 (April 29,2009),载 http://www.standardbank.co.za/site/2011/CPA/CPA_long%20version.pdf,2020 年 2 月 18 日最后访问。

④ Consumer Protection Act No. 68 of 2008, § 110,526 GG No. 467 (April 29,2009).

⑤ See Consumer Protection Act No. 68 of 2008, § § 112 & 113.

⑥ 参见 Trustees,Biowatch v. Registrar:Genetic Resources,and Others 2005 (4) SA 111 (T),载南部非洲法律信息研究院(Southern Africa Legal Information Institute)网站:http://www.saflii.org/za/cases/ZAGPHC/2005/135.html,2020 年 2 月 18 日最后访问。

⑦ 参见 Trustees,Biowatch v. Registrar:Genetic Resources,and Others 2005 (4) SA 111 (T),at 113; About Us,Biowatch South Africa,载南部非洲法律信息研究院(Southern Africa Legal Information Institute)网站:http://africanbiodiversity.org/biowatch-south-africa/,2016 年 11 月 6 日最后访问。

⑧ 参见 Trustees,Biowatch v. Registrar:Genetic Resources,and Others 2005 (4) SA 111 (T),at 119-26,载 http://www.right2info.org/cases/r2i-trustees-for-the-time-being-of-the-biowatch-trust-v.-registrar-genetic-resources-and-others,2016 年 2 月 27 日最后访问。

⑨ See Trustees, Biowatch v. Registrar: Genetic Resources, and Others 2005 (4) SA 111 (T), at 137.

⑩ See Trustees, Biowatch v. Registrar: Genetic Resources, and Others 2005 (4) SA 111 (T), at 145-46.

解释:登记管理处裁定 Biowatch Trust 请求过于宽泛的观点无法接受,指出登记管理处有义务鉴别 Biowatch Trust 所需的相关信息,区别哪些是可以公开,哪些是不可以公开的信息,并给予说明。①

有关此案的费用争议还上诉到更高一级的法院,由南非宪法法院作出最终裁决。②

---

① See Trustees, Biowatch v. Registrar: Genetic Resources, and Others 2005 (4) SA 111 (T), at 145-46.

② 参见 Trustees for the Time Being of the Biowatch Trust v. Registrar Genetic Resources and Others, Case CCT 80/08 [2009] ZACC 14, 载 http://www.saflii.org/za/cases/ZACC/2009/14.pdf, 2020 年 3 月 6 日最后访问。

第四章　北美洲

以美国为代表的北美洲地区是转基因技术的发源地之一,也是目前世界上转基因作物的主产区。美国虽然对待转基因食品的规制采取实质等同原则,在 S. 764 法案颁布之前,对转基因食品几乎没有特别标示的要求。但是人们常常忽视的一个事实是:美国具有较完备的民事赔偿法律制度。普通消费者因购买的商品导致人身伤害而获得天价赔偿,这不是天方夜谭。这也是美国生产商不敢冒赔上企业身家性命的风险去干违法事情的主要原因。自转基因食品投放市场以来的二十多年里,美国没有发生过一起转基因食品的安全事故,这也证明经过权威机构检测批准上市的转基因食品是安全的。正是由于有一套完备的监管制度和依托一个较为宽容的消费市场,美国的转基因产业得以长足发展,美国的转基因技术研发也已经远远走在世界前列。目前,世界上几家最大的转基因作物育种公司都是美国公司,美国不仅生产世界上最多的转基因作物,还掌握了大量转基因核心技术。如果中国不改变原来的管理体制,完善转基因食品的法律规制体系,加大转基因技术研发投入,促进农业转基因产业的发展,我们与世界先进水平的差距将会越来越大。

一、加拿大

2015 年,加拿大转基因作物种植面积达 1010 万公顷,比上一年略有减少,这主要是油菜种植面积的减少。加拿大的转基因作物品种主要是油菜、玉米、大豆以及近年来少量种植的甜菜。加拿大是世界上为数不多的批准一种作物可以包含多种转基因成分的国家之一,一种作物最多可以包含三种转基因成分。加拿大用现行法律框架中调整“新产品”的那部分制度来调整通过生物技术加工的产品,重点在于考察新产品的特征,而不是用来介绍掌握这些特征的方法。加拿大"食品检查署"负责监管转基因植物的种植和批准转基因动物饲料上市。加拿大卫生部负责评估人类消费的食品安全,包括评估食品中的转基因生物安全性以及批准转基因食品在加拿大销售。特定转基因食品的宣传和标签信息在加拿大是自愿提供的,除非涉及健康和安全问题。

(一)概述

加拿大是世界上第五大转基因作物生产国,[①]名列美国、巴西、阿根廷、印度之后。加拿大同时也是世界上转基因油菜和包括玉米、大豆、甜菜在内的转基因作物最大的生产国之一。[②] 加拿大强大的农业科学技术基础以及地理位置靠近美国,这使其生物技术的研发一直走在世界前列。与美国、澳大利亚、墨西哥、南非一样,加拿大是少数几个采用一种作物可以包含多种转基因生物的国家之一。加拿大农民种植的玉米既耐杀虫剂,又抗玉米螟和南瓜十二星叶甲这两种害虫。

1993 年,加拿大政府构建了"联邦生物技术管制框架"(Federal Regulatory Framework for Biotechnology),这是源自"联邦政府各部门为了达到有效管制生物技术"这样一个共同目标而达成的一份协议。[③] 管制框架并没有提供新的规则,而是重申通过生物技术生产的新产品将受现行管制传统产品规则的管制。[④] 制定这个框架的动机是避免为了管制生物技术而单独成立一个机构并单独制定一套制度,从而避免政府管制机构的重叠。

在加拿大,转基因生物无论是用于生产食品还是饲料,在上市之前都必须获得批准。[⑤] 审批程序依据数部法规并经过相关部门的审查,其中,加拿大卫生部(Health Canada)负责食品安全,加拿大食品检查署(Canadian Food

---

① 参见 Environment Canada, 载加拿大环境部网站: Genetically Modified Organisms, http://www.ec.gc.ca/inre-nwri/default.asp? lang=En&n=E8A9C49D-1,2020 年 2 月 18 日最后访问。

② 参见 Bio-tech Crop Countries and Mega-Countries, 2010, in Clive James, 2010 ISAAA Report on Global Status of Biotech/Gm Crops, p. 8, 载 http://www.isaaa.org/resources/publications/briefs/42/pptslides/default.asp,2020 年 2 月 16 日最后访问。

③ 参见 Regulation of Agricultural Biotechnology in Canada: A Post - Secondary Educator's Resource, 2007, p. 13, CFIA, 载加拿大食品检查署网站: http://publications.gc.ca/collections/collection_2007/cfia-acia/A104-24-2007E.pdf,2020 年 2 月 18 日最后访问。

④ 参见 Sara J. MacLaughlin, *Food for the Twenty-First Century: An Analysis of Regulations for Genetically Engineered Food in the United States, Canada, and the European Union*, Indiana International & Comparative Law Review 14, 2003-2004, pp. 375-408.

⑤ 参见 Regulation of Genetically Modified Organisms (GMOs), Food Science Network, 载 https://www.uoguelph.ca/foodsafetynetwork/regulation-genetically-modified-organisms-gmos,2020 年 2 月 18 日最后访问。

Inspection Agency)负责种子和牲畜饲料的安全,加拿大环境部(Environment Canada)负责“准备向环境中释放新物质”的审查。[①] 无论是加拿大本地生产的转基因产品,还是进口的转基因产品,都必须在批准后才能进入市场。截至2012年,超过81种转基因食品获得加拿大食品检查署的批准。[②]

2013年秋季,加拿大议会讨论《农业增长法》(Agricultural Growth Act),旨在加强植物品种研发中的知识产权保护。2015年2月25日,法案获得通过,加拿大植物品种培育者的权利保护由此与1991年修订的《植物新品种保护国际公约》(International Convention for the Protection of New Varieties of Plants)的规定保持一致。

加拿大管制转基因生物的基本态度是侧重产品本身,而不是其生产过程。换言之,重点是放在产品所体现的特征上,而不是去认识这些特征的方法上。这种态度既适用于传统培育方式,也适用于基因工程培育方式。就像蒙特利尔大学的埃里克·蒙特佩蒂教授所说的,“这种所谓‘基于产品’态度背后贯穿的原则是需要通过同一种风险管控制度,将所有产品一并考虑,无论其是否是转基因产品。既然现行的法律和法规已经提供了有效的管控制度,这种‘基于产品’的态度就不需要任何重大的立法修改”。[③]

与其他国家不同,加拿大“更多的是依靠新颖性这个概念去启动管理程序。因此,主管机构在更广的范围内管制新的食品和种子”。[④] 学者们也指出,加拿大对于转基因生物总体上是持一种放任的态度。[⑤] 与欧盟相比,预防原则的影响在加拿大转基因生物管制上要削弱得多。[⑥]

加拿大是转基因产品的进出口大国。2013~2014年,加拿大出口近920万吨油菜、340万吨菜籽粕、230万吨芥花籽油。与此同时,加拿大还出口410万

---

① 参见 Regulation of Genetically Modified Organisms (GMOs), Food Science Network, 载 https://www.uoguelph.ca/foodsafetynetwork/regulation-genetically-modified-organisms-gmos, 2020年2月18日最后访问。

② 参见 Frequently Asked Questions - Biotechnology and Genetically Modified Foods, Health Canada, 载加拿大卫生部网站: http://www.hc-sc.gc.ca/fn-an/gmf-agm/fs-if/faq_1-eng.php, 2020年2月18日最后访问。

③ Eric Montpetit, *A Policy Network Explanation of Biotechnology Policy Differences Between the United States and Canada*, Journal of Public Policy 3, 2005, pp. 339-66.

④ Eric Montpetit, *A Policy Network Explanation of Biotechnology Policy Differences Between the United States and Canada*, Journal of Public Policy 3, 2005, p. 346.

⑤ 参见 Eric Montpetit, *A Policy Network Explanation of Biotechnology Policy Differences Between the United States and Canada*, Journal of Public Policy 3, 2005, p. 346.

⑥ 参见 Peter Andrée, “An Analysis of Efforts to Improve Genetically Modified Food Regulation in Canada”, *Science and Public Policy* 5, 2006, pp. 377-89.

吨大豆、92,000 吨大豆油、113,000 吨大豆食品。加拿大当年的玉米出口约 190 万吨。加拿大进口的转基因产品主要是谷物类产品,其中乙醇、饲料等行业进口美国的玉米和大豆用作原料。2013~2014 年,加拿大从美国进口约 50 万吨玉米、100 万吨大豆食品和 34.3 吨大豆。这些进口产品大多数是转基因产品。此外,加拿大还从美国夏威夷进口转基因木瓜。

(二)公众与学者的观点

1. 公众的观点

长期以来,各类民意调查显示,大多数加拿大人是关心转基因生物的。加拿大 Environics 咨询公司 1999 年做的一次民调显示,80%的加拿大民众要求转基因食品贴上标签。① 但是也有人声称,这种调查是一种误导,因为大多数消费者对于产品缺乏全面了解。随着媒体对转基因生物的关注度在下降,公众的反对声也在减弱。2007 年的一份研究报告有过这样的结论:"在经合组织成员国中,加拿大人从媒体中看到转基因生物的报道最少"。② 最近一次民意调查显示,"76%的受访者认为,加拿大联邦政府没有给他们提供充分的信息,以使他们在充分了解的情况下选择转基因食品。另外 9%的受访者说他们从来没有听说过转基因食品"。③

最近一项有关转基因食品投放市场的争议是有关英属哥伦比亚公司研发的一种切开以后不会变咖啡色的转基因苹果。这种苹果的生产商已经向加拿大食品检查署申请批准上市。④

2. 学者的观点

加拿大时事评论员皮特·安德烈认为:"加拿大政府的基本立场是转基因食品和作物与非转基因食品和作物没有本质区别"。⑤ 这样的立场被认为是基

---

① 参见 Genetically Modified Foods: A Primer, Cbcnews Online (May 11,2004),载 http://www.cbc.ca/news2/background/genetics_modification/,2016 年 11 月 1 日最后访问。

② Lorraine Chan, *GMOs Next Global Lightning Rod Issue*, UBC Reports, Vol. 53, No. 7, July 5, 2007.

③ 参见 Joe Fries, Poll Indicates Lack of Information on Genetically Modified Food, Penticton Western News (July 5,2012),载 http://www.pentictonwesternnews.com/news/161480125.html,2020 年 2 月 19 日最后访问。此次民调的具体结果,参见 Leger Marketing, Canadian Public Opinion Poll Arctic Apple Issue, 14522-004 (July 3,2012),载 http://www.bcfga.com/files/file/Report%20on%20GE%20survey%20-%20July%203%202012.pdf,2020 年 2 月 19 日最后访问。

④ 参见 Barb Glen, GM Apple Variety Submitted to CFIA for Approval, The Western Producer (May 31,2012),载 http://www.producer.com/daily/gm-apple-variety-submitted-to-cfia-for-approval/,2015 年 8 月 20 日最后访问。

⑤ Peter Andrée, *The Biopolitics of Genetically Modified Organisms in Canada*, Journal of Canadian Studies 3,2002, pp. 162-191,载 http://www.ask-force.org/web/Regulation/Andree-Biopolitics-GMO-Canada.pdf,2020 年 2 月 19 日最后访问。

于"由国际专家提供咨询的单纯的科学评估"。这种结论得出的方法也被认为是制定有关转基因生物政策的范式。①

早在1999年，加拿大政府就成立了一个名为"生物咨询委员会"(Biotechnology Advisory Committee)的专家咨询小组，其主要工作是评估1999~2003年的转基因食品管理工作。2001年，加拿大皇家科学协会(Royal Society of Canada)发表了一份报告，内容包括"对加拿大的管理程序和科学实力作了全面评估，并对以下4个领域的53份建议作出结论：重大政策和原则、专门管制和指南、管制程序本身、管理食品生物技术的科学实力"。皇家科学协会是由加拿大著名学者、科学家、艺术家组成的高层次全国性学术机构。②

学者对加拿大政府转基因食品管理框架的批评包括：加拿大食品检查署"给人的印象是过度受产业影响和出现利益冲突的苗头"；③"科学评估和审批过程缺少透明度"；"缺少独立的匿名评审和科学的风险评估机制"；④"政府在科学评估时过度依赖生物技术公司自己提供的信息和数据"；⑤以及对加拿大食品检查署和卫生部在"评估通过生物技术生产的新产品"时适用实质等同原则的关注。⑥

（三）相关立法框架

加拿大拥有一套严密、科学的转基因产品监管体制。转基因作物在加拿大被当作含有新成分作物对待，转基因食品被当作新类型食品对待，受相关立法调整。

加拿大对含有新成分作物的定义是"一种包含显著区别于加拿大现有大多数同类耕作产品特征的作物品种或基因型，这种特殊性是通过一种基因改变

---

① Peter Andrée, *The Biopolitics of Genetically Modified Organisms in Canada*, Journal of Canadian Studies 3, 2002, pp. 162-191.

② Peter Andrée, *An Analysis of Efforts to Improve Genetically Modified Food Regulation in Canada*, Science and Public Policy 5, 2006, p. 380.

③ Moran et al., *A Cause of Action for Regulatory Negligence? The Regulatory Framework for Genetically Modified Crops in Canada and the Potential for Regulator Liability*, University of Ottawa Law & Technology Journal 6, 2009, pp. 1-23.

④ Scott Prudham and Angela Morris, *Making The Market "Safe" for GM Foods: The Case of the Canadian Biotechnology Advisory Committee*, Studies in Political Economy 78, 2006, pp. 145-175, 载 http://spe.library.utoronto.ca/index.php/spe/article/view/5216/2108, 2020年2月19日最后访问。

⑤ Jane Matthews Glen, The Coexistence of Genetically Modified and Non-genetically Modified Agriculture in Canada: A Courtroom Drama, in Luc Bodiguel and Michael Cardwell (eds.), *The Regulation of Genetically Modified Organisms: Comparative Approaches*, Oxford University Press, 2010, p. 267.

⑥ Moran et al., *A Cause of Action for Regulatory Negligence? The Regulatory Framework for Genetically Modified Crops in Canada and the Potential for Regulator Liability*, University of Ottawa Law & Technology Journal 6, 2009, p. 7.

并经过精心选种、培育或有意引入等方式获得的。本定义所指的植物,是指采用转基因技术、化学诱变、细胞融合以及常规杂交育种等方式培育生产的植物”。新类型食品被定义为:“(1)一种含有不具有食品中安全使用传统微生物的物质。(2)一种食品,其生产、准备、保存或包装的方式在之前没有采用过,并且这种改变对于这种食品而言是重大改变。(3)从基因被改变过的植物、动物或微生物中提炼的食品,这种被改变基因的植物、动物或微生物表现的特征与以往同类产品有所不同。”

加拿大卫生部和食品检查署都负有评估在加拿大市场上销售的转基因食品安全性和营养价值的职责。食品检查署负责审批含有新成分作物和新类型食品的进口、环境释放、品种登记以及在饲料中的使用。卫生部在批准上述产品上市之前,先评估其安全性。环境部负责落实《新物质通知条例》(New Substances Notification Regulations),按照《加拿大环境保护法》(Canadian Environmental Protection Act)实施环境风险评估。加拿大渔业与海洋部负责通过生物技术获得的海洋生物管理条例。相关立法和条例以及政府各部门管理职责划分如表4-1-1和表4-1-2所示。截至2022年,这种条例的制定期限没有规定,因此,目前通过技术研发新品种三文鱼的商业投产都受到《新物质通知条例》的规范。

加拿大地方各省都支持中央政府在转基因产品规范方面发挥领导作用。在这方面,中央与地方也一直保持沟通。

表4-1-1 加拿大转基因产品管理机构及相关立法和条例

部门	规范产品	相关立法	相关条例
加拿大食品检查署	包括具有新特征的各类植物及种子,动物,动物疫苗和生物制剂,化肥,饲料	《消费者包装与标签法》《饲料法》《化肥法》《食品与药品法》《动物卫生法》《种子法》《植物保护法》	《饲料条例》《化肥条例》《动物健康条例》《食品与药品条例》
加拿大环境部	《加拿大环境保护法》所指的生物技术产品,如在生物医学、废弃物、矿物质过滤和石油提炼中使用的微生物	《加拿大环境保护法》	《新物质通知条例》

续表

部门	规范产品	相关立法	相关条例
加拿大卫生部	食品、药品、化妆品、医疗器械、杀虫剂	《食品与药品法》《加拿大环境保护法》《杀虫剂法》	《化妆品条例》《食品与药品条例》《新食品条例》《医疗器械条例》《新物质通知条例》《杀虫剂条例》
加拿大渔业与海洋部	转基因水产生物潜在的环境释放	《渔业法》	

数据来源：加拿大卫生部、环境部、食品检查署、渔业与海洋部。

表 4-1-2　政府各部门管理职责划分

管理对象	加拿大食品检查署	加拿大卫生部	加拿大环境部
与人体健康和食品安全相关事务，新型食品审批，检测过敏原及营养成分潜在的毒素	—	是	—
食品标签政策，营养成分过敏原，特殊饮食需求，假冒伪劣商品与消费者保护	是	是	—
安全评估化肥、种子、植物、动物、动物疫苗、动物饲料	是	—	—
测试标准制定标准，并测试对环境的影响	—	—	是

数据来源：加拿大卫生部、环境部、食品检查署、渔业与海洋部。

在加拿大，转基因食品主要受《食品与药品法》（Food and Drugs Act）①及其配套法规②管制和调整。在这样的管理框架下，卫生部负责以下事项："负责制定与公共卫生、食品安全和营养相关的行政法规。通过科学管理、制定工作指南和公共卫生政策以及就食品供应中接触的化学、物理、微生物物质以及有毒物质和过敏原进行健康风险评估。卫生部的工作是保护加拿大人的健康和安全。卫生部同时也对准备在加拿大市场销售的新型食品在销售前进行产品

---

① 参见 Food and Drugs Act，R. S. C.，1985，c. F-27，载 http://laws-lois. justice. gc. ca/eng/acts/F-27/index. html，2020 年 2 月 19 日最后访问。

② 参见 Food and Drug Regulations，C. R. C.，c. 870，载 http://laws-lois. justice. gc. ca/eng/regulations/C. R. C. %2C_c. _870，2020 年 2 月 19 日最后访问。

安全性和营养价值的具体指标进行评估,包括通过生物技术生产的食品。"①

加拿大法律规定,通过基因工程生产的食品和转基因食品被列为"新食品"中的一类。卫生部负责"管理新食品在加拿大的销售",具体做法是按照《食品与药品条例》(Food and Drugs Regulations)B 部分的第 28 板块的规定,销售商需要事先向卫生部通报所销售的新食品。② 食品检查署"负责管制带有新产品特征的植物向自然环境释放"。③ 这项授权源自下列法律和法规:《植物保护法》(Plant Protection Act)、④《植物保护条例》(Plant Protection Regulations)、⑤《种子法》、⑥《种子条例》(第五部分)。⑦

(四)研究、生产、市场化方面的限制

为了研究目的,开发和种植带有新产品特征的植物受加拿大食品检查署的"植物生物安全办公室"(Plant Biosafety Office)监管。该办公室评估用于封闭状态下田间试验的新品种植物种植申请,并对这项活动指定规则⑧和设定条件。⑨ 这些封闭的新品种植物研究试验田的安全性由政府指定的科学家进行评估,以确保这些试验没有危害环境。⑩ 研究活动开始前,植物生物安全办公室会给研发者设置严格的条件。研发者需要向政府指派的评估专家提供相关植物的信息,包括播种位置、采用的程序等,并且在试验期间和收获之后与加拿

① The Regulation of Genetically Modified Food, Health Canada,载加拿大卫生部网站:http://www.hc-sc.gc.ca/sr-sr/alt_formats/hpfb-dgpsa/pdf/pubs/reg_gen_mod-eng.pdf,2020 年 2 月 19 日最后访问。

② 同上注。

③ Plants with Novel Traits, Canadian Food Inspection Agency (CFIA),载加拿大食品检查署网站:http://www.inspection.gc.ca/plants/plants-with-novel-traits/eng/1300137887237/1300137939635,2020 年 2 月 19 日最后访问。

④ 参见 Plant Protection Act, S. C. 1990, c. 22,载 http://laws-lois.justice.gc.ca/eng/acts/P-14.8/,2020 年 2 月 20 日最后访问。

⑤ 参见 Plant Protection Regulations, SOR/95-212,载 http://laws-lois.justice.gc.ca/eng/regulations/SOR-95-212/,2020 年 2 月 20 日最后访问。

⑥ 参见 Seeds Act, R. S. C., 1985, c. S-8,载 http://laws-lois.justice.gc.ca/eng/acts/S-8/,2020 年 2 月 20 日最后访问。

⑦ 参见 Seeds Regulations, C. R. C., c. 1400,载 http://laws-lois.justice.gc.ca/eng/regulations/C.R.C.,_c._1400/index.html,2020 年 2 月 20 日最后访问。

⑧ 参见 Directive Dir2000-07: Conducting Confined Research Field Trials of Plant with Novel Traits in Canada, CFIA,载加拿大食品检查署网站:http://www.inspection.gc.ca/plants/plants-with-novel-traits/applicants/directive-dir2000-07/eng/1304474667559/1304474738697,2020 年 2 月 20 日最后访问。

⑨ 参见 Confined Research Field Trials for Plants With Novel Traits (PNTs), CFIA,载加拿大食品检查署网站:http://www.inspection.gc.ca/plants/plants-with-novel-traits/general-public/field-trials/eng/1338138305622/1338138377239,2020 年 2 月 20 日最后访问。

⑩ 同上注。

大食品检查署保持协作。[①]

转基因植物在向自然环境广泛传播或者销售给消费者之前必须经过下文所述的审批和授权程序。食品检查署有权评估转基因植物的安全性，评估合格后，授权其向自然环境释放。另外，卫生部授权供人们消费的转基因食品投放加拿大市场。

（五）向自然界释放转基因生物的限制

如前所述，加拿大食品检查署负责监督转基因植物种植、批准转基因动物饲料上市。[②] 因此，该机构也在很大程度上负责管制新植物品种向自然环境释放。这项管制权力是依照《植物保护法》、《植物保护条例》、《种子法》、《种子条例》（第五部分）授权行使的。[③] 食品检查署的职责是通过评估转基因生物对环境和生物多样性的影响实现的，包括评估基因流入的可能性和对其他非转基因生物的影响，并确保牲畜饲料的安全。[④]

审批程序的第一个步骤是要求申请人提供科学数据，包括“植物新特征的性质、新特征的稳定性、所有与环境和人类健康有关的风险评估测试数据、承诺避免基因物质在自然环境中的形成和传播的协议书以及监管和减少释放地点以外应对转基因物质偶尔移动所产生负面影响的应急计划”。[⑤]

正如加拿大学者托马斯·莫冉、诺拉·里斯和大卫·卡索尔所指出的，规则要求食品检查署在评估一种带有新特征的植物时需要考虑“所有相关事项，包括……给环境带来的危害和潜在影响、准备释放的具有新特征的植物种子对人类健康的危害和潜在影响。环境和人类健康与具有新特征植物种子释放相关的危害（从微不足道到无法接受的危害）必须进行评估。这需要运用专业知识对科学数据进行分析。规则赋予主管机关拒绝、同意和对具有新特征植

① 参见 Confined Research Field Trials for Plants With Novel Traits (PNTs), CFIA，载加拿大食品检查署网站：http://www.inspection.gc.ca/plants/plants-with-novel-traits/general-public/field-trials/eng/1338138305622/1338138377239，2020年2月20日最后访问。

② See Alexander Singh, *Proceed with Precaution: The Statutory, Legal, and Consumer Influence on Genetically Modified Foods in Canada*, CAN. J. L. & TECH 14(3), p. 182.

③ 参见 Plants with Novel Traits, CANADIAN FOOD INSPECTION AGENCY (CFIA)，载加拿大食品检查署网站：http://www.inspection.gc.ca/plants/plants-with-novel-traits/eng/1300137887237/1300137939635，2020年2月20日最后访问。

④ See Alexander Singh, *Proceed with Precaution: The Statutory, Legal, and Consumer Influence on Genetically Modified Foods in Canada*, CAN. J. L. & TECH 14(3), p. 182.

⑤ Alexander Singh, *Proceed with Precaution: The Statutory, Legal, and Consumer Influence on Genetically Modified Foods in Canada*, CAN. J. L. & TECH 14(3), p. 182.

物种子释放附加条件的权力”。[①]

食品检查署在将新品种食品与传统食品就其分子结构、成分组成、毒性元素、营养成分等内容作比较时采用“实质等同原则”。[②] 换言之,一件产品如果实质上等同于其传统产品,就可以获得批准。这样的规定在加拿大引起巨大争议,因为一些批评者认为,(审批)标准是审批决定制定过程中的“门槛标准”,而不是“安全标准”。[③]

加拿大没有专门的生物安全立法规定追溯向环境中释放或在食品生产系统中留存的转基因生物痕迹。[④]

(六)食品中使用转基因生物的限制

1. 安全评估

加拿大卫生部负有评估包括食品中的转基因生物在内的用于人类消费食品安全的职责,批准在加拿大市场销售的食品。这个权力是依据《食品与药品法》及其条例行使的。卫生部评估转基因食品安全的程序与本文前面提到的食品检察署的评估程序类似。[⑤] 根据《食品与药品条例》(有关新品种食品)第二部分第28段的规定,“想要在加拿大销售或宣传转基因食品的”生产商和进口商“都必须向卫生部递交一份投放市场前的安全评估报告”。[⑥] 这份安全评估报告“保证(转基因)食品在按照规定用途准备和使用时是安全的”。[⑦]

安全评估是基于“相似性”和“实质等同”理念进行的。“相似性”是指“我

---

① Moran et al., *A Cause of Action for Regulatory Negligence? The Regulatory Framework for Genetically Modified Crops in Canada and the Potential for Regulator Liability*, University of Ottawa Law & Technology Journal 6, 2009, p. 6.

② Alexander Singh, *Proceed with Precaution: The Statutory, Legal, and Consumer Influence on Genetically Modified Foods in Canada*, CAN. J. L. & TECH 14(3), p. 182.

③ Alexander Singh, *Proceed with Precaution: The Statutory, Legal, and Consumer Influence on Genetically Modified Foods in Canada*, CAN. J. L. & TECH 14(3), p. 182.

④ 参见 John Fagan, Monitoring GMOs Released into the Environment and the Food Production System, in Biosafety First: Holistic Approaches to Risk and Uncertainty, in T. Traavik & L. C. Lim (eds.), *Genetic Engineering and Genetically Modified Organism*, Chapter 33, Tapir Academic Press, 2007.

⑤ 参见 Peter Andrée, *The Biopolitics of Genetically Modified Organisms in Canada*, Journal of Canadian Studies 3, 2002, pp. 162-191.

⑥ The Regulation of Genetically Modified Food, Health Canada, 载加拿大卫生部网站: http://www.hc-sc.gc.ca/sr-sr/alt_formats/hpfb-dgpsa/pdf/pubs/reg_gen_mod-eng.pdf, 2020年2月20日最后访问。

⑦ The Regulation of Genetically Modified Food, Health Canada, 载加拿大卫生部网站: http://www.hc-sc.gc.ca/sr-sr/alt_formats/hpfb-dgpsa/pdf/pubs/reg_gen_mod-eng.pdf, 2020年2月20日最后访问。

们对于一种植物品种特征的了解和在加拿大使用这样植物品种的经验”。[①]“实质等同”是指“基于科学、有效的理性分析，就其特定的用途和对环境和人类健康而言，某个特定植物品种新特征与同类品种相比，在使用和安全性方面是相同的”。[②]

根据加拿大卫生部得出的结论，“一项转基因食品批准上市之前，企业通常需要花 7 年到 10 年时间投入研究、开发、测试和安全性评估等方面工作”。[③]由于加拿大政府审批转基因食品依据的是相关企业提供的科学数据，因此没有必要依靠独立的第三方机构进行测试，也没有必要长时间地测试和监管已经批准的转基因产品。

加拿大卫生部对评估和测试程序规定如下：

（1）递交前的咨询

加拿大卫生部鼓励申请人在向卫生部通报转基因食品的安全评估之前先去咨询其下属机构——食品理事会（Food Directorate）的“新食品部门”（Novel Foods Section），这样就有机会澄清管制程序的要求和提出任何涉及安全的具体问题。

（2）投放市场前的通报

当负责相关产品投放市场的申请人确信，他已经充分了解加拿大卫生部对转基因食品制定的安全标准时，可以向新食品部门递交申请。新食品部门协调组织对该产品进行全面的安全评估，包括由加拿大聘请的科学家进行严格的科学评估。评估标准公布在加拿大卫生部制定的“新食品安全评估指南”（Guidelines for the Safety Assessment of Novel Foods）中。

（3）科学评估

科学评估专家来自分子生物学、毒物学、化学、营养科学、微生物学等领域。

评估内容包括：

①转基因生物的发展过程，包括体现基因改变特征的分子生物数据；

②与非转基因食品相比，转基因食品的成分构成和营养指标；

---

① The Regulation of Genetically Modified Food, Health Canada，载加拿大卫生部网站：http://www.hc-sc.gc.ca/sr-sr/alt_formats/hpfb-dgpsa/pdf/pubs/reg_gen_mod-eng.pdf，2020 年 2 月 20 日最后访问。

② The Regulation of Genetically Modified Food, Health Canada，载加拿大卫生部网站：http://www.hc-sc.gc.ca/sr-sr/alt_formats/hpfb-dgpsa/pdf/pubs/reg_gen_mod-eng.pdf，2020 年 2 月 20 日最后访问。

③ The Regulation of Genetically Modified Food, Health Canada，载加拿大卫生部网站：http://www.hc-sc.gc.ca/sr-sr/alt_formats/hpfb-dgpsa/pdf/pubs/reg_gen_mod-eng.pdf，2020 年 2 月 20 日最后访问。

③食品中新毒素产生的可能性；

④引起过敏反应的可能性；

⑤食品的微生物和化学安全性；

⑥任何意想不到或次生影响出现的可能性；

⑦产生主要影响的物质和毒素，以及

⑧主要成分（如脂肪、蛋白质、碳水化合物）和少量成分（如矿物质、维生素）。

(4)提供其他信息的要求

如果加拿大卫生部评估专家发现任何有关转基因食品提供的信息不充分，申请人需要进一步提供相关材料。直到申请人提供的材料被认为是科学有效，加拿大卫生部才会继续评估相关材料。

(5)评估内容概述

评估专家完成评估后，需要出具一份评估结论和建议报告。

(6)准备审批结论报告

当产品评估结束时，加拿大卫生部需要准备一份新食品上市建议裁决报告。这份建议经过食品理事会的高级官员（理事会成员和理事长）审核，确认所有条件都已经满足后作出。一旦审核结束，加拿大卫生部将出具一份批准或不批准的最终决定。

(7)不否定决议书

如果一项产品顺利通过评估程序，包括环境和食品安全的评估，一封"不否定决议书"（Letter of No Objection）将寄给该产品的申请人。这封信允许该产品可以按照申请人在递交材料中列明的用途在加拿大市场上销售，同时附加说明是否有与加拿大卫生部最终决定相关的任何限制和要求。

(8)卫生部的最终决定在其网站公布

一份用于决定一种新食品是否安全的材料公布在加拿大卫生部网站"新食品成分页面"（Novel Foods and Ingredients Page），该材料包括详细描述新食品的特征和概述其安全信息的内容。[①]

2. 标签规定

2004年，加拿大标准理事会（Standards Council of Canada）通过了《转基因和非转基因食品自愿标签和广告标准》（Standard for Voluntary Labeling and Advertising of Foods that Are and Are Not Products of Genetic Engineering），作

---

① The Regulation of Genetically Modified Food, Health Canada, 载加拿大卫生部网站：http://www.hc-sc.gc.ca/sr-sr/alt_formats/hpfb-dgpsa/pdf/pubs/reg_gen_mod-eng.pdf，2020年2月20日最后访问。

为加拿大的国家标准。这一标准制定工作是在1999年11月，应加拿大杂货零售商理事会（Canadian Council of Grocery Distributors）要求，在加拿大标准总局（Canadian General Standards Board）指导下，由一个各界人士组成的委员会具体负责的。该委员会包括53名有投票权的成员和75名没有投票权的成员，他们是制造商、销售商、消费者、相关利益集团以及包括农业部、卫生部、食品检查署在内6个政府部门的代表。

卫生部和食品检查署依据《食品与药品法》负责中央层面所有食品标签的政策事宜；卫生部负责就健康和安全事宜制定食品标签规范；食品检查署负责除卫生和安全以外的食品标签条例和政策事宜，尤其是保护消费者免受错误和虚假食品标签、包装和广告误导，制定适用于所有食品标签和广告的基本规则。

《转基因和非转基因食品自愿标签和广告标准》旨在给消费者提供准确的商品信息，给生产商和进口商提供标签和广告规范指南。它对转基因食品的定义是“采用特殊技术，这种技术允许将一种物种的基因移植到另一种物种而生产的食品”，具体内容包括：

（1）声称转基因或非转基因食品的标签和广告原则上是允许的，只要上述信息是真实的，没有出现误导和欺骗，不会构成消费者对食品的特征、价值、成分构成、优点和安全性有错误认识，而且上述做法符合《食品与药品法》《消费者包装与标签法》《消费者包装与标签条例》《竞争法》等任何其他相关立法和《食品标签与广告指南》的规定；

（2）标准并不隐含对产品需要关注的健康和安全问题；

（3）声称非转基因食品偶然出现转基因成分的比例不得超过5%；

（4）标准适用于食品自愿标签和广告做法，以区别相关产品是转基因产品或包含/不包含转基因产品成分，无论相关产品是否含有DNA或蛋白质；

（5）标准定义了相关术语，设定了声称非转基因食品的界限以及评估和检测方式；

（6）标准适用于所有加拿大境内销售的食品，无论是进口的还是国产的；

（7）标准适用于小包装食品、大宗包装食品以及散装食品的标签和广告；

（8）标准不排除、推翻或以任何形式改变原有法律对标签、广告规定的信息以及任何其他法律规定；

（9）标准不适用于加工辅助产品、少量使用的酶以及微生物、兽用生化物、饲料中用于打底的物质。

尽管《转基因和非转基因食品自愿标签和广告标准》已经规定得非常详细，但是加拿大仍有一股力量在推动转基因食品的强制标签规定。在过去的几年里，加拿大议会已经收到多份这样的提案，但是都没有获得通过。

加拿大《食品与药品法》规定，卫生部与食品检查署对于制定联邦政府的食品标签政策共同负有职责，[①]其中卫生部“负责制定卫生、安全方面的食品标签政策（如营养成分、不适宜人群的提示等）。这些规定适用于所有食品，包括通过基因工程生产的食品”。[②] 另外，食品检查署“负责非药品类的安全食品标签的管理和政策制定工作以及食品标签立法的执行工作。食品检查署为食品标签设定标准，以便相关规定有章可循，不会引起误解”。[③]

在加拿大，含有转基因生物的产品和通过基因工程加工生产的产品的宣传和标签基本上是自愿的，没有强制规定。自 1993 年以来，对于通过基因工程生产的新食品标签规定，加拿大建立了 3 个公共咨询程序。基于这些咨询，加拿大为食品进口商和生产商制定了一系列指南。这些指南反映了加拿大人对于下列问题的一些共识：

（1）如果涉及健康和安全问题，如食物过敏或重大的营养成分或食品构成成分的变化，则需要采取强制标签制度（强制标签的规定由加拿大卫生部作出），以告知消费者这些过敏原或成分变化；

（2）标签应确保易懂、可信，不会引起误解；

（3）允许对产品做正面宣传的标签，前提是这样的宣传不会引起误解或不具有欺诈性质，而且承诺所宣传的内容都是真实的；

（4）允许对产品做负面宣传的标签，前提是这样的宣传不会引起误解或不具有欺诈性质，而且承诺所宣传的内容都是真实的。[④]

加拿大标签立法的一个基本原则是：如果相关食品涉及健康或安全问题，而标签可以缓减这些问题的话，则需要采用标签[⑤]（例如，产品的营养价值或成分已经被改变，或者出现一种过敏原[⑥]）。这项原则适用于所有新品种食

---

① 参见 Labeling of Genetically Engineered Foods in Canada, CFIA，载加拿大食品检查署网站：http://www.inspection.gc.ca/food/labelling/otherrequirements/method-of-production/ge-factsheet/eng/1333373177199/1333373638071，2020 年 2 月 20 日最后访问。

② 同上注。

③ 同上注。

④ 参见 Labeling of Genetically Engineered Foods in Canada, CFIA，载加拿大食品检查署网站：http://www.inspection.gc.ca/food/labelling/otherrequirements/method-of-production/ge-factsheet/eng/1333373177199/1333373638071，2020 年 2 月 20 日最后访问。

⑤ 参见 The Regulation of Genetically Modified Food, Health Canada，载加拿大卫生部网站：http://www.hc-sc.gc.ca/sr-sr/alt_formats/hpfb-dgpsa/pdf/pubs/reg_gen_mod-eng.pdf，2020 年 2 月 20 日最后访问。

⑥ 参见 Maria Lusser and Emilio Rodríguez Cerezo, Comparative Regulatory Approaches for New Plant Breeding Techniques: Workshop Proceedings, EUR 25237 EN 7（JRC Scientific & Technical Reports, 2012），载 ftp://ftp.jrc.es/pub/EURdoc/JRC68986.pdf，2020 年 2 月 20 日最后访问。

品，不管是转基因食品还是非转基因食品。至于大多数转基因生物的标签问题，加拿大只有一条国家标准：通过基因工程生产的食品采用自愿标签制度。①

（七）法律责任与著名案例

加拿大政府多次声明，对未经批准的转基因物质采取“零容忍”政策是不现实的，尤其是鉴于日臻完善的检测技术，转基因成分很容易被测出。加拿大许多机构正与政府合作研究制定“低度容忍政策”（Low Level Presence Policy），以期确定最低限度接受未经批准的转基因物质。2012 年，加拿大推出“低度出现转基因的作物和进口产品管理国内政策执行框架草案”（Proposed Domestic Policy on the Management of Low－Level Presence of Genetically－Modified Crops and Imports and its Associated Implementation Framework），征求社会各界意见。收到反馈意见后，加拿大于 2015 年对草案进行修改，并再次征求社会各方面意见。

新修改的意见包括以下几方面内容：

（1）当其他条件满足的情况下，进口产品转基因含量不超过 2%的，不需要进行安全评估。

（2）采用统一的容忍标准适用于所有转基因作物。

（3）完善监测机制，包括信息资料的提供要求。

（4）采用问卷方式了解出口国当局的食品安全评估程序是否符合“食品法典委员会制定的转基因食品安全评估操作指南”（Codex Guideline for the Conduct of a Food Safety Assessment of Foods Derived from Recombinant－DNA Plants）。

（5）强调进口谷物检测方式的不确定性。

（6）当未经批准转基因作物含量没有超过 2%时，加拿大采取与其他立法规定相一致的做法。

（7）其他有助于澄清事实和减少重复检查的内容。②

近年来，低度容忍政策已成为加拿大一个热议话题。“低度出现”是指非

---

① 参见 Maria Lusser and Emilio Rodríguez Cerezo，Comparative Regulatory Approaches for New Plant Breeding Techniques：Workshop Proceedings，EUR 25237 EN 7（JRC Scientific & Technical Reports，2012），载 ftp://ftp. jrc. es/pub/EURdoc/JRC68986. pdf，2020 年 2 月 20 日最后访问。

② 详细内容，参见 Government of Canada Proposed Domestic Policy on the Management of Low-Level Presence of Genetically Modified Crops in Imports and its Associated Implementation Framework，载加拿大农业部网站：http://www. agr. gc. ca/eng/about－us/public－opinion－and－consultations/update－on－domestic－low－level－presence－policy－development/government－of－canada－proposed－domestic－policy－on－the－management－of－low－level－presence－of－genetically－modified－crops－in－imports－and－its－associated－implementation－framework/? id＝1348076201400，2020 年 2 月 20 日最后访问。

转基因产品中无意间夹杂少量转基因物质，尤其是当一种转基因物质在出口国被批准，在进口国没有被批准时，这种矛盾尤为突出。2009 年 9 月，加拿大出口至欧盟的亚麻被检测出一种转基因物质 Triffid 的痕迹，加拿大向欧盟的亚麻出口由此中断近一年，此后才缓慢恢复至之前的水平。加拿大以往的亚麻出口占欧盟同类产品进口的 70%。此事的起因便是欧盟对于未经批准的转基因作物采取“零容忍”政策。

与此同时，加拿大也同许多国家协调解决低度出现转基因物质的问题。2012 年 3 月，来自美国、墨西哥、哥斯达黎加、智利、乌拉圭、巴拉圭、巴西、阿根廷、南非、俄罗斯、越南、印度尼西亚、菲律宾、澳大利亚、新西兰、加拿大相关产业负责人和政府官员在温哥华共同探讨这一问题。在这次会上，加拿大农业部长强调了与农业创新保持协调管理机制的重要性，并表达了加拿大愿意在国际层面充当协商解决转基因作物低度出现管理机制的协调人。加拿大的目标是构建一个为大多数国家接受的转基因作物低度出现的国际标准。

根据加拿大卫生法专家托马斯·莫冉、诺拉·里斯和大卫·卡索尔的观点，“加拿大立法机构还没有针对与转基因作物有关的伤害制定过专门的成文赔偿法。因此，由于转基因物质引发的责任只能通过普通法中的侵权法来解决”。①

最近一起与转基因生物有关的著名案例是“孟山都加拿大国际公司诉斯奇梅舍公司案”（Monsanto Canada Inc. v. Schmeiser）。② 该案主要涉及转基因生物的专利纠纷，是由孟山都加拿大公司起诉农场主斯奇梅舍（Schmeiser）及其公司侵犯孟山都公司的专利，因为被告种植的油菜被检测出含有 95%～98% 含量孟山都公司开发的转基因油菜（Roundup Ready Canola）成分（该产品基因专利号 RT73）。初审法院认为，被告应该知道其种植的油菜含有原告产品的基因。法院认定原告的专利有效，判斯奇梅舍及其公司侵权成立。被告不服一审判决，向加拿大联邦上诉法院（Federal Court of Appeal）提出上诉，上诉法院维持了初审法院的基本观点，但是对孟山都公司这项专利的合法性不作评论。③

---

① Moran et al., *A Cause of Action for Regulatory Negligence? The Regulatory Framework for Genetically Modified Crops in Canada and the Potential for Regulator Liability*, University of Ottawa Law & Technology Journal 6, 2009, p. 4.

② 参见 Monsanto Canada Inc. v. Schmeiser, 2004 S. C. C. 34，载 http://scc-csc.lexum.com/scc-csc/scc-csc/en/item/2147/index.do，2020 年 2 月 20 日最后访问。

③ See Christopher P. Rodgers, *Liability for the Release of GMOS into the Environment: Exploring the Boundaries of Nuisance*, Cambridge Law Journal 2, 2003, p. 375.

二、美国

在美国，调整转基因生物的国内法主要是1986年公布的《生物技术管制协调框架》，其基本内容遵循了之前业已存在的管制一般产品的立法规定，侧重点在于产品的性质，而非其生产过程。转基因植物由美国农业部下属的“动物与植物健康监测署”依据《植物保护法》负责监管。食品、药品以及生物制品中的转基因生物由联邦“食品与药品管理局”依据《联邦食品、药品和化妆品法》和《公共卫生服务法》负责监管。含有转基因生物的杀虫剂和微生物由“环境保护署”依据《联邦杀虫剂、杀真菌剂和灭鼠剂管制法》和《有毒物质控制法》负责监管。监管方式因涉及的转基因生物品种不同而有所区别。自20世纪90年代以来，美国对待转基因食品一直坚持自愿标识原则，然而随着消费者要求强制标识的呼声日益强烈，各州相继出台了转基因食品强制标识的地方立法。2016年7月，美国联邦层面通过了转基因食品强制标识法案，这标志美国的转基因食品标识制度发生了重大转变。作为转基因食品的生产和出口大国，美国的这一转变可能动摇国际社会转基因食品自愿标识的基础，进而影响全球转基因食品标识制度的变革。

（一）概述

20世纪80年代，美国第一次将转基因技术用于农业种植，以增加作物的抗病性，从而大幅度提高了粮食产量，同时还降低了生产成本。美国没有专门管制转基因生物的联邦立法。含有转基因生物的产品在美国被视为与传统产品没有本质区别，由卫生、安全、环境方面的立法分别管制。美国对于转基因生物管制所持的基本立场是基于这样一种认识：管制应该集中在产品的性质上，而不是产品的生产过程。① 正是基于这样的“实质等同原则”，转基因生物技术一问世便在美国得到迅速推广。据2014年资料统计，美国超过一半的农田种植转基因作物，美国人家庭餐桌上约70%～80%的食物含有转基因成分。②

与其他国家相比，美国对转基因生物的管制相对宽松，这有利于转基因生物技术的发展。转基因生物是生物技术产业中一个具有重要经济效益的组成部分，它在美国经济发展中正发挥着重要作用。据2013年的一份研究报告显示，美国有1300家生物技术公司，130万人直接从事生物科技行业，580万人从

---

① 参见 Pew Initiative on Food and Biotechnology, Guide to U. S. Regulation of Genetically Modified Food and Agricultural Biotechnology Products, September 2001, p. 6, 载 http://www.docin.com/p-412390468.html，2020年2月21日最后访问。

② 参见 Grocery Manufacturers Association Position on GMOs, Facts about GMOs, 载 https://10times.com/company/grocery-manufacturers-association，2020年2月21日最后访问。

事与此相关的产业。[①] 美国已经是当今世界最主要的转基因农作物生产国。2012 年,全球转基因作物的种植面积是 1.703 亿公顷,其中美国就达 6950 万公顷,超过全球总量的 40%。[②] 2013 年,美国 93%的大豆、90%的棉花、90%的玉米都是结合转基因技术种植的,产品具有抗杀虫剂和抗病虫的能力。[③]

美国没有加入《卡塔赫纳生物安全议定书》,[④]因为它只是在《生物多样性公约》上签了字,尚未正式加入该公约。公约是议定书的"母法",美国没有加入公约,自然也就无法加入议定书,[⑤]但是美国一直以观察员的身份参加相关会议。[⑥]

(二)公众与学者的观点

1. 公众的观点

总体而言,美国人对待转基因生物的态度是复杂的。2001~2006 年,一项花费 5 年时间所做的民意调查显示,美国民众对于生物技术的了解有限。消费者一般也不了解他们选购的商品中含有转基因成分。[⑦] 上述调查显示,支持转基因食品的受访者人数比例稳定在 26%~27%,反对转基因食品的受访者比例从开始的 58%降到 46%。[⑧]

---

① 参见 The Biotechnology Industry in the United States, Select USA, 载 http://connection.ebscohost.com/search? kwp=The+Biotechnology+Industry+in+the+United+States,2020 年 2 月 21 日最后访问。

② 参见 International Service for the Acquisition of Agri-Biotech Applications,ISAAA Brief,NO. 44-2012,Global Status of Commercial Biotech/GM Crops, Executive Summary, 载 http://www.isaaa.org/resources/publications/briefs/44/executivesummary/default.asp,2020 年 2 月 21 日最后访问。

③ 参见 Economic Research Service of the US Department of Agriculture: Adoption of Genetically Engineered Crops in the United States,1996-2015,载 http://www.ers.usda.gov/data-products/adoption-of-genetically-engineered-crops-in-the-us/recent-trends-in-ge-adoption.aspx#.UobvBXL92Dk,2020 年 2 月 21 日最后访问。

④ 参见 Cartagena Protocol on Biosafety to the Convention on Biological Diversity, January 29, 2000,39 I.L.M.1027,载 http://bch.cbd.int/protocol/text/,2020 年 2 月 21 日最后访问。Parties to the Cartagena Protocol and Its Supplementary Protocol on Liability and Redress, Convention on Biological Diversity,载 http://bch.cbd.int/protocol/parties/,2020 年 2 月 21 日最后访问。

⑤ 参见 Bureau of Oceans and International Environmental and Scientific Affairs, Frequently Asked Questions on the Cartagena Protocol on Biosafety (CPB), U.S. Department of State (February 23,2004),载美国国务院网站:http://www.state.gov/,2020 年 2 月 21 日最后访问。

⑥ 同上注。

⑦ 参见 Memorandum from the Mellman Group to the Pew Initiative on Food and Biotechnology, Review of Public Opinion Research, November 16, 2006, 载 http://www.pewtrusts.org/en/archived-projects/pew-initiative-on-food-and-biotechnology,2020 年 2 月 21 日最后访问。

⑧ 参见 *Memorandum from the Mellman Group to the Pew Initiative on Food and Biotechnology*, Review of Public Opinion Research,November 16,2006.

调查显示，支持对转基因食品制定标签制度的人数比例很高。最近的一项调查表明，93%的受访者支持对转基因食品采取强制标签制度。① 同一份调查显示，3/4 的美国人对食品中的转基因成分表示关注；接近一半的受访者表示，他们知道许多加工和包装的食品中含有转基因生物成分；将近一半的受访者表示，他们不愿意吃转基因蔬菜、水果、粮食；3/4 的受访者表示，他们不愿意吃转基因鱼；2/3 的受访者表示，他们不愿意吃转基因肉。②

2. 学者的观点

美国的一些科学组织曾经就转基因生物的安全性做过调查，并发表相关声明表示，与传统食品相比，没有证据显示转基因食品有任何独特的安全风险问题。参与上述工作的机构包括美国国家研究理事会（National Research Council）、③美国科学促进协会（American Association for the Advancement of Science）④和美国医学协会（American Medical Association）。⑤

在美国，反对转基因生物的组织包括一些环保组织、⑥有机农业组织、⑦消费者组织等。⑧ 美国法学界不少学者对政府管制转基因生物的措施和立场也

① 参见 Allison Kopicki, *Strong Support for Labeling Modified Foods*, New York Times, July 27, 2013; 又见 U. S. Polls on GE Food Labeling, Center for Food Safety, 载 http://www.centerforfoodsafety.org/issues/976/ge-food-labeling/us-polls-on-ge-food-labeling#, 2020 年 3 月 6 日最后访问。

② See Allison Kopicki, *Strong Support for Labeling Modified Foods*, New York Times, July 27, 2013.

③ 参见由美国国家研究理事会下属多个部门联合完成的研究项目：*Environmental Effects of Transgenic Plants: The Scope and Adequacy of Regulation*, The National Academies Press, Washington, D. C., 2002, p. 49; *Safety of Genetically Engineered Foods: Approaches to Assessing Unintended Health Effects*, The National Academies Press, Washington, D. C., 2004, p. 180, 载 http://www.nap.edu/openbook.php? isbn=0309092094, 2020 年 3 月 6 日最后访问。

④ 参见美国科学促进协会 2012 年 11 月 1 日发布的声明：Statement on Labeling of Genetically Modified Foods, California Council on Science and Technology, 载 http://ccst.us/news/2012/1101aaas.php, 2020 年 2 月 21 日最后访问。

⑤ 参见 American Medical Association, Policy No. H－480.958, Bioengineered（Genetically Engineered）Crops and Foods, 载 https://login.ama-assn.org/account/login, 2020 年 2 月 21 日最后访问。

⑥ 例如，Greenpeace USA, 载 http://www.greenpeace.org/usa/what-we-do/, 2020 年 2 月 21 日最后访问。

⑦ 例如，Organic Seed Growers & Trade Association, 载 http://www.osgata.org/policy/, 2020 年 2 月 21 日最后访问。

⑧ 例如，Organic Consumers Association, 载 https://www.organicconsumers.org/, 2020 年 2 月 21 日最后访问。

是持批评态度。①

(三)相关立法框架

美国在国家层面没有专门针对转基因生物的综合立法。转基因生物的管制规定是散见于环境、卫生、产品安全等相关立法之中。

1986年,美国总统科学技术办公室公布了一份名为"生物技术管制的协同框架"(Coordinated Framework for Regulation of Biotechnology)(以下简称"协同框架")的政策声明,确立了美国对待转基因生物管制的基本立场。② 协同框架是成立于1984年的一个跨部门工作小组努力的结果,该小组的主要工作是评估管制传统产品的法律框架是否足以管制通过生物技术提炼加工的产品。工作小组的结论是:美国当时执行的法律,辅之以一些新的法规,完全可以满足管制的需要。③ 该小组随后发布一份建议通知,征求社会各界的意见。④ 协同框架最终文本发布时的政策解释强调:生物技术产品的管辖权限按照传统产品的方式划分,适用的也是现行管制传统产品的法律。⑤

转基因生物管制的3个主要机构分别是美国农业部下属的动物与植物健康监测署(Animal and Plant Health Inspection Service)、食品与药品管理局(Food and Drug Administration)和环境保护署(Environment Protection Administration)。

1. 动物与植物健康监测署

依据《植物保护法》(Plant Protection Act),动物与植物健康监测署(以下简称健康监测所)负责监管转基因植物的种植、进口和运输。⑥ 该法规定:"当农业部长发现有必要防止一种植物害虫或有害的杂草流入美国,他/她有权禁止

---

① See Gregory N. Mande, *Toward Rational Regulation of Genetically Modified Food*, Santa Clara Journal of International Law 1,2006; Maria Lee-Muramoto, *Reforming the "Uncoordinated" Framework for the Regulation of Biotechnology*, Drake Journal of Agricultural Law 2, 2012; Debra M. Strauss, *Defying Nature: The Ethical Implications of Genetically Modified Plants*, Journal of Food law and Policy 1, 2007; Sheryl Lawrence, *What Would You Do With a Fluorescent Green Pig?: How Novel Transgenic Products Reveal Flaws in the Foundational Assumptions for the Regulation of Biotechnology*, Ecology Law Quarterly 1,2007.

② See Coordinated Framework, 51 FED. REG. 23,302 (June 26,1986).

③ See Coordinated Framework, 51 FED. REG. 23,302 (June 26,1986), p. 3.

④ See OSTP, *Proposal for a Coordinated Framework for Regulation of Biotechnology*, 49 FED. REG. 50,856 (December 31,1984).

⑤ 参见 Organic Seed Growers & Trade Association,载 http://www.osgata.org/policy/,2020年2月21日最后访问。*Coordinated Framework*, 51 FED. REG. 23,302 (June 26,1986), pp. 6-8.

⑥ 参见 Chapter 104—Plant Protection, 7 U. S. C. 2012, 载 http://uscode.house.gov/view.xhtml?path=/prelim@title7/chapter104&edition=prelim,2020年2月21日最后访问。

或限制任何植物或植物产品的进口、进入、出口或者在国内各州之间商业往来”。[①] 通过管制，健康监测所将大多数转基因植物归类为植物有害物（plant pests）或潜在的植物有害物（potential plant pests），因而属于受管制品种（regulated articles）。[②] 根据《植物保护法》规定，受管制的品种在引进之前必须获得健康监测所的批准。[③] 健康监测所通过三种方式颁发转基因植物使用授权。

（1）通知程序

通知程序适用于那些没有被归类为有害草类的植物，或者在满足一定标准和操作规范后准备向自然界播撒的草类。[④] 上述标准包括该植物必须是被健康监测所鉴定为安全和可以引进的品种；基因物质必须是被稳定植入的；基因物质的反应不会导致植物疾病等。[⑤] 操作规范包括装运、储存、种植和测试等方面，目的是防止植物是从隔离区被释放出来。[⑥] 当申请人将通知书送至健康监测所后，健康监测所将在规定的时间内作出是否同意的答复。[⑦] 如果通知书被健康监测所拒绝，申请人还可以向健康监测所申请许可。[⑧]

（2）许可程序

许可程序要求申请人递交相关信息，包括供体生物和受体生物的信息，被管制物品的构成，被改变的基因物质在受管制物品中的反应；供体生物和受体生物以及发展而成的管制物品的位置；管制物品的用途；引进的数量；避免传播的准备过程；引进的转基因生物使用目的地、使用和传播的情况；管制物品的最

---

① Regulation of movement of plants, plant products, biological control organisms, noxious weeds, articles, and means of conveyance, 7 U. S. C. § 7712 (a) (2012)，载 http://uscode. house. gov/view. xhtml? req=granuleid:USC-prelim-title7-section7712&num=0&edition=prelim，2020 年 2 月 21 日最后访问。

② 参见 Animal and Plant Health Inspection Service, USDA, 7 C. F. R. § 340. 1 (2013)，载 http://www. gpo. gov/fdsys/pkg/CFR-2013-title7-vol5/pdf/CFR-2013-title7-vol5-sec340-1. pdf，2020 年 2 月 21 日最后访问。

③ 参见 Regulation of movement of plant pests, 7 U. S. C. § 7711(a) (2012); Animal and Plant Health Inspection Service, USDA, 7 C. F. R. § 340. 0 (2013)，载 http://uscode. house. gov/view. xhtml? req=granuleid:USC-prelim-title7-section7711&num=0&edition=prelim http://www. gpo. gov/fdsys/pkg/CFR-2013-title7-vol5/pdf/CFR-2013-title7-vol5-sec340-0. pdf，2020 年 2 月 21 日最后访问。

④ 参见 Animal and Plant Health Inspection Service, USDA, 7 C. F. R. § 340. 3 (2013)，载 http://www. gpo. gov/fdsys/pkg/CFR-2013-title7-vol5/pdf/CFR-2013-title7-vol5-sec340-3. pdf，2020 年 2 月 21 日最后访问。

⑤ 7 C. F. R. § 340. 3(b).

⑥ 7 C. F. R. § 340. 3(c).

⑦ 7 C. F. R. § 340. 3(e).

⑧ 7 C. F. R. § 340. 3(e)(5).

后处置情况。[①] 如果健康监测所颁发许可，它还要确保不仅管制物品处于可控状态，健康监测所也能够实施全程监控。[②] 申请人如果不能满足上述要求，健康监测所会撤销许可。[③]

(3)决定非管制状态

已经被测试并证明没有危害的转基因植物可以被决定处于非管制状态。[④] 希望获得这样决定的申请必须载有管制物品和受体生物具体的生物信息；已经公布和尚未公布的科学研究内容；田间测试数据以及其他可以帮助健康监测所决定该植物是否构成一种有害物的相关信息。[⑤] 收到申请后，健康监测所在《联邦纪事》上公布这一申请，并设定 60 日的公示期。[⑥] 然后，健康监测所在 180 日内决定批准申请的全部或部分内容，或者拒绝批准。[⑦]

2. 食品与药品管理局

在美国，除了肉类、禽类和蛋类产品，食品与药品管理局负责管制在美国销售的人类和动物食品以及药品和生物制品的安全。

(1)食品

食品与药品管理局的法律授权来自《联邦食品、药品和化妆品法》(Federal Food, Drug, and Cosmetic Act)。[⑧] 该法规定，食品与药品管理局有权管制“掺杂食品”及其他事项，[⑨]并将“掺杂食品”定义为“包含任何有毒、有害物质，并能

---

① 参见 Animal and Plant Health Inspection Service, USDA, 7 C. F. R. § 340. 4(b) (2013)，载 http://www. gpo. gov/fdsys/pkg/CFR-2013-title7-vol5/pdf/CFR-2013-title7-vol5-sec340-4. pdf，2020 年 2 月 21 日最后访问。

② 7 C. F. R. § 340. 4(f).

③ 7 C. F. R. § 340. 4(g).

④ 参见 Animal and Plant Health Inspection Service, USDA, 7 C. F. R. § 340. 6 (2013)，载 http://www. gpo. gov/fdsys/pkg/CFR-2013-title7-vol5/pdf/CFR-2013-title7-vol5-sec340-6. pdf，2020 年 2 月 21 日最后访问。

⑤ 7 C. F. R. § 340. 6(c).

⑥ 7 C. F. R. § 340. 6(d).

⑦ 7 C. F. R. § 340. 6(d).

⑧ 参见 Chapter 9—Federal Food, Drug, and Cosmetic Act, 21 U. S. C. § § 301-399f (2012)，载 http://uscode. house. gov/view. xhtml? path=/prelim@ title21/chapter9& edition=prelim，2020 年 2 月 22 日最后访问。

⑨ 参见 Chapter 9-Federal Food, Drug, and Cosmetic Act, Subchapter IV-Food, 21 U. S. C. § 342 (2012)，载 http://uscode. house. gov/view. xhtml? req=granuleid:USC-prelim-title21-section342&num=0&edition=prelim，2020 年 2 月 22 日最后访问。

危及健康的食品”;[①]“食品添加剂”,[②]即包含“任何构成食品成分或影响食物特征的物质”。[③]《联邦食品、药品和化妆品法》禁止销售掺杂和标签错误的食品。[④]

根据《联邦食品、药品和化妆品法》规定,添加到食品中的物质可以分为“食品添加剂”和“一般认为安全的物质”,前者需要获得食品与药品管理局批准,确保它们的安全;[⑤]后者不需要食品与药品管理局的批准。[⑥]

在1992年公布的一份政策声明中,食品与药品管理局重申,在大多数情况下,它将视转基因食品如同非转基因食品,大多数转基因食品将被推定为“一般认为是安全的”。然而,鉴于转基因食品在“结构、功能和成分”方面与非转基因食品的显著区别,转基因食品如同食品添加剂,在上市之前,需要得到食品与药品管理局的批准。[⑦]

食品与药品管理局鼓励包括采用转基因生物在内的食用植物新品种开发商与其进行磋商,以此“确保人类食品和动物饲料安全问题以及诸如标签等其他管制问题能够在产品的商业化之前得到妥善解决”。[⑧] 磋商程序的设立旨在确保食品与药品管理局能够就食品从中提炼的新物质是否存在诸如“显著增加毒素程度、抗营养物质、重要营养成分减少、产生新的过敏原以及食品中出现

---

① 21 U. S. C. § 342(a).

② 参见 Chapter 9-Federal Food, Drug, and Cosmetic Act, Subchapter IV-Food 21 U. S. C. § 348 (2012),载 http://uscode. house. gov/view. xhtml? req=granuleid:USC-prelim-title21-section348& num=0& edition=prelim,2020年2月22日最后访问。

③ Chapter 9-Federal Food, Drug, and Cosmetic Act, Subchapter II-Definitions 21 U. S. C. § 321(s) (2012),载 http://uscode. house. gov/view. xhtml? req=granuleid:USC-prelim-title21-section321&num=0&edition=prelim,2020年2月22日最后访问。

④ 参见 Chapter 9 - Federal Food, Drug, and Cosmetic Act, Subchapter III - Prohibited Acts and Penalties, 21 U. S. C. § 331 (2012),载 http://uscode. house. gov/view. xhtml? req = granuleid: USC-prelim-title21-section331&num=0&edition=prelim,2020年2月22日最后访问。

⑤ 参见 Chapter 9-Federal Food, Drug, and Cosmetic Act, Subchapter IV-Food, 21 U. S. C. § 348 (2012),载 http://uscode. house. gov/view. xhtml? req=granuleid:USC-prelim-title21-section348&num=0&edition=prelim,2020年2月22日最后访问。

⑥ 21 U. S. C. § 321(s).

⑦ 参见 Statement of Policy: Foods Derived from New Plant Varieties, 57 Fed. Reg. 22, 984 (May 29, 1992),载美国食品与药品管理局网站: http://www. fda. gov/Food/Guidance Regulation/Guidance DocumentsRegulatoryInformation/Biotechnology/ucm096095. htm,2020年2月22日最后访问。

⑧ Guidance on Consultation Procedures: Foods Derived from New Plant Varieties (rev. October 1997),载美国食品与药品管理局: http://www. fda. gov/Food/GuidanceRegulation/GuidanceDocuments RegulatoryInformation/Biotechnology/ucm096126. htm,2015年8月5日最后访问。

未经批准的添加剂”等情形作出判断，是否需要采取管制措施。[①] 磋商的一个重要议题是确认含有新品种植物和新的蛋白质食品的安全性，包括那些通过基因工程开发的新植物品种。[②] 食品与药品管理局会将磋商的详细信息公之于众。[③]

(2)动物

依据《联邦食品、药品和化妆品法》中管制“新的动物药”规定，食品与药品管理局对于转基因动物也有管辖权。该法将“新的动物药”定义为一种“旨在改变动物身体结构和功能”的物质。[④] 食品与药品管理局对此进一步解释：“转基因动物体内的基因重组构造是为了影响转基因动物身体的结构和功能，不管由转基因动物生产出来的产品用途是什么”。因此，所有转基因动物都属于“新动物药”范畴内的被管制对象。[⑤]

依据《联邦食品、药品和化妆品法》的规定，新动物药一般情况下被认为是不安全的，除非食品与药品管理局批准一种新动物药的特定用途。[⑥] 除非在这样的情形下，即食品与药品管理局依职权拒绝合规性审查要求，[⑦]或者在药物

---

① Guidance on Consultation Procedures: Foods Derived from New Plant Varieties (rev. October 1997)，载美国食品与药品管理局：http://www. fda. gov/Food/GuidanceRegulation/GuidanceDocuments RegulatoryInformation/Biotechnology/ucm096126. htm，2015 年 8 月 5 日最后访问。

② 参见 Guidance for Industry: Recommendations for the Early Food Safety Evaluation of New Non-Pesticidal Proteins Produced by New Plant Varieties Intended for Food Use (June 2006)，载美国食品与药品管理局网站：http://www. fda. gov/Food/GuidanceRegulation/GuidanceDocumentsRegulatoryInformation/Biotechnology/ucm096156. htm，2015 年 8 月 5 日最后访问。

③ 参见 Completed Consultations on Bioengineered Foods，载美国食品与药品管理局网站：http://www. accessdata. fda. gov/scripts/fcn/fcnNavigation. cfm? rpt=bioListing，2020 年 2 月 22 日最后访问。

④ 参见 FDA, CVM GFI #187 Regulation of Intentionally Altered Genomic DNA in Animals (January, 2017)，21 U. S. C. § 321(v)，载 https://www. fda. gov/regulatory-information/search-fda-guidance-documents/cvm-gfi-187-regulation-intentionally-altered-genomic-dna-animals，2020 年 2 月 22 日最后访问。

⑤ 参见 Guidance for Industry: Regulation of Genetically Engineered Animals Containing Heritable Recombinant DNA Constructs, p. 6，载 https://www. fda. gov/media/135115/down/oad，2023 年 2 月 1 日最后访问。尽管食品与药品管理局有权管制所有转基因动物，它也表示，如果转基因动物的部分事项属于其他部门管辖，它会放弃对这些事项的管辖。同上，p. 7。

⑥ 参见 Chapter 9-Federal Food, Drug, and Cosmetic Act, Subchapter V-Drugs and Devices Part A-Drugs and Devices, 21 U. S. C. § 360b (a) (2012)，载 http://uscode. house. gov/view. xhtml? req = granuleid:USC-prelim-title21-section360b&num=0&edition=prelim，2020 年 2 月 22 日最后访问。

⑦ 参见 Guidance for Industry: Regulation of Genetically Engineered Animals Containing Heritable Recombinant DNA Constructs, pp. 7-9，载美国食品与药品管理局网站：https://www. fda. gov/animal-veterinary/biotechnology-products-cvm-animals-and-animal-food/animals-intentional-genomic-alterations，2020 年 3 月 6 日最后访问。

仅仅是为了调查的需要，只是需要满足一定的特定例外条件这样的情形下，[①]食品与药品管理局要求转基因动物经过新动物药申请的审批程序。审批基于对目的用途是否安全和有效为基础。[②] 转基因动物的新动物药申请必须包含的信息包括：动物的识别标志；化学实验数据；临床用途；标签；成分与合成过程；生产方式、设施和过程控制；安全性与疗效；环境影响以及其他信息。[③]

（3）药品

一般情况下，食品与药品管理局对于药品也有管辖权。在大多数情形下，有兴趣将新药引入美国市场的公司必须向食品与药品管理局递交新药申请，其中包括诸如新药的化学实验过程、制作、动物体内和体外试验、临床运用数据等有关新药的安全性和疗效的详细数据。[④] 通过转基因工程生产的药品也需要与其它类型的药品一样经过新药审批程序。

（4）生物制品

根据《公共卫生服务法》（Public Health Service Act）的规定，食品与药品管理局也负责监管被归类为“生物制品”的医疗产品，包括疫苗、血清、血液制品等。[⑤] 无论其是否是通过转基因合成，生物制品都必须在引进或投放市场之前获得食品与药品管理局的许可。申请许可的程序包括向食品与药品管理局提供详细的实验和临床运用数据、生产方式以及相关制品的安全性和疗效的详细信息。[⑥]

3. 环境保护署

美国环境保护署负责监管通过基因工程生产的杀虫剂和微生物。

（1）杀虫剂

环境保护署依据《联邦杀虫剂、杀真菌剂和灭鼠剂管制法》（Federal Insecticide,

---

① 参见 Guidance for Industry：Regulation of Genetically Engineered Animals Containing Heritable Recombinant DNA Constructs，pp. 7－9，载美国食品与药品管理局网站：https：//www. fda. gov/animal－veterinary/biotechnology－products－cvm－animals－and－animal－food/animals－intentional－genomic－alterations，2020 年 3 月 6 日最后访问。

② 同上注。

③ 同上注。

④ 参见 21 C. F. R. § 314. 50（2013），载 http：//www. gpo. gov/fdsys/pkg/CFR－2013－title21－vol5/pdf/CFR－2013－title21－vol5－sec314－50. pdf，2020 年 2 月 22 日最后访问。

⑤ 参见 42 U. S. C. § § 262 to 263a－7（2012），载 http：//uscode. house. gov/view. xhtml？ path＝/prelim@ title42/chapter6A/subchapter2/partF&edition＝prelim，2020 年 2 月 22 日最后访问。

⑥ 参见 21 C. F. R. § 601. 2（2013），载 https：//www. govinfo. gov/content/pkg/CFR－2013－title21－vol7/pdf/CFR－2013－title21－vol7－part601－subpartA. pdf，2020 年 2 月 22 日最后访问。

Fungicide and Rodenticide Act),负责监管杀虫剂的生产、销售和使用。[①] 依照该法案的解释,杀虫剂未必"给环境造成不合理的负面作用",[②]这意味杀虫剂对环境和消费的食品是安全的。[③] 该法要求所有杀虫剂在进入商业流通领域之前必须在环境保护署登记备案。[④] 杀虫剂登记注册前必须经测试并显示是安全的。[⑤] 注册申请材料必须包括测试结果、产品识别标志、标签初稿等信息,以及残留物容忍度和其他与安全相关的信息。[⑥]

环境保护署依据《联邦杀虫剂、杀真菌剂和灭鼠剂管制法》的授权,管制用于生产控制害虫、确保环境和食品安全物质的转基因植物,这些物质被称为"植物植入保护体"(plant-incorporated protectants)。[⑦] 杀虫剂的标准注册程序适用于植物植入保护体,除非条例规定它们可以豁免。[⑧]

植物植入体在下列三种情况下可以免予法律要求的登记程序:

①如果植物植入保护体是用于生产食品的农作物,它的残留物是依照《联邦杀虫剂、杀真菌剂和灭鼠剂管制法》可以豁免的;[⑨]

②如果植物植入保护体是被环境保护署明确列举的添加成分;[⑩]

③如果植物植入体是来自一种植物,这种植物与受体植物在性别上是相匹配的。[⑪]

对于那些免予登记的植物植入体,如果生产者掌握该物质对于人类和环境

---

① 参见 Chapter 6, -Federal Insecticide, Fungicide and Rodenticide Act, Subchapter Ⅱ: Environmental Pesticide Control, 7 U. S. C. § § 136-136y (2012), 载 http://uscode. house. gov/view. xhtml? path =/prelim@ title7/chapter6/subchapter2&edition = prelim, 2020 年 2 月 22 日最后访问。

② 7 USC 136a: Registration of pesticides, 7 U. S. C. § 136a(c)(5) (2012), 载 http://uscode. house. gov/view. xhtml? req = granuleid: USC-prelim-title7-section136a& num = 0& edition = prelim, 2020 年 2 月 22 日最后访问。

③ 参见 7 USC 136: Definitions, 7 U. S. C. § 136(bb) (2012), 载 http://uscode. house. gov/view. xhtml? req = granuleid: USC-prelim-title7-section136& num = 0& edition = prelim, 2020 年 2 月 22 日最后访问。

④ 参见 Registration of pesticides, 7 U. S. C. § 136a (a) (2012).

⑤ 参见 Registration of pesticides, 7 U. S. C. § 136a (c) (5) (2012).

⑥ 参见 Electronic Code of Federal Regulations, 40 C. F. R. § 152. 50 (2013), 载 http://www. ecfr. gov/cgi-bin/text-idx? SID = 9f032ce863baf7cb8c325ee059e49510&node = 40: 25. 0. 1. 1. 3& rgn = div5 #40: 25. 0. 1. 1. 3. 3. 1. 6, 2020 年 2 月 22 日最后访问。

⑦ 参见 40 C. F. R. pt. 174 (2013)。

⑧ 参见 40 C. F. R. § 174. 1 (2013), 载 http://www. ecfr. gov/cgi - bin/text - idx? SID = 9f032ce863baf7cb8c325ee059e49510&node = 40: 25. 0. 1. 1. 3& rgn = div5#40: 25. 0. 1. 1. 3. 3. 1. 6, 2020 年 2 月 22 日最后访问。

⑨ 参见 40 C. F. R. § 174. 21(b) (2013)。

⑩ 参见 40 C. F. R. § 174. 21(c) (2013)。

⑪ 参见 40 C. F. R. § 174. 25 (2013)。

有不利影响的信息,他必须与环境保护署共享这些信息。[①]

(2)微生物

依据《有毒物质控制法》(Toxic Substances Control Act),美国环境保护署也有权监管转基因生物。[②] 该法授权环境保护署管制那些对于人类健康和环境带来损害威胁的化学物质。[③] 生产相关产品的制造商必须在生产前向环境保护署通报生产内容。[④] 环境保护署已经作出过裁定,认定转基因微生物是化合物质,属于《有毒物质控制法》管辖范畴。[⑤] 为此,环境保护署专门为微生物制定规则,要求在用于商业目的之前,生产者需要提供一份"微生物商业活动通知"(Microbial Commercial Activity Notice)。[⑥] 这份通知必须包括描述微生物的特征和基因构造、生产过程中产生的副产品、用途及处置、健康和环境影响数据等相关信息。[⑦]

4.《国家环境政策法》

美国《国家环境政策法》[⑧]要求联邦政府部分机构为国家的某些行为进行环境评估(例如,采纳某项政策或批准某项许可),评估这些行为是否对环境产生重大影响。[⑨] 如果一项国家行为可能产生重大影响,评估机构将准备一份名

---

① 参见 40 C. F. R. § 174. 71 (2013)。

② 参见 15 USC,Chapter 53-Toxic Substances Control,Subchapter I-Control of Toxic Substances,15 U. S. C. § § 2601-2695d (2012),载 http://uscode. house. gov/view. xhtml? path=/prelim@ title15/chapter53&edition=prelim,2020 年 2 月 22 日最后访问。

③ 参见 15 USC 2605:Prioritization, risk evaluation, and regulation of chemical substances and mixtures,15 U. S. C. § 2605(a) (2012),载 http://uscode. house. gov/view. xhtml? req=granuleid:USC-prelim-title15-section2605& num=0& edition=prelim,2020 年 2 月 22 日最后访问。

④ 参见 15 USC 2604:Manufacturing and processing notices,15 U. S. C. § 2604 (2012),载 http://uscode. house. gov/view. xhtml? req = granuleid: USC-prelim-title15-section2604& num = 0& edition = prelim,2020 年 2 月 22 日最后访问。

⑤ 参见 40 C. F. R. § 725. 1(a) (2013),载 http://www. ecfr. gov/cgi-bin/text-idx? SID = 7c33b229782bc824885546d25f6cf057&,2020 年 2 月 22 日最后访问。

⑥ 参见 40 C. F. R. § 725. 100 (2013),载 http://www. ecfr. gov/cgi-bin/text-idx? SID = 9f032ce863baf7cb8c325ee059e49510&node=40:25. 0. 1. 1. 3& rgn=div5#40:25. 0. 1. 1. 3. 3. 1. 6,2020 年 2 月 22 日最后访问。

⑦ 参见 40 C. F. R. § § 725. 155,725. 160 (2013)。

⑧ 参见 42 U. S. C. § § 4321-4370h (2012),Chapter 55—National Environ-Mental Policy,载 http://uscode. house. gov/view. xhtml? path=/prelim@ title42/chapter55& edition=prelim,2020 年 2 月 22 日最后访问。

⑨ 参见 42 USC Ch. 55:National Environmental Policy,42 U. S. C. § § 4321-4370h (2012),载 http://uscode. house. gov/view. xhtml? path=/prelim@ title42/chapter55& edition=prelim,2020 年 2 月 22 日最后访问。

为“环境影响声明”(Environmental Impact Statement)的评估报告。[①] 在某些情况下,食品与药品管理局在批准转基因生物生产和销售时也需要申请人进行环境评估或出具环境影响声明。[②]

5. 美国的州立法

在美国,州立法对于转基因管制的影响甚微。依据联邦优先原则,当联邦立法旨在管制某一特定领域,各州的立法不得与之相冲突。因此,上述联邦立法排除了各州对转基因生物的许多管制。[③] 有一个罕见的例外——州立法比联邦立法对于转基因生物管制更严,那就是有关一种原产于赤道附近水域、经过生物工程繁殖后成为观赏鱼的“荧光鱼”(GloFish)的管制。美国联邦政府对这种鱼不加管制。食品与药品管理局在一份声明中指出,在不存在明显对人类健康构成威胁的情况下,食品与药品管理局认为没有理由去管制这一特定鱼类。[④] 但是,加利福尼亚州的“渔业与游戏委员会”(California Fish and Game Commission)禁止这种鱼在该州饲养和销售。[⑤]

美国的一些地方政府已开始禁止种植转基因作物。例如,加利福尼亚的马林市(Marin)和曼多西诺市(Mendocino)颁布了地方条例,禁止在本地区种植转基因作物。[⑥] 夏威夷的库瓦市(Kauai)和夏威夷市(Hawaii)也有类似规定,禁止在本地区种植大多数转基因作物。[⑦]

(四)研究、生产、销售的限制

美国转基因研究、生产、销售的限制因不同的管制机制而有所区别,而这些

---

① 40 C. F. R. § § 1502.1-1502.25 (2013).

② See Guidance for Industry: Regulation of Genetically Engineered Animals Containing Heritable Recombinant DNA Constructs (revision, June 2015).

③ See Doug Farquhar and Liz Meyer, *State Authority to Regulate Biotechnology Under the Federal Coordinated Framework*, DRAKE Journal of Agriculture Law 12, 2007.

④ 参见 FDA Statement Regarding GloFish (December 9, 2003),载美国食品与药品管理局网站:https://wayback. archive - it. org/7993/20170404230909/https:/www. fda. gov/Animal Veterinary/DevelopmentApprovalProcess/GeneticEngineering/GeneticallyEngineeredAnimals/ucm413959. htm, 2020 年 3 月 6 日最后访问。

⑤ See Kenneth R. Weiss, *State Takes Dim View of GloFish, Bans Sale*, Los Angeles Times, December 4, 2003.

⑥ 参见 Marin County, California-CODE of Ordinances, Supplement 2013, Online content updated on January 31, 2015, 载 http://library. municode. com/index. aspx? clientID=16476, 2020 年 2 月 22 日最后访问。Mendocino County, California-Code of Ordinances, Supplement 41, online content updated on June 18, 2015, 载 http://library. municode. com/index. aspx? clientId=16484, 2020 年 2 月 22 日最后访问。

⑦ See Andrew Pollack, *Limits Approved for Genetically Modified Crops in Kauai*, Hawaii, New York Times, October 16, 2013; Christopher D' Angelo, *Hawaiian Islands Take More Steps to Limit Spread of GMO Crops*, Reuters, December 6, 2013.

机制覆盖基因转变的各个方面。

1. 动物和植物健康监测所

引进转基因植物需要事先征得动物和植物健康监测所的同意。同意的方式包括通知、许可和决定处于非管制状态三种[见前述“(三)1. 动物与植物健康监测署”]。

2. 食品与药品管理局

(1)食品

食品与药品管理局视大多数转基因食品属于“一般被认为安全的食品”范畴,投放市场前不需要获得特别批准。但是,转基因产品如果“在结构、功能、成分方面与一般食品有显著区别时”,则需要像食品添加剂那样在投放市场前获得批准[见前述“(三)2(1)食品”]。

(2)动物

大多数情况下,食品与药品管理局要求经过基因工程产生的动物进入市场前需要按照申请新动物药的程序获得批准。食品与药品管理局基于该产品的安全性和效果作出审批决定[见前述“(三)2(2)动物”]。

(3)药品

食品与药品管理局要求那些希望将新药引入美国市场的人,无论这种新药是否涉及转基因生物,都必须递交新药申请。申请包括有关该药品安全性和疗效的详细信息[见前述“(三)2(3)药品”]。

(4)生物制品

食品与药品管理局要求所有生物制品,不管是否是通过转基因合成的,在投放市场前都必须获得食品与药品管理局的许可。许可申请材料必需包括该产品的安全性及效果等详细信息[见前述“(三)2(4)生物制品”]。

3. 环境保护署

环境保护署依据《联邦杀虫剂、杀真菌剂和灭鼠剂管制法》,要求所有杀虫剂在投放市场之前都必须登记注册,包括提供该杀虫剂的安全性能和目的效果等详细信息[见前述“(三)3(1)杀虫剂”]。

环境保护署依照《有毒物质控制法》,要求那些希望将微生物用于商业目的的人递交一份“微生物商业活动通知”[见前述“(三)3(2)微生物”]。

4. 转基因生物的标签制度

美国没有法律规定要求转基因食品或者含有转基因成分的食品在标签上明确标明转基因信息。联邦立法提案——《转基因食品知情权法案》

(Genetically Engineered Food Right-to-Know Act)已经被引入最近的几届国会,[①]但是仍然停留在国会专门委员会审议,尚未进入实质性讨论。该法案包括强制要求任何转基因食品或含有转基因成分的食品都必须在标签上明确标明。早在2012年和2013年,加利福尼亚和华盛顿两个州就已经提出转基因生物强制标签的立法动议,但是均未获得成功。[②] 不过,最近情况有所改变[见后述"(七)美国转基因食品标识制度的嬗变及启示"]。

为了防止出现虚假和误导消费者的食品与药品标签,食品与药品管理局有权对此进行管制。就转基因食品而言,食品与药品管理局已经在其政策声明文件中表明,如果转基因食品与其他非转基因食品没有实质上的区别,就没有必要对此采取强制标签制度或改变产品的名称。但是,如果从转基因植物加工而成的一种食品与传统非转基因食品是如此不同,以至于原有的名称已经不足以反映新品种食品的特征,或者有向消费者提示的安全问题(如有过敏的可能)时,该新品种食品需要更名。[③]

(五)转基因生物向自然界释放的限制和用于食品生产的限制

由于美国对转基因生物的管制重在产品本身,而不是其生产过程,对于向环境中释放转基因生物的管制程度取决于转基因生物产品本身[见前述"(三)相关立法框架"]。

转基因生物没有从美国的食品供应规制中被单独列出加以限制。如同前述,食品与药品管理局对待从转基因中提炼的食品如同对待其他从普通植物提炼的食品一样。因此,从转基因植物加工而成的食品首先被推定为是安全的。如果一种转基因食品"在结构、功能、成分方面与普通非转基因食品有重大区别",该产品在投放市场前需要得到食品与药品管理局的许可[见前述"(三)2(1)食品"]。

(六)法律责任与著名案例

美国现有管制转基因生物机制包含的法律责任有民事责任和刑事责任。

---

① 参见114th Congress, 1st Session, S. 511 and 114th Congress, 1st Session H. R. 913,载http://www.gpo.gov/fdsys/search/searchresults.action? st=Genetically+Engineered+Food+Right-to-Know+Act,2020年2月22日最后访问。

② See Mark Lifsher, *Prop 37 Backers Vow to Continue Food Regulation Efforts*, Los Angeles Times, November 7, 2012; Stephanie Strom, *Food Companies Claim Victory Against Labeling Initiative in Washington State*, New York Times, November 6, 2013.

③ 参见美国食品与药品管理局声明:Statement of Policy: Foods Derived from New Plant Varieties, 57 Fed. Reg. 22,984 (May 29, 1992), § VI, Labeling.

例如,违反《植物保护法》规定的行为将导致民事和刑事责任。[①] 为了销售和传播目的,明知进口或转移的是受管制物品却没有申请,该行为违反了《植物保护法》的规定,将招致罚款、最高可达5年的刑期,或者罚款和判刑并处。[②]《联邦食品、药品和化妆品法》的责任条款中列举了几种有可能导致民事和刑事责任的行为。[③] 违反《联邦杀虫剂、杀真菌剂和灭鼠剂管制法》和《有毒物质控制法》规定的行为也同样会招致民事赔偿或刑事处罚。[④]

美国早期生物技术产业发展过程中一个具有里程碑意义的判例是联邦最高法院1980年对"钻石公司诉查克拉巴蒂公司案"(Diamond v. Chakrabarty)作出的裁决,法院最终裁定,通过基因工程获得的微生物可以获得专利。[⑤] 这项裁决被认为是"对生物技术产生革命性的推动,它导致了成千上万份专利的产生,数百家新的公司诞生,以及数以千计的转基因植物和食品的开发"。[⑥]

除了专利法外,美国法院裁决对转基因生物的管制机制形成影响有限。在许多法院有关的转基因生物裁决的一个共识是:司法机构尊重行政机关在决定如何管制时所依赖的专业技术。最高法院在"孟山都公司诉吉特森种子农场案"(Monsanto Co. v. Geertson Seed Farms)中的裁决涉及对动物与植物健康监测所依据《国家环境政策法》作出的决定提出挑战。[⑦] 动物与植物健康鉴定所在没有对孟山都公司培育的一种转基因苜蓿品种"农达现成苜蓿"(Roundup Ready Alfalfa)发布环境影响声明(environmental impact statement)的情况下,作出一个"没有发现重大影响"的决定,并决定该品种为非管制状态。地方

---

① 参见7 U. S. C. § 7734 (2012),Penalties for Violation,载http://uscode. house. gov/view. xhtml? req=granuleid:USC-prelim-title7-section7734& num=0& edition=prelim,2020年2月22日最后访问。

② 参见7 U. S. C. § 7734(a)(1)(B) (2012),载 http://uscode. house. gov/view. xhtml? req=granuleid:USC-prelim-title7-section7734& num=0& edition=prelim,2020年2月22日最后访问。

③ 参见 21 U. S. C. § 333 (2012),Penalties,载 http://uscode. house. gov/view. xhtml? req=granuleid:USC-prelim-title21-section333&num=0& edition=prelim,2020年2月22日最后访问。

④ 参见7 U. S. C. § 136l (2012),载 http://uscode. house. gov/view. xhtml? req=granuleid:USC-prelim-title7-section136l&num=0& edition=prelim (civil and criminal penalties for violating FIFRA),2020年2月22日最后访问;15 U. S. C. § 2615 (2012),载 http://uscode. house. gov/view. xhtml? req=granuleid:USC-prelim-title15-section2615& num=0& edition=prelim (civil and criminal penalties for violating TSCA.),2020年2月22日最后访问。

⑤ 参见 Diamond v. Chakrabarty, 447 U. S. 303 (1980),载 http://caselaw. findlaw. com/us-supreme-court/447/303. html,2020年2月22日最后访问。

⑥ Douglas Robinson and Nina Medlock, *Diamond v. Chakrabarty: A Retrospective on 25 Years of Biotech Patents*, Intellectual Property & Technology Law Journal 10,2005.

⑦ 参见 Monsanto Co. v. Geertson Seed Farms, 130 S. Ct. 2743 (2010),载 http://www. supremecourt. gov/opinions/09pdf/09-475. pdf,2020年2月22日最后访问。

法院裁定，环境影响声明是必须做的，这是对动物与植物健康监测所宣布该转基因品种为非管制状态的一种提醒，也是对全国各地使用这种新品种的一种告知。[①] 最高法院推翻了地方法院的裁定，认为地方法院要求动物与植物监测所颁布转基因制品为非管制状态时需要履行告知义务是超越了它的权限。最高法院最后裁定，动物与植物健康监测所有权在完成环境影响声明之前，先宣布新品种的部分内容为非管制状态。[②]

在"生物植入联盟诉莎拉拉公司案"（Alliance for Bio-Integrity v. Shalala）中，[③]原告要求调整美国食品与药品管理局1992年作出的关于"转基因食品与普通非转基因食品相似，因而一般认为是安全的，[④]而且也不需要用标签特别加以注明"的政策声明。[⑤] 地方法院拒绝就食品与药品管理局的"基因改变没有根本改变食品特征，因而推定是安全的"结论是否是"武断的"和"不谨慎的"作出判决。法院认为，当行政机构在其专业领域范围内评估科学数据时，法院对于行政裁决的合理尊重是尤其重要的。[⑥] 至于是否需要用标签，地方法院是这样解释的，鉴于食品与药品管理局的决定已经回答了安全性这一问题，法院认为食品与药品管理局就《联邦食品、药品和化妆品法案》对标签规定的解释是合理的。[⑦] 其他案例的裁决也大体反映了美国法院对待行政机构管制转基因生物的基本态度。[⑧]

（七）美国转基因食品标识制度的嬗变及启示

虽然法院支持食品与药品管理局推行的转基因食品自愿标识做法，美国消费者要求强制标识的呼声却一直没有停息，各种推动强制标识立法的运动更是此起彼伏。自2010年以来，加利福尼亚、夏威夷、华盛顿、新墨西哥等州相继出台转基因食品强制标识地方立法草案，但最终都未能获得当地立法机关的通过。[⑨] 2012年，美国药品协会发表声明，反对各州对转基因食品采取强制标

---

① See Monsanto Co. v. Geertson Seed Farms, 130 S. Ct. 2743 (2010), slip op. at 2-6.

② See Monsanto Co. v. Geertson Seed Farms, 130 S. Ct. 2743 (2010), slip op. at 16-24.

③ 参见 Alliance for Bio-Integrity v. Shalala, 116 F. Supp. 2d 166 (D. D. C. 2000)，载 http://dc.findacase.com/research/wfrmDocViewer.aspx/xq/fac.20000929_0000144.DDC.htm/qx，2020年2月22日最后访问。

④ 参见前述"（三）2（1）食品"。

⑤ 参见前述"（四）4 转基因生物的标签制度"。

⑥ See Alliance for Bio-Integrity v. Shalala, 166 F. Supp. 2d at 177.

⑦ See Alliance for Bio-Integrity v. Shalala, 166 F. Supp. 2d at 178-79.

⑧ 例如 Center For Food Safety v. Vilsack, 636 F. 3d 1166 (9th Cir. 2011); Center For Food Safety v. Vilsack, 718F. 3d 829 (9th Cir. 2013).

⑨ See Glenn S. Kerner and Nilda M. Isidro, *The Ongoing Battle over GMO Labeling*, Product Liability 36, 2016.

识,支持食品与药品管理局所持的自愿标识立场。但是这并没有打消各州关于转基因食品强制标识立法的念头。截至 2016 年年初,美国已有 30 多个州提出了 70 多份转基因食品强制标识的地方立法草案。[①]

在众多州尝试转基因食品强制标识立法的过程中,康涅狄格州率先通过了自己的地方立法,要求生产商对含有转基因成分的食品进行标识,并禁止将转基因食品标注为天然(natural)食品。不过这项立法有一个生效条款:该法案在罗得岛州、马萨诸塞州或纽约州这三个州中的一个也通过类似转基因标识法案后生效。[②] 与此类似的是缅因州于 2013 年也通过了地方立法,但是它的生效条件更严,要求至少有 5 个其他州通过此类法案,而且这 5 个州的人口总和不少于 2000 万。[③]

2014 年,佛蒙特州通过了转基因食品强制性标识的地方立法(以下简称"第 120 条法案"),成为美国第一个具有强制力的转基因食品标识法案。[④] 佛蒙特州以保护本州食品安全、保障消费者知情权、尊重宗教信仰和保护环境为由,要求生产商对转基因食品、部分含转基因成分食品、可能含有转基因成分的食品进行标识。严禁在含有转基因成分的食品包装上标注"天然"或者"纯天然"等容易误导消费者的字样,并对此作了处罚规定。该法案于 2016 年 7 月 1 日正式生效,其明确的标识规定及严厉的处罚措施显示了佛蒙特州在转基因食品标识问题上的坚定立场。

佛蒙特州第 120 条法案的出台在全美产生了巨大反响。仅当年的统计显示,有 20 多个州先后起草了转基因食品标识地方立法,包括通过当地选民投票产生的提案在内。[⑤] 对于食品生产商而言,第 120 条法案无疑会增加其生产成本。强制标识规定要求做的不仅仅是更换标识,更重要的是对食品成分进行分析,从源头上对转基因食品和非转基因食品加以区别,并对生产线进行区分。加利福尼亚州的一项调查显示,强制性标识规定会造成平均每个家庭每月多支

---

① 参见 Center for Food Safety 2016 年所做的综合报道:State Labeling Initiatives,载 http://www.centerforfoodsafety.org/search/state-labeling-initiatives,2020 年 2 月 22 日最后访问。

② See James J. Gormley, *GMO-Labeling Laws: Why the Trigger Clause?* Nutritional Outlook 4, 2014.

③ See Glenn S. Kerner and Nilda M. Isidro, *The Ongoing Battle over GMO Labeling*, Product Liability 36, 2016.

④ See Act of May 8, 2014, No. 120, § 1(6), 2014 Vt, Acts & Resolves 348.

⑤ 参见 Center for Food Safety 2015 年所做的综合报道:GE Food Labeling:States Take Action,载 http://www.centerforfoodsafety.org/search/ge-food-labeling-states-take-action,2020 年 2 月 22 日最后访问。

出 348 美元。[①] 其次，第 120 条法案会影响市场竞争格局，因为小型生产商可能没有足够资金维持新的生产线运作而退出市场，从而形成为数不多的大型生产商垄断市场的局面。另外，如果各州纷纷立法，对转基因食品标识作出不同规定，那么全美国商品生产、流通的成本就会加大。[②] 考虑到消费者通常会对强制标识的信息给予负面评价，食品生产商一般都不愿意进行标注，提醒消费者对含有转基因成分的食物加以防范，这会降低消费者购买转基因食品的意愿。

佛蒙特州第 120 条法案刚一出台，以美国食品制造公司为代表的各个食品生产、加工、销售商就联名将佛蒙特州司法部长、州长告上美国联邦第二巡回上诉法院，质疑第 120 条法案的合宪性。[③] 他们从美国宪法第一修正案有关保护商业言论自由、联邦法优先于州法（Preemption）以及州法不能限制全国自由贸易（Dormant Commerce Clause）这三个方面质疑第 120 条法案的合宪性。2015 年 5 月，位于佛蒙特州的联邦第二巡回上诉法院作出裁决，部分支持了第 120 条法案的合宪性。法案在 2016 年 7 月 1 日正式生效，这意味着在佛蒙特州上市的食品都要按照第 120 条法案的要求对转基因成分作出标识，否则将会受到处罚。包括百事可乐、可口可乐、雀巢、星巴克在内的一些大型食品公司已经开始着手改变其转基因食品的标识或者放弃佛蒙特州市场。

州法的生效也促使各生产商紧锣密鼓地推动联邦统一立法，他们希望通过联邦法来废止各州州法。美国宪法第 6 条规定，联邦法效力高于州法，州法不得与联邦法相冲突。[④] 虽然《联邦食品、药品和化妆品法》在联邦法层面规定了转基因食品自愿标识原则，但是鉴于食品安全立法是传统意义上的州政府享有充分立法权的领域，在联邦法没有明确规定州法无效的情况下，州法应推定有效。但是，一旦联邦立法明确规定州法对于转基因食品的规定无效，那么州法便立即失效。在各方利益冲突和博弈下，推动联邦立法是阻止各州转基因食品强制标识规定生效的最有效举措。2016 年 7 月，美国众议院和参议院分别通过了转基因强制标识法案（又被称为“S. 764 法案”）。7 月 29 日，时任总统奥巴马签署了 S. 764 法案。该法案编撰于美国《联邦法典》第 1639 条，[⑤]成为美国转基因食品强制标识的法律依据。

---

① See California Proposition 37, Mandatory Labeling of Genetically Engineered Food (2012).

② See Michele M. Bradley, *The States' Role in Regulating Food Labeling and Advertising: The Effect of the Nutrition Labeling and Education Act of* 1990, Food & Drug Law Journal 49, 1994.

③ See Grocery Mfrs. Ass'n v. Sorrell, 102 F. Supp. 3d 583 (D. Vt. 2015).

④ 美国宪法第 6 条原文规定如下：“本宪法及依照本宪法所制定之合众国法律以及根据合众国权力所缔结或将缔结的一切条约，均为全国的最高法律；即使与任何一州的宪法或法律相抵触，各州的法官仍应遵守。任何一州宪法或法律中的任何内容与之抵触时，均不得违反本宪法。”

⑤ See United States Code Annotated Title 7 (7 U. S. C. A.) § 1639.

S.764法案明确规定,各州已经出台的转基因食品标识立法全部无效。[①]这从联邦层面确保了美国转基因食品标识法律制度的统一。法案对转基因食品强制标识的适用范围、标识方法等作出了规定:将转基因食品定义为"食品中含有通过改变基因序列的转基因技术获取的成分,且该基因序列改变不能通过传统的或者自然的方式获得"。[②] 法案授权美国农业部在两年内制定转基因食品标识的相关程序和细则,并设立需要标识的转基因含量标准,[③]但是这些工作至今没有实质性进展。此外,只要转基因食品成功通过联邦法律规定要求的事前审查,强制标识不影响其与传统的非转基因食品的同等安全性认定。[④]法案排除了对转基因饲料喂养的动物以及小包装食品生产商和餐馆食物的适用。[⑤]

S.764法案规定了三种标识方式:食品生产商可以采用文字、符号或者电子扫描链接进行标识。如采用电子扫描方式,需要在链接旁标明"扫描此处获取更多信息",且电子扫描码标志要足够清晰,便于使用电子设备进行扫描。[⑥]对于小包装转基因食品,美国农业部应该提供其他合理的标识方式。小包装食品生产商也可以选择其他标识方式,如提供咨询电话号码或者网站链接,并在链接旁注明"拨打电话或登录网站获取更多食品信息"。[⑦] 法案还明确了转基因食品信息保存制度,规定有义务进行转基因食品标识的个人需要按照美国农业部的要求保存相关食品信息,农业部有权对保存记录进行审查。[⑧] 此外,按照法案规定,不需要进行转基因食品标识的产品不能标注为"非转基因产品"。[⑨]

从S.764法案的文字表述看,致力于转基因食品强制标识的消费者群体似

---

① 7 U.S.C.A. § 1639b (e).

② 7 U.S.C.A. § 1639(1). 该条款原文是这样表述的:The term "bioengineering refers to a food that contains genetic material that has been modified through in vitro recombinant deoxyribonucleic acid (DNA) techniques; and for which the modification could not otherwise be obtained through conventional breeding or found in nature"。

③ 7 U.S.C.A. § 1639 (b) (2) (B).

④ 7 U.S.C.A. § 1639 (b) (3). 原文是这样规定的,"A bioengineered food that has successfully completed the pre-market Federal regulatory review process shall not be treated as safer than, or not as safe as, a non-bioengineered counterpart of the food solely because the food is bioengineered or produced or developed with the use of bioengineering。"

⑤ 7 U.S.C.A. § 1639 (b) (2)(A) &(G).

⑥ 7 U.S.C.A. § 1639(d) (4-5).

⑦ 7 U.S.C.A. § 1639(d) (1) (B).

⑧ 7 U.S.C.A. § 1639(g)(3)(A).

⑨ 7 U.S.C. § 1639(c).

乎获得了胜利。然而,法案出台之后,多数食品生产商却拍手称快,[①]众多消费者反而极度不满,称其为"黑暗法案"(DARK Act:Deny Americans' Right to Know)。[②] 消费者之所以有如此消极的反应,原因有以下几点:

第一,从转基因食品的定义可以看出,法案仅对终端产品中含有转基因成分的产品规定需要标识,对于在转基因食品生产过程中可能含有的转基因成分并不要求披露。只要终端产品检测不到转基因成分,这些食品就被排除在标识范围之外。例如,以转基因大豆为原料生产的食用油。[③] 此外,S. 764 法案还明确将使用转基因饲料饲养的动物排除在标识范围之外。

第二,S. 764 法案允许生产商采用文字、图标或者电子扫描码对转基因信息进行披露,采用图标和电子扫描码进行标识并不需要标注"转基因"字样,仅需要说明"扫描此处获取食品详情"。这样规定可以很好地帮助生产商回避转基因信息,不但增加了消费者获取转基因信息的难度,还可能会误导消费者。[④] 按照现在的联邦标识法案规定,当消费者看到"了解更多食品详情,请拨打以下热线或查询以下网站"这样的表述时,可能首先想到的是食品营养成分、加工过程等相关信息,而不会当然地认为这样的表述是在提示本产品含有转基因成分。这样含糊的标识在佛蒙特州第 120 条法案中是不允许的。佛蒙特州第 120 条法案要求生产商用文字、图片等醒目的方式对转基因食品、部分转基因食品和含有转基因成分的食品进行标识。标识的要求严格,实施方式明确,被认为可以很好地确保生产商对产品信息进行披露。而联邦立法对于标识的标准放宽,看似支持了州法的强制标识做法,却在标识的方式上降低了要求,这也与《联邦食品、药品和化妆品法》对标识的规定相冲突。[⑤] 除了增加消费者获取信息的难度、有可能误导消费者外,电子扫描码方式还被认为有歧视老人和穷

---

① 参见美国全国广播公司新闻网报道:Congress Passes GMO Food Labeling Bill,载 http://www.nbcnews.com/health/health-news/congress-passes-gmo-food-labeling-bill-n609571,2017 年 5 月 1 日最后访问。

② 参见 Jonathan Greenberg, Obama Expands Monsanto Doctrine By Signing DARK Act And Invalidating Vermont GMO Labeling Law,载 http://www.huffingtonpost.com/entry/obama-signs-dark-act-to-invalidate-vermonts-landmark_us_57a644c7e4b0ccb023727b2d,2017 年 4 月 21 日最后访问。

③ FDA/HHS Technical Assistance on Senate Agriculture Committee Draft Legislation to Establish a National Disclosure Standard for Bioengineered Foods, EDW16734, June 27, 2016.

④ Stephen Dinan, *Obama Signs Bill Overturning Vermont's GMO Labeling Law*, The Washington Times, August 2, 2016.

⑤ FDA/HHS Technical Assistance on Senate Agriculture Committee Draft Legislation to Establish a National Disclosure Standard for Bioengineered Foods, EDW16734, June 27, 2016.

人等弱势消费者群体的嫌疑,①因为这些人可能不使用智能手机而无法通过扫描二维码的方式获取转基因食品的信息。

此外,除了消费者不满外,食品与药品管理局也对 S. 764 法案大发牢骚。法案授权美国农业部对转基因食品标识的细则作出规定,而转基因食品标识立法一直以来是食品与药品管理局专属的立法领域。这样的授权很可能导致两个部门之间职权的重叠和冲突。农业部制定的细则出台之后,食品与药品管理局执行的《联邦食品、药品和化妆品法》有关转基因食品的标识规定是否当然无效?这有可能成为导致美国转基因食品标识立法产生争议的问题。

与消费者如此消极的反应相对应,大多数食品生产商则支持统一的联邦标识法案。根据该法案规定,生产商不必担心需要应对各州不同的标识规定,而且联邦法案宽松的标识规定可以让他们更好地掌握消费者的反应,根据消费者对市场上不同转基因食品的态度选择标识方式,以防转基因食品面临目前在欧盟国家的处境:因强制标识而加速退出市场。另外,美国的食品厂商也要着手安装独立的生产线,对转基因成分开始检测,进行新的包装设计。成本的增加可能会导致一些小型生产企业主动选择退出转基因食品市场。

S. 764 法案的出台标志着美国转基因食品标识制度发生了重大转变,原来一直恪守的"实质等同原则"开始出现了松动。作为转基因食品的生产和出口大国,美国的这一转变将动摇国际社会转基因食品自愿标识的基础,进而影响全球转基因食品标识制度的变革。

三、墨西哥

墨西哥的《转基因生物的生物安全法》是该国涉及转基因生物的主要联邦立法。这部法律包含了对转基因生物研究、释放、商业化、出口和进口的规则,旨在防止、避免或减少这些活动对人体健康、环境、生物多样性或植物和动物健康带来的风险。该法同时规定,有关转基因生物的安全政策应确保这些生物的释放、商业化运作、出口和进口是在一种精确的安全水准下进行的。转基因产品被批准供人类消费之前需要进行风险测试,包括对有可能给人体健康带来的风险进行研究。转基因生物向自然环境释放之前必须进行风险评估,并获得试验性释放许可。如果评估结果表明转基因生物释放对人体健康、生物多样性、动植物的健康有不利影响,或者对水体生物将造成严重或不可修复的影响,转基因生物释放的申请将被驳回。《转基因生物的生物安全法》还规定,违

---

① 参见 Jonathan Greenberg, Obama Expands Monsanto Doctrine By Signing DARK Act And Invalidating Vermont GMO Labeling Law,载 http://www.huffingtonpost.com/entry/obama-signs-dark-act-to-invalidate-vermonts-landmark_us_57a644c7e4b0ccb023727b2d,2017 年 4 月 21 日最后访问。

反法律规定和管理条例的，将按照民事处罚的规定进行处罚。墨西哥联邦刑法典规定，任何人违反法律规定，将转基因生物商业化、运输和储存转基因生物、向自然环境释放转基因生物，由此改变或有可能改变自然生态系统的组成部分、结构或功能的，将被处以1~9年的监禁，并处以罚款。

(一)概述

墨西哥是一个人口大国，2014年的统计数据显示，其人口已经达到1.2亿。[①] 转基因作物在墨西哥的粮食比重中占有很高比例。墨西哥是美国最主要的粮食出口国之一，其中主要是美国生产的转基因大豆和玉米。

墨西哥的《转基因生物的生物安全法》(Law on Biosecurity of Genetically Modified Organisms)(以下简称《转基因生物安全法》)包含了涉及转基因生物研究、释放、商业化、出口和进口的规则，旨在防止、避免或减少这些活动对人体健康、环境、生物多样性或植物和动物的健康带来的风险。[②]

不仅如此，《转基因生物安全法》规定，有关转基因生物的立法和政策应确保这些生物的释放、商业化运作、出口和进口是在一种可靠的安全水准下进行，这就要求有关部门在转基因生物释放之前先进行风险评估，并对释放后的影响进行监控。[③] 迄今为止，墨西哥卫生部已经批准130份转基因生物用于人类消费。[④]

(二)公众与学者的观点

1. 公众的观点

尽管墨西哥公众有关转基因生物的真实想法仍无法从公开渠道获得，但是

---

① Luis Chavez, Mexico: Exporter Guide-Annual Report 2014, Gain Report Number: MX4507, December 31, 2014, p. 3.

② 参见 Ley de Bioseguridad de Organismos Genéticamente Modificados [Law on Biosecurity of Genetically Modified Organisms (hereinafter GMO Law)], art. 1, DIARIO OFICIAL DE LA FEDERACIÓN [D. O.], March 18, 2005. http://www.diputados.gob.mx/LeyesBiblio/pdf/LBOGM.pdf, 2015年10月13日最后访问。

③ 参见 Ley de Bioseguridad de Organismos Genéticamente Modificados [Law on Biosecurity of Genetically Modified Organisms (hereinafter GMO Law)], art. 1, DIARIO OFICIAL DE LA FEDERACIÓN [D. O.], March 18, 2005, 第9条(Ⅲ)和(Ⅴ)。

④ 参见 Cuales son los principales cultivos utilizados en la generación de OMGs/ [What are the Main Crops Utilized in the Production of GMOs?], COMISIÓN FEDERAL PARA LA PROTECCIÓN CONTRA RIESGOS SANITARIOS (COFEPRIS) [Federal Commission for the Protection Against Sanitary Risks], 载 http://www.cofepris.gob.mx/AZ/Paginas/OGMS/Cultivos.aspx, 2015年10月14日最后访问；又见 Preguntas Frecuentes [Frequently Asked Questions on GMOs], COMISIÓN INTERSECRETARIAL DE BIOSEGURIDAD DE LOS ORGANISMOS GENÉTICAMENTE MODIFICADOS (CIBIOGEM) [Commission on Biosecurity of GMOS], 问题34和问题37, 载 http://www.conacyt.gob.mx/, 2020年2月25日最后访问。

我们可以从墨西哥转基因生物安全委员会官方网站"常问问题"栏目收到的网民提问中可略见一斑。[①] 该栏目列举的问题一定程度上反映了墨西哥民众对与转基因生物相关议题的关注,其中包括:

(1)本国生产商是否在与跨国公司的竞争中获得政府的支持? 这些公司是否是墨西哥转基因生物的唯一受益者?[②]

(2)转基因生物是否给人类和动植物的健康以及本地作物的基因遗传带来不利影响?[③]

(3)墨西哥的环境主管部门是否采取有效措施保护本国环境?[④]

2. 学者的观点

墨西哥科学院发表过一系列研究成果,解释转基因生物和基因技术的特征及有益的方面。[⑤] 例如,一份公开发表的研究结论表明,目前用于食品中的转基因生物已经过多次检验和评估,证明对于人体健康是没有危害的。[⑥] 墨西哥科学院从事的相关研究对于政府审批转基因生物和立法机关制定相关法律起到了一定的指导作用。[⑦] 与此相对应,墨西哥的民间团体"生命的种子"

---

① 参见 Preguntas Frecuentes [Frequently Asked Questions on GMOs], COMISIÓN INTERSECRETARIAL DE BIOSEGURIDAD DE LOS ORGANISMOS GENÉTICAMENTE MODIFICADOS (CIBIOGEM) [Commission on Biosecurity of GMOS],问题 34 和问题 37,载 http://www.conacyt.gob.mx/,2020 年 2 月 25 日最后访问。

② Preguntas Frecuentes [Frequently Asked Questions on GMOs], COMISIÓN INTERSECRETARIAL DE BIOSEGURIDAD DE LOS ORGANISMOS GENÉTICAMENTE MODIFICADOS (CIBIOGEM) [Commission on Biosecurity of GMOS],问题 9 和问题 20。

③ Preguntas Frecuentes [Frequently Asked Questions on GMOs], COMISIÓN INTERSECRETARIAL DE BIOSEGURIDAD DE LOS ORGANISMOS GENÉTICAMENTE MODIFICADOS (CIBIOGEM) [Commission on Biosecurity of GMOS],问题 30 和问题 15。

④ Preguntas Frecuentes [Frequently Asked Questions on GMOs], COMISIÓN INTERSECRETARIAL DE BIOSEGURIDAD DE LOS ORGANISMOS GENÉTICAMENTE MODIFICADOS (CIBIOGEM) [Commission on Biosecurity of GMOS],问题 29。

⑤ 参见 ACADEMIA MEXICANA DE CIENCIAS [Mexican Academy of Sciences],载 http://amc.edu.mx/amc/,2015 年 10 月 17 日最后访问。

⑥ 参见 ACADEMIA MEXICANA DE CIENCIAS [Mexican Academy of Sciences], POR UN USO RESPONSABLE DE LOS ORGANISMOS GENÉTICAMENTE MODIFICADOS,载 http://amc.edu.mx/amc/,2015 年 10 月 17 日最后访问。

⑦ 参见 FAUSTO KUBLI-GARCÍA, Capítulo Quinto, Bioseguridad de los Organismos Genéticamente Modificados en México, in RÉGIMEN JURÍDICO DE LA BIOSEGURIDAD DE LOS ORGANISMOS GENÉTICAMENTE MODIFICADOS 197, 199, 200, 204 (Institute of Legal Research, National Autonomous University, 2009),载 http://biblio.juridicas.unam.mx/libros/6/2637/9.pdf,2015 年 10 月 17 日最后访问。

(Semillas de Vida)则发表了一系列批评转基因生物的研究结论。[①]

(三)相关立法框架

墨西哥的《转基因生物安全法》是涉及这一领域最主要的联邦立法。它规定了转基因生物的研究、向自然环境释放、商业化、出口、进口等方面的内容,尤其是关注防止、避免或减少这些活动给人类健康、环境、生物多样性以及动植物健康带来的危害。[②]《转基因生物安全法》规定,指导制定转基因生物安全政策的原则之一是确保转基因生物释放、商业化、出口、进口时对于人类健康、生物多样性和环境具有一种可靠的保护标准,而这需要事先对风险进行评估。[③]

《转基因生物安全法》将转基因生物定义为"除人类外,任何通过新的生物技术获得的新基因组合、活的生物,只要这种技术是《转基因生物安全法》或相关条例认可的"。[④]

(四)研究、生产和市场化方面的限制

1. 一般规定

《转基因生物安全法》规定,为了保护人类健康、环境和生物多样性,墨西哥需要通过事先风险评估对与转基因生物相关活动有可能引发的风险进行管控。[⑤]

墨西哥政府已经建立了一套"监测、证明、检疫转基因生物国家实验室网络体系"(National Network of Laboratories for the Detection, Identification and Quantification of GMOs)。[⑥] 这套网络系统服务于从事转基因生物管理的部门,目的是给墨西哥主管部门提供必要的技术信息,以决定这些生物是否对墨西哥的生物多样性构成威胁。[⑦]

2. 传播产品的标签规定

《转基因生物安全法》规定,用于农业生产的转基因种子和作物的标签必

① SEMILLAS DE VIDA,载 http://www.semillasdevida.org.mx/index.php/documentos,2015 年 10 月 17 日最后访问。

② Law on Biosecurity of Genetically Modified Organisms, Article 1.

③ Law on Biosecurity of Genetically Modified Organisms, Article 9(Ⅲ) and (Ⅴ).

④ Law on Biosecurity of Genetically Modified Organisms, Article 3(XXI).

⑤ Law on Biosecurity of Genetically Modified Organisms, Article 9(Ⅴ).

⑥ 参见 Red Nacional de Laboratorios de Detección, Identificación y Cuantificación de Organismos GenéticamenteModificados [National Network of Laboratories for the Detection, Identification and Quantification of GMOs], CIBIOGEM, 载 http://www.conacyt.gob.mx/cibiogem/index.php/rnld-ogm,2020 年 2 月 25 日最后访问。

⑦ Red Nacional de Laboratorios de Detección, Identificación y Cuantificación de Organismos GenéticamenteModificados [National Network of Laboratories for the Detection, Identification and Quantification of GMOs], CIBIOGEM.

须标明这是转基因产品，而且还必须详细描述它们通过转基因技术获得的物质、种植的特殊要求以及再生能力的变化。[①]

（五）向自然界释放转基因生物的限制

《转基因生物安全法》规定，设立转基因生物安全制度的目的和制定与之相关的政策是为了确保这些生物是在完全安全的条件下释放的。[②] 释放之前，转基因生物必须经过风险评估，并获得主管部门的批准。[③] 风险研究和评估包括以下几个步骤：

1. 证明特定转基因生物新的特征是否会对生物多样性构成威胁；

2. 如果潜在的危险变为现实，评估其后果与影响；

3. 基于对潜在危害及其后果发生可能性的评估，评估转基因生物有可能带来的全球性危害；

4. 出具一份总结报告，表明可能出现的危害是否属于可接受或可控制范围，包括处理这些风险的策略。[④]

风险分析主要由墨西哥的环境部和农业部负责进行。[⑤] 如果这些机构认定转基因生物带来的风险有可能给人类健康或生物多样性带来负面影响，或者对动植物健康或水中的生物造成严重或无法挽回的损害，可以拒绝批准转基因生物释放申请。[⑥] 为了确保《转基因生物安全法》能够得到遵守，墨西哥政府可以视情况需要，有权进行相关检查。[⑦]

墨西哥政府还有权采取一系列措施来管控未经授权或明令禁止的转基因生物的偶然释放，其中包括下列措施：

1. 临时关闭储存或加工生物制品的场所和/或设施；

2. 出于谨慎，没收转基因生物及相关物品以及与未经授权释放转基因生物直接有关的车辆、仪器、设施；

3. 将转基因生物送回其来源国；

4. 销毁转基因生物。[⑧]

---

① 参见 Law on Biosecurity of Genetically Modified Organisms, Article 101, D. O., March 18, 2005, 载 http://www.diputados.gob.mx/LeyesBiblio/pdf/LBOGM.pdf, 2015 年 10 月 18 日最后访问。

② Law on Biosecurity of Genetically Modified Organisms, Article 9(Ⅲ) and (Ⅴ).

③ Law on Biosecurity of Genetically Modified Organisms, Article 9(Ⅸ).

④ Law on Biosecurity of Genetically Modified Organisms, Article 62.

⑤ Law on Biosecurity of Genetically Modified Organisms, Articles 11-15, Article 66.

⑥ Law on Biosecurity of Genetically Modified Organisms, Article 34(Ⅱ) and (C).

⑦ Law on Biosecurity of Genetically Modified Organisms, Article 113.

⑧ Law on Biosecurity of Genetically Modified Organisms, Article 115(Ⅲ).

(六)食品中使用转基因生物的限制

申请转基因生物用于人类消费的,包括用转基因生物生产的饲料,需要就消费转基因生物对人类健康有可能造成的危害进行风险评估。① 这样的评估必须包含转基因生物无害的科学结论。② 相关申请和评估结论必须报送墨西哥卫生部,供其分析和审查。③ 如果审查结果表明对人体没有危害,墨西哥卫生部可以批准转基因生物用于商业化生产、进口和出口。④

如果转基因产品特征与传统产品有显著不同,经墨西哥卫生部批准供人类消费的转基因生物或转基因产品必须在其标签上标明其营养价值和成分。⑤ 这些信息必须客观、清晰、实用,而且是基于科学分析。⑥

(七)法律责任与著名案例

《转基因生物法安全法》规定,违反本法规定,将受到以下民事制裁:

1. 如果违规行为造成对人体健康、生物多样性、动植物或水生生物健康,临时或永久关闭进行违规操作的设施;

2. 没收与违规行为直接有关的设备、生物或其他获得的产品;

3. 中止或撤销政府颁发的许可和作出的授权;

4. 最高不超过36小时的拘留;

5. 罚款。⑦

此外,《转基因生物安全法》规定,任何非法使用转基因生物导致第三方受损者将承担责任,必须按照墨西哥联邦侵权法的规定赔偿损失。⑧ 此外,墨西哥联邦刑法典规定,任何人违反现行法律规定,商业化运作、运输、储存或向环境释放转基因生物,给自然生态系统的组成、结构和功能发挥带来负面影响或潜在负面影响的,将被处以1~9年的监禁,并处罚款。⑨

2013年10月,墨西哥城的一位联邦法院法官签署了一份临时禁止令,墨

---

① Law on Biosecurity of Genetically Modified Organisms, Articles 91 and 92.

② Law on Biosecurity of Genetically Modified Organisms, Article 92(Ⅰ).

③ Law on Biosecurity of Genetically Modified Organisms, Articles 16(Ⅱ) and 94.

④ 参见 Law on Biosecurity of Genetically Modified Organisms, Articles 96 and 97. 又见 Evaluación de la Inocuidad de un OMG [Evaluation of Harmlessness of a GMO], COFEPRIS, 载 http://www.cofepris.gob.mx/AZ/Paginas/OGMS/Evaluacion-ogms.aspx, 2015年11月4日最后访问。

⑤ 参见 Law on Biosecurity of Genetically Modified Organisms, Article 101, D. O., March 18, 2005, 载 http://www.diputados.gob.mx/LeyesBiblio/pdf/LBOGM.pdf, 2015年11月4日最后访问。

⑥ Law on Biosecurity of Genetically Modified Organisms, Article 101, D. O., March 18, 2005.

⑦ Law on Biosecurity of Genetically Modified Organisms, Article 120, D. O., March 18, 2005.

⑧ Law on Biosecurity of Genetically Modified Organisms, Article 121, D. O., March 18, 2005.

⑨ 参见 CÓDIGO PENAL FEDERAL [Federal Penal Code] as amended, art. 420 ter, August 14, 1931, 载 http://www.wipo.int/wipolex/en/text.jsp? file_id=199697#tab2, 2016年11月5日最后访问。

西哥农业部和环境部据此被要求临时停止授权种植转基因类玉米。[①] 这项措施是基于当年稍早的一项法律诉讼被要求执行的。该法律诉讼由一群反转基因活跃分子提起,他们基于人类健康和环境保护的理由要求停止播种转基因玉米。[②] 据报道,这项诉讼于 2013 年 12 月因种种原因而被撤销,包括原告提供的证据不足。[③] 原告对此提出了上诉,[④]但是截至 2022 年,墨西哥媒体对此没有任何后续报道。

---

① 参见 Press Release, Semillas de Vida, Tribunal Federal suspende toda la siembra de maíz transgénico (October 10, 2013), 载 http://www.semillasdevida.org.mx/index.php/documentos/articulos/93-boletines-de-prensa/86-articulo-2-muestra, 2015 年 11 月 4 日最后访问。

② Press Release, Semillas de Vida, Tribunal Federal suspende toda la siembra de maíz transgénico (October 10, 2013).

③ 参见 María del Pilar Martínez, Juez rechaza demanda contra transgénicos, EL ECONOMISTA (December 19, 2013), 载 http://eleconomista.com.mx/sociedad/2013/12/19/juez-rechaza-demanda-contra-transgenicos, 2020 年 2 月 25 日最后访问。

④ 参见 Press Release, Semillas de Vida, Se mantiene la suspensión de emisión de permisos para la siembra detransgénico en México (December 20, 2013), 载 http://www.semillasdevida.org.mx/index.php/documentos/articulos/93-boletines-de-prensa/143-boletin-de-prensa-10-oct-13, 2015 年 11 月 4 日最后访问。

第五章　南美洲

以巴西、阿根廷为代表的南美洲国家也是世界上主要的转基因农业大国,其不少转基因作物的产量仅次于美国。然而与美国、加拿大这些发达国家不同,南美洲国家都是发展中国家,其经济和科技水平与美国存在差距。因此,从某种意义上讲,南美洲国家发展转基因农业多少有点被动的意味。巴西原先部分地区是反对种植转基因作物的,但是经不住经济利益的诱惑,现在已经大面积种植转基因作物。相比巴西,阿根廷对待转基因农业的态度要保守一些,其转基因农作物的产量也远不如巴西。作为一个发展中国家,巴西发展转基因农业的成败得失经验值得中国等其他发展中国家借鉴,因为从自然条件讲,巴西地广人稀,传统农业在巴西发展的条件并不差,巴西政府和农民从开始反对转基因作物到现在普遍接受转基因作物,这个变化背后的原因值得我们深思。此外,巴西现在因其是粮食出口大国,它在世贸组织多哈回合等涉及农业议题的多边谈判中具有较多话语权,这在发展中国家中是比较突出的。

一、阿根廷

阿根廷是世界上第三大采用生物技术种植的国家,规模仅次于美国和巴西,农业出口的大部分收益来自转基因作物。在阿根廷,转基因生物的使用受《种子和植物嫁接新品种法》和《现代生物技术发展与生产促进法》以及由农业部长签发的行政法规调整。近年来,阿根廷民众开始关注转基因食品对其生活的影响,国家立法也趋于严格。作为转基因作物的出口大国,阿根廷至今尚未批准加入《卡塔赫纳生物安全议定书》,其背后的考量主要是对其粮食出口贸易的影响。

（一）概述

阿根廷是世界上最早在农业生产中采用转基因技术的国家之一，[①]第一次尝试用转基因技术种植农产品是在 1996 年，当时从美国引进的是含有抗杀虫剂草甘膦的大豆品种。[②] 自那时起，阿根廷逐渐增加转基因农作物的产量，并成为世界第三大采用生物技术生产农作物的国家。目前，阿根廷转基因作物的种植面积达 2200 万公顷，主要种植转基因大豆、玉米和棉花，[③]规模仅次于美国和巴西。[④]

如今，阿根廷生产的几乎所有大豆、86%的玉米和 99%的棉花都是转基因作物，具体见表 5-1-1。将转基因技术应用于农业生产，这给阿根廷带来可观的经济效益。2011 年，阿根廷的农产品出口收入达 726.45 亿美元，其中 654.35 亿美元来自转基因大豆，53.75 亿美元来自转基因玉米，18.35 亿美元来自转基因棉花。自从采用转基因技术之后的 15 年里，阿根廷累计增加就业岗位 180 万个。[⑤] 农业出口收益中的 72.4%归农民所得，21.2%是政府的税收所得，另外的 6.4%是种子和杀虫剂供应商的所得，经济效益显著。[⑥] 阿根廷批准种植的转基因作物品种如表 5-1-1 所示。

表 5-1-1　1996~2011 年阿根廷批准种植的转基因作物品种

作物名称	特征	申请人	批准年份
大豆	耐草甘膦（40-3-2）	Nidera S. A.	1996
大豆	耐草铵膦（A2704-12）	Bayer S. A.	2011
大豆	耐草铵膦（A5547-127）	Bayer S. A.	2011

① See Rosario Silva Gilli, Genetically Modified Organisms in Mercosur, in Luc Bodiguel and Michael Cardwell (eds.), *The Regulationof Genetically Modified Organisms: Comparative Approaches*, New York: Oxford University Press, 2010, pp. 274, 281.

② See Eduardo J. Trigo, *Fifteen Years of Genetically Modified Crops in Argentine Agriculture*, ArgenBio, November 2011, p. 4.

③ See Eduardo J. Trigo, *Fifteen Years of Genetically Modified Crops in Argentine Agriculture*, ArgenBio, November 2011, p. 4.

④ See Moises Burachik, *Regulation of GM Crops in Argentina*, GM Crops & Food: Biotechnology Agric. & Food Chain 3, 2012, pp. 48-51.

⑤ See Eduardo J. Trigo, *Fifteen Years of Genetically Modified Crops in Argentine Agriculture*, ArgenBio, November 2011, p. 4.

⑥ See Eduardo J. Trigo, *Fifteen Years of Genetically Modified Crops in Argentine Agriculture*, ArgenBio, November 2011, p. 4.

续表

作物名称	特征	申请人	批准年份
棉花	抗鳞翅目昆虫(MON 531)	Monsanto Argentina S. A. I. C.	1998
棉花	耐草甘膦(MON 1445)	Monsanto Argentina S. A. I. C.	2001
棉花	抗鳞翅目昆虫和耐草甘膦(MON 531x MON 44)	Monsanto Argentina S. A. I. C.	2009
玉米	抗鳞翅目昆虫(176)	Ciba-Geigy S. A.	1998
玉米	抗鳞翅目昆虫(MON 810)	Monsanto Argentina S. A. I. C.	1998
玉米	耐草铵膦(T25)	AgrEvo S. A.	1998
玉米	抗鳞翅目昆虫(Bt11)	Novartis Agrosem S. A.	2001
玉米	耐草铵膦(NK 603)	Monsanto Argentina S. A. I. C.	2004
玉米	耐草铵膦(GA 21)	Syngenta Seeds S. A.	2005
玉米	抗鳞翅目昆虫和耐草甘膦(TC 1507)	Dow AgroSciences Argentina S. A. ,Pioneer Argentina S. A	2005
玉米	抗鳞翅目昆虫和耐草甘膦(NK 603 x MON 810)	Monsanto Argentina S. A. I. C.	2007
玉米	抗鳞翅目昆虫和耐草甘膦(1507 x NK 603)	Dow AgroSciences Argentina S. A. , Pioneer Argentina S. R. L.	2008
玉米	抗鳞翅目昆虫和耐草甘膦(Bt11 x GA21)	Syngenta Agro S. A.	2009
玉米	耐草甘膦(MON 89034)	Monsanto Argentina S. A. I. C.	2010
玉米	耐草甘膦和抗鞘翅目昆虫(MON 88017)	Monsanto Argentina S. A. I. C.	2010
玉米	耐草甘膦和抗鳞翅目昆虫、抗鞘翅目昆虫(MON 89034 x MON 88017)	Monsanto Argentina S. A. I. C.	2010
玉米	抗鳞翅目昆虫(MIR162)	Syngenta Agro S. A.	2011
玉米	抗鳞翅目昆虫和耐草甘膦(Bt 11 x GA21 x MIR 162)	Syngenta Agro S. A.	2011

数据来源:阿根廷农业部。

(二)公众与学者的观点

一般而言,阿根廷民众对于粮食生产过程中采用的转基因技术知之甚少。[①] 2004 年的一项调查显示,只有 39%的受访者听说过阿根廷生产转基因大豆。51%的受访者认为,他们情愿消费非转基因食品,即使价格贵一点。[②] 只有 12%的受访者认为,转基因作物有利于广大民众。与此相对应,51%的受访者认为,那些大公司,尤其是从事转基因技术的外国公司,是转基因作物的主要受益者。[③]

阿根廷科多巴(Córdoba)省的马尔维纳斯(Malvinas)曾经发生过民众抗议美国孟山都公司的示威活动。该地区靠近正在新建的转基因种子加工场的主要入口。[④] 孟山都公司计划兴建 240 座粮食仓库,储存经过生化处理的玉米。这些仓库配有传输带和风扇,以保证储存的粮食处于通风状态。附近的居民反对这一建设项目,认为这些转基因作物的灰层会被风扇吹落到附近农田,孟山都公司也一直被指责危害那些长期接触"农达"(Roundup)公司生产的杀虫剂人员的身体健康。[⑤]

(三)相关立法框架

阿根廷没有对转基因食品专门立法,而是将其归类于普通食品,一起受《食品法典》调整。作为一部技术立法,《食品法典》(Argentine Food Code)于 1969 年通过第 18284 号立法(Law #18284)颁布,并于 1971 年通过第 2126 号法令(Decree #2126)正式生效。该法的调整对象是阿根廷国产和进口的食品,包括转基因食品。法典的技术标准参照了欧盟的相关规定、国际食品法典委员会制定的标准以及美国食品与药品管理局制定的标准。与此同时,《食品法典》还受到阿根廷卫生部、农业部出台的部门规章影响而不断更新内容。

相比之下,阿根廷对转基因生物的研发与使用都作了专门规定,相关法律

---

① See Alicia Diamante & Juan Izquierdo, Manejo y gestión de la Biotecnología Agrícola apropiada para pequeños productores: ESTUDIO DE CASO ARGENTINA, Research Paper, Buenos Aires Argentina, April, 2004, p. 59.

② See Alicia Diamante & Juan Izquierdo, Manejo y gestión de la Biotecnología Agrícola apropiada para pequeños productores: ESTUDIO DE CASO ARGENTINA, Research Paper, Buenos Aires Argentina, April, 2004, pp. 60-61.

③ See Alicia Diamante & Juan Izquierdo, Manejo y gestión de la Biotecnología Agrícola apropiada para pequeños productores: ESTUDIO DE CASO ARGENTINA, Research Paper, Buenos Aires Argentina, April, 2004, pp. 60-61.

④ 相关报道参见 Liberaron a los Ambientalistas y Monsanto Suspende la Obra, LA VOZ, September 30, 2013, 载 http://www.lavozdegalicia.es/, 2020 年 2 月 25 日最后访问。

⑤ 相关报道参见 Blockade Against Monsanto in Malvinas, Argentina, 载 http://revolution-news.com/blockade-against-monsanto-in-malvinas-argentina/, 2015 年 7 月 30 日最后访问。

包括《种子和植物嫁接新品种法》(Law on Seeds and Phytogenetic Creations)① 和《现代生物技术发展与生产促进法》(Law on the Promotion of the Development and Production of Modern Biotechnology)②。《种子和植物嫁接新品种法》(以下简称《新品种法》)旨在通过确保出售给农民种子品质的同时,保护植物新品种开发的知识产权,以此推动农产品的有效生产和销售。③ 该法对"种子"作了广义的定义,包括转基因种子在内的所有适宜播种和繁殖的植物性物质。④ 新品种法对包括进出口在内的农作物商业化制定了一个总体法律框架,⑤同时对种子的分类与登记要求和程序也作了相应规定。⑥ 依据该法,阿根廷在农业部设立了一个全国委员会,并授权该委员会有权决定哪些作物品种受法律管制需要登记。⑦ 该委员会下设一个植物品种登记办公室,向公众介绍植物品种,并负责鉴定以任何方式向消费者提供的种子。⑧

对于转基因种子,《转基因植物生物体 2004 年第 46 号决议》(Resolution 46/2004 on Genetically Modified Plant Organisms)⑨要求,所有从事转基因生物试验、进出口、生产与再生产以及进行任何与尚未被批准在阿根廷进入商业化的转基因植物活动有关的人员都要在一个名为"国家转基因植物生物体使用者登记处"的特定机构进行特别注册。⑩ 登记注册是为了测试目的申请释放转

① 西班牙原文为 Ley de Semillas y Creaciones Fitogéneticas[L. S.]. 全文参见 Law on Seeds and Phytogenetic Creations, Ley 20247, BOLETIN OFICIAL [B. O.], March 30, 1973, 载 http://www.infoleg.gob.ar/infolegInternet/anexos/30000-34999/34822/texact.htm,2020 年 2 月 26 日最后访问。

② 西班牙原文为 Ley de Promoción del Desarrollo y Producción de la Biotecnología Moderna, [L. B.]. 全文参见 Law on the Promotion of the Development and Production of Modern Biotechnology, Ley 20270, B. O., July 25, 2007, 载 http://servicios.infoleg.gob.ar/infolegInternet/anexos/30000-34999/34822/texact.htm,2020 年 2 月 25 日最后访问。

③ 参见《种子和植物嫁接新品种法》第 1 条。

④ 参见《种子和植物嫁接新品种法》第 2 条。

⑤ 参见《种子和植物嫁接新品种法》第 11~15 条。

⑥ 参见《种子和植物嫁接新品种法》第 16~30 条。

⑦ 参见《种子和植物嫁接新品种法》第 7 条。

⑧ 参见《种子和植物嫁接新品种法》第 9 条和第 16~18 条。

⑨ 该决议的西班牙原文为 Resolución 46/2004, Organismos Vegetales Geneticamente Modificandos, January 28, 2004, 载 http://servicios.infoleg.gob.ar/infolegInternet/verNorma.do%3bjsessionid=578413824CD6FF46DB9979BD5F4EDD86?id=92241,2020 年 2 月 26 日最后访问。

⑩ 参见 Resolución 46/2004, Organismos Vegetales Geneticamente Modificandos, January 28, 2004, 第 1 条。

基因生物的前提条件。[①] 申请获得进出口转基因植物授权,事先也需要进行登记。[②]

《现代生物技术发展与生产促进法》(以下简称《生产促进法》)旨在通过政府提供税收优惠等政策措施,鼓励科研机构和企业从事高质量的研究和符合安全与卫生标准的生产项目,以此来推动现代生物技术的开发与生产。[③]

阿根廷于2000年1月29日在《卡塔赫纳生物安全议定书》(以下简称"议定书")(Cartagena Protocol on Biosafety)上签了字,[④]但是阿根廷议会至今尚未批准加入该议定书。[⑤] 议定书是第一部调整转基因生物跨境转移的全球性国际条约。它采用了"预防原则",赋予缔约方在对有关转基因生物安全没有充分的信息或定论之前,有权限制或禁止转基因生物的进口。[⑥] 包括阿根廷在内,美国、加拿大等世界主要转基因生物生产大国都没有加入议定书。这些国家主要担心议定书的规定将限制转基因产品的自由贸易,从而影响到它们的农业出口。[⑦]

(四)研究、生产、市场化方面的限制

1. 相关责任机构

阿根廷农业部长负责颁发转基因生物环境释放和商业化的许可证。[⑧] 农业部长的许可决定是在相关专家咨询委员会评估后作出的。[⑨] 专家咨询委员会的评估内容包括以下三个方面:

---

① 参见 Resolución 46/2004, Organismos Vegetales Geneticamente Modificandos, January 28, 2004, 第3条。

② 参见 Resolución 46/2004, Organismos Vegetales Geneticamente Modificandos, January 28, 2004, 第4条。

③ 参见《现代生物技术的发展与生产促进法》,第6~7条、第13~14条。

④ 参见 Cartagena Protocol on Biosafety to the Convention on Biological Diversity, January 29, 2000, 39 I. L. M. 1027, 载 http://bch.cbd.int/protocol/text/, 2020年2月26日最后访问。

⑤ 参见 MARÍA CRISTINA RODRÍGUEZ, MODERNA BIOTECNOLOGÍA AGRÍCOLA: NORMATIVA Y JURISPRUDENCIA NACIONAL, COMUNITARIA E INTERNACIONAL 21 (2009), 载 http://lccn.loc.gov/2010503912, 2016年9月11日最后访问。

⑥ 参见 Liability and Redress in the Biosafety Protocol, Greenpeace, 载 http://www.greenpeace.org/international/en/publications/reports/liability-and-redress-in-the-b/, 2016年9月11日最后访问。

⑦ 参见 Posición de ASA con respect a la ratificación del Protocolo de Cartagena sobre Bioseguridad, ASOCIACIÓNSEMILLEROS ARGENTINOS (July 2006), 载 http://www.asa.org.ar/pdf/posicion_protocolo_06.pdf, 2016年9月11日最后访问。

⑧ 阿根廷农业部的全称是"农业、畜牧业、渔业、食品部"(Ministry of Agriculture, Livestock and Fisheries)。

⑨ 参见 Decreto 1366/2009, B. O., October 2, 2009, Anexo art. 4. 20, 载 http://www.infoleg.gob.ar/infolegInternet/anexos/155000-159999/158298/texact.htm, 2020年2月26日最后访问。

(1)针对转基因生物在实验室的试验和释放到自然环境,评估其是否符合农业生态安全标准;

(2)评估转基因生物作为食物添加剂和食物原料的安全性;

(3)评估转基因生物商业化之后对阿根廷国际贸易所产生的影响。①

前两方面内容,即环境和食品安全评估,主要是基于科学证据,并由来自公共和私人机构的代表组成的专家委员会来进行。环境安全评估由“生物技术理事会”(Biotechnology Directorate)负责;食品安全评估由“国家农业食品卫生与质量署”(National Service on Agricultural Food Health and Quality)负责进行。转基因生物对国际贸易影响的评估由“农业市场理事会”(Agriculture Market Directorate)负责,该理事会对授权投入市场的转基因生物是否符合阿根廷贸易伙伴安全标准进行评估。这项评估对阿根廷的国际贸易非常重要,因为农产品是阿根廷的主要出口商品,其中不少就是转基因产品。② 很多时候,相关的转基因生物在阿根廷已经被评估为对农业生态是安全的,并且被批准作为原材料用于食品生产加工,但是出口前仍然需要得到进口国主管当局的批准。③ 为此,阿根廷农业部专门成立了一个“生物技术办公室”(Biotechnology Office),协调种子登记和管制方面的事务,参与有关生物技术协作的国际谈判。该办公室有权决定生物安全方面的事项,制定和执行安全指南和相关的行政程序,规划生物技术和农业方面的政策。④

2. 向自然环境释放转基因生物的限制

在特定或不特定的范围内,并且在符合法律规定的前提下,阿根廷允许转基因生物的环境释放。在以下三种情况下,申请人可以获得在限定范围内环境

① 参见 Moisés Burachik, Organismos Geneticamente Modificados: Marco Regulatorio en Argentina, Conferencia Ministerial sobre el Uso de la Ciencia y la Tecnologia para Mejorar la Competitividad en el Sector Agrícola,载 http://www.fas.usda.gov/icd/stconf/event5/MBurachik.pdf,2015 年 7 月 31 日最后访问。

② 参见 Moisés Burachik, Organismos Geneticamente Modificados: Marco Regulatorio en Argentina, Conferencia Ministerial sobre el Uso de la Ciencia y la Tecnologia para Mejorar la Competitividad en el Sector Agrícola;另见 Eduardo J. Trigo, *Fifteen Years of Genetically Modified Crops in Argentine Agriculture*, ArgenBio, November 2011, pp. 48-49.

③ 参见 Moisés Burachik, Organismos Geneticamente Modificados: Marco Regulatorio en Argentina, Conferencia Ministerial sobre el Uso de la Ciencia y la Tecnologia para Mejorar la Competitividad en el Sector Agrícola,载 http://www.fas.usda.gov/icd/stconf/event5/MBurachik.pdf,2015 年 7 月 31 日最后访问。

④ Moisés Burachik, Organismos Geneticamente Modificados: Marco Regulatorio en Argentina, Conferencia Ministerial sobre el Uso de la Ciencia y la Tecnologia para Mejorar la Competitividad en el Sector Agrícola.

释放的一般审批许可：

（1）在实验室种植；

（2）田间试验；

（3）生产法律许可的转基因种子。①

非限定范围内种植转基因作物的审批许可只有在就自由种植转基因作物对于农业生态是否安全作出全面评估后作出。② 一般审批要求申请人提供转基因作物的相关技术信息。“国家农业生物技术咨询委员会”（National Advisory Commission on Agricultural Biotechnology）会对这些信息进行分析。审批程序包括评估转基因作物对农业生态有可能带来的风险。③

申请人获得授权之前，需要满足下列条件：具备适当的风险管控和风险转移措施；转基因作物与非转基因作物适当的隔离距离；特定检测方式的可行性；在未来播种季节里，转基因作物收成的数量和播种面积的限制。④ 只有在严格隔离和生产条件足以防止转基因作物种子流入商业渠道的前提下，转基因作物种子的生产才被许可。⑤

3. 转基因生物在食品生产中的使用限制

阿根廷农业卫生质检总局（Servicio Nacional de Sanidad y Calidad Agroalimentaria，SENASA）有权评估含有转基因生物成分的食品是否对人类和动物卫生与健康构成危害。⑥ 风险评估内容包括这种食品是否有害、它的营养成分与传统非转基因食品相比的差异性、申请批准上市的转基因食品必须与市场上销售的非转基因食品是一样安全和有营养的。随着人们对相关科学技术的进一步了解，转基因食品的安全与风险也可能需要重新评估。⑦ 含有转基因生物的食品审批前所需要准备的材料和审批程序包含在第 412/2002 号决议的

① See Eduardo J. Trigo, *Fifteen Years of Genetically Modified Crops in Argentine Agriculture*, ArgenBio, November 2011, p. 49.

② Ibid.

③ Ibid.

④ Ibid.

⑤ Ibid.

⑥ 参见 Resolución 412/2002, sobre Alimentos derivados de Organismos Geneticamente Modificados [On Food Derived from GMOs], B. O., May 17, 2002, 载 http://www. infoleg. gob. ar/infolegInternet/anexos/70000-74999/74376/norma. htm, 2020 年 2 月 26 日最后访问。

⑦ Resolution 412/2002 的附件二和附件三包含了转基因食品审批的详细要求、形式和程序方面的内容。

附件二和附件三之中。[①]

阿根廷没有对转基因食品采取强制标签制度。虽然有几项涉及对含有转基因成分的人类和动物食品需要采取标签制度的提案已经提交该国立法机关,但是这些提案目前仍然在议会讨论之中。[②] 2003 年,有关从美国、加拿大、阿根廷等国家进口含有转基因生物的食品和农产品标签问题成了欧盟与美国、阿根廷等国在世贸组织争议解决的焦点。出口国认为欧盟对其产品强制要求贴上含有转基因成分的标签是对其出口产品的过分限制。虽然评审团的裁决对欧盟的标签制度持肯定态度,因为它是在遵守最惠国待遇和国民待遇原则基础上执行的,但还是回避了"转基因食品是否安全"这一敏感问题。[③]

(五)法律责任与司法裁决

在阿根廷,危害环境的法律责任规定在《环境法》(General Law on the Environment)中。[④] 该法将"环境损害"定义为"任何改变行为,这种改变将对环境、资源、生态平衡或集体资产的价值产生负面影响"。[⑤] 该法确立了一项基本的民事原则:任何人都要为其对目前或未来环境造成损害的行为承担预防和修复的代价,不管肇事者还要承担其它什么责任。[⑥] 任何人对环境造成危害,都将承担将环境修复至危害之前状态的严格责任。[⑦] 被指控的责任方只有证明其采取了所有避免危害发生的预防措施,并且证明危害完全是受害者或第三方引起的情况下,才能够被免除责任。[⑧]

2012 年 9 月 4 日,阿根廷科多巴省刑事上诉法院作出裁决,认定一位农民

---

① 参见 Resolución 412/2002, sobre Alimentos derivados de Organismos Geneticamente Modificados [On Food Derived from GMOs], B. O., May 17, 2002, 载 http://www. infoleg. gob. ar/infolegInternet/anexos/70000-74999/74376/norma. htm, 2020 年 2 月 26 日最后访问。

② 参见 Information al Consumidor sobre Etiquetado de Alimentos y Bebidas Transgenicos o que Contengan Organismos Geneticamente Modificados, Proyecto de Ley 2324-D-2013 (2013), HONORABLE CÁMARA DEDIPUTADOS DE LA NACIÓN 和 Proyecto de Ley D 8307-D-2010, 载 http://www1. hcdn. gov. ar/proyxml/expediente. asp? fundamentos=si&numexp=2324-D-2013, 2020 年 2 月 26 日最后访问; http://www. diputados. gov. ar/frames. jsp? mActivo=proyectos& p=http://www1. hcdn. gov. ar/proyectos_search/bp. asp, 2015 年 8 月 1 日最后访问。

③ 参见 *European Communities—Measures Affecting the Approval and Marketing of Biotech Products*, Complaints: United States, Canada, Argentina, DS291, DS292, DS293. 另见胡加祥:《转基因产品贸易与国际法规制研究》,载《山西大学学报》2015 年第 4 期。

④ 参见 Ley 25. 675, B. O., Nov. 28, 2002, 载 http://www. infoleg. gob. ar/infolegInternet/anexos/75000-79999/79980/norma. htm, 2020 年 2 月 26 日最后访问。

⑤ 参见 Ley 25. 675, B. O., Nov. 28, 2002, 第 27 条。

⑥ 参见 Ley 25. 675, B. O., Nov. 28, 2002, 第 4 条。

⑦ 参见 Ley 25. 675, B. O., Nov. 28, 2002, 第 28 条。

⑧ 参见 Ley 25. 675, B. O., Nov. 28, 2002, 第 29 条。

和一名农用飞机的驾驶员在该省首府居民区附近播撒农药时构成危害的罪名成立，包括在转基因大豆种植过程中使用“农达”杀虫剂。在刑事审判过程中，有证据显示，在该地区的142名儿童中，114名儿童的血液中检测到农药的成分。参与审理该案的医学专家作证，他发现该地区的儿童血液中有5种以上农药和杀虫剂的成分。这是一个史无前例的裁决，因为这是阿根廷首个基于有关危险产品的第24051号法律将污染环境和危害公共健康行为作为刑事犯罪行为在刑事法院提起诉讼的案例。① 法院最终判决污染土壤、水、空气等危害公共健康的肇事者5～10年不等的有期徒刑。这项裁决还特别提到两种农药：硫丹和草甘膦。② 这个案子反映了阿根廷民众对于越来越多地在转基因作物种植中使用杀虫剂所表示的关注。

二、巴西

在巴西，与转基因生物有关的活动主要受2005年3月24日新颁布的《生物安全法》，即第11,105号法律的规制。该法依据巴西宪法就环境保护和基因遗传等事项作出了明确规定，规范从事基因物质研究或掌握基因物质机构的相关活动。关注生物安全和生命科学技术领域的发展、保护人类和动植物的生命健康、遵守环境保护中的预防原则是《生物安全法》的立法导向。该法还就负责生物技术研究、重组等所有管制活动的生物安全技术委员会和新成立的生物安全理事会的工作规范以及国家生物安全政策的制定确立了相应的基本规则。

《生物安全法》对转基因生物的概念下了定义，对涉及转基因生物的实验室制定了工作规则。此外，该法还为转基因生物研究规定了法定授权程序，为转基因生物的生产和市场化制定了规则，对于向自然环境释放转基因生物作了限制规定，为向自然环境释放转基因生物的实施者确立了报告制度，为规制转基因作物的种植奠定了基本的法律框架，为从事转基因生物研究和商业化传播规定了检查和监管制度，明确了监督向自然环境释放转基因生物的主管机构和授权程序，对转基因生物用于食品生产作出了限制规定。最后，该法还对违反

---

① 参见 Ley 24. 051de Residuos Peligrosos [on Hazardous Products] B. O. January 17, 1992, arts. 55-58，载 http://www. infoleg. gob. ar/infolegInternet/anexos/0-4999/450/norma. htm，2020年2月26日最后访问。

② 参见 Dario Aranda, Trial Against Use of Agrochemicals in Ituzaingó (Argentina): Spraying is a Crime, JUICIO A LAFUMIGACIÓN (September 6, 2012)，载 http://www. juicioalafumigacion. com. ar/trial-against-use-of-agrochemicals-inituzaingo-argentina-spraying-is-a-crime/，2020年2月26日最后访问。

行政法规和刑事犯罪行为作出了处罚规定。

巴西于2003年颁布一条法令，专门规范转基因生物的标签制度。该法令基于联邦法律规定，当人类消费的食品和动物饲料中含有转基因生物或是从转基因作物加工而成的，消费者有获得该食品成分信息的知情权。

(一)概述

巴西是世界上第二大转基因作物生产国。总体而言，巴西的国家制度和民众的态度还是比较有利于转基因技术研发和转基因产品生产。2015～2016年，巴西的转基因作物耕种面积比上一年度又增加了3%，主要是扩大转基因大豆和玉米的播种面积。同时，政府增加了对播种转基因作物农民的信贷投入。截至2015年，巴西批准播种的转基因作物有45个品种，包括25个玉米品种(见表5-2-1)、12个棉花品种(见表5-2-2)、6个大豆品种(见表5-2-3)、1个豌豆品种、1个桉树品种，其中大豆是产量最高的转基因作物。目前，巴西播种的93%大豆、83%玉米、67%棉花是转基因品种。转基因作物的种植面积达4200万公顷，巴西也一跃成为世界第二大转基因作物生产国，仅次于美国(6900万公顷)。巴西如今65%的农田播种的是转基因作物。①

表5-2-1 巴西批准播种的转基因玉米

作物/年份	特征类型	申请者	产品编号	特征描述	使用范围
Corn ZeaMays/2015	抗耐除草剂病虫	DuPont	TC1507, MON 00810-6, MIR 162, MON 810	耐除草剂	食品、饲料、进口产品
Corn ZeaMays/2015	耐除草剂	DuPont	TC1507 X MON 810, MIR 162 X MON 603	耐草铵膦除草剂中的铵	食品、饲料、进口产品
Corn ZeaMays/2015	耐除草剂	Monsanto	NK603 x T25	耐草甘膦/草铵膦除草剂	食品、饲料、进口产品
Corn ZeaMays/2015	耐除草剂	Dow AgroScience	DAS 40278-9	耐除草剂	食品、饲料、进口产品
Corn ZeaMays/2014	抗耐草甘膦病虫	SyngentaSeeds	MIR 604 Bt11xMIR 162xMIR 604xGA21	耐草铵膦除草剂中的铵	食品、饲料、进口产品

① 参见João F. Silva, Brazil-Agricultural Biotechnology Report, Gain Report Number: BR 0971, 2015, pp. 3-9.

续表

作物/年份	特征类型	申请者	产品编号	特征描述	使用范围
Corn ZeaMays/2013	抗耐除草剂病虫	Dow Agrosciencesand Dupont	TC 1507 DAS 59122-7	耐草铵膦除草剂中的铵	食品、饲料、进口产品
Corn ZeaMays/2011	抗耐除草剂病虫	Monsanto	MON 89034X MON 88017	耐草铵膦除草剂	食品、饲料、进口产品
Corn ZeaMays/2011	抗耐除草剂病虫	DuPont (Pioneer)	TC1507 XMON 810	耐草铵膦除草剂中的铵	食品、饲料、进口产品
Corn ZeaMays/2011	耐除草剂	DuPont (Pioneer)	TC 1507 x MON810 x NK 603	抗耐草铵膦鳞翅类昆虫	食品、饲料、进口产品
Corn ZeaMays/2010	抗耐除草剂病虫	Monsanto	MON 89034 x TC1507 x NK 603	耐草铵膦除草剂中的铵	食品、饲料、进口产品
Corn ZeaMays/2010	抗耐除草剂病虫	Monsanto	MON 88017	耐草铵膦除草剂中的铵	食品、饲料、进口产品
Corn ZeaMays/2010	抗耐除草剂病虫	Monsanto	MON 89034 xNK 603	耐草铵膦除草剂中的铵	食品、饲料、进口产品
Corn ZeaMays/2010	抗耐除草剂病虫	Syngenta	BT 11 x MIR 162x GA 21	耐草铵膦除草剂中的铵	食品、饲料、进口产品
Corn ZeaMays/2009	抗耐除草剂病虫	DuPont Brasil	TC 1507 x NK 603	抗耐草甘膦病虫	食品、饲料、进口产品
Corn ZeaMays/2009	抗病虫	Monsanto	MON 89034	抗鳞翅类昆虫	食品、饲料、进口产品
Corn ZeaMays/2009	抗病虫	Syngenta	MIR 162	抗鳞翅类昆虫	食品、饲料、进口产品
Corn ZeaMays/2009	抗耐除草剂病虫	Monsanto	MON 810 x NK 603	抗耐草铵膦鳞翅类昆虫	食品、饲料、进口产品
Corn ZeaMays/2009	抗耐除草剂病虫	Syngenta	BT 11 x GA 21	抗耐草铵膦鳞翅类昆虫	食品、饲料、进口产品
Corn ZeaMays/2008	抗耐除草剂病虫	DowAgroSci-ence	Tc 1507 Herculex	耐草铵膦除草剂中的铵	食品、饲料

续表

作物/年份	特征类型	申请者	产品编号	特征描述	使用范围
Corn ZeaMays/2008	耐除草剂	Syngenta	GA 21	耐草甘膦	食品、饲料
Corn ZeaMays/2008	耐除草剂	Monsanto	Roundup Ready 2NK 603	耐草甘膦	食品、饲料
Corn ZeaMays/2008	抗病虫	Syngenta	Bt 11	抗鳞翅类昆虫	食品、饲料
Corn ZeaMays/2007	抗病虫	Monsanto	MON 810 Guardian	抗鳞翅类昆虫	食品、饲料
Corn ZeaMays/2007	耐除草剂	BayerCropSc-ience	Liberty Link T 25	耐草铵膦除草剂中的铵	食品、饲料
Imported Corn/2007	抗耐除草剂病虫	Bayer	Cry 9（C）NK 603	抗耐草铵膦中铵的鳞翅类昆虫	饲料

表 5-2-2　巴西批准播种的转基因棉花

作物/年份	特征类型	申请者	产品编号	特征描述	使用范围
Cotton/2012	抗耐除草剂病虫	Bayer	GHB614 T304-40xGHB1A	陆地棉	纺织纤维、食品、饲料
Cotton/2012	耐草甘膦除草剂	Bayer	GHB14 LL Cotton 25	陆地棉	纺织纤维、食品、饲料
Cotton/2012	耐除草剂	Bayer	GHB14 LL Cotton 25	陆地棉	纺织纤维、食品、饲料
Cotton/2012	耐草甘膦除草剂	Monsanto	MON15985MON 88913	陆地棉	纺织纤维、食品、饲料
Twin Link 2011	耐草甘膦除草剂	Bayer	T 304-40 x GHB 119	陆地棉	纺织纤维、食品、饲料
GlyTolCotton/2012	耐除草剂	Bayer	GHB 614	陆地棉	纺织纤维、食品、饲料
Round ReadyCotton/2009	抗耐除草剂病虫	Monsanto	MON 531 x MON 1445	耐草甘膦陆地棉	纺织纤维、食品、饲料
Bollgard IICotton/2009	抗病虫	Monsanto	MON 15985	陆地棉	纺织纤维、食品、饲料

续表

作物/年份	特征类型	申请者	产品编号	特征描述	使用范围
Wide StrikeCotton/2009	抗耐除草剂病虫	DowAgroScience	281 - 24 - 236/3006-210-23	耐草铵膦中铵的陆地棉	食品、饲料
Liberty LinkCotton/2008	耐除草剂	Bayer	LL Cotton 25	耐草铵膦中铵的陆地棉	纺织纤维、食品、饲料
Round ReadyCotton/2008	抗耐除草剂病虫	Monsanto	MON 1445	耐草铵膦除草剂陆地棉	纺织纤维、食品、饲料
BolgardCotton/2005	抗病虫	Monsanto	BCE 531	抗鳞翅类昆虫	纺织纤维、食品、饲料

表 5-2-3　巴西批准播种的转基因大豆

作物/年份	特征类型	申请者	产品编号	特征描述	使用范围
Soybeans/2015	耐除草剂	Dow AgroScience	DAS 68416-4	耐草铵膦除草剂中的铵	食品、饲料
Soybeans/2010	抗耐除草剂病虫	Monsanto	MON 87701 xMON 89788 (Intacta RR2PRO)	抗耐草甘膦除草剂病虫	食品、饲料
Soybeans/2010	耐除草剂	Bayer	Liberty LinkA 2704-12	耐草铵膦除草剂中的铵	食品、饲料
Soybeans/2010	耐除草剂	Bayer	Liberty Link A 5547-127	耐草铵膦除草剂中的铵	食品、饲料
Soybeans/2009	耐除草剂	BASFEmbrapa	BPS-CV 127-9	耐咪唑啉酮类除草剂	食品、饲料
Soybeans Roundup Ready 2008	耐除草剂	Monsanto (Monsoy)	Roundup Ready GTS-40-30-2	耐草甘膦除草剂	食品、饲料

2011年，由巴西农业研究公司(Empresa Brasileira de Pesquisa Agropecuária, Embrapa)[①]进行的一项有关公众对转基因生物安全性反应的调查显示,[②]总体而言,巴西民众是知道转基因生物的,但是对于转基因技术到底给巴西带来多少经济效益还不甚了解。[③]

《生物安全法》制定之前,由于有关生物安全的立法与环境保护方面的立法内容有冲突,巴西曾发生过转基因生物安全性的激烈争论。这场争论导致了一场法律诉讼以及稍后制定了全新的转基因生物管制法律框架。

(二)相关立法框架

巴西新制定的《生物安全法》(第 11,105 号法律,Law No. 11,105)是由国会于 2005 年 3 月 24 日通过的,随后又分别在 2006 年和 2007 年通过第 5,591 号法令(Decree # 5,591 of 2006)和第 11,460 号法律(Law # 11,460 of 2007)进行修订。该法的颁布结束了巴西长期以来围绕转基因生物争论法律依据不明的历史。除了对生物技术研究作了一般性规定外,《生物安全法》依据宪法原则,调整了针对涉及转基因生物及其副产品相关活动的规定,并制定了相应的安全标准和监管机制。[④]《生物安全法》的立法指南承认生物安全和生物技术领域的科学发展现实与保护人类和动植物生命与健康的重要性,强调遵守环境保护中的预防原则。[⑤]

---

① 农业研究公司成立于 1973 年 4 月 26 日,是隶属于巴西农业部(Ministry of Agriculture, Livestock and Supply)的一个国家机构,它的使命是通过研究、开发和创新来解决农业可持续发展中出现的问题,以造福巴西社会。参见 Missão e Atuação, EMBRAPA,载 https://www.embrapa.br/a_embrapa/,2016 年 9 月 13 日最后访问。

② 参见 Embrapa Meio Ambiente, Desenvolvimento de Comunicação Estratégica sobre Biossegurança de Plantas Geneticamente Modificadas-O Caso do Projeto LAC-Biosafety no Brasil (August 2011),载 http://www.cnpma.embrapa.br/download/documentos_85.pdf,2020 年 3 月 4 日最后访问。

③ 参见 Embrapa Meio Ambiente, Desenvolvimento de Comunicação Estratégica sobre Biossegurança de Plantas Geneticamente Modificadas-O Caso do Projeto LAC-Biosafety no Brasil (August 2011),第 13 页。

④ 参见 Lei No. 11.105, de 24 de Março de 2005,第 1 条,载 http://www.planalto.gov.br/ccivil_03/_Ato2004-2006/2005/Lei/L11105.htm#art42,2020 年 3 月 4 日最后访问。

⑤ 预防原则是一条法律和政策原则,关注环境保护决策过程中的一些科学未知的问题。虽然预防原则的定义有多种学理解释,其中的核心思想就像一句民谚:"宁可事先谨慎有余,不要事后追悔莫及。"(better safe than sorry)预防原则要求有关国家在制定环保政策时,既要控制眼前已经出现的风险与危害,也要考虑未来有可能出现的环境危害。参见 Daniel Bodansky, *Precautionary Principle*, Oxford Reference,载 https://www.oxfordreference.com/search? q = Daniel + Bodansky&searchBtn = Search&isQuickSearch=true,2020 年 3 月 4 日最后访问。预防原则提及最多的是《里约热内卢宣言》第 15 条。该条规定:"为了保护环境,各国应根据其实际能力,广泛适用预防原则。当出现严重的或不可扭转的损害威胁时,缺乏充分科学依据不应该成为延误采用代价昂贵的措施来防止环境恶化的借口。"参见 United Nations Conference on Environment and Development, Rio de Janeiro, Brazil, June 3-14, 1992, Rio Declaration on Environment andDevelopment, U. N. Doc. A/CONF. 151/26/Rev. 1 (Vol. 1), Annex I (August 12, 1992).

此外,《生物安全法》决定成立一个直接隶属于总统办公室的国家生物安全理事会(National Biosafety Council),[①]负责巴西生物技术领域的所有管制事项,包括制定和执行全国性的生物安全政策(National Biosafety Policy),评估转基因产品商业化的社会经济影响以及消费者的反应。迄今为止,生物安全理事会已经批准50项转基因产品的商业转化申请,其中45项涉及转基因作物,包括豌豆、棉花、玉米和大豆。大豆是巴西种植数量最多的转基因粮食作物。生物安全理事会主席是总统办公室的首席执行官,理事会成员包括11位内阁部长。生物安全理事会批准任何事项不得少于6位部长同意,主席没有投票权。

巴西的国家生物安全技术委员会(National Biosafety Technology Committee)最初是依据旧的《生物安全法》(Law # 8,974)于1995年成立的。新制定的《生物安全法》规定,生物安全技术委员会的成员由18人增加至27人,其中包括政府9个部派出的官方代表,动物、植物、环境、卫生四个领域12名专家(每个领域3名),其余6名代表来自消费者协会、农场主协会等组织。生物安全技术委员会成员每两年遴选一次,可连任一届。[②] 生物安全技术委员会受巴西科技部领导,所有涉及转基因的技术问题都要在生物安全技术委员会上讨论并进行表决。巴西进口用作加工食品和生产饲料的农作物以及人用食品和宠物食品如果含有转基因成分的,事先都需要得到生物安全技术委员会的批准。2007年修订的《生物安全法》规定,生物安全技术委员会表决改为简单多数制,即27名成员中有14人同意即为通过。按照该委员会主席的观点,巴西有关转基因生物向自然环境释放的规则是全世界最严格的。[③]

一项转基因产品在巴西销售之前必须经过5个不同的审批环节。首先,相关公司必须向生物安全技术委员会提出开发转基因产品项目的申请。该委员会在评估申请计划后,还要实地考察申请人的工作场所能否确保转基因产品的安全生产。只有申请被批准,转基因产品的开发和测试才可以进行,而且必须是在有严格限制措施和可控的环境下进行。如果工作地点是一家工厂,农业部还要负责监督实验过程。完成了上述监管程序之后,生产者在将转基因产品投放市场之前,生物安全技术委员会还要评估它所收到的产品信息是否与委员会

---

① 参见《生物安全法》第8条。

② 参见《生物安全法》第10条等。

③ 参见 Brasil é Vive-Líder em Produção de Transgênicos, AGÊNCIA CÂMARA DE NOTÍCIAS (October 19,2012),载 http://www2.camara.gov.br/camaranoticias/noticias/AGROPECUARIA/428224-BRASIL-E-VICE-LIDER-EM-PRODUCAODE-TRANSGENICOS.html,2020年2月26日最后访问。

制定的安全标准相符。[①] 产品投放市场之前,生产商还要接受由 11 位政府部长组成的生物安全理事会进行"政治评估"(political assessment)。理事会将决定该新产品投放市场是否对国家有利。[②]

2008 年 6 月 18 日,生物安全理事会决定它只负责与《生物安全法》有关、涉及巴西整个国家社会经济利益的行政复议案件。生物安全理事会不再评估由生物安全技术委员会批准的转基因产品涉及的技术性问题。生物安全理事会视生物安全技术委员会在这方面所作的结论是终局性的。此外,生物安全技术委员会还负责转基因生物的田间测试。相关测试者必须事先获得生物安全技术委员会颁发的"生物安全质量许可证"(Certificate of Quality in Bio Safety)。测试者必需成立一个"内部生物安全委员会"(Internal Biosafety Commission),每一个测试项目都要指定一位"首席技术官"(Principal Technical Officer)负责。[③]

上述立法机制和框架的制定基础包括以下几个方面:

1. 宪法原则

巴西宪法规定,人人都享有一个生态平衡的环境,这样的环境是造福全体人民,对于人们的健康生活至关重要。巴西政府和社会各界有责任为了当代和子孙后代捍卫和保护环境。[④] 为了确保这个目标得以落实,政府有责任保护国家基因遗传的多样性和完整性;监督从事转基因物质研究和处理单位的活动;[⑤]政府按照法律规定,要求在安装的设施或从事的活动有可能对环境造成破坏之前,先进行环境影响评估,评估结果对社会公开;[⑥]控制转基因产品的生产、营销、生产技术和方法的采用以及对人的生命、生活质量和环境构成威胁的物品。[⑦]

2.《生物安全法》

2005 年 3 月 24 日,巴西颁布了《生物安全法》,即第 11,105 号法律,通过对转基因生物及其副产品的研发、种植、生产、操作、运输、转移、进口、出口、储存、营销、环境释放、处置等不同环节制定安全规则和检查机制,贯彻落实宪法

---

① Brasil é Vive-Líder em Produção de Transgênicos, AGÊNCIA CÂMARA DE NOTÍCIAS (October 19, 2012).

② Brasil é Vive-Líder em Produção de Transgênicos, AGÊNCIA CÂMARA DE NOTÍCIAS (October 19, 2012).

③ 参见《生物安全法》第 17 条。

④ 参见巴西《宪法》第 225 条。

⑤ 参见巴西《宪法》第 225 条第 1 段(II)。

⑥ 参见巴西《宪法》第 225 条第 1 段(IV)。

⑦ 参见巴西《宪法》第 225 条第 1 段(V)。

第225条第1段(Ⅱ)(Ⅳ)(Ⅴ)部分的内容。[①] 能够从事转基因生物科学研究、技术开发、工业生产的教学活动和项目开发的限于那些能够遵守《生物安全法》及相关法规(2005年11月22日颁布的第5,591号法令)[②]以及能够承担不遵守上述法律规定导致的一切后果的国营和私营单位。[③] 基于自主开发能力的个人不允许从事转基因生物的活动和项目。[④]

《生物安全法》对转基因生物是这样定义的:"一种基因物质(DNA/RNA)已经通过基因工程技术改变过的生物"。[⑤] 该法对转基因副产品是这样定义的:"一种从转基因生物中提取的产品,该产品不具备自主复制能力,也不具有活的转基因形式"。[⑥]

3. 第8,078号法律

1990年9月11日颁布的第8,078号法律确立了保护和捍卫消费者、公共秩序和社会利益的规定。[⑦] 第8,078号法律第6条(Ⅲ)规定了不同产品与服务适当和清晰的信息要求、产品数量、特征、成分组成、质量和价格的准确描述要求以及明确向消费者公开产品所带来的风险是消费者享有的基本权利。[⑧]

4. 第9,456法律和第2,366号法令

1997年颁布的《植物品种保护法》(Plant Variety Protection Law),即Law # 9,456,确立了转基因作物种子和非转基因作物种子的登记制度,但是没有对此区别对待。同年颁布的第2,366号法令(Decree # 2,366)决定成立"国家植物品种保护署",隶属于巴西农业部,具体负责种子登记事宜。

5. 第4,680号法令

2003年4月24日,巴西颁布的第4,680号法令规定,如果消费者消费的食品和动物饲料及其成分中含有转基因生物或者是从转基因生物加工而成的物质,消费者依据8,078号法律,有权了解相关产品和物质的具体信息。[⑨]

---

① 参见《生物安全法》第1条。

② 参见2005年11月22日颁布的第5591号法令,载https://www.planalto.gov.br/ccivil_03/_Ato2004-2006/2005/Decreto/D5591.htm,2020年2月26日最后访问。

③ 参见《生物安全法》第2条。

④ 参见《生物安全法》第2条第2段。

⑤ 《生物安全法》第3条(Ⅴ)。

⑥ 《生物安全法》第3条(Ⅵ)。

⑦ 参见1990年9月11日颁布的第8,078号法律第1条,载http://www.planalto.gov.br/ccivil_03/Leis/L8078.htm,2020年2月26日最后访问。

⑧ 参见1990年9月11日颁布的第8,078号法律第6条(Ⅲ)。

⑨ 参见2003年4月24日颁布的第4,680号法令第1条,载http://www.planalto.gov.br/ccivil_03/decreto/2003/D4680.htm#art8,2020年2月26日最后访问。

(三)研究、生产、市场化方面的限制

1. 实验室规则

根据《生物安全法》第14条(Ⅵ)的规定,巴西国家生物安全技术委员会负责制定有关生物安全生产的基本要求,包括签发实验室投入运行的许可证、机构成立的许可证、成立执行与转基因生物及其副产品有关活动公司的许可证。[①] 为此,巴西国家生物安全技术委员会于2006年11月27日签发第2号规范决议。该决议适用于在封闭环境下涉及转基因生物制造、种植、生产、操作、储存、质量控制和处置以及与转基因生物研究、技术开发、教学活动相关的转基因生物风险分类和生物安全层次标准的制定。该决议尤其对与转基因生物相关的项目和活动方案展示、转基因生物风险分类和生物安全层次划分、实验室建设的具体细节和设计以及隔离设施作出详细规定。[②]

2. 授权研究、生产和营销的规则

巴西企业对待转基因作物普遍持接受态度。据巴西农业局(Brazilian Farm Bureau)最近一份连续跟踪3年的调查显示,80%的生产企业接受转基因作物。[③] 巴西民众对产品是否是转基因不太在乎,他们更关心食品的价格、品质、保质期等。凡从事《生物安全法》许可活动的人必需首先申请获得国家生物安全技术委员会的批准。[④] 按照《生物安全法》的立法目的,研究活动被定义为"在实验室、隔离区或者作为转基因生物及其副产品生产过程一部分的田间,或者作为转基因生物及其副产品生物安全评估一部分的田间所进行的活动,这些活动包含了试验区域范围内转基因生物及其副产品的制造、生长、操作、运输、转移、进口、出口、储存、向自然环境释放以及处置"。[⑤]

一项符合标准的研究活动被认为是对转基因生物及其副产品的商业化利用,这样的使用是"为了商业目的种植、生产、操作、运输、转移、营销、进口、出口、储存、向自然环境释放以及处置转基因生物及其副产品"。[⑥]

除了获得批准外,研究转基因生物以及生产和销售转基因生物的单位和个人还必须遵守国家生物安全技术委员会制定的第2号规范决议的内容。

---

① 参见《生物安全法》第14条(Ⅵ)。

② 参见巴西国家生物安全技术委员会签发的第2号决议第1条,载http://www.ctnbio.gov.br/index.php/content/view/3913.html,2015年8月18日最后访问。

③ 参见 João F. Silva, Brazil - Agricultural Biotechnology Report, Gain Report Number: BR 0971, 2015, p. 12.

④ 参见《生物安全法》第2条第3段。

⑤ 《生物安全法》第1条第1段。

⑥ 《生物安全法》第1条第2段。

3. 对于传播产品的标签要求

根据2003年12月22日颁布的第4,680号行政命令第2条第1段规定，巴西司法部签发了第2,658号行政法规（Portaria）。该法规对转基因食品和饲料或者含有转基因物质成分的食品和饲料销售时使用的“转基因标记”（如图5-2-1所示）作了定义和展示：①

图 5-2-1 转基因标记

2004年4月1日制定的“跨部门规范性指示”（Instrução Normativa Interministerial）第1号在“技术规范”（Regulamento Técnico）一栏中规定了执行第4,680号法令的辅助程序，包括确保消费者根据第8,078号法律规定的知情权的实现。这些规范作为附件放在规范性指示的后面。②

《生物安全法》进一步规定，用转基因生物及其副产品生产的食品和饲料或者含有转基因生物及其副产品成分的食品和饲料必须在其标签上包含第5,591号法令所规定的信息，以确保消费者能够充分了解产品的内容。③

2015年4月29日，巴西众议院以320票对135票通过了第4,148号立法草案（Draft Bill # 4,148/2008），拟修改现行的基因工程立法第4,680号行政命令（Executive Order 4,680/2003）。草案规定，只有在最终产品中转基因生物含量超过1%的产品才需要特别标注。④ 该草案的另一项重要内容就是撤销转基因产品标签上的黄颜色“T”标记。立法草案目前还在巴西参议院讨论。

（四）向自然界释放转基因生物的限制

《生物安全法》禁止在下列情况下向自然环境释放转基因生物及其副产品：

---

① 参见巴西司法部网站：http://portal. mj. gov. br/main. asp? View = {4521CE7B - 732B - 40EB - B529-F9200C365E93}（搜索“Tipos:Portarias”or go to Página 2 de 3），2015年8月18日最后访问。

② 参见 Instrução Normativa Interministerial No. 1, de 1 de Abril de 2004, 载 http://portal. mj. gov. br/main. asp? View={4521CE7B-732B-40EB-B529-F9200C365E93}，2015年8月18日最后访问。

③ 参见《生物安全法》第40条。

④ 2003年4月24日，时任巴西总统颁布第4680号行政命令（Executive Order # 4,680/03），规定巴西国内销售的食品、食品原料转基因生物含量标注的阈值是1%。

(1)作为研究活动的一部分而释放,但是在技术上没有得到国家生物安全技术委员会的认可;

(2)在贸易过程中释放,但是没有得到国家生物安全技术委员会的批准;

(3)当国家生物安全技术委员会认为有关活动有可能对环境造成破坏时,当事人又拿不出主管机构或环保部门签发的许可证;

(4)没有按照《生物安全法》及其规范的要求获得国家生物安全理事会的许可。[①]

国家生物安全技术委员会是巴西基于转基因生物及其副产品对人类健康及环境危害的评估负责制定转基因生物及其副产品研究和商业化利用技术标准的专业机构。[②] 2008 年 11 月 6 日,国家生物安全技术委员会签发第 6 号规范决议,针对准备向自然环境释放转基因植物及其副产品制定了适用规范。[③]

1. 保护目标

在转基因植物及其副产品被证明对环境和人类与动物的健康有不利影响,甚至基于新的科学知识可以得出这样的结论时,国家生物安全技术委员会可以随时中止或撤销已经作出的准备向自然环境释放转基因植物及其副产品的授权。[④]

任何偶然向自然环境释放转基因植物及其副产品的人员必须立即向本单位的内部生物安全委员会汇报,并向国家生物安全技术委员会通报。内部生物安全委员会必须在 5 日内向国家生物安全技术委员会汇报准备采取的补救措施。该汇报还需要包括已经通知的相关人员和主管领导的名字。[⑤] 有关转基因植物及其副产品偶然向自然环境释放的报告并不豁免通报人的其他义务,包括通知受影响的主管机关和人员,以使他们能够按照现行法律规定采取相应的措施。[⑥]

2. 种植管理

根据国家生物安全技术委员会第 6 号规范决议,任何人向自然环境释放转

① 参见《生物安全法》第 6 条(VI)。

② 参见《生物安全法》第 10 条。

③ 参见巴西国家生物安全技术委员会第 6 号规范决议,其中第 2 条第七部分将"准备释放"定义为"根据第 6 号规范决议的内容,在有效监管的前提下,为了实验性评估向自然环境释放转基因植物及其副产品",载 http://www.ctnbio.gov.br/index.php/content/view/12510.html,2016 年 9 月 13 日最后访问。

④ 参见巴西国家生物安全技术委员会第 6 号规范决议第 3 条。

⑤ 参见巴西国家生物安全技术委员会第 6 号规范决议第 6 条。

⑥ 参见巴西国家生物安全技术委员会第 6 号规范决议第 6 条。

基因植物需要事先得到国家生物安全技术委员会的许可。[①] 转基因作物的种植必须受到有关部门的严密监视，当事人需要随时向有关部门汇报。[②]

2007 年 8 月 17 日，巴西国家生物安全技术委员会签发第 4 号规范决议规定，在允许商业化开发的转基因玉米与非转基因玉米同时种植时，两者之间必须保持最小不少于 100 公尺(大约 328 英尺)的间隔距离，[③]或者种植的转基因玉米周围被十块相同面积的非转基因玉米所包围时，两者间隔的距离不少于 20 公尺(大约 65 英尺)。[④]

国家生物安全技术委员会 2013 年 10 月 2 日签发的第 10 号规范决议规定，在准备将转基因柑橘类植物投放自然环境时，必须考虑转基因柑橘与非转基因柑橘之间的花粉影响，在种植时按照第 10 号规范决议给转基因柑橘作出适当的隔离。[⑤]

3. 汇报要求

申请人必须保留负责监管转基因植物向环境中释放相关人员的个人资料。[⑥] 这些资料包括(但不限于)安全措施、农业实践、信息采集以及转基因生物及其副产品的储存、转移、最终处置的信息。[⑦]

申请公司的负责人和该公司的内部生物安全委员会都有责任确保在转基因植物及其副产品准备向自然环境释放时遵守规范决议 6 的规定。[⑧] 此外，如果公司的技术部门认为向自然环境释放转基因植物及其副产品有可能违反规范决议 6 和国家生物安全技术委员会制定的生物安全措施标准时，必须将这一情况通报国家生物安全技术委员会。[⑨]

4. 检查

根据《生物安全法》第 16 条的规定，巴西卫生部、农业部、环境部的登记与检查机构以及总统水产渔业特别顾问在以下两类事务中各自负责与其专业领域相关的事项，同时评议国家生物安全技术委员会作出的技术方面的决定、国

---

① 参见巴西国家生物安全技术委员会第 6 号规范决议第 7 条(I)。

② 参见巴西国家生物安全技术委员会第 6 号规范决议第 4 条。

③ 参见巴西国家生物安全技术委员会第 4 号规范决议第 1 条，载 http://www.ctnbio.gov.br/index.php/content/view/4687.html，2016 年 9 月 13 日最后访问。

④ 参见巴西国家生物安全技术委员会第 4 号规范决议第 2 条。

⑤ 参见巴西国家生物安全技术委员会第 10 号规范决议第 1 条，载 http://www.ctnbio.gov.br/index.php/content/view/18494.html，2016 年 9 月 3 日最后访问。

⑥ 第 6 号规范决议第 2 条(IV)将"申请人"定义为"任何获得合法的生物安全质量证书的公司。据规范决议 6 的规定，该公司准备向自然环境释放转基因生物"。

⑦ 参见巴西国家生物安全技术委员会第 6 号规范决议第 4 条。

⑧ 参见巴西国家生物安全技术委员会第 6 号规范决议第 5 条。

⑨ 参见巴西国家生物安全技术委员会第 6 号规范决议第 5 条。

家生物安全理事会的审核结论以及按照《生物安全法》及其规则制定的执行机制：

(1)监督转基因生物及其衍生产品的研究活动；

(2)登记和监督转基因生物及其副产品投入商业运作。①

5. 执行主管机构和授权程序

准备向自然环境释放转基因植物的计划被公司内部生物安全委员会批准后，申请人还需要将该计划递交国家生物安全技术委员会审批，同时附上以下材料：

(1)根据巴西国家生物安全技术委员会第6号规范决议附件一的规定，一份向自然环境释放转基因植物的申请，递交的材料包括申请机构信息、申请时间和公司法定代表人的签字；

(2)根据规范决议6附件二的规定，有关转基因植物的信息；

(3)根据规范决议6附件三的规定，有关转基因植物释放的信息；

(4)根据规范决议6附件四的规定，有关转基因植物释放点的地图和示意图；

(5)如果符合申请条件，一项进口植物类物质的申请。②

申请材料使用葡萄牙语，一式四份，并附电子版申请材料。③

(五)食品中使用转基因生物的限制

1. 风险评估

巴西国家生物安全技术委员会于2008年3月12日签发的规范决议5对“风险评估”是这样定义的：“一组程序或方法的组合。通过这些程序或方法，准备释放的转基因生物及其衍生产品对环境、人类和动物健康的潜在影响能够在个案的基础上逐个评估。”④

风险评估必须在秉持透明、科学和遵守预防原则的前提下，评估转基因生物及其副产品对人类和动物健康、环境以及植物潜在的负面影响，并作出标注。⑤

2. 执行主管机关和授权程序

转基因生物及其副产品商业化释放必须符合规范决议5制定的标准以及

---

① 参见《生物安全法》第16条。

② 参见巴西国家生物安全技术委员会第6号规范决议第7条。

③ 参见巴西国家生物安全技术委员会第6号规范决议第7条。

④ 巴西国家生物安全技术委员会第5号规范决议第6条(I)，载 http://www.ctnbio.gov.br/index.php/content/view/11444.html，2016年9月14日最后访问。

⑤ 参见巴西国家生物安全技术委员会第5号规范决议第19条。

国家生物安全技术委员会在批准申请时所附的条件。①

转基因生物商业化释放的授权申请在递交给国家生物安全技术委员会的同时,必须附上规范决议5附件一、二、三、四所要求的信息。上述信息必须包括转基因生物及其副产品有计划释放到环境中或其他实验中的科学记录,以及在不带偏见的情况下,国家生物安全技术委员会认为相关的其他信息。②

3. 牲畜饲料

转基因生物及其副产品在食品中的使用限制规定不仅适用于主管机关审批通过的人类消费的食品,也适用于动物饲料。

4. 标签规定

《生物安全法》规定,供人类消费的食品和食品成分以及动物饲料中含有转基因生物及其副产品或含有转基因生物及其副产品物质的,必须按照本法规定在其标签上作出说明。③

当市场上销售的食品和动物饲料含转基因生物或转基因生物物质超过1%含量时,消费者有权知道相关信息。④

(六)法律责任与著名案例

在不偏不倚适用《生物安全法》所规定处罚的前提下,对于给环境和第三方造成危害负有责任者,不论其过错的性质,既要承担赔偿责任,也要承担完全的修复责任。⑤

1. 行政责任

任何违反《生物安全法》和其他相关立法规定的行为或疏忽都被认为是违反行政法规的行为。⑥ 对于违反行政法规的行为,必须按照《生物安全法》规定进行处罚,无论当事人是否为截获产品采取了预防措施、中止产品的销售、停止实施被禁止的行为。可适用的处罚形式包括以下几种:

(1)警告;

(2)罚款;

(3)截获转基因生物及其副产品;

(4)中止转基因生物及其副产品的销售;

(5)停止相关行为;

---

① 参见巴西国家生物安全技术委员会第5号规范决议第1条。

② 参见巴西国家生物安全技术委员会第5号规范决议第20条。

③ 参见《生物安全法》第40条。

④ 参见第4,680号法令第2条。

⑤ 参见《生物安全法》第20条。

⑥ 参见《生物安全法》第21条。

(6)部分或全部停止营业或某项商业活动；

(7)中止注册、许可证颁发或授权；

(8)取消注册、已经颁发的许可证和作出的授权；

(9)取消或限制原有的税收优惠或政府给予的补贴；

(10)取消或中止政府规定的授信额度；

(11)阻止企业的建立；

(12)连续5年取消与政府部门签订合同的资格。①

登记和检查机构有责任依据《生物安全法》第16条的内容制定"处罚标准和金额"。罚款从2000雷亚尔(相当于870美元)到1,500,000雷亚尔(相当于652,174美元)不等。具体罚款金额根据行为的严重程度而定。② 根据《生物安全法》第22条的规定,罚款可以与其他处罚合并使用。③ 如果是累犯,罚款将加倍。④ 对于持续性的违法行为,包括作为和不作为,在第一次处罚作出后仍不改正的,则按天计算继续处罚,直到违法行为停止为止。上述处罚不影响在必要的时候对有关行动采取迅速制止措施,包括封锁相关实验室、机构或公司。⑤

2. 刑事责任

向自然环境释放或处置转基因生物的方式不符合国家生物安全技术委员会和负责登记、检查机关制定的标准,将被处以1~4年有期徒刑,并处以罚款。⑥ 如果犯罪行为还导致受害人的财产受损,在原有基础之上再增加1/6到1/3刑罚;如果犯罪行为对环境造成了破坏,在原有基础之上再增加1/3到1/2的刑罚;如果犯罪行为导致受害人身体遭受严重伤害,在原有基础之上再增加1/2到2/3的刑罚;如果犯罪行为导致人员死亡的,在原有基础之上再增加2/3到1倍的刑罚。⑦

没有获得授权而生产、储存、运输、销售、进口、出口转基因生物及其副产品的,或者上述行为违反国家生物安全技术委员会和负责登记、检查机关制定的标准,将被处以一到两年的有期徒刑,并处罚款。⑧

巴西2005年通过的《生物安全法》,即第11,105号法律,包含了一段长达

---

① 参见《生物安全法》第21条。

② 参见《生物安全法》第22条。

③ 参见《生物安全法》第22条第1段。

④ 参见《生物安全法》第22条第2段。

⑤ 参见《生物安全法》第22条第3段。

⑥ 参见《生物安全法》第27条。

⑦ 参见《生物安全法》第27条第2段。

⑧ 参见《生物安全法》第29条。

10年的立法历史和司法活动。1995年1月5日,巴西颁布了第一部旨在调整涉及转基因生物及其副产品活动的法律,即第8,974号法律。该法主要是调整与转基因生物及其副产品在巴西开发有关的生物安全方面的问题。① 然而,生物安全立法与环境保护立法之间的冲突导致了巴西重新调整相关立法。②

当巴西国家生物安全技术委员会于1998年出具一份技术意见时,第8.974号法律出现了法律适用问题。该意见在不需要完成一份环境影响评估报告的情况下,同意采用抗草甘膦杀虫剂的转基因大豆投放市场。国家生物安全技术委员会这种排除环境影响评估的权力很快就在一项"消费者事务办公室"(Office of Consumer Affairs)民事公益诉讼中遭到了挑战。这场官司在巴西就转基因技术的采用引发广泛和激烈的讨论。上述讨论波及巴西社会各个阶层,并在司法、行政和立法机构引起反弹。最后,几部法律差不多同时制定,共同构建了一个规制转基因生物的法律框架。

然而,上述法律却没有对转基因生物明确定性。为了弥补这个法律制度的缺陷,巴西联邦政府在与社会各界商讨之后,于2003年稍晚的时候向国会提出了一项新的立法议案。经过国会一年半的讨论,这项议案在2005年3月24日获得通过。巴西总统签署了这项编号为第11,105号的法律。该法由此成为巴西新的《生物安全法》。这部法律与2005年11月22日通过的、具体落实《生物安全法》的第5,591号法令一起构成了巴西新的生物安全管制法律框架。

三、智利

农业生物技术对于当下的智利政府不是优先考虑的事情,而且这种现状在近期内也不会有多少改变。尽管缺少一个发展本国生物技术的总体框架和限制转基因作物的种植与商业化推广,智利对于进口产品却不加限制,并不要求转基因产品必须有相关标签。就商业角度而言,智利有可能成为甜菜、玉米和苜蓿等转基因作物的主要生产者。

(一)概述

2014年3月11日,米歇尔·巴切莱特再度当选智利总统,接替她的前任塞巴斯蒂安·皮涅拉。巴切莱特曾于2006年首次当选智利总统,但是限于智

---

① 参见 Ministério da Saúde, Organização Pan-Americana de Saúd, Marco Legal Brasileiro sobre Organismos Geneticamente Modificados (2010), 载 http://www2. fcfar. unesp. br/Home/CIBio/MarcoLegalBras. pdf,2020年2月27日最后访问。

② Ministério da Saúde, Organização Pan-Americana de Saúd, Marco Legal Brasileiro sobre Organismos Geneticamente Modificados (2010).

利法律“总统不得连任”的规定,于2010年任期届满时离开总统职位。2013年5月,在当时皮涅拉的那一届政府,智利国会批准加入“保护植物新品种国际联盟”(International Union for the Protection of New Varieties of Plants)。然而,由于政府没有去推动国会批准相应的执行条例,皮涅拉总统在任期届满之前也没有在执行条例上签字,使之成为正式法案。巴切莱特再次就任智利总统后,从国会撤回了这份执行条例议案。巴切莱特的这一做法多少让人感到有点意外,因为当初该议案正是在她的第一届任期内递交国会的。巴切莱特新一届政府准备在重新递交国会之前,再次审议执行条例的内容。现在人们还无法预知这次审议需要多长时间。

按照现行法规规定,智利农民只能在严格依照农业部“牲畜与农业署”(Livestock and Agricultural Service)制定的条例,培育用于出口的转基因作物种子。此外,智利环境部要求对转基因产品进行风险评估。当转基因产品用于食品生产时,智利卫生部要求所有转基因产品和生产过程都要登记注册。转基因食品在智利一般不需要特别标注,只有当它与普通食品有实质区别时,才需要注明。

若干年以前,智利的一些反生物技术团体曾向国会递交两份旨在规制生物技术的议案,其中一份要求对转基因食品采取强制标签制度,另一份旨在构建一套完整的规制生物技术的规则体系。智利国会至今尚未对这两份议案进行过实质性讨论。

智利因其独特的地理条件,在生产转基因甜菜、玉米和苜蓿等产品方面有很大的潜力。如果智利政府对企业生产三文鱼选用转基因饲料解除禁令,那么转基因大豆在智利也有广阔的市场。虽然还没有公开报道,智利已经开始对包括三文鱼、松树、桃树和梅树等硬核类果树、苹果、葡萄等那些产量不高的农作物和经济作物进行了与转基因技术相关的研究。智利政府从收取的铜矿开采费中拿出一部分经费支持这方面的研究与开发。智利教育部、农业部、经济部等政府部门已经设立多家从事生物技术研发的联营企业,其中部分企业已经向生产不同生物技术产品的专业公司方向发展。

正如世界上许多中高收入国家那样,智利的研究经费主要来自社会。2009年,智利政府宣布设立一系列推动技术转换和大学生攻读侧重技术研发的应用型研究生学位项目。这些项目与美国、澳大利亚、加拿大的高校合作。智利农业部下属的“农业研究国家研究院”(National Institute for Agricultural Research)也积极推动生物技术研发的国际合作,并与美国等国家的大学签订了合作备忘录。

(二)植物生物技术

1. 生产与贸易

(1)生产开发

迄今为止,智利尚未开发用于未来商业化运用的转基因植物和作物。

(2)商业化生产

在严格的田间控制之下,智利培育转基因作物种子供出口已经有十多年历史,主要是玉米和大豆等品种。智利的种子出口名列世界第五,其中出口的转基因作物种子在南半球国家中名列第一。

2014~2015年,智利全国培育供出口的转基因作物种子面积为8,817.93公顷,这一数字是前几年的75%。因为传统的进口国库存积压严重,致使智利的出口减少。智利培育的转基因作物种子中,66.6%是玉米种子(约5878公顷),17.7%是油菜种子(约1568公顷),15%是大豆种子(约1370公顷),其余还有少量的转基因棉花、西红柿和葡萄种子。①

(3)出口

智利培育的转基因作物种子主要出口到美国和加拿大。以2013~2014年度为例,智利这方面的出口额达1.9亿美元。

(4)进口

智利进口转基因产品和作物种子,其中转基因作物种子经过加工培育后再出口。进口产品主要是用于生产饲料的转基因玉米和大豆,来自巴西、阿根廷和美国。

(5)美国食品援助计划

智利本身是一个粮食出口国,它不是美国食品援助计划的接受国。

2. 政策

(1)规制框架

①政府部门的职责。智利没有完整的生物技术规制法律框架。在农业部牲畜与农业署的严格监管下,智利只允许生产供出口的转基因作物种子。自2001年起,牲畜与农业署依据第1523号条例管理这一生产过程,包括田间培育、收割、出口生产、保障措施、副产品管理以及垃圾处理。

当转基因食品与非转基因食品有实质性区别时,在供消费者食用之前需要经过智利卫生部批准,并用标签加以注明。智利第115号条例第83条(行政技术规范)授权卫生部公共卫生研究院(Public Health Institute)进行转基因食品与非转基因食品的比较与评估,并决定这些食品是否可以在智利国内上市。公

① USDA Foreign Agricultural Service: Chile's Agricultural Biotechnology Annul (2015).

共卫生研究院还要检测这些食品是否含有毒性、过敏原以及潜在的影响。如果进口食品已经被当地食品和药品检验部门检测为安全的,那么智利的检测程序要简单得多。

根据智利第20.417号法律和环境部2013年颁布的条例,除了供出口和研究开发活动需要之外,出于农业目的使用的转基因产品必须经过风险评估。

②生物安全委员会(Biosafety Committee/Authority)的作用。智利已经签署但是还没有正式批准加入《卡塔赫纳生物安全议定书》。因此,智利的生物安全委员会只是一个咨询机构,没有多少实际权力。智利还没有对进口产品规定可以接受的转基因生物偶发比例(adventitious presence level)。

③政治因素的评估。智利新一届政府还没有专门就植物生物技术这一话题展开讨论。目前也没有任何迹象表明政府有意突破原来的做法。

④食品管理与饲料管理的区别。智利政府在批准转基因食品和饲料上市、加工以及转基因产品向自然环境释放等方面是有区别对待的。智利对进口含有转基因成分的食品和饲料没有限制,但是智利只允许进口的转基因作物种子在本国培育加工后再出口,不允许其在智利种植。上述过程由农业部下属的牲畜与农业署严格监控。

⑤相关的、被搁置的立法。智利有三部立法可能会影响转基因食品的进口,但是目前它们被国会搁置了。这三部立法分别是:a.强制标签规定(Boletin 3818-11/2005);b.生物技术规制框架(Boletin 4690-01/2006);c.一个10年停止审批的计划(Boletin 8507-11/2012)。

⑥审批时限。智利总统可以决定哪些议题属于紧急事项,需要立即递交国会讨论。迄今为止,智利总统还没有向国会递交过任何紧急事项议案,国会也没有要加快审批这方面议案的迹象。

(2)审批

只有加工培育后再出口的转基因作物种子才会获得智利政府的批准。为了上述目的所做的田间测试必须在牲畜与农业署的严格监控下进行。截至2022年,智利政府还没有批准任何转基因作物在本国的商业化种植。

(3)田间测试

智利允许新的转基因作物品种的田间测试,但是必须在严格监管的条件下进行。管理要求与转基因作物种子培育要求一样。

(4)多种转基因产品

智利农业部按照对待单一转基因产品的做法处理多种转基因产品同时在田间测试。负责管理转基因食品进口的智利卫生部则要求每一件转基因产品都必须分别登记注册。如果这些产品出口前已经在所在国登记注册过,那么智利的这些手续要简单得多。

(5)额外要求

智利对于进口的转基因产品除了“事先经过审批”和“不是在智利第一次使用”这两个要求外,没有别的要求。

(6)共存要求

目前,智利对于转基因产品的共存没有制定特别规定。2001 年制定的 1523 号决议对所有转基因作物种子及其种植地点规定了追溯制度和登记要求。作为田间测试审批要求的一部分,申请人必须制定相关生物安全措施,包括与同种类非转基因作物种子隔离和收割后的管理办法。

(7)标签规定

智利卫生部要求,只有当转基因食品与非转基因食品有实质区别时才需要用标签注明。

(8)贸易壁垒

除非智利有关健全转基因产品规制法律框架的讨论已经结束并且付诸实施,否则别的国家很难说智利在这方面存在贸易壁垒。随着讨论的进展,智利政府的态度也会变得更加清晰,因为包括是否需要标注在内的议题都是大家关注的敏感议题。

(9)知识产权

智利国会早在 2013 年就已经批准加入《国际植物新品种保护联盟》(UPOV),但是总统还没有签字,因此智利尚未正式加入该组织。虽然智利与美国于 2004 年签订的自由贸易协定含有知识产权保护的内容,但是由于转基因产品知识产权的敏感性,智利新一届政府仍在评估对这一领域规制的影响。何时通过相关立法,目前还没有明确的时间表。

(10)《卡塔赫纳协定书》的批准

智利已经在《卡塔赫纳生物安全议定书》上签字,但是还没有批准加入该议定书。没有迹象表明智利政府的这一态度会在近期有所改变。

(11)国际条约/论坛

智利是一个出口为导向的国家,其中农业出口占这个国家 GDP 的 15%,智利政府对待生物技术的态度非常谨慎。智利在世贸组织、联合国粮农组织、世界食品法典委员会等国际组织的表现都是比较温和的。

(12)相关议题

面对气候变化和粮食安全等全球性议题,智利的一些大学也在从事相关课题的研究。与此同时,美国的一些公司也在与智利的研究机构合作,包括合作研发耐旱的玉米等农作物。由于智利尚未允许在本国种植转基因作物,这些研究成果被带回美国用于商业化种植。

(13)监管与测试

目前,智利还没有制定正式的转基因产品监管和测试计划。

(14)低度出现政策

智利国会正在考虑出台对待转基因产品低度出现(low level presence)的处理办法,但是目前还没有正式批准。一旦批准,这项措施将会被智利政府结合到整个转基因产品规制的法律框架之中。

3. 市场化

(1)市场接受程度

智利的农业出口部门一直对使用转基因技术持保留态度。他们认为转基因技术有可能损害智利农产品的“纯天然”形象,并认为采用转基因技术对智利目前具有国际市场竞争力的产品(园艺作物、三文鱼、林产品)是弊大于利。

(2)公共机构与民众的观点

智利既有支持转基因技术的公共机构,也有反对转基因技术的公共机构,双方都有自己的支持者。近年来,反对者已经成功地在民众心目中灌输了转基因产品不安全的意识;赞成者则艰难地在消除这些恐惧和错误认识。大多数受过良好教育的智利人认为使用转基因技术有利于智利的经济发展。

(3)市场调研

截至2022年,智利还没有就转基因植物和产品做过专门的市场调研。

(三)动物生物技术

1. 生产与贸易

截至2022年,智利既没有使用过,也没有进口过转基因或克隆动物。智利不允许在本国培育转基因动物产品,因此,也没有这方面的出口。相应的法律规范仍是空白。

2. 政策

智利尚未就是否要培育转基因动物展开过讨论。一旦转基因动物研发提到议事日程,相关的职能部门会各司其职,包括卫生部负责人体健康与食品安全事宜,农业部负责动物的卫生健康事宜,环境部负责与环境安全有关的事宜。

第六章　大洋洲

澳大利亚和新西兰是大洋洲中最主要的两个国家，且都是发达国家。两国由于经济发展水平相当、文化基础相似（都是英语国家），彼此的农业政策也有许多相通之处。包括澳大利亚—新西兰标准局在内，两国在许多领域都是一起合作共事的。因此，不难理解两国对待转基因农业政策的态度也是比较相似的，它们兼具美国和欧盟的管制特点。一方面，转基因农业在这两个国家能得到长足发展，这得益于两国对待转基因产业持开放态度。澳大利亚的转基因粮食产量在世界上也是名列前茅，且不少供出口其他国家，这一点类似美国。另一方面，两国对转基因食品设置严格的市场准入制度，包括规定较低的阈值标准（1%），这又有点像欧盟（0.9%）。正因有这样一套严格的规范制度，澳大利亚和新西兰不仅利用自身的自然条件发展转基因农业，同时也确保转基因产业健康、有序地发展，而这一点对于保护这两个国家脆弱的生态环境和消费者的身体健康都是至关重要的。

一、澳大利亚

澳大利亚管制转基因食品的法律依据是《食品标准法典》第 1.5.2 条标准，其立法宗旨是确保只有经过安全评估并且获得政府批准的食品才能进入澳大利亚市场。事实上，并不是所有获得批准生产的转基因作物都进入市场供消费者消费。许多转基因作物是用于生产动物饲料。另外一些获得批准的转基因作物因其生产成本等原因最终并没有进入消费市场。澳大利亚卫生部下属的“基因技术管理者办公室”负责监督转基因技术的开发和向自然环境释放转基因生物。基因技术管理者办公室的主要职责是确保所有与转基因生物有关的活动是在履行法律义务和遵守《基因技术法》的前提下进行的。《食品标准法典》规定,含有新的DNA成分或蛋白质的食品及成分(包括添加剂和加工辅助产品)都必须贴有“转基因”字样。有些食品虽然是从转基因作物中提炼而成,但是已经不含任何新的DNA或新的蛋白质,澳大利亚法律不要求这类食品必须贴上“转基因”标注。对于违反《基因技术法案》的行为,任何人都可以举报。基因技术管理者办公室提供联系方式,并为举报人保密。

(一)概述

在澳大利亚,转基因食品受《食品标准法典》(Food Standards Code)第1.5.2条标准调整。[①] 该标准包括两部分内容:强制性市场准入前审批(包括食品安全评估)和强制性标签规定。第1.5.2条标准的宗旨是确保只有经过安全评估并且获得政府批准的食品才能进入澳大利亚市场。目前,已经获准进入市场的转基因食品都明确列在《食品标准法典》第26列表(Schedule 26 of the Food Standards Code)之中。[②] 任何人希望修改上述列表,增加转基因食品,需要参阅《申请指南手册》(Application Handbook),并经过严格的审批程序。[③]

(二)转基因食品的管制

在澳大利亚,并不是所有获得批准生产的转基因作物都进入市场供消费者消费。许多转基因作物是用于生产动物饲料。另外一些获得批准的转基因作物由于种种原因最终并没有进入消费市场。例如,有些转基因作物加工的食品因其成本等原因,其市场价值并不高。

所有转基因食品上市之前都必须逐个经过澳大利亚—新西兰食品标准局(Food Standards Australia-New Zealand)的风险评估,[④]评估报告对社会公开。目前,该机构采用的是由经合组织开发的“唯一识别符”系统,用来识别每一种转基因作物,即每一种转基因作物都有一个像身份证号码一样的识别符。识别符是一套9个字母和数字构成的符号,包括由2个连字符隔开的3个部分组成。例如,DAS-81910-7这一识别符中的前面3个字母(DAS)表示转基因技

---

① 该条款将转基因食品定义为“通过基因技术生产的食品”(food produced through gene technology)。用转基因作物生产加工添加剂的,受同一法典第1.3.3条标准“加工辅助产品”(processing aids)调整。

② 参见Australian Government Federal Register of Legislation,载https://www.legislation.gov.au/Series/F2015L00450,2020年2月27日最后访问。

③ 参见Food Standards Australia-New Zealand:Application Handbook,载http://www.foodstandards.gov.au/code/changes/pages/applicationshandbook.aspx,2020年2月27日最后访问。

④ 澳大利亚—新西兰食品标准局是两国于1991年联合成立的机构,其主要职责包括:(1)共同制定食品标准,并指导如何使用;(2)解释诸如标签、添加剂、化学成分等涉及食品的事项;(3)就食品安全事件与有关方面进行磋商;(4)帮助食品生产企业理解《食品标准法典》。

术的开发者或使用申请人，后面5个数字（81910）代表转基因产品，最后一个数字7代表验证人（见表6-1-1）。

表6-1-1 澳大利亚已经获批的转基因作物一览

作物名称	提炼食品来源	经合组织开发的“唯一识别符”	商业特征	申请号	申请者	状态
大豆	Herbicide-tolerant soybean line40-3-2	MON-04032-6	Glyphosate tolerance	A338	孟山都（澳大利亚）公司	2000年批准
	High oleic acid soybeans lines G94-1, G94-19 and G168	DD-026005-3	High oleic acid	A387	杜邦公司	2000年批准，2011年因商业原因申请撤回
	Herbicide-tolerant soybean lines A2704-12 and A5547-127	ACS-GM005-3 ACS-GM006-4	Glufosinate tolerance	A481	拜耳作物科技公司	2004年批准
	Herbicide-tolerant soybean line MON 89788	MON-89788-1	Glufosinate tolerance	A592	孟山都（澳大利亚）公司	2008年批准
	Herbicide-tolerant Soybean line DP-356043-5	DP-356043-5	Acetolactate synthase inhibitors tolerance, Glyphosate tolerance	A1006	先锋高科技培育国际公司	2010年批准
	High oleic acid soybean line DP-305423-1	DP-305423-1	High oleic acid	A1018	先锋高科技培育国际公司	2010年批准
	Insect-protected soybean line MON87701	MON-87701-2	Lepidoptera protection	A1035	孟山都（澳大利亚）公司	2010年批准
	Stearidonic acid containing soybean line MON87769	MON-87769-7	High stearidonic acid	A1041	孟山都（澳大利亚）公司	2011年批准
	Herbicide-tolerant soybean line DAS-68416-4	DAS-68416-4	2,4-D tolerance, Glufosinate tolerance	A1046	陶氏农业科技公司	2011年批准
	Herbicide-tolerant, high oleic acid soybean line MON87705	MON-87705-6	Glyphosate tolerant, High oleic acid	A1049	孟山都（澳大利亚）公司	2011年批准
	Herbicide-tolerant soybean line FG72	MST-FG072-2	Glyphosate tolerance, Isoxaflutole tolerance	A1051	拜耳作物科技公司	2012年批准

续表

作物名称	提炼食品来源	经合组织开发的“唯一识别符”	商业特征	申请号	申请者	状态
大豆	Herbicide-tolerant soybean line MON87708	MON-87708-9	Dicamba tolerance	A1063	孟山都(澳大利亚)公司	2012年批准
	Herbicide-tolerant soybean line CV127	BPS-CV127-9	Imidazolinone tolerance	A1064	巴斯夫种植科技公司 GmbH	2012年批准
	Herbicide-tolerant soybean line DAS-44406-6	DAS-44406-6	2,4-D tolerance, Glufosinate tolerance, Glyphosate tolerance	A1073	陶氏农业科技公司	2013年批准
	Herbicide-tolerant soybean line SYHT0H2	SYN-000H2-5	Glufosinate tolerance, Mesotrione tolerance	A1081	拜耳作物科技公司和先正达公司	2014年批准
	Insect-protected soybean line DAS-81419-2	DAS-81419-2	Lepidoptera protection	A1087	陶氏农业科技公司	2014年批准
	Insect-protected soybean line MON87751	MON-87751-7	Lepidoptera protection	A1110	孟山都(澳大利亚)公司	2016年批准
油菜	Herbicide-tolerant canola line GT73	MON-00073-7	Glyphosate tolerance	A363	孟山都(澳大利亚)公司	2000年批准
	Herbicide-tolerant canola lines Topaz 19/2 & T45 and Herbicide-tolerant and pollination-controlled lines Ms1, Ms8, Rf1, Rf2 and Rf3	ACS-BN007-1 ACS-BN008-2 ACS-BN004-7 ACS-BN005-8 ACS-BN001-4 ACS-BN002-5 ACS-BN003-6	Glufosinate tolerance, Male sterility, Fertility restoration	A372	安万特作物科技公司	2002年批准
	Herbicide-tolerant canola line Westar Oxy-235	ACS-BN011-5	Bromoxynil tolerance	A388	安万特作物科技公司	2002年批准
	Herbicide-tolerant canola line MON88302	MON-88302-9	Glyphosate tolerance	A1071	孟山都(澳大利亚)公司	2013年批准
	Herbicide-tolerant canola line DP-073496-4	DP-073496-4	Glyphosate tolerance	A1089	先锋高科技培育国际公司	2014年批准

续表

作物名称	提炼食品来源	经合组织开发的“唯一识别符”	商业特征	申请号	申请者	状态
玉米	Insect-protected corn MON810	MON-00810-6	Lepidoptera protection	A346	孟山都(澳大利亚)公司	2000 年批准
	Herbicide-tolerant corn line GA21	MON-00021-9	Glyphosate tolerance	A362	孟山都(澳大利亚)公司	2000 年批准
	Herbicide-tolerant corn T25	ACS-ZM003-2	Glufosinate tolerance	A375	安万特作物科技公司	2002 年批准
	Herbicide-tolerant and insect-protected corn line DBT418	DKB-89614-9	Glufosinate tolerance, Lepidoptera protection	A380	孟山都(澳大利亚)公司	2002 年批准
	Herbicide-tolerant DLL25 corn	—	—	A381	孟山都(澳大利亚)公司	已撤回
	Insect-protected corn line Bt-176	SYN-EV176-9	Glufosinate tolerance, Lepidoptera protection	A385	先正达公司	2001 年批准
	Insect-protected and Herbicide-tolerant corn line Bt-11	SYN-BT011-1	Glufosinate tolerance, Lepidoptera protection	A386	先正达公司	2001 年批准
	Herbicide-tolerant corn line NK603	MON-00603-6	Glyphosate tolerance	A416	孟山都(澳大利亚)公司	2002 年批准
	Herbicide-tolerant and insect-protected corn line 1507	DAS-01507-1	Glufosinate tolerance, Lepidoptera protection	A446	陶氏农业科技公司	2003 年批准
	Insect-protected corn line MON 863	MON-00863-5	Coleoptera protection	A484	孟山都(澳大利亚)公司	2003 年批准
	Herbicide-tolerant and insect-protected corn line DAS-59122-7	DAS-59122-7	Glufosinate tolerance, Coleoptera protection	A543	陶氏农业科技公司	2005 年批准

续表

作物名称	提炼食品来源	经合组织开发的“唯一识别符”	商业特征	申请号	申请者	状态
玉米	Herbicide-tolerant and insect-protectedcorn line MON88017	MON-88017-3	Glyphosate tolerance, Coleoptera protection	A548	孟山都(澳大利亚)公司	2006年批准
	High lysine corn line LY038	REN-00038-3	Increased lysine content	A549	孟山都(澳大利亚)公司	2007年批准
	Insect-protected corn line MIR604	SYN-IR604-5	Coleoptera protection	A564	先正达公司	2006年批准
	Amylase-modified corn line 3272	SYN-E3272-5	Thermostable alpha amylase production	A580	先正达公司	2008年批准
	Insect-protected corn line MON89034	MON-89034-3	Lepidoptera protection	A595	孟山都(澳大利亚)公司	2008年批准
	Insect-protected corn line MIR162	SYN-IR162-4	Lepidoptera protection	A1001	先正达公司	2009年批准
	Herbicide-tolerant corn line DP-098140-6	DP-098140-6	Acetolactate synthase inhibitors tolerance, Glyphosate tolerance	A1021	先锋高科技培育国际公司	2010年批准
	Drought-tolerant corn line MON87460	MON-87460-4	Drought tolerance	A1029	孟山都(澳大利亚)公司	2010年批准
	Herbicide-tolerant corn line DAS-40278-9	DAS-40278-9	2,4-D tolerance, “fop” herbicide tolerance	A1042	陶氏农业科技公司	2011年批准
	Insect-protected corn line 5307	SYN-05307-1	Coleoptera protection	A1060	先正达公司	2012年批准
	Herbicide-tolerant corn line MON87427	MON-87427-7	Glyphosate tolerance	A1066	孟山都(澳大利亚)公司	2012年批准

续表

作物名称	提炼食品来源	经合组织开发的"唯一识别符"	商业特征	申请号	申请者	状态
玉米	Herbicide-tolerant and insect-protected corn line MON87411	MON-87411-9	Glyphosate tolerance, Coleoptera protection	A1097	孟山都(澳大利亚)公司	2015 年批准
	Herbicide-tolerant and insect protected corn line 4114	DP-004114-3	Glufosinate tolerance, Coleoptera protection, Lepidoptera protection	A1106	先锋高科技培育国际公司	2015 年批准
	Herbicide-tolerant corn line MZHG0JG	SYN-000JG-3	Glyphosate tolerance, glufosinate tolerance	A1112	先正达公司	2016 年批准
	High yield corn line	MON-87403-1	Increased ear biomass	A1114	孟山都(澳大利亚)公司	2016 年批准
	Herbicide-tolerant and insect protected corn line MZIR098	SYN-00098-3	Glufosinate tolerance, Coleoptera protection	A1116	先正达公司	2016 年批准
	Herbicide-tolerant corn line MON87419	MON-87419-8	Glufosinate tolerance, Dicamba tolerance	A1118	孟山都(澳大利亚)公司	2016 年批准
土豆	Insect-protected potato lines BT-06, ATBT04-06, ATBT04-31 ATBT04-36, SPBT02-05	NMK-89812-3 NMK-89761-6 NMK-89170-9 NMK-89279-1 NMK-89576-1	Coleoptera protection	A382	孟山都(澳大利亚)公司	2001 年批准
	Insect-and virus-protected potato lines RBMT21-129, RBMT21-350 and RBMT22-82	NMK-89684-1 NMK-89185-6 NMK-89896-6	Potato leaf roll virus protection	A383	孟山都(澳大利亚)公司	2001 年批准
	Insect-and virus-protected potato lines RBMT15-101, SEMT15-02 and SEMT15-15	NMK-89653-6 NMK-89935-9 NMK-89930-4	Potato virus Y protection	A384	孟山都(澳大利亚)公司	2001 年批准

续表

作物名称	提炼食品来源	经合组织开发的“唯一识别符”	商业特征	申请号	申请者	状态
土豆	Reduced acrylamide potential and reduced browning potato line E12	SPS-00E12-8	Reduced levels of asparagine and reducing sugars	A1128	SPS 国际	2016 年批准
甜菜	Herbicide-tolerant sugarbeet line GTSB77	SY-GTSB77-7	Glyphosate tolerance	A378	孟山都(澳大利亚)公司	2002 年批准
	Herbicide-tolerant sugarbeet line H7-1	KM-000H71-4	Glyphosate tolerance	A525	孟山都(澳大利亚)公司	2005 年批准
棉花	Insect-protected cotton lines 531、757 and 1076	MON-00531-6 MON-00757-7 MON-89924-2	Lepidoptera protection	A341	孟山都(澳大利亚)公司	2000 年批准
	Herbicide-tolerant cotton line 1445	MON-01445-2	Glyphosate tolerance	A355	孟山都(澳大利亚)公司	2000 年批准
	Herbicide-tolerant cotton lines 10211 and 10222	BXN-10211-9 BXN-10222-2	Bromoxynil tolerance	A379	Stoneville Pedigreed 种子公司和安万特作物科技公司	2002 年批准
	Insect protected cotton line 15985	MON-15985-7	Lepidoptera protection	A436	孟山都(澳大利亚)公司	2002 年批准
	Insect-protected cotton line COT102	SYN-IR102-7	Lepidoptera protection	A509	先正达公司	2005 年批准
	Herbicide-tolerant and insect-protected cotton line MXB-13	DAS-21023-5 x DAS-24236-5	Glufosinate tolerance, Lepidoptera protection	A518	陶氏农业科技公司	2005 年批准
	Herbicide-tolerant cotton line LL25	ACS-GH001-3	Glufosinate tolerance	A533	拜耳作物科技公司	2006 年批准
	Herbicide-tolerant cotton line MON88913	MON-88913-8	Glyphosate tolerance	A553	孟山都(澳大利亚)公司	2006 年批准

续表

作物名称	提炼食品来源	经合组织开发的“唯一识别符”	商业特征	申请号	申请者	状态
棉花	Herbicide-tolerant cotton line GHB614	BCS-GH002-5	Glyphosate tolerance	A614	拜耳作物科技公司	2009 年批准
	Insect-protected cotton line COT67B	SYN-IR67B-1	Lepidoptera protection	A615	先正达公司	2009 年批准
	Herbicide-tolerant and insect-protected cotton line T304-40	BCS-GH004-7	Glufosinate tolerance, Lepidoptera protection	A1028	拜耳作物科技公司	2010 年批准
	Herbicide-tolerant and insect-protected cotton line GHB119	BCS-GH005-8	Glufosinate tolerance, Lepidoptera protection	A1040	拜耳作物科技公司	2011 年批准
	Herbicide-tolerant Cotton Line MON88701	MON-88701-3	Dicamba tolerance, Glufosinate tolerance	A1080	孟山都(澳大利亚)公司	2014 年批准
	Herbicide-tolerant Cotton Line DAS-81910-7	DAS-81910-7	2,4-D tolerance, Glufosinate tolerance	A1094	陶氏农业科技公司	2014 年批准
小麦	Herbicide-tolerant wheat line MON71800			A524	孟山都(澳大利亚)公司	2004 年撤回
紫花苜蓿	Herbicide-tolerant lucerne lines J101 & J163	MON-00101-8 MON-00163-7	Glyphosate tolerance	A575	孟山都(澳大利亚)公司	2007 年批准
	Reduced lignin lucerne line KK179	MON-00179-5	Reduced lignin	A1085	孟山都(澳大利亚)公司	2014 年批准
大米	Herbicide-tolerant rice line LLRICE62	ACS-OS002-5	Glufosinate tolerance	A589	拜耳作物科技公司	2008 年批准

(三)转基因食品的管制机构

1. 基因技术管理者的基本职能

澳大利亚卫生部下属的“基因技术管理者办公室”负责监督转基因技术的

开发和向自然环境释放转基因生物。[①] “基因技术管理者”是一名法定的独立公职人员。他对澳大利亚 2000 年颁布的《基因技术法》(Gene Technology Act)和相关州与自治区的法律负责。[②] 管理者由澳大利亚总督在征得大多数州和自治区的同意后任命。目前的基因技术管理者是瑞·博拉(Raj Bhula)博士,她的任期从 2016 年 7 月 18 日开始,任期 5 年,负责澳大利亚全国的基因技术管理工作。

根据《基因技术法》第 27 节规定,基因技术管理者的职能包括:

(1)依据法案第五部分的授权,颁发与转基因生物有关的许可证;

(2)制定与转基因生物相关活动的指南;

(3)起草与转基因生物相关的立法;

(4)向公众和政府部门提供咨询意见;

(5)组织与转基因生物相关的安全评估;

(6)协调转基因生物的管理工作;

(7)了解别的国家管理转基因生物的情况;

(8)参与国际组织的相关活动;

(9)监督法律的执行情况,定期向卫生部部长和联邦议会报告。

2. 颁布从事转基因生物的授权

从事转基因生物研究的机构可以依照《基因技术法》第 91~98 节向基因技术管理者申请获得授权。各类活动的许可证申请表格都可以在基因技术管理者办公室网站下载。[③] 这些表格是根据《基因技术法》和澳大利亚各州、地区的法律制作的,包括申请内容的评估以及如何转让、归还、中止许可证的程序。[④] 在审批过程中,基因技术管理者需要审核该申请人是否具备足够的资源和完善的内部管理机制,以确保其有效监管转基因生物研究,包括检查从事与转基因生物有关活动的设施和专业人员资质。在被授权之前,相关机构应该建立规范的生物安全委员会,或者有条件接近该委员会。委员会由相关专家组成,其中至少一名是来自非政府部门的独立人士。对于危险程度较低、不需要基因技术管理者个案审查的申请,生物安全委员会需要进行现场评估。在对申请者提供

---

① 参见该办公室网站:http://www.ogtr.gov.au/,2020 年 2 月 27 日最后访问。

② 新西兰的类似机构是“环境保护署”(Environment Protection Authority),依据的是该国 1996 年颁布的《有害物质与新生物法》[Hazardous Substances and New Organisms (HSNO) Act]。

③ 参见 Applications forms to work with GMOs,载基因技术管理者办公室网站:http://www.ogtr.gov.au/internet/ogtr/publishing.nsf/Content/apps-for-gmo,2020 年 2 月 27 日最后访问。

④ 有关授权的申请程序,参见 Guidelines for Accreditation of Organisations,载基因技术管理者办公室网站:http://www.ogtr.gov.au/internet/ogtr/publishing.nsf/Content/accredguideorg-1,2020 年 2 月 27 日最后访问。

的材料进行审查后,生物安全委员会向基因技术管理者递交报告。获得授权从事转基因生物研究的机构名单公布在基因技术管理者办公室网站。①

3. 基因技术管理者的管理事项

基因技术管理者的主要职责是确保所有与转基因生物有关的活动是在履行法律义务和遵守《基因技术法》的前提下进行的。基因技术管理者的职权部分来源于澳大利亚联邦法,部分来自各州和地区法律的授权。基因技术管理者办公室的工作人员会定期检查从事转基因生物研究的场所,每年检查的场所不少于获批场所的20%。检查人员会对检查结果出具报告,作为对相关从业单位使用许可证情况的评估。评估的重点是考察相关转基因生物是否会对人体健康和环境安全构成危害。如果检查中发现存在不遵守法律的现象,检查人员会对相关机构展开调查。如有必要,检查机关还可以请专业审计机构对相关机构审计。审计内容包括审核各类书面证据、观察结论、对有关操作程序和方法的评估。审计的目的是查清相关机构是否制定了有效的管理程序和管理方法,满足了《基因技术法》的各项要求;评估现有程序能否提供有效机制以应对有可能出现的风险,并提出相关的改进意见。审计既可以针对单个机构,也可以针对整个行业;既可以针对某个单项活动,也可以针对所有活动。

4. 对进口转基因生物的要求

《基因技术法》规定,未经授权,在澳大利亚从事包括进口在内的转基因生物活动都是非法的。为了确保在进口转基因生物之前能获得授权,基因技术管理者办公室与澳大利亚卫生防疫检疫署(Australian Quarantine and Inspection Service)保持密切联系,尤其是涉及转基因种子和粮食的进口。转基因种子和粮食进口时,进口商需要在卫生防疫检疫署提供的进口申请表中作出如实陈述。

(四)非故意掺入转基因生物的应对策略

1. 背景介绍

与澳大利亚批准用于商业目的的转基因作物数量相比(仅限于一种康乃馨、若干种棉花和两种油菜),其他国家批准用于商业用途的转基因作物品种要多得多。

截至2022年,有近80种转基因作物在全世界16个国家进行商业化种植。大多数转基因生物技术是用于对油菜、大豆、玉米、棉花这四类作物的改良。此外,还有少量的转基因木瓜、土豆、南瓜和西红柿。

---

① 参见 Accredited Organisations,载基因技术管理者办公室网站:http://www.ogtr.gov.au/internet/ogtr/publishing.nsf/Content/accredorg-1,2020年2月27日最后访问。

除了上述经过批准进入商业领域的转基因产品外，澳大利亚市场上还会出现一些转基因产品夹杂在传统的非转基因产品之中。这些转基因产品的存在并非故意，而是由于种种原因无意间掺和进去的，例如，在混合使用运输链时，转基因作物的遗留物夹杂在非转基因作物之中。为此，澳大利亚于2002年专门成立了一个跨部门协调工作小组。该小组成员来自政府各个与转基因产品管理相关的职能部门，包括生物技术委员会、环境与遗产部、农业、渔业和林业部、外交与贸易部、澳大利亚—新西兰食品标准局、基因技术管理者办公室。委员会成员一致认为，由于进口种子用于耕种，其影响大于一般的作物，因此在防范转基因产品的掺和问题上应该优先予以关注。2005年，委员会制定了“非故意转基因产品掺入防范战略”，并得到生物技术部长理事会的批准。目前，澳大利亚规定的“非故意出现转基因生物”可接受标准（阈值标准）是不超过1%，这个标准在世界范围内仅比欧盟略高出一点，但是比日本低许多。① 可见，尽管澳大利亚的农业相当发达，他们对待转基因技术的利用还是非常慎重的。

2. 非故意掺入转基因产品防范战略

“非故意掺入转基因产品防范战略”的三项指导原则是：（1）产业协同规制；（2）离岸风险隔离；（3）政府监管高风险产品的进口。其具体内容与实施方法见表6-1-2。

表6-1-2　“非故意掺入转基因产品防范战略”分以下6个部分具体实施

战略内容	实施方法
风险描述——遴选出最有可能存在非故意掺入转基因产品的进口种子	基因技术管理者办公室就评估进口产品的数据与澳大利亚卫生防疫检疫署达成一份谅解备忘录。评估方法是根据用于播种的进口种子数据加上澳大利亚环境部等机构提供的海外转基因生物商业化生产的信息遴选出8种优先考虑的作物。其次考虑另外4种有较高可能性存在非故意掺入转基因产品的作物
质量保证/身份保留	产业界采用质量保证制度和身份保留制度来确保种子的质量。澳大利亚基因技术管理者办公室开发出一个系统，专门供愿意采用的企业监测其质量

① 欧盟的标准是0.9%，日本的标准是5%。参见GM Food Labelling in Australia: Delivering Affordable Choice, April 2010, p. 3。

续表

战略内容	实施方法
实验室测试	基因技术管理者办公室制定的操作规范供企业自愿选用测试项目。测试的企业要确保能够控制进口未经批准的种子。目前,澳大利亚基因技术管理者办公室与国家管理措施研究院正在商讨具体的风险管控方法
批准/推动澳大利亚管理机构的风险评估措施	基因技术管理者办公室通过分析,列举了一份转基因生物偶然出现风险最高的12种进口作物种子,分别是油菜、棉花、玉米、土豆、西红柿、木瓜、大豆、南瓜、紫苜蓿、青草、大米、小麦。这份材料作为应对偶然出现未经批准转基因生物采取紧急措施的依据
进口之后的市场抽查	基因技术管理者办公室认识到澳大利亚在防范未经批准转基因生物非故意出现方面存在立法漏洞,并与工业界合作制定企业自愿遵守守则。守则旨在尽早从种子的销售环节分离出非故意掺入的转基因作物。2007年,基因技术管理者办公室抽查了一批包括拜耳、先锋、先正达在内的较大的种子培育公司。这给基因技术管理者办公室掌握企业的第一手资料、制定问卷表格奠定了基础。2008年,基因技术管理者办公室与澳大利亚种子联合会共同对2007年第一次实施的抽查效果进行评估。结论显示,被抽查的5家公司没有出现质量问题。基因技术管理者办公室正在继续与澳大利亚种子联合会合作,扩大抽查范围
强制行动	如果抽查到未经批准的转基因生物,基因管理者办公室会根据具体情况采取相应措施。与此同时,基因技术管理者办公室还会继续与澳大利亚政府相关部门、企业界、各州和地区进行磋商,完善应对机制

3. 企业界的应对措施

如果澳大利亚的企业在生产中发现未经批准的转基因产品,应尽快与基因技术管理者办公室取得联系。澳大利亚于2007年修订的《基因技术法》新加了一个条款,授权基因技术管理者可以签发"非故意处置"(inadvertent dealing)许可证。如果基因技术管理者确认某人是无意间获得转基因生物的,基因技术管理者可以在得到这个人的同意后,按照法案第40A节对他按照"非故意处置"申请人对待。任何人可以按照法案第40A节就非故意处置申请许可。基因技术管理者可以给为保护人类健康和环境安全处置转基因生物的申请人颁发最长不超过12个月的临时许可证。颁发临时处置许可证的要求比其他类型的许可证要简单些。

4. 事先处置非故意掺入转基因生物的机会

对于有可能存在非故意掺入转基因产品的企业，基因技术管理者给予其自由选择的机会，允许该企业主动融入管理工作。这样的机会事实上给予企业事先授权处置转基因生物，只要这种处置是在事先批准的作物种植场所进行。这种事先授权有别于事发以后的授权，可以帮助企业更加及时处置。

企业在采用这种事先处置方式之前需要满足《基因技术法》规定的一些要求，包括：(1)具备法案规定作物种植场所(PC2 Plant House)；(2)有条件接触到常设生物安全委员会(Institutional Biosafety Committee)；(3)能够让常设生物安全委员会评估企业设立的“低度危害处置通报系统”(notifiable low risk dealings)。

(五)转基因食品的标签制度

1. 标注的目的

在澳大利亚，标签的功能不是表明食品是否安全，而是便于消费者选择。含有新的DNA成分或蛋白质的食品及成分(包括添加剂和加工辅助产品)都必须贴有“转基因”字样。《食品标准法典》第1.5.2条规定，“新的DNA成分或蛋白质”是指“由于采用基因技术，其化合结果或结构不同于没有采取基因技术处理的同种食品所含的DNA成分或蛋白质，不是指用作加工辅助材料或食品添加剂的蛋白质，也不是指通过自然作用含氨基酸的蛋白质”。

如果与非转基因食品相比，包括营养成分在内的主要特征被改变的转基因食品也需要标注，如增加了油酸成分的大豆。这些转基因食品被列在《食品标准法典》第26条列表的S26-3(2)栏目中。按规定，这些食品必须注明“转基因”字样以及其他所需的标签信息。即使相关食品已经注明含有“新的DNA成分或蛋白质”，上述信息也不能缺少。

2. 标注位置

澳大利亚法律对于转基因食品的标注位置也有明确规定。“转基因”字样要么紧挨着食品名称(如“转基因大豆”)，要么在食品成分表中单列转基因成分[如“(转基因)大豆粉”]。如果是散装食品，相关信息必须与食品放在一起告知消费者。

3. 标注豁免

有些食品虽然是从转基因作物中提炼而成，但是已经不含任何新的DNA或新的蛋白质，其食品的基本特征也没有发生改变。澳大利亚法律不要求这类食品必须含有“转基因”标注，这是因为这些食品的构成与特征与普通非转基因食品完全一样。食糖和食用油是上述食品的典型代表，属于高度提炼的物质。这些食品在提炼过程中去掉了转基因作物中的DNA和蛋白质，包括新的

DNA 和蛋白质,已经无法检测到转基因成分。此外,按照国际上通行惯例,澳大利亚不要求食用转基因作物饲料的牲畜、禽类生产的肉、蛋和牛奶进行“转基因”标注。[①] 在餐馆、外卖窗口以及零售摊贩销售的速食食品也不需要注明是否是转基因食品。如果消费者向商家了解情况,商家则有义务如实告知,不得欺骗或误导消费者。用转基因作物生产的调味品,所占比例不超过 1% 的,也不需要标注。

如果是非故意掺入,非转基因食品中出现总量不超过 1% 转基因成分的,不需要标注。这意味生产商如果在生产食品时无意间加入了转基因作物作为原材料,且含量不超过 1%,可以免除标注义务。

4. 改变特征的标注

在决定一种转基因食品是否有被改变的特征,以至于需要标注“转基因”时,应考虑以下两个因素:

(1) 与同类非转基因食品相比,转基因是否导致食品的构成和营养成分发生重大变化;

(2) 相对于现有同类的非转基因食品,转基因食品的使用方式是否不同。

此外,澳大利亚—新西兰食品标准局还会考虑是否需要对食品特征改变增加额外的标注要求。例如,通过转基因技术而含有高赖氨酸的玉米需要特别标注。澳大利亚—新西兰食品标准局的上述决定是在逐个审查基础上作出的。

5. 关于“非转基因”和“不含转基因”的表述

在澳大利亚,是否要标注“非转基因”或“不含转基因”等信息,这由生产商自主决定,但是受到澳大利亚和新西兰的公平贸易法等法律的调整。这些法律禁止对食品有虚假、欺骗和误导消费者的表述。[②] 如果别的生产企业认为上述标注有欺诈或违反公平竞争之嫌,可以起诉相关涉事企业。

(六) 对不守规则的举报

如果有人不遵守《基因技术法》,任何人都可以举报。举报可以按照基因技术管理者办公室网址公布的邮件地址、通信地址、传真号码等联系方式提供信息。基因技术管理者办公室为举报人保密。为了提高办事效率,基因技术管理者办公室为举报人提供举报信的格式,包括以下几个方面:

---

① 参见澳大利亚—新西兰食品标准局:GM Foods: Safety Assessment of Genetically Modified Foods,载 http://www.foodstandards.gov.au/consumer/gmfood/safety/documents/GM%20Foods_text_pp_final.pdf,2020 年 2 月 27 日最后访问。

② 有关这方面的法律规定,可参见 Australian Competition and Consumer Commission,载 http://www.accc.gov.au/,2020 年 2 月 27 日最后访问。

(1)举报人姓名、称呼、通信地址、联系电话。

(2)被举报人所持有的许可证号码及其姓名;如果有个人或机构参与其中,还包括上述人员和机构的相关信息。

(3)举报内容概述,包括相关人员姓名、举报日期、事件发生的时间和地点以及其他相关信息。

(4)如果上述信息不全,举报人应表明自己是如何意识到问题的严重性。

(5)任何了解举报事项的其他相关人员信息。

(6)如果举报人之前已经将举报内容告知别的机构,列出该机构名称及其反馈意见。

(7)任何有助于基因技术管理者办公室调查的文件、档案等材料名称。

(8)如果基因技术管理者办公室认为别的机构更适合处理举报事项,举报人是否同意其透露自己的信息。

二、新西兰

在新西兰,转基因生物的进口、开发、测试和向自然环境释放都受到严格管制。这些活动事先必须得到环境保护主管当局的批准。该机构在批准上述活动之前,需要考察与之相关的各种潜在风险和利益,包括环境、经济、社会、文化和公共健康等方面的考虑。根据立法规定,上述活动的申请内容一般需要向社会公开。

目前,转基因技术在新西兰已经获得批准用于与植物和动物有关的研究,但是这些研究受到严格控制,并且在封闭的环境下进行。迄今为止,新西兰只开发过一种预防马流感的含转基因产品疫苗。相关立法规定,上述研究需要受到检查,有关部门也可以在必要的时候采取强制措施。违反法律规定的行为有可能导致刑事和民事处罚。违规者会被责令消除对民众或环境产生的不利影响,或者对其行为作出赔偿。

新西兰目前没有转基因作物种植,销售的新鲜农产品和肉类也没有经过转基因技术处理。转基因食品和含有转基因成分食品的进口必须经过食品安全主管机构的批准。经过批准的转基因食品或含有转基因成分的食品投放市场时必须在食品包装上有标明转基因生物的标签。转基因生物的开发和利用在新西兰是一个引起广泛争议和有冲突的话题。新西兰目前的管制态度很大程度上取决于现有的科学发现和该国“皇家转基因委员会”的建议。皇家转基因委员会最近的建议是在2001年作出的,基本立场是要求新西兰政府谨慎推进转基因生物产业发展。然而,皇家转基因委员会的建议却遭到一些民众的抗议。许多人一直呼吁新西兰成为一个“无转基因”的国家。

（一）概述

在新西兰，包括转基因生物在内的"新生物品种"进口、开发、田间测试和向自然环境释放受 1996 年颁布的《有害物质与新生物法》（Hazardous Substances and New Organisms Act）调整，[①]并受环境保护署（Environmental Protection Agency）具体管制。[②] 该机构所持立场与新西兰政府保持一致，对待生物技术持谨慎态度，只在有证据证明某项生物技术的利益大于风险时，才会批准开发。在管制通过生物技术提炼的产品时，环境保护署考虑的因素包括该产品对环境、人体健康、生命安全、经济、社会、文化以及人民福祉的影响，同时也要保护毛利族文化和他们与环境的关系以及新西兰承担的国际义务。

新西兰国内生产的转基因产品极其有限。目前，不存在商业化种植的转基因作物，市场上销售的新鲜农产品和肉类也都不含转基因生物。[③] 加工食品中含有进口转基因物质成分的，销售之前都要经过安全评估，而且符合标签规定。[④] 据美国农业部报道，新西兰是"全世界对转基因生物设立最全面和最严苛审批制度的国家之一"。[⑤] 转基因技术在新西兰只能用于户外封闭环境下特定的田间研究，如病虫控制、药物研究、作物和动物的产量提高等。[⑥] 迄今为

① 参见 Hazardous Substances and New Organisms Act 1996, Part 1, 2A（meaning of term new organism），载 http://www.legislation.govt.nz/act/public/1996/0030/latest/DLM381222.html，2020 年 2 月 27 日最后访问。

② 环境保护署成立之前，由环境风险管理局（Environmental Risk Management Authority）管制。参见 New Organisms and the HSNO Act, MFE，载 https://www.mfe.govt.nz/more/hazards/risks-new-organisms/nz-regulation-new-organisms/new-organisms-and-hsno-act，2020 年 2 月 27 日最后访问；What We Do: Hazardous Substances and New Organisms, EPA，载 https://www.epa.govt.nz/，2020 年 2 月 27 日最后访问。

③ 参见 Labeling & Safety-Questions & Answers, Ministry for Primary Industries（MPI），载 http://www.foodsmart.govt.nz/whats-in-our-food/genetically-modifed-food/labelling/questions-answers.htm，2015 年 9 月 21 日最后访问。

④ 参见 About GM in New Zealand, Ministry for The Environment（MFE），载 http://www.mfe.govt.nz/issues/managingenvironmental-risks/organisms/gm-in-nz/about.html，2020 年 2 月 27 日最后访问；又见 Field Tests and Outdoor Developments of Genetically Modified Organisms, Environmental Protection Authority（EPA），载 https://epa.govt.nz/，2020 年 2 月 27 日最后访问。

⑤ USDA Foreign Agricultural Service, Gain Report: New Zealand-Biotechnology-GE Plants and Animals（July 15, 2010），载 http://gain.fas.usda.gov/Recent%20GAIN%20Publications/Biotechnology%20-%20GE%20Plants%20and%20Animals_Wellington_New%20Zealand_7-15-2010.pdf，2015 年 9 月 21 日最后访问。

⑥ 参见 About GM in New Zealand, Ministry for the Environment（MFE），载 https://www.mfe.govt.nz/issues/managingenvironmental-risks/organisms/gm-in-nz/about.html，2020 年 2 月 28 日最后访问；又见 Field Tests and Outdoor Developments of Genetically Modified Organisms, Environmental Protection Authority（EPA），载 https://epa.govt.nz/，2020 年 2 月 27 日最后访问。

止,新西兰还没有批准将上述试验产品投入生产。一种用进口转基因技术生产的马流感疫苗是新西兰目前唯一准许用于临床治疗的转基因生物制品。[①] 许多人将这种现象归因于成本高昂、时间冗长、标准不明的审批程序。不过,新西兰的转基因生物技术研究并没有停息过,已批准 21 项这方面的试验,包括转基因作物和转基因动物,其中两项试验还在进行。

目前,《有害物质与新生物法》与转基因生物有关的许多内容已经被结合到 2003 年新修订的法案之中,包括有条件释放新生物品种的条款、民事责任和金钱赔偿制度,以及要求成立一个咨询委员会向决策者提供有关新西兰原住民毛利族相关事务的咨询意见。[②] 立法修正案的制定也是新西兰政府对"皇家转基因委员会"(Royal Commission on Genetic Modification)出具的咨询报告的回应。[③] 该委员会成立于 2000 年,咨询报告是在 2001 年 7 月完成的。[④] 皇家转基因委员会的主要结论是新西兰应该谨慎推进转基因技术,但是不应该对此完全关上大门。[⑤]

尽管新西兰国内对转基因生物采取严格管制是否会对科学和经济发展有潜在影响这一点还有争论,[⑥]新西兰政府对通过基因工程提炼的产品采取严格

---

① 参见 USDA Foreign Agricultural Service, Gain Report: New Zealand Biotechnology Environment (July 15, 2013), 载 http://gain. fas. usda. gov/Recent% 20GAIN% 20Publications/Agricultural% 20Biotechnology%20Annual_Wellington_New%20Zealand_7-15-2013. pdf, 2015 年 9 月 21 日最后访问;又见 New Microorganisms in New Zealand, EPA. https://www. epa. govt. nz/, 2020 年 2 月 27 日最后访问。

② 参见 2003 Law Changes in Response to the Royal Commission on Genetic Modification, MFE, 载 https://www. mfe. govt. nz/site-search? search_api_views_fulltext = issues%20managing%20environ mental%20risks%20organisms%20regulation%20hsno%20law%20changes%202003, 2020 年 2 月 27 日最后访问。

③ 参见 Government Response to the Royal Commission's Report, MFE, 载 https://www. mfe. govt. nz/more/hazards/risks-new-organisms/genetic-modification-new-zealand/royal-commission-genetic-1, 2020 年 2 月 27 日最后访问。

④ 参见 Report of the Royal Commission on Genetic Modification (2001), 载 http://www. mfe. govt. nz/publications/hazards/report-royal-commission-genetic-modification, 2020 年 2 月 27 日最后访问。

⑤ 参见 About the Royal Commission on Genetic Modification, MFE, 载 http://www. mfe. govt. nz/more/hazards/risks-new-organisms/genetic-modification-new-zealand/royal-commission-genetic-0, 2020 年 2 月 27 日最后访问;又见 Allan Coukell, A Step Forward for Genetic Engineering in New Zealand, Georgetown University Library, Digital Georgetown, 载 https://repository. library. georgetown. edu/handle/10822/519004, 2020 年 2 月 28 日最后访问。

⑥ 参见 Paul Gorman, GM Trials' Failure "Not Law's Fault", STUFF. CO. NZ (April 12, 2012), 载 http://www. stuff. co. nz/business/farming/6732484/GM-trials-failure-not-laws-fault, 2020 年 2 月 27 日最后访问;David Fisher, GE Law Probe a Big Surprise, New Zealand Herald (November 20, 2011), 载 http://www. nzherald. co. nz/nz/news/article. cfm? c_id = 1&objectid = 10767413, 2020 年 2 月 27 日最后访问;Press Release, McGuinness Institute, Time for New Zealand to Revisit the Genetic Modification Debate (August 29, 2013), 载 http://www. mcguinnessinstitute. org/site/publications/media_releases/media_release_29_august_2013. aspx, 2015 年 9 月 21 日最后访问。

管制和谨慎的政策似乎没有多少改变的迹象。[①]

（二）公众与学者的观点

2000年年初，新西兰皇家转基因委员会成立伊始就收到来自各类组织和社会各界人士超过1万份的书面申请。[②] 在审理这些申请过程中，新西兰宣布暂停两年接受释放转基因生物的申请。[③] 当新修订的《有害物质与新生物法》于2003年10月29日生效时，暂停审批的决定同时结束。[④] 对此，反对者举行示威游行，抗议取消暂停审批的决定，而新西兰的生物技术产业界和农民对这项决定则表示欢迎。[⑤]

皇家转基因委员会向新西兰政府建议成立一家“生物伦理理事会”（Bioethics Council），其职能是“向政府提供咨询意见和推动新西兰民众就生物技术所引发的文化、伦理和精神方面的问题展开对话”。[⑥] 生物伦理理事会从2002年起开展工作，但是在2009年3月被撤销。[⑦] 是否需要研发在农作物和饲料中

---

① 参见 USDA Foreign Agricultural Service, Gain Report: New Zealand Biotechnology Environment (July 15, 2013)，载 http://gain. fas. usda. gov/Recent% 20GAIN% 20Publications/Agricultural%20Biotechnology%20Annual_Wellington_New%20Zealand_7-15-2013. pdf，2015年9月21日最后访问；又见 New Microorganisms in New Zealand, EPA，载 https://www. epa. govt. nz/，2020年2月28日最后访问。

② 参见 About the Royal Commission on Genetic Modification, MFE，载 http://www. mfe. govt. nz/more/hazards/risks-new-organisms/genetic-modification-new-zealand/royal-commission-genetic-0，2020年2月28日最后访问；又见 Allan Coukell, A Step Forward for Genetic Engineering in New Zealand, Georgetown University Library, Digital Georgetown，载 https://repository. library. georgetown. edu/handle/10822/519004，2020年2月28日最后访问。

③ 参见 Press Release, Hon. Pete Hodgson, GM Research Moratorium Keeps NZ's Options Open (April 17, 2000)，载 http://www. beehive. govt. nz/release/gm-research-moratorium-keeps-nz039s-options-open，2015年9月22日最后访问。

④ 参见 Press Release, Hon. Marian Hobbs, New GM Legislation in Force as Moratorium Expires (October 29, 2003)，载 http://www. beehive. govt. nz/node/18221，2020年2月28日最后访问。

⑤ 参见 Kevin Taylor, Government Opens Door to GE Despite Protests, Polls and Threats, New Zealand Herald (October 29, 2003)，载 https://www. nzherald. co. nz/nz/news/article. cfm? c_id = 1&objectid = 3531306，2020年2月28日最后访问。

⑥ 参见新西兰环境部文件：Genetic Modification: The New Zealand Approach (Spiritual, cultural and ethical issues in genetic modification), June 2004, pp. 18-19，载 http://www. mfe. govt. nz/sites/default/files/genetic-modification-nz-approach. pdf，2020年2月28日最后访问。

⑦ 参见 Toi Te Taiao: The Bioethics Council, MFE，载 https://www. mfe. govt. nz/more/hazards/new-organisms/genetic-modification-new-zealand/bioethics/former-nz-bioethics-council，2020年2月28日最后访问。

使用转基因生物，这在新西兰仍有很大争议。[①] 争论的焦点包括对比基因工程所带来的经济利益[②]与维护新西兰清洁、绿色形象所带来的收益，[③]以及转基因生物对环境危害、对人体健康影响、对精神和文化价值的冲击（这一点对新西兰原住民毛利族影响尤甚）等问题。参与讨论的人由于立场不同，所持的观点差异也很大。[④] 这场争论给新西兰带来很大的影响，加上新西兰政府对待转基因生物管制一直采取平衡各方关注利益的态度，新西兰国内出现大量有关转基因生物以及与此相关的伦理和法律方面的报道，[⑤]包括来自政府机构、学术机构、非政府组织发布的信息以及媒体的报道和评论。

（三）相关立法框架

新西兰已经在《卡塔赫纳生物安全议定书》上签字。新西兰政府管制转基因生物的有关事务都有立法明确规定。最近，有关地方政府根据本地的管理规划是否有权就转基因生物管制采取更加严格的态度在新西兰引发了争议。地方政府制定本地管理规划的权力来自 1991 年制定的《资源管理法》（Resource

---

① 参见 GM Fight Still Rages 20 Years On，TVNZ（November 29，2008），载 http://tvnz. co. nz/health-news/gm-fight-stillrages-20-years-2340450，2015 年 9 月 22 日最后访问；又见 Editorial，The Genetic Modification Debate，Otago Daily Times（September 27，2013），载 http://www. odt. co. nz/opinion/editorial/227675/genetic-modification-debate，2020 年 2 月 28 日最后访问。

② 参见 The Treasury，Economic Risks and Opportunities from the Release of Genetically Modified Organisms in New Zealand（April 17，2003），载 http://www. treasury. govt. nz/economy/reports/gmo，2015 年 9 月 22 日最后访问。

③ 参见 Joanna Gamble，Genetic Engineering：The New Zealand Public's Point of View，The University Ofauckland（2001），载 https://researchspace. auckland. ac. nz/handle/2292/863，2020 年 2 月 28 日最后访问。Doug Ashwell & Su Olsson，"To Be or Not To Be"：An Analysis of Political Rhetoric in the New Zealand Debate on Genetic Modification，Australia and New Zealand Communication Association Online Journal（2002），载 http://www. researchgate. net/publication/228744508_To_be_or_not_to_be_An_Analysis_of_Political_Rhetoric_in_the_New_Zealand_Debate_on_Genetic_Modification，2020 年 2 月 28 日最后访问；Pauline Hamilton，GE or Not GE：The Genetic Engineering Debate in New Zealand，31（12）Chemical Innovation 59（December 2001），载 http://pubs. acs. org/subscribe/archive/ci/31/i12/html/12vp. html，2020 年 2 月 28 日最后访问。

④ 参见 Parliamentary Library，Background Note：Genetic Modification（February 21，2002），载 http://www. parliament. nz/resource/en - nz/00PLEcoRP02011/e6bf6258892942832d8e 1417a38f447a08c63e23，2020 年 2 月 28 日最后访问；Dana Rachelle Peterson，Genetic Modification：A Resource Document for MPs（Parliamentary Library Background Paper No. 26，February 2002），载 http://www. parliament. nz/resource/en-nz/00PLEcoRP02031/9b9daa9d3d61f962d81d 99629eb02357fb73ba0f，2020 年 2 月 28 日最后访问。

⑤ 这方面信息科参见 MFE，Genetic Modification：The New Zealand Approach（June 2004），载 http://www. mfe. govt. nz/publications/hazards/organisms/gm-nz-approach-jun04，2020 年 2 月 28 日最后访问。新西兰政府出台各类法规可参见下列网站：http://www. mfe. govt. nz/publications/organisms/，2015 年 9 月 22 日最后访问。

Management Act),[①]这是新西兰主要的环境立法。该法目前进入重新审议阶段。新西兰政府表示,它将寻求通过立法机关修正该法,澄清地方政府不能就转基因生物管制制定地方性法规。[②]

《有害物质与新生物法》开头的部分条款对于《资源管理法》的解释和适用具有重要意义,其中第4部分指出,本法案的立法目的是"通过预防和控制有害物质和新生物的负面影响,保护环境、公共卫生、人类及其居住的社区安全"。[③]《有害物质与新生物法》管制研究和向自然界释放所有新西兰并不存在的活性物体,包括转基因产生物及其产品和物质,但是具体工作在环境保护署成立之前,由其前身"环境风险管理署"(Environmental Risk Management Authority)负责落实。该机构是依据《有害物质与新生物法》成立的一家独立单位。《有害物质与新生物法》适用于所有潜在的生产、再生产和被加工物质,无论其同时是否是食品或药品。包括转基因产品和物质在内的任何新生物进口、开发、田间测试和向自然界释放之前,都必须获得环境风险管理署的批准。

《有害物质与新生物法》另一些条款确立了新西兰有关部门在依据该法行使决策权时必须考虑的原则和相关事项。这些条款的措辞反映了社会各界对包括转基因生物在内的各种新生物涉及的利益所给予的关注,因此要求对其进行详细的社会风险和经济利益评估。例如,"维护、提高人民及其社区争取改善自身经济、社会、文化和生活福利的能力以及考虑今后几代人合理的需求",这是本法适用过程中必须考虑的目标。[④]《有害物质与新生物法》第6部分是关于其他需要考虑的事项,包括可持续发展、生态系统的内在价值、公共健康、毛利族人与其祖先留下来的土地的关系、水资源保护、有价值的植物和动物

---

① 参见 Keri Molloy, Genetic Modification a Hot Topic, Northern News (May 22, 2013),载 http://www.stuff.co.nz/auckland/local-news/northland/northern-news/8699303/Genetic-modification-a-hot-topic,2020年2月28日最后访问。Julie Moffett & Felix Marwick, Tighter Rules on Genetic Modification in Auckland, Newstalkzb,载 http://www.gene.ch/genet/2013/Sep/msg00055.html,2020年2月28日最后访问。有关这方面的信息,又见 Genetic Modification (GM) and Local Government, MFE,载 http://www.mfe.govt.nz/more/hazards/risks-new-organisms/nz-regulation-new-organisms/gm-and-local-government,2015年9月24日最后访问。

② 参见 Parliamentary Debates (HANSARD), [2013] 691 NZPD 11175 (Questions to Ministers, No. 10.),载 http://www.parliament.nz/resource/en-nz/50HansD_20130625/ec7eab1210d04e13f99149626ba1b352ecef9b32,2015年9月24日最后访问。Marty Sharpe, Minister's GM Move Dismays Opponents, The Dominion Post,载 http://www.stuff.co.nz/dominion-post/news/hawkes-bay/8846254/Ministers-GM-move-dismays-opponents,2020年2月28日最后访问。

③ 参见《有害物质与新生物法》第4部分。

④ 参见《有害物质与新生物法》第5部分(b)。

品种保护,以及某一特定生物品种的经济价值和社会效益。[①]

此外,《有害物质与新生物法》还强调:“所有依据本法行使权力和履行职能的公职人员都必须考虑《怀唐伊条约》(Treaty of Waitangi)确立的基本原则”。[②] 不仅如此,该法的第 7 部分还明确要求依法履行职责和行使权力的公职人员要采取预防态度,强调“即使现有的科学技术对转基因生物的负面影响还不确定”,他们也必须要考虑“在管控负面影响时采取谨慎态度的必要性”。[③]《有害物质与新生物法》不同部分有关转基因生物进口、封闭环境下的开发、田间测试以及向自然环境释放的申请与审批程序的规定都包含对上述活动相关的潜在风险、社会代价和经济利益的考虑。

《有害物质与新生物法》的具体执行由环境部负责,环境保护署则负责执行与新品种生物有关的申请与评估方面的条款。[④] 在法律执行与遵守以及食品安全管理等方面,新西兰的初级产业部(Ministry for Primary Industries)也负有一系列职责。[⑤] 除了《有害物质与新生物法》,其他与转基因生物管制有关的立法还包括:[⑥]

1.《1982 官方信息法》(Official Information Act 1982);

2.《1988 进出口限制法》(Imports and Exports Restrictions Act 1988);

3.《1988 关税与消费税法》(Customs and Excise Act 1988);

4.《1991 澳大利亚—新西兰食品标准法》(Food Standards Australia New Zealand Act 1991);

5.《1996 有害物质与新生物(方法)法》[Hazardous Substances and New Organism (Methodology) Act 1996]。

---

① 参见《有害物质与新生物法》第 6 部分。

② 《怀唐伊条约》(Treaty of Waitangi),又译《威坦哲条约》,是 1840 年时英国王室与毛利人之间签署的一个条约。它促使新西兰仿效英国法律体系,同时也确认毛利人对其土地和文化所拥有的权利。该条约被公认为新西兰的建国文献,目前仍然有效。

③ 《有害物质与新生物法》第 7 部分。

④ 参见 New Organisms and the HSNO Act,MFE,载 http://www.mfe.govt.nz/more/hazards/risks-new-organisms/nz-regulation-new-organisms/new-organisms-and-hsno-act,2015 年 9 月 24 日最后访问。What We Do:Hazardous Substances and New Organisms,EPA,载 http://www.epa.govt.nz/about-us/what/Pages/Hazardous-substances-and-new-organisms.aspx,2015 年 9 月 24 日最后访问。

⑤ 参见 New Organisms and the HSNO Act,MFE;另见 About Us-Our Organisation,MPI,载 http://mpi.govt.nz/about-mpi/,2020 年 2 月 28 日最后访问。Our Role in Enforcement,EPA,载 http://www.epa.govt.nz/about-us/what/Pages/EPA-role-enforcement.aspx,2015 年 9 月 25 日最后访问。

⑥ 参见 NZ Laws Regulating New Organisms,MFE,载 http://www.mfe.govt.nz/more/hazards/risks-new-organisms/nz-regulation-new-organisms/nz-laws-regulating-new-organisms,2015 年 9 月 25 日最后访问。

6.《2003有害物质与新生物(低风险转基因)管理条例》[Hazardous Substances and New Organism(Low-risk Genetic Modification) Regulations 2003]。

此外,1993年颁布的《生物安全法》(Biosecurity Act 1993)[①]规范在新西兰排除、消除和管理害虫和其他不需要的生物,包括进口和边境管制转基因生物以及与转基因生物释放有关的各级管辖权的条款。[②] 除了本法规定的边境检查和清关手续外,有关进口的条款也规定在2005年颁布的《(转基因生物)进出口禁令》[Imports and Exports (Living Modified Organisms) Prohibition Order 2005]中。[③]

《澳大利亚—新西兰食品安全法典》(Australia New Zealand Food Safety Code)[④]在新西兰是通过1981年颁布的《食品法》适用[⑤]的。该法要求任何转基因食品和含有转基因成分的食品上市之前必须经过澳大利亚—新西兰食品标准局批准,[⑥]并贴上明显的标签。

1999年颁布的《动物福利法》(Animal Welfare Act 1999)管制在科学研究和实验中使用动物方面的事项。[⑦] 该法要求每一个此类研究项目必须经过动物伦理委员会的批准,并接受其监督。只有符合动物伦理操作规范的机构才会获得批准从事这方面的研究和实验。[⑧]

1997年颁布的《农用化合物与兽药法》(Agricultural Compounds and Veter-

---

① 参见 Biosecurity Act 1993, 载 http://www.legislation.govt.nz/act/public/1993/0095/latest/DLM314623.html,2020年2月28日最后访问。

② Biosecurity Act 1993.

③ 参见 Imports and Exports (Living Modified Organisms) Prohibition Order 2005, 载 http://www.legislation.govt.nz/regulation/public/2005/0012/latest/DLM311538.html,2020年2月28日最后访问。

④ 参见 New Zealand (Australia New Zealand Food Standards Code) Food Standards 2002, 载 https://www.parliament.nz/en/pb/papers-presented/current-papers/document/51DBHOH_PAP62782_1/food-act-1981-new-zealand-australia-new-zealand-food,2020年2月28日最后访问。

⑤ 参见 Food Act 1981, 载 http://www.legislation.govt.nz/act/public/1981/0045/latest/DLM48687.html,2020年2月29日最后访问;New Zealand Food Legislation, MPI, 载 http://www.foodsafety.govt.nz/policy-law/food-regulation/nz-food-legislation/,2020年2月29日最后访问。

⑥ 参见 Food Standards Australia New Zealand (FSANZ), 载 http://www.foodstandards.gov.au/Pages/default.aspx,2020年2月29日最后访问;Australia-New Zealand Co-operation, MPI, 载 http://www.foodsafety.govt.nz/policy-law/food-regulation/australia-nz-cooperation/,2020年2月29日最后访问。

⑦ 参见 Animal Welfare Act 1999, Part 6, 载 http://www.legislation.govt.nz/act/public/1999/0142/latest/DLM49664.html,2020年2月29日最后访问。

⑧ 参见 Animals in Research, MPI, 载 http://www.biosecurity.govt.nz/regs/animal-welfare/research,2015年9月25日最后访问。

inary Medicines Act 1997)[①]和1981年颁布的《医药法》(Medicines Act 1981)[②]都包含对含有转基因生物的药品和化合物进口、生产、销售和使用的限制规定。

(四)相关管制机构

新西兰政府负责制定和落实有关转基因生物法律的机构包括:

1. 环境保护署(Environmental Protection Agency)

该机构成立于2010年6月,2011年7月1日开始正式运作。原先依据《有害物质与新生物法》分别由环境部、经济发展部以及前环境风险管理署行使的职能现在统一由环境保护署行使。环境保护署的具体职责包括:

(1)向环境部长建议任何与《有害物质与新生物法》相关的事项;

(2)处理申请材料;

(3)就申请作出决定,并设定管制措施;

(4)监督和协调《有害物质与新生物法》执行的相关事宜;

(5)为环境部长选中的申请准备材料;

(6)对有害物质签发、修订和废除标准;

(7)负责有害物质和新生物的登记注册;

(8)参与处理有害物质和新生物国际组织的活动;

(9)给政府和社会提供技术咨询;

(10)监督相关管理条例的执行;

(11)给新西兰毛利族咨询委员会提供帮助。

2. 澳大利亚—新西兰食品标准局(Food Standards Australia New Zealand)

这是依据《1991澳大利亚—新西兰食品标准法》(Food Standards Australia New Zealand 1991),由两国共同成立的一家独立机构。该机构负责为澳大利亚和新西兰制定食品标准,旨在保护公共健康与安全。食品标准包括成分、标签、污染物(含微生物限制标准)。这些标准适用于澳大利亚和新西兰进口和本国产的食品,包括含转基因成分的食品。食品标准局制定的标准最终由两国共同组建的食品标准理事会批准执行。该理事会由澳大利亚联邦政府和各州卫生部部长以及新西兰卫生部部长共同组成。

3. 初级工业部(Ministry for Primary Industries)(MPI)

成立于2012年3月的初级工业部是一个联合办公机构,行使澳大利亚前农业与林业部、渔业部、新西兰食品安全署、新西兰生物安全委员会的职权。初

① 参见 Agricultural Compounds and Veterinary Medicines Act 1997,载 http://www.legislation.govt.nz/act/public/1997/0087/latest/DLM414577.html,2020年2月29日最后访问。

② 参见 Medicines Act 1981,载 http://www.legislation.govt.nz/act/public/1981/0118/latest/DLM53790.html,2020年2月29日最后访问。

级工业部负责设定被环境保护署批准的田间测试和向自然界释放的具体条件。该机构工作还包括对研究设施的检查,确保进口商遵守《有害物质与新生物法》。初级工业部同时负责落实新西兰市场销售的包括转基因食品在内的食品安全标准、食品标签以及食品成分标注等事宜。

4. 环境部(Ministry for the Environment)

新西兰环境部除了负责本国环境事务外,还向政府其他部门就环境法律和政策制定提供咨询意见,包括引进新生物的风险管控。环境部的一项主要职责是落实《有害物质与新生物法》的执行。

5. 商业、创新与就业部(Ministry of Business, Innovation and Employment)

这是一个巨型政府机构,成立于 2012 年 7 月 1 日,统辖以前四个政府部门的职能,即科技与创新部(Ministry of Science and Innovation)、[①]经济发展部(Ministry of Economic Development)、劳工局(Department of Labour)、建设与住房局(Department of Building and Housing)。该机构的部门行政职能与管理转基因技术研发有关。

(五)研究、生产和市场化方面的限制

《有害物质与新生物法》第 25 节规定,除非依据本法获得许可,任何新的生物都不得进口至新西兰或在新西兰开发、田间试验或向自然环境释放。第 27 节列举了几种有可能被环境保护署批准的情形,包括进口的新生物用于向自然环境释放、向自然环境释放含有任何新生物物质、进口新生物作为加工成分,以及在田间测试、开发含有新生物成分的物质。

第 39 节允许环境保护署批准任何含有新生物物质的进口、开发和田间测试。这类审批的申请材料必须包含一系列内容,包括提供"新生物给环境带来的一切有可能的负面影响"。[②] 除了上述规定,在对开发或田间测试含有转基因生物成分物质申请作出决定时,环境保护署还必须考虑对于人类健康与安全以及环境任何负面影响,尤其是对生态系统及其组成部分的负面影响,同时考虑实现研究目标的其他可替代方法以及因向其他生物转移基因物质而对当地及周边环境所产生的任何影响。[③]

与通知和公众递交意见相关的程序适用于进口、田间测试和向自然环境释

---

① 新西兰科技与创新部是通过合并"科学技术研究基金"(Foundation for Research, Science and Technology)和"科学技术研究部"(Ministry of Research, Science and Technology)于 2011 年 2 月成立的。该机构是新西兰推动科技创新的主要部门。在推动转基因技术转化时,新西兰科技与创新部提倡的是"生态可持续发展"(ecological sustainability)理念。

② 《有害物质与新生物法》第 40 节(2)(a)(v)和第 40 节(2)(b)(v)。

③ 参见《有害物质与新生物法》第 44 节 A。

放转基因生物的申请。经过申请，有关部门可以举行公众听证会。[①] 对于室内研究活动中含有的转基因生物，并且被认为是低风险的，有关部门可以采用快速评估机制。这一机制授予级别较低的机构，不需要将申请公之于众。[②]

(六)向自然界释放转基因生物的限制

任何开发或田间测试新生物的批准都必须包括要求制定处理《有害物质与新生物法》第3列表列举的管控措施，[③]包括安置旨在消除任何偶发性释放转基因生物影响的装置和规定接触上述活动的条件、监控措施和检疫要求、实验中遗漏转基因生物的清除计划以及相关设施的检查和监管。[④] 此外，任何批准必须包括相关控制措施，以确保在开发或田间测试结束时能够转移或销毁转基因生物或任何遗留物质。[⑤]《有害物质与新生物法》第七部分包含了与进口、开发、田间测试或向自然环境释放新生物相关的检查和其他强制执行权力的具体条款。

在封闭状态下或者通过进口向自然环境释放新生物的申请一般会获得批准。[⑥] 在新品种生物有可能出现下列情形时，《有害物质与新生物法》列举了允许新西兰环境保护署拒绝批准申请的最低标准：

1. 导致任何在自然环境下生长的物种被取代；或者

2. 导致任何在自然环境下生长的物种退化；或者

3. 导致对人体健康与安全任何显著的不利影响；或者

4. 导致对新西兰固有的生物基因多样性造成显著的不利影响；或者

5. 导致人类、动物的疾病、受影响的寄生虫、病菌携带者或植物疾病的出现。[⑦]

---

① 参见《有害物质与新生物法》第53~54节和第60~61节；同时参见 What Types of New Organism Applications Are Publicly Notified and Open for Submission?，载环境保护署网站：http://www.epa.govt.nz/about-us/have-your-say/Pages/notified-applications.aspx，2015年10月7日最后访问。

② 参见《有害物质与新生物法》第41~42B节；同时参见2003年颁布的《有害物质与新生物(低风险基因转移)条例》(Hazardous Substances and New Organisms (Low-risk Genetic Modification) Regulations)，载 http://www.legislation.govt.nz/regulation/public/2003/0152/latest/DLM195215.html，2020年3月1日最后访问。Are you Importing, Developing, Regenerating or Fermenting Low Risk Genetically Modified Organisms in an Indoor Containment Facility in New Zealand?，载环境保护署网站：http://www.epa.govt.nz/new-organisms/find-application-form/application-finder/Pages/low-risk-applications.aspx，2015年10月7日最后访问。

③ 参见《有害物质与新生物法案》第45节(2)。

④ 参见《有害物质与新生物法案》第3列表。

⑤ 参见《有害物质与新生物法案》第45节(A)。

⑥ 参见《有害物质与新生物法案》第34节和第38节。

⑦ 参见《有害物质与新生物法案》第36节。

此外，环境保护署必须考虑“非人们所期望的生物自我繁殖能力”以及这种自我繁殖能力具备后，这类生物被清除的难易程度。①

由于《有害物质与新生物法》的内容在2003年发生了变化，新西兰环境保护署可以批准在具备管控措施情况下的“有条件释放”。② 适用于任何批准的各类管控措施包括控制“生物被使用的程度和目的”、监管的强制性要求、档案记录和汇报制度、旨在防止潜在事故发生的意外事故避免预案、限制新生物与其他生物接近的措施以及对获得环境保护署批准的相关人员规定包括遵守操作条例和标准、需要获得一定程度的训练和相关知识的义务。③ 与澳大利亚和美国的做法不同，在新西兰向自然界释放被批准的转基因生物，申请人在申请时需要递交一笔费用。因此，一些新西兰公司选择到海外测试（主要是澳大利亚和美国）。这些公司认为，新西兰这方面的费用太高，而且手续也太烦琐。虽然海外测试数据不能在新西兰直接用作申请材料，但是可以作为这些公司今后在新西兰进行更复杂测试的基础材料。

（七）食品中使用转基因生物的限制

转基因食品在新西兰出售之前必须经过澳大利亚—新西兰食品标准局的批准。迄今为止，该机构共批准过63种转基因食品在新西兰销售。④ 包括转基因食品和非转基因食品在内，所有在新西兰销售的食品都必须贴上标签。转基因动物饲料不在《有毒物质和新生物法》的管制范围，不需要经过特别准许就可以进口。由于新西兰并不区分转基因饲料和非转基因饲料，吃了转基因饲料的动物肉制品不需要特别标注。

目前，新西兰进口的含有转基因物质的食品原料超过五十种，包括从转基因玉米和大豆中提取的原料。⑤ 为了能够在新西兰销售，每一种转基因食品或者原料必须经过澳大利亚—新西兰食品标准局的评估，并且初步被认定为可以安全销售，然后再经过澳大利亚—新西兰食品标准局董事会以及澳大利亚和新

---

① 参见《有害物质与新生物法案》第37节。

② 《有害物质与新生物法案》第38节（A）和（B）。

③ 参见《有害物质与新生物法案》第38节（D）。

④ See New Zealand Agricultural Biotechnology Annual, Gain Report Number：NZ1505, Date：7/15/2015, p. 2.

⑤ 参见 GM Current Applications and Approvals, FSANZ, 载 http://www.foodstandards.govt.nz/consumer/gmfood/applications/Pages/default.aspx，2020年3月1日最后访问。

西兰所有对食品负有监管职责的部门批准。[①]《澳大利亚—新西兰食品标准法典》(Australian New Zealand Food Standards Code)有一项特殊规定,即第1.5.2标准——采用基因技术生产的食品,[②]包含了转基因食品的管理条例,并列举已经获得批准可以使用的转基因食品原料。该条例是法典的一部分。[③]

第1.5.2标准同时也包含与食品标签、成分、添加剂或者含有新的DNA或蛋白质的加工辅料或者转基因技术已经导致食品特征改变等情形的相关规定。标签规定已经从2001年开始生效。转基因食品或者含有转基因原料成分的食品必须在其名称旁边或者在成分表中标明"转基因"字样。[④] 在非转基因食品中,如果含有经过批准的转基因食品作为原料,所占比例不超过成分含量1%,而且生产者是非故意作为原料或加工辅料添加时,可以不要求这样的标注。[⑤] 上述要求不适用于餐馆准备的食品。[⑥]

含有转基因成分的动物饲料不受上述标签规定的管制。用这些饲料喂养的牲畜,其肉类和奶制品也不需要按照上述标签规定进行标注。[⑦] 以2014年为例,新西兰进口了206,932吨转基因大豆,主要用于喂养家禽和生猪。这些大豆几乎都来自阿根廷。[⑧]

新西兰要求所有销售的转基因食品都必须明确标示,包括食品名称、食品成分、食品添加剂、食品加工辅助材料或者含有转基因成分的香料。如果食品

---

① 参见 Genetically Modified Food-Overview, MPI, 载 http://www. foodsmart. govt. nz/whats-in-our-food/genetically-modifed-food/overview/,2015年10月8日最后访问;Genetically Modified Food-Labelling & Safety-Questions and Answers, MPI, 载 http://www. foodsmart. govt. nz/whats-in-our-food/genetically-modifed-food/labelling/questions-answers. htm,2015年10月8日最后访问;MPI, Genetically Modified Food and Ingredients, 载 http://www. foodsafety. govt. nz/elibrary/industry/Genetically_Modified-Expectations_Importers. pdf,2015年10月8日最后访问。

② 参见 Australia New Zealand Food Standards Code-Standard 1.5.2-Food Produced Using Gene Technology, 载 https://www. comlaw. gov. au/Details/F2013C00199,2020年3月1日最后访问。

③ 参见 Food Standards Code, FSANZ, 载 http://www. foodstandards. govt. nz/code/Pages/default. aspx,2020年3月1日最后访问。

④ 参见 GM Food Labelling, FSANZ, 载 http://www. foodstandards. govt. nz/consumer/gmfood/labelling/Pages/default. aspx,2020年3月1日最后访问。

⑤ See GM Food Labelling, FSANZ.

⑥ See GM Food Labelling, FSANZ.

⑦ 参见 USDA Foreign Agricultural Service, Gain Report: New Zealand Biotechnology Environment (July 15, 2013), 载 http://gain. fas. usda. gov/Recent% 20GAIN% 20Publications/Agricultural%20Biotechnology%20Annual_Wellington_New%20Zealand_7-15-2013. pdf,2015年9月21日最后访问;又见 New Microorganisms in New Zealand, EPA, 载 http://www. epa. govt. nz/new-organisms/popular-no-topics/Pages/GM-EI-vaccine. aspx,2015年9月21日最后访问。

⑧ See New Zealand Agricultural Biotechnology Annual, Gain Report Number: NZ1505, Date: 7/15/2015, p.4.

或其成分原有的特性已被改变,这些情况都必须标注。例如,食用色拉油用的是转基因大豆作为原料,从而导致油在炒菜时加热需要更高温度,这种变化的原因必须说明,即使食用油本身已经检测不出转基因成分。下列情形不需要标注转基因成分:

1. 食品中的香料占食品比例不超过 1%;

2. 无意中掺入了转基因物质,且占食品比例不超过 1%;

3. 高度提炼的食品,但是食品的基本特征没有改变,加工的效果只是去除新的 DNA 或新的蛋白质;

4. 食品加工辅助材料或食品添加剂,除非上述材料中新的 DNA 或新的蛋白质仍然留在食品中。

新西兰对转基因食品标注规定的目的只是确保消费者的知情权,并不是出于安全考虑,因为经过澳大利亚—新西兰食品标准局批准的食品都应该被认为是安全的。新西兰没有对转基因食品的"否定式标注"(GM free)作出明确规定。吃了转基因饲料的动物和家禽的肉制品不需要特别标注,餐馆对自己选择的食品以及超市出售的熟食制品也无须特别标注。

(八)法律责任

《有害物质与新生物法》第 109 节规定了各种刑事犯罪类型,包括没有按照法律规定开发或田间测试一种新生物、违反规定故意进口或释放一种新生物、主观上间接故意或疏忽大意地加工或处置非法进口、生产、开发或释放转基因生物、不遵守审批机关依照本法设定的各种强制管制措施、没有汇报新生物任何新的负面影响。[①] 对于上述行为的处罚详细规定在《有害物质与新生物法》第 114 节中,其中包括从 5000 新西兰元到 50 万新西兰元的罚款,处罚标准依据犯罪情节而定。受理有关案件的法庭也可以责令当事人消除或补救对于人类或环境所带来的负面影响,补偿其他人因此而支付的费用,以及责令当事人销毁新的生物。[②] 该法明确规定,第 109 节列举的犯罪行为属于严格责任行为,指控的一方无须证明被告人有犯罪的故意。[③] 然而,在其他情形下,指控的一方需要指出被告人的犯罪故意。

《有害物质与新生物法》第七部分的 A 部分内容是 2003 年的修正案加入的。这部分包含了因违反新生物管理规定而招致罚款和承担民事责任的规定。当有关事件的当事人有下列情形时,新西兰高等法院可以作出罚款规定:

1. 违反法律有关开发、田间测试、进口、释放一种新的生物规定。

---

① 参见《有害物质与新生物法》第 109 节。

② 参见《有害物质与新生物法》第 114 节(5)和(6)。

③ 参见《有害物质与新生物法》第 117 节(1)。

2. 违反法律来有关拥有、处置任何进口或开发的新生物或者释放进口的新生物规定。

3. 没有遵守与新生物有关的任何管控措施——

(1)审批机关依据本法制定的强制执行措施;

(2)本法案明确规定的管制措施。[①]

《有害物质与新生物法》第七部分A部分规定的证据规则适用于一般的民事诉讼程序。依照该法规定,个人有可能被处以高达50万新西兰元的罚款,公司则有可能被处以高达1000万新西兰元的罚款。公司也有可能被处以缴纳违法利润所得3倍或者交易额10%的罚款。法庭在作出上述处罚时,可以结合考虑各种因素。[②] 法庭也可以责令当事人消除其行为对人类或环境带来的负面影响。[③]

《有害物质与新生物法》同时规定,任何人在开发、田间测试、进口或释放新生物时违反本法规定的,都要对其行为造成的损害承担赔偿责任。赔偿责任的履行不受其行为是否是故意或疏忽、是否违反法律规定、是否采取合理谨慎措施的影响。民事赔偿诉讼程序可以与其他行动并列适用。[④] 被告可以为其一项或多项辩护提供证明,以避免依照相关规定承担民事责任。[⑤]

(九)司法裁决与著名案例

新西兰皇家转基因委员会的审理程序结束之后,与转基因生物开发和潜在释放有关的争议并没有停息。新西兰国内一直有与农场动物研究有关的争论和诉讼案件,[⑥]包括2009~2010年有关批准合成的人体基因植入山羊、绵羊和牛的体内,以观察在产出的羊奶和牛奶中是否含有人体蛋白质的试验所引发的争议。[⑦]

至于植物和其他生物,在2000年中期,新西兰主管当局调查了进口的转基

---

① 参见《有害物质与新生物法》第124节(B)。

② 参见《有害物质与新生物法》第124节(C)。

③ 参见《有害物质与新生物法》第124节(D)。

④ 参见《有害物质与新生物法》第124节(G)。

⑤ 参见《有害物质与新生物法》第124节(H)。

⑥ 参见 Branwen Morgan, *New Zealand's GM Cattle Under Fire*, Nature 2, 2010; Jeff Neems, Anti-GE Backers File Appeal Against Trials, Waikato Times, 载 http://www.stuff.co.nz/waikato-times/news/3853353/Anti-GE-backers-file-appeal-against-trials, 2020年3月1日最后访问。

⑦ 参见 Eloise Gibson, Human Genes to be Injected into Goats, Cows, and Sheep, New Zealand Herald, 载 https://www.nzherald.co.nz/nz/news/article.cfm? c_id=1&objectid=10638717, 2020年3月2日最后访问; Eloise Gibson, Mutant Cows Die in GM Trial, New Zealand Herald, 载 http://www.nzherald.co.nz/nz/news/article.cfm? c_id=1&objectid=10642031, 2020年3月1日最后访问。

因种子和有可能在新西兰种植的含有转基因物质的种子(尤其是玉米)。[①] 其他引发争议的事件涉及在封闭环境下的转基因生物泄露。2013 年,有报道说在一所大学封闭的实验室外发现一种转基因真菌。[②] 新西兰一些民间团体组织对此表示忧虑,但是负责调查此事的政府权威部门表示,这种真菌对生态环境的危害非常低。[③] 此外,新闻媒体还有一些反对转基因生物的抗议活动报道。例如,一家研究中心拥有的几棵松树被一些反转基因激进分子在 2012 年捣毁。[④]

最近,新西兰一个环保组织提起一项诉讼,意图推翻《有害物质与新生物法》所赋予的一项豁免。这项豁免是给予与新的 DNA 控制技术有关的研究机构。这个案子首次于 2013 年 11 月在新西兰高等法院进行听证,[⑤]截至 2022 年时尚未审结。

---

① 参见 Press Release, MPI [previously Ministry of Agriculture and Forestry (MAF)], MAF Releases Imported Corn Seed Report,载 http://www. biosecurity. govt. nz/media/01-02-07/gm-corn. htm,2015 年 10 月 8 日最后访问;Press Release, MAF, MAF Investigation into GM Maize Nears Completion,载 http://www. biosecurity. govt. nz/media/28-05-06/gm-maize,2015 年 10 月 8 日最后访问。

② 参见 Thomas Mead, Genetically Modified Fungus Leaked, 3NEWS,载 http://www. 3news. co. nz/nznews/genetically-modified-fungus-leaked-2013032012#axzz3nwEbi3T2,2015 年 10 月 8 日最后访问。

③ 参见 Press Release, MPI, MPI Investigates GM Breach at Lincoln University,载 http://www. scoop. co. nz/stories/ED1303/S00132/mpi-investigates-gm-breach-at-lincoln-university. htm,2020 年 3 月 1 日最后访问。

④ 参见 Hundreds of GM Trees Destroyed, STUFF. CO. NZ,载 http://www. stuff. co. nz/national/6735584/,2020 年 3 月 1 日最后访问。

⑤ 参见 Isaac Davison, American Chemical Giant out of NZ Court Case, The New Zealand Herald,载 http://www. nzherald. co. nz/business/news/article. cfm? c_id = 3&objectid = 11137661,2020 年 3 月 1 日最后访问。

主要参考文献

一、中文论文

[1]冯殿美、储陈成:《论转基因食品的刑法规制》,载《山东大学学报》(哲学社会科学版)2013 年第 1 期。

[2]付文佚:《论转基因食品标识的国际标准——以食品法典委员会为视角》,载《华中农业大学学报》2012 年第 5 期。

[3]付文佚:《我国转基因食品标识困境的立法破解》,载《中州学刊》2015 年第 9 期。

[4]韩永红:《美国食品安全法律治理的新发展及其对我国的启示——以美国〈食品安全现代化法〉为视角》,载《法学评论》2014 年第 3 期。

[5]胡加祥、刘婷:《论转基因生物的国际环境法规制》,载《东北大学学报》2015 年第 3 期。

[6]胡加祥:《转基因产品贸易与国际法规制研究》,载《山西大学学报》(哲学社会科学版)2015 年第 4 期。

[7]胡加祥:《欧盟转基因食品管制机制的历史演进与现实分析》,载《比较法研究》2015 年第 5 期。

[8]胡加祥:《转基因食品安全性的法律思辨——“无罪推定”还是“有罪推定”》,载《法学》2015 年第 12 期。

[9]胡加祥:《美国转基因食品标识制度的嬗变及对我国的启示》,载《比较法研究》2017 年第 5 期。

[10]李辉:《WTO 转基因农产品贸易争端与欧盟转基因食品管制立法评析》,载《环球法律评论》2007 年第 2 期。

[11]李响:《中国转基因食品立法的困境与出路》,载《华南师范大学学报》2015 年第 1 期。

[12]刘旭霞、李洁瑜等:《美欧日转基因食品监管法律制度

分析及启示》，载《华中农业大学学报》2010 年第 2 期。

[13]刘旭霞、刘钰：《美国转基因食品自愿咨询程序初论——基于食品药品监督管理局指导政策的分析》，载《江西社会科学》2013 年第 12 期。

[14]刘银良：《转基因论争中的知识产权问题》，载《法学》2012 年第 3 期。

[15]茆巍、刘博：《州立法视野下美国转基因食品标识制度的转变》，载《中国软科学》2014 年第 8 期。

[16]彭海容：《花生油虚标为“非转基因”，企业居心何在?》，载《中国食品》2014 年第 10 期。

[17]乔雄兵、连俊雅：《论转基因食品标识的国际法规制——以〈卡塔赫纳生物安全议定书〉为视角》，载《河北法学》2004 年第 1 期。

[18]王迁：《欧美转基因食品法律管制制度比较研究》，载《河北法学》2005 年第 10 期。

[19]肖显静：《转基因技术的伦理分析——基于生物完整性的视角》，载《中国社会科学》2016 年第 6 期。

[20]张忠民：《美国转基因食品标识制度法律剖析》，载《社会法学家》2007 年第 6 期。

[21]张忠民：《论转基因食品标识制度的法理基础及其完善》，载《政治与法律》2016 年第 5 期。

[22]Clive James：《2014 年全球生物技术/转基因作物商业化发展态势》，载《中国生物工程杂志》2015 年第 35(1)期。

[23]Clive James：《2015 年全球生物技术/转基因作物商业化发展态势》，载《中国生物工程杂志》2016 年第 36(4)期。

二、中文专著

[1]陈颖：《食品中转基因成分检验指南》，中国标准出版社 2010 年版。

[2]付文佚：《转基因食品标识的比较法研究》，云南人民出版社 2011 年版。

[3]王明远：《转基因生物安全法研究》，北京大学出版社 2010 年版。

[4]薛达元：《转基因生物安全与管理》，科学出版社 2013 年版。

[5]尹成杰：《粮安天下：全球粮食危机与中国粮食安全》，中国经济出版社 2009 年版。

[6]张树珍：《农业转基因生物安全》，中国农业大学出版社 2006 年版。

[7]赵志强、李建军：《欧盟技术标准与技术法规体系，欧盟食品安全管理基本法及其研究》，中国标准出版社 2007 年版。

[8]浙江省标准化研究院:《欧盟食品安全管理基本法及其研究》,中国标准出版社 2007 年版。

三、英文论文

[1] Anne Swardson, *Round 2 of the Food Flight: Genetically Altered Items*, Washington Post National Weekly Edition, April 5, 1999.

[2] Christopher P. Rodgers, *Liability for the Release of GMOS into the Environment: Exploring the Boundaries of Nuisance*, Cambridge Law Journal, No. 2, 2003.

[3] Daniel Greenberg, *The Right to Know What We Eat*, Washington Post National Weekly Edition, July 7, 1999.

[4] Doug Farquhar & Liz Meyer, *State Authority to Regulate Biotechnology under the Federal Coordinated Framework*, 12 DRAKE Journal of Agriculture Law, Vol. 12, 2007.

[5] Douglas Robinson & Nina Medlock, *Diamond v. Chakrabarty: A Retrospective on 25 Years of Biotech Patents*, Intellectual Property & Technology Law Journal, No. 10, 2005.

[6] Eric Montpetit, *A Policy Network Explanation of Biotechnology Policy Differences between the United States and Canada*, Journal of Public Policy, No. 3, 2005.

[7] Eduardo J. Trigo, *Fifteen Years of Genetically Modified Crops in Argentine Agriculture*, ArgenBio, November 2011.

[8] Hubert P. J. M. Noteborn & Freija H. van Duijne, *The Dutch Approach to Safety in Agriculture*, *in GOVERNING RISK IN GM AGRICULTURE*, *Michael Baram & Mathilde Bourrier (eds)*, Cambridge University Press, 2011.

[9] James Cameron, The Precautionary Principle, in *Trade, Environment and the Millennium*, Gary Sampson and W. Bradnee Chambers (eds), New York: United Nations University Press, 1999.

[10] Jane Matthews Glen, The Coexistence of Genetically Modified and Non-genetically Modified Agriculture, in *Canada: A Courtroom Drama*, in *The Regulation of Genetically Modified Organisms: Comparative Approaches*, Luc Bodiguel & Michael Cardwell (eds), Oxford University Press, 2010.

[11] John Fagan, Monitoring GMOs Released into the Environment and the Food Production System, in *Biosafety First: Holistic Approaches to Risk and*

Uncertainty in Genetic Engineering and Genetically Modified Organism, Chapter 33, T. Traavik & L. C. Lim (eds), Tapir Academic Press, 2007.

[12] Michele M. Bradley, *The States' Role in Regulating Food Labeling and Advertising: The Effect of the Nutrition Labeling and Education Act of* 1990, 49 Food & Drug Law Journal, 1994.

[13] Moises Burachik, Regulation of GM Crops in Argentina, *GM CROPS & FOOD: BIOTECHNOLOGY AGRIC. & FOOD CHAIN*, Issue 3, 2012.

[14] Moran et al., *A Cause of Action for Regulatory Negligence? The Regulatory Framework for Genetically Modified Crops in Canada and the Potential for Regulator Liability*, University of Ottawa Law & Technology Journal, No. 6, 2009.

[15] Nigel Williams, *Plant Genetics: Agricultural Biotech Faces Backlash in Europe*, Science, August 7, 1998.

[16] Peter Andrée, *An Analysis of Efforts to Improve Genetically Modified Food Regulation in Canada*, Science and Public Policy, No. 5, 2006.

[17] Peter Andrée, *The Biopolitics of Genetically Modified Organisms in Canada*, 37(3) Journal of Canadian Studies, No. 3, 2002.

[18] Rosario Silva Gilli, Genetically Modified Organisms in Mercosur, in *The Regulation of Genetically Modified Organisms: Comparative Approaches*, Luc Bodiguel & Michael Cardwell (eds), New York: Oxford University Press, 2010.

[19] Sebastian San, *International Court of Environmental Arbitration and Conciliation, Consultative Opinion on Liability of Public and Private Actors for Genetic Contamination of Non-GM Crops*, Environmental Law Review, Issue 4, 2005.

四、英文专著

[1] Colin A. Carter, Gian Carlo Moschini and Ian Sheldon, *Genetically Modified Food and Global Welfare*, Emerald Group Publishing Limited, 2011.

[2] Lisa H. Weasel, *Inside the Controversy over Genetically Modified Food*, AMAVOM, 2009.

[3] Luc Bodiguel & Michael Cardwell eds., *Modified Organisms: Comparative Approaches*, Oxford University Press, 2010.

[4] Maria Lee, *EU Regulation of GMOS: Law and Decision Making for a New Technology*, Edward Elgar Publishing Ltd, 2008.

[5] Mark A. Pollack and Gregory C. Shaffer, *When Cooperation Fails: The International Law and Politics of Genetically Modified Food*, Oxford University Press, 2009.

[6] Meredith T. Mariani, *The Intersection of International Law, Agricultural Biotechnology, and Infectious Disease*, Martinus Nijhoff Publishers, 2007.

[7] Patricia Birnie, Alan Boyle and Catherine Redgwell, *International Law & The Environment*, Oxford University Press, 2009.

[8] Peter Van de Bossche, *The Law and Policy of the World Trade Organization: Text, Cases and Materials*, Cambridge University Press, 2005.

[9] Reece Walters, *Eco Crime and Genetically Modified Food*, Routledge, 2011.

后　记

民以食为天，食以安为先。转基因技术自问世以来，它在给我们带来福祉的同时，其对人类社会是否也有潜在的危害？这是人们正在不断探索的一个问题，也是目前横亘在转基因食品普及推广路上的一道难题。以生物技术改造食物，优点在于增加产量、提高作物的附加值，并以此减少化学药剂的使用。然而反对之声不绝于耳，主要是因为转基因食品发展历史并不长，其对于人体健康和生态环境的影响尚无定论。此外，它在宗教伦理、知识产权与国际贸易等方面也产生了许多新的话题。

有鉴于转基因技术和转基因食品给人类社会带来如此之多的问题，加强管理就显得尤为重要。“他山之石，可以攻玉。”世界各国和地区对转基因食品是如何管理？其管理原则、方法及法律上的争议，这些都对完善我国转基因食品规制具有重要参考意义。本书是国家哲学社会科学基金重点课题“世界各国对转基因食品的政策和法律规制比较研究”（14AGJ004）的最终研究成果之一，研究对象包括亚洲、欧洲、非洲、北美洲、南美洲和大洋洲 28 个国家以及欧盟地区，基本代表了当今世界各国和各地区对待转基因生物与转基因食品的基本立场和管理制度。

本课题研究从政策、法规入手，首先梳理和介绍各国及地区政府在转基因生物与转基因食品规制方面的立法框架，然后从管理机构和市场准入机制等不同角度研究转基因生物与转基因食品在各国和各地区受管制的程度与区别，最后用相关案例进一步分析当地司法机构对待这一问题所持的立场。研究分析表明，转基因生物技术是当今世界科技先进领域的代表，这一点已经形成了普遍共识，也是各国和各地区对待转基因技术的基本态度。彼此之间的区别在于转基因技术的利用和开发,特别是转基因作物的种植和转基因食品的生产。目前,全世界在这一问题上的表现可以分为三类:第一类是不仅大力发展转基因技术,而且还大力开发转基因产品,这方面的代表当属美国。第二类是不排斥转基因技术和转基因产品,但是在实际应用方面持谨慎态度,如日本和刚刚脱离欧盟的英国。第三类是几乎完全排斥转基因技术和拒绝转基因产品,挪威和部分欧盟成员属于此类国家。中国介于第二类和第三类国家之间。一方面,由于中国是世界上唯一进行定性标识的国家,即只要产品中含有转基因成分就必须标识。就此而言,中国可以说是世界上转基因食品管制最严的国家。另一方面,转基因作物,尤其是转基因大豆和玉米,在我国仍有大量使用,我国是一个转基因产品的消费大国。

形成上述差异的原因是多方面的,既有政治、经济方面的原因,也有文化、宗教方面的影响。欧盟由于是一个实行单一市场体制的关税同盟,商品流通如同在一国境内一样方便,这就导致欧盟采用的标准是“就高不就低”,只要一个国家实行严格的食品标准,其余成员国就得一起跟上。此外,欧盟的自然条件决定了大多数国家的农业不适合大规模机械化生产,转基因农业技术在欧洲没有用武之地。这些因素都促成了欧盟总体上对转基因技术用于农业种植和食品生产是持排斥立场。与此相对应的是美国和一些南美国家,由于其自然条件适合大规模的机械化生产,转基因技术的运用更是让这些国家的农业如虎添翼。目前,世界上农业生产大国几乎都是转基因技术运用最广的国家。

中国农业在中国的国民经济中始终处于优先发展地位。转基因技术自诞生之日起,一直受到中国政府的高度重视。习近平总书记对我国的转基因产业发展提出明确要求:“要大胆创新研究,占领转基因技术制高点,不能把转基因农产品市场都让外国大公司占领了。”然而,有关转基因食品的争议在我国一直没有中断。支持者和反对者似乎都有充分理由。支持者认为,中国的农业只有引入现代生物技术,才能彻底解决 14 亿人的吃饭问题,才能确保我国的粮食安全。反对者则认为,中国是一个农业大国,农业基础还比较薄弱。在目前人们对转基因技术的安全性还没有作出最后定论之前,无论是从农业安全还是环境安全角度讲,都需要限制转基因技术在我国的应用。

正是鉴于各方观点相持不下,国家出台转基因食品的制度也是慎之又慎。早在 1993 年,国家科委制定了转基因生物安全管理的指导性文件。1996 年,农业部正式实施《农业基因工程安全管理办法》。2001 年 5 月 23 日,国务院又颁布了《农业转基因生物安全管理条例》,这标志着我国将农业转基因生物安全管理从研发延伸到生产、加工、经营和进出口各环节。条例不仅规范转基因农作物的种植,也规范转基因动物、微生物以及从上述产品中提炼的加工产品。2015 年新修订的《食品安全法》第 69 条规定,生产经营转基因食品应当按照规定显著标示。这是食品法第一次将转基因食品纳入其调整范围。

然而,我国立法的一个主要缺陷是没有从源头上解决问题。中国是目前世界上唯一进行定性标识的国家,即只要产品中含有转基因成分就必须标识。就此而言,中国可以说是世界上转基因食品管制最严的国家,但是在实践中,相关部门在科研、生产、市场流通等环节在遵守国家法律法规时缺乏可操作的具体标准。本课题研究的一个主要目的是借鉴世界各国和各地区的做法,推动完善我国的转基因食品政策和法律规制体系,在确保人民群众食品安全的同时,也要为我国的转基因技术研发创造一个良好的社会环境。这样,我们才能做到习近平总书记所要求的“中国人的饭碗任何时候都要牢牢端在自己手上”,才能在世界生物高科技领域赢得一席之地。